高等院校精品课程系列教材

职业规划与成功素质训练

第2版

Career Planning and
Successful Quality Training

阚雅玲 等编著

机械工业出版社
CHINA MACHINE PRESS

图书在版编目（CIP）数据

职业规划与成功素质训练 / 阚雅玲等编著. —2版. —北京：机械工业出版社，2018.1（2024.6重印）

（高等院校精品课程系列教材）

ISBN 978-7-111-58703-3

I. 职…　II. 阚…　III. ①职业选择－高等学校－教材　②素质教育－高等学校－教材
IV. ① G647.38　② G640

中国版本图书馆 CIP 数据核字（2017）第 301056 号

本书的目的在于让学生立足本专业的同时，全面提升综合素质，增强职业适应能力和职业拓展能力，最终确保较强的就业能力。本书的主要内容有增强个人进取心、规划职业生涯、建立诚信素养、培养积极心态、科学管理时间、提高学习能力、培养个人自信、学会有效沟通、培养合作能力、培养创新能力、提高解决问题的能力、提高就业能力等。

本书内容实用，通俗易懂，可操作性强，不仅适用于在校大学生，也可作为社会各界渴望成功以及研究成功的人士自学、培训和提高自身素质的读物。

出版发行：机械工业出版社（北京市西城区百万庄大街 22 号　邮政编码：100037）

责任编辑：李　茹		责任校对：李秋荣	
印　　刷：固安县铭成印刷有限公司		版　　次：2024 年 6 月第 2 版第 6 次印刷	
开　　本：170mm×242mm　1/16		印　　张：24.5	
书　　号：ISBN 978-7-111-58703-3		定　　价：49.00 元	

客服电话：（010）88361066　68326294

　　广州番禺职业技术学院经管类专业人才培养需求调查结果显示：有70%的用人单位认为经管类专业的学生综合素质比专业技能更重要，有25%的用人单位认为经管类专业的学生综合素质与专业技能同等重要，而只有3%的用人单位认为经管类专业的学生专业技能比综合素质更重要。经过与合作企业深度访谈，我们本着服务学生、服务企业、服务社会的原则，确立了广州番禺职业技术学院商科专业"综合素质+一技之长"的人才培养方向，同时创立了"职业规划与成功素质训练"这门课作为专业核心课程，其目的在于让学生在立足本专业的同时，全面提高综合素质，增强职业适应能力和职业拓展能力，最终确保较强的就业能力，另外也希望以此办出经管类专业的特色。为使这门课得以广泛推广，让更多的学生和学校从中受益，在机械工业出版社的大力支持下，2009年这本经管类专业综合素质教程得以出版，现应编辑之约进行修订。我们的初衷不变，不是为了推出一本教材，而是为了推行一门综合素质课程，这门课程是我们首创和独创的，其设计思路如下：

　　（1）本课程的设计从用人单位对人才需求的调查开始，了解到用人单位对大学生在诚信、进取精神、人际关系、有效沟通、团队合作、创新能力、吃苦精神、时间管理、积极心态等方面的技能均有较高的要求，而这些内容往往又难以通过现有的专业技能课程有效解决，故决定根据企业和社会对大学生的素质要求开设"职业规划与成功素质训练"这门课。

　　（2）本课程的设计从学生素质现状与教育的本质出发，着眼于学生职业适应能力的提高以及职业情商的养成，更加着眼于个人职业生涯的可持续发展。成功素质训练应以其服务社会现实需要同时服务学生职业生涯发展为指导思想，以其结合实际、自成体系的素质教育对高职教育以技能为本的专业教育体系起到重要的补充和完善作用。

　　（3）有人讲"综合素质是个筐，什么东西都能装"，因为不能聚焦，所以难以有效付诸教育。我们经过长达 6 年的调查、分析、研究和实践，在同时满足用人单位和学生发展的基础上，以对学生进行职业规划辅导为起点，提炼出 10 项素质作为大学生成功训练的必备内容，然后以提高就业能力为落脚点，来完成我们对学生的综合素质教育。

（4）我们的设计思想是，综合素质不是一朝一夕可以培养完成的，需要经过学生在校期间不断学习、不断深化、不断完善，同时也需要与其他课程相互融合、相互促进。本课程可分布于 5 个学期开设，每学期与其他课程一同学习，它与其他课程的关系是相互促进、相互补充的，真正实现"综合素质+一技之长"的人才培养目标。当然，对于首次开设本课程的学校或专业也可按选修课安排在 1 个学期进行起步。

本书主要具有以下几个特点：①结合实际，自成体系。成功学源于美国，目前中国各种励志书籍层出不穷，但符合中国国情，符合大学生实际，能够自成体系地构建大学生成功素质教育的却很少，本书对此进行了突破。②以理服人，以情动人。很多励志教育最后往往成为说教，没有思想的碰撞，没有心灵的启迪，没有生命的感悟。本书以科学理性的成功学为根基，动之以情、晓之以理，是心与心的交流和共鸣。③重视方法，加强训练。本书不只是对知识的讲解，更是对方法的研讨。再有用的知识和技能也需要好的方法去学、去教。本书每一章都穿插了多种以学生为中心的教学方法，内容丰富、深入浅出、形式活泼，富有可读性和吸引力，使学生能够通过训练掌握成功的理论和技巧。全书内容实用、通俗易懂、可操作性强，不仅适用于在校大学生，也可作为社会各界渴望成功以及研究成功的人士自学、培训和提高自身素质的读物。

此次修订对相关理论知识进行了再次审视，以求更科学、更准确，并与时俱进，不断创新；对相关训练方法、典型案例、训练项目等进行适时更新，以求更符合新时代大学生的学习特点。在本书的修订过程中，"职业规划与成功素质训练"课程组的何霞教授、丁雯副教授、王书暐讲师、李霞讲师、郭全美讲师等给予了大力的支持，他们在共同建设国家级精品资源共享课程的过程中，积累了丰富而宝贵的教学资源，为本书的修订提供了很好的帮助，同时也感谢第 1 版教材的其他编著者吴强教授和胡伟副教授，很多新版中的内容都是在第 1 版基础上的改编和升级。在本书的修订过程中，我们也得到了同行的支持和机械工业出版社的帮助，在此向他们表示诚挚的谢意！

由于作者水平有限，书中难免有错误和疏漏之处，敬请广大读者批评指正。

阚雅玲

2017 年 11 月

目　录
CONTENTS

前言

第1章　训练导航 ······················ 1

1.1　成功素质调查情况 ········ 2

1.2　成功与成功素质 ········ 10

1.3　成功素质训练指南 ········ 16

第2章　增强个人进取心 ············ 25

2.1　认识什么是进取心 ········ 28

2.2　培养你的进取心 ·········· 30

2.3　进取心与平常心 ·········· 38

第3章　职业生涯规划 ············ 49

3.1　认识职业生涯规划 ········ 50

3.2　个人自我条件分析 ········ 55

3.3　职业生涯的选择 ·········· 67

3.4　成功目标的确定 ·········· 70

3.5　职业生涯的行动 ·········· 75

3.6　职业生涯的转换 ·········· 78

第4章　建立诚信素养 ············ 91

4.1　大学生诚信现状 ········ 91

4.2　在学校诚信求学 ········ 102

4.3　在社会诚信就业 ········ 106

第5章　培养积极心态 ············ 121

5.1　教你认识心态 ·········· 122

5.2　感知心态的力量 ········ 124

5.3　培养积极心态 ·········· 127

第6章　科学管理时间 ············ 142

6.1　认识时间管理 ·········· 143

6.2　时间管理的步骤 ········ 148

6.3　时间管理的工具 ········ 152

6.4　时间管理的原则和
方法 ···················· 157

第7章　提高学习能力 ············ 172

7.1　学习能力 ·············· 173

7.2　做一个善于学习的人 ··· 175

7.3　培养批判性思维 ········ 182

第8章　培养个人自信 ············ 194

8.1　自信的三种理解 ········ 195

8.2 自信的作用 …………… 197

8.3 建立自信的途径 ……… 199

第9章 学会有效沟通 …………… 217

9.1 认识什么是沟通 ……… 218

9.2 沟通的功效与原则 …… 221

9.3 有效沟通的基本

方法 ……………… 224

9.4 提高个人沟通能力 …… 236

9.5 提高电话沟通能力 …… 244

第10章 培养合作能力 ………… 257

10.1 融入合作的团队 …… 258

10.2 提高合作能力 ……… 268

10.3 提高团队合作能力 …… 272

第11章 培养创新能力 ………… 285

11.1 认识创新能力 ……… 286

11.2 创新能力的培养 …… 288

11.3 企业管理中的创新 …… 299

第12章 提高解决问题的能力 … 315

12.1 认识解决问题的

能力 ……………… 316

12.2 分析问题与查找

问题 ……………… 318

12.3 寻求解决问题的

方案 ……………… 320

12.4 选择最佳解决方案 …… 324

12.5 执行方案解决问题 …… 328

12.6 进行总结和反馈 …… 333

第13章 提高就业能力 ………… 341

13.1 寻找职业机遇 ……… 342

13.2 准备求职材料 ……… 354

13.3 面试全攻略 ………… 362

13.4 工作新天地 ………… 374

13.5 大学生就业案例

分析 ……………… 376

参考文献 …………………… 385

训 练 导 航

⚓ 名人名言

在职业生涯发展道路上，重要的不是你现在所处的位置，而是迈向下一步的方向。

——佚名

成功是一种选择，是一种决定，是一种承诺，最后会成为一种习惯。

——陈安之

⚓ 故事分享

杨萌就读于一所高职院校的工商企业管理专业，毕业时她去参加了一个大型招聘会，当看到许多公司都是招一两个人员时，她感到很失望。终于她发现了一家化妆品公司在销售、财务、文秘、宣传、后勤服务等都有职位招聘，她想这里一定机会很多，便挤到招聘人员跟前。招聘人员问她："你想应聘什么职位呀？"她连忙说："什么职位都行，只要你们给我机会，我一定会努力的！"招聘人员微笑着对她说："同学，你找什么工作无所谓，但我们招人却一定要找合适的。你喜欢什么、擅长什么、将来想成就什么，这些你自己应该很清楚吧？ 你们在大学也会有职业规划辅导吧？"杨萌听了感觉很不好意思，但她却没能很清楚地说出她最适合的岗位。招聘人员看她很有诚意就准备帮她发现自己的特点，于是问："你说说在大学期间你做得最成功的事情是什么？ 最失败的事情是什么？ 成功与失败的原因是什么呢？"很可惜这次杨萌还是没有把握住机会，因为她觉得自己没有什么很成功的事情可说，而失败的事情她又不敢说。最后招聘人员说："小杨啊，从你们自己来看，你们该毕业求职了，但从我们企业看，你们还没有达到毕业的要求啊！"

企业招聘人员最后的这句话不但给了杨萌很大的震动，同时也需要我们学校和老师进行深刻的反思：我们培养的学生是否符合用人单位的要求，我们的教学内容是否满足就业岗位的需要。如何才能让我们的学生经过大学期间的学习成为一个真正合格的毕业生呢？为此我们向用人单位做了关于大学生如何成功立足社会的调查。

1.1 成功素质调查情况

大学生就业难已经成为不争的事实，许多人认为这是大学扩招的必然结果。然而，问题的真正原因并不是单纯的数量，而是大学生素质的问题。根据国内著名企业对高校毕业生素质的反馈，高校现阶段的人才培养模式与单位需求之间存在很大距离。目前，企业在人才需求上普遍重视大学生的综合素质和发展潜能，譬如进取心、学习能力、团队精神、沟通能力、积极心态、道德修养等。同时，许多企业普遍反映，现在的大学毕业生缺乏对个人职业生涯的客观规划，没有定力，频繁跳槽。这中间虽有环境的原因，更多的则是个人的素质原因。为了更好地发挥高职教育为地方经济建设服务的作用，切实贯彻"以市场为导向"的人才培养模式，我们向珠三角地区用人单位发放了80份调查问卷，对大学生成功立足社会以及所需的综合素质情况进行专项调查，以全面了解社会各用人单位对大学生人才素质的具体要求。

1.1.1 被调查单位基本情况

本次调研一共向80家企业发放了问卷，成功回收有效问卷69份。经过我们的统计分析显示，在这些有效问卷中，被调查的用人单位的基本情况如下。

1. 用人单位的性质

如图1-1所示，被调查者中来自私营企业的占22%，国有企业的占20%，外商投资企业的占19%，股份制企业的占14%，其他单位（主要是政府机关和事业单位）的占14%，集体企业的占8%，而港澳台投资企业所占比例比较小，只有3%。这个样本结构是比较有代表意义的，根据我们在高职院校指导毕业生就业的经验来看，大部分的高职学生的确主要流向私营企业、国有企业和外商投资企业，其次是一些大型的股份制企业、政府机关和事业单位。因此，本样本结构基本符合高职院校毕业生流向的特点。

2. 用人单位所属行业

如图 1-2 所示，被调查单位中来自制造业的占 27%，金融业的占 24%，机关事业单位的占 17%，服务业和批发零售业的各占 8%，信息产业的占 6%，房地产业的占 5%，文教卫生行业的占 3%，建筑业的占 2%。这与珠三角地区的产业布局基本一致，在本次调研的展开地，制造业和与之相配套的金融业比较发达，基本上占接近 1/4 的比例。

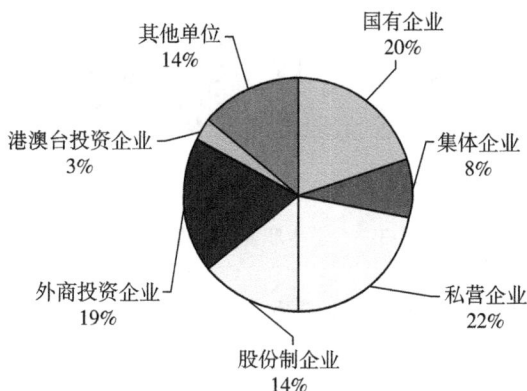

图 1-1 被调查单位的性质

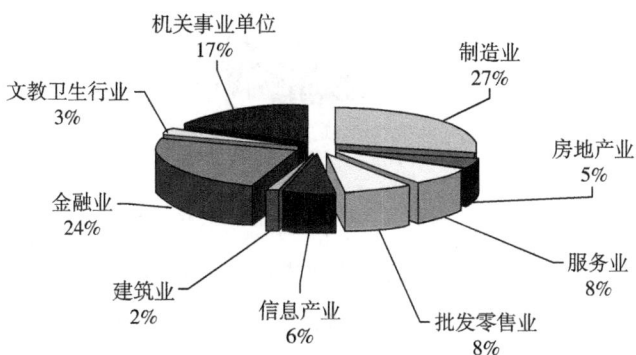

图 1-2 被调查单位的所属行业

1.1.2 用人单位对大学生职业规划的评价

用人单位经常向我们反映我们的大学没有一个清晰且客观的职业规划，这一问题导致学生就业盲目，对工作缺乏足够的兴趣和耐心，沉不下去，静不下来，总是这山望着那山高，造成跳槽频繁，难以有计划长期培养。对此我们进行了如下调查。

1. 大学生职业规划基本情况

调查结果如图 1-3 所示。

虽然大学生职业规划已经推行多年，但从用人单位的视角来看，我们有33%的学生依然是基本没有职业规划的，有56%的学生虽然有，但都不够清晰客观，常常出现定位不准、好高骛远的现象。所以如何将大学生职业规划教育真正落到实处就成为摆在我们面前的一个重要任务。

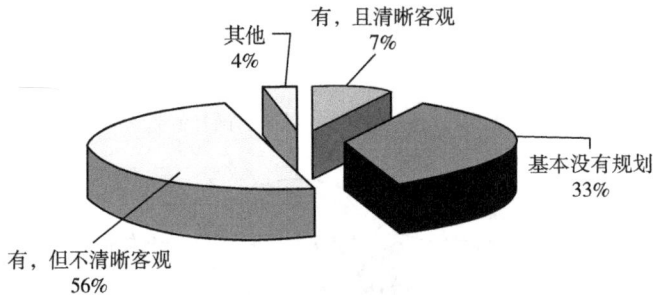

图1-3　大学生职业规划基本情况

2. 大学生职业规划中存在的具体问题

调查结果如图1-4所示。

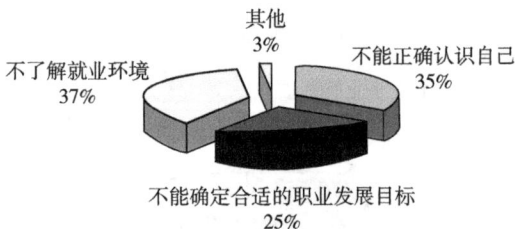

图1-4　大学生职业规划中存在的具体问题

从调查结果来看，大学生职业规划确实未能深入且卓有成效，不少同学依然是既不了解自己的特质，也不了解外部的就业环境，这样也就很难有针对性地确立切实可行又具挑战性的职业目标了。

1.1.3　用人单位对大学生成功立足社会的要求

我们认为大学生的就业能力是其成功立足社会的具体体现，而它依赖于两种个人能力。一种是专业技能，它是指为完成本专业或本岗位工作所具备的操作能力；而另一种是综合素质，是指一个人内在的思想素质、心理素质、身体素质以及对个人可持续发展起基础作用的非专业能力和素质。为了研究在大学生就业过程中两者所扮演的不同角色，我们设计了以下问题进行调查。

1. 大学生立足社会并有良好发展的主要取决因素是什么

对于这个问题的回答，结果如图 1-5 所示。

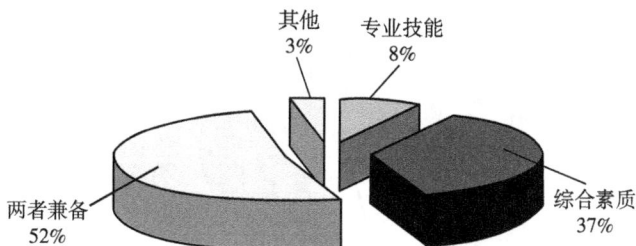

图 1-5 大学生立足社会并有良好发展的主要取决因素

从图 1-5 中可以看出，有超过一半的被调查者认为大学生能成功立足于社会并有良好发展的主要取决因素是具备综合素质和专业技能，即两者兼备；认为是综合素质的人数超过了 1/3。如果把这两项合起来，比例达到了将近 90%，也就意味着绝大多数人都意识到了综合素质的重要性，综合素质对大学生的发展是非常重要的。当然，专业技能不可忽视，毕竟一半以上的用人单位认为两者兼备是大学生成功的基础。

2. 您认为综合素质与专业技能对文科专业的大学生哪个更合适

调查结果如图 1-6 所示。

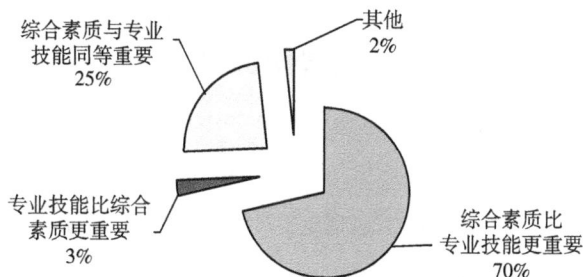

图 1-6 素质与技能对文科专业学生的适合性比较

被调查者认为综合素质比专业技能更重要的占到了 70%，这可能是由于文科生较多的是从事与人打交道的工作，更需要具备良好的人际交往能力和沟通能力等。

3. 您认为综合素质与专业技能对理科专业的大学生哪个更重要

调查结果如图 1-7 所示。

被调查者认为综合素质与专业技能同等重要的占据了 45%，但也有 44% 的被调查者认为专业技能比综合素质更重要，两者间只相差 1%。这样微小的差别一方面反映出理科专业学生的用人单位比对文科学生的专业技能要求更高，另一方面也至少说明，两者的差异似乎并不特别明显。将近半数的人认为两者同样重要就意味着对于理科学生而言，综合素质是不可或缺的。

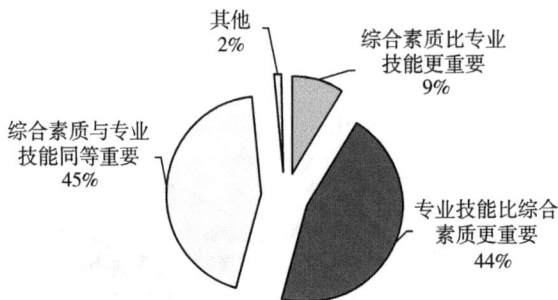

图 1-7　素质与技能对理科专业学生的重要性比较

对于以上两个问题，至少证明了一点：综合素质与专业技能对不同专业的大学生适合性是有差别的，各自所占比例是不同的，对文科专业的大学生来说更重要的是综合素质。但是对于理科的学生，综合素质也仍然有不可忽视的价值。

4. 您认为对哪种企业来讲综合素质比专业技能更重要

问题的调查结果如图 1-8 所示。

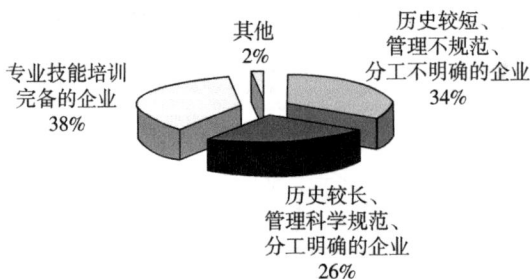

图 1-8　素质比技能重要对哪种类型企业适用

有将近 40% 的被调查者认为在专业技能培训完备的企业，综合素质比专业技能重要；有 26% 的被调查者认为是历史较长、管理科学规范、分工明确的企业；只有 2% 的被调查者认为是其他企业；另外，历史较短、管理不规范、分工不明确的企业，也有超过 1/3 的被调查者选择。

5. 您认为员工的哪些方面更容易通过培训提高

调查结果如图 1-9 所示。

有 70% 的被调查者认为员工的专业技能比综合素质更易提高。这可能是大部分被调查者觉得专业技能是本专业或本岗位工作所必需的操作能力，在企业通过培训、动手实践等锻炼可以在短期内得到提高。但是我们也要看到其他选项加起来也有 30%，这意味着有一部分的被调查者对综合素质的提高还抱有一定的希望。

两者皆可
16%

其他
3%

专业技能
70%

综合素质
11%

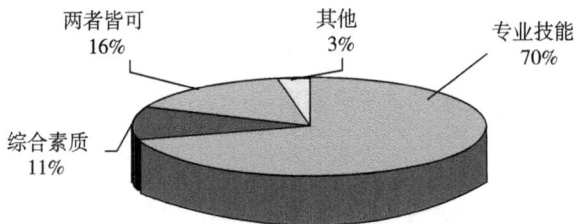

图 1-9　技能与素质易提高程度比较

6. 您认为高等院校对大学生培养的重点应放在哪儿

调查结果如图 1-10 所示。

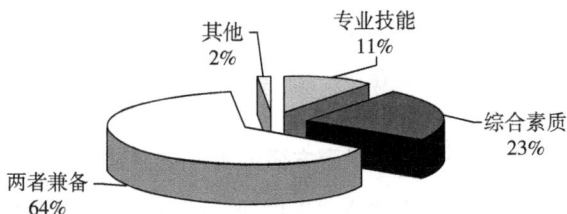

其他
2%

专业技能
11%

综合素质
23%

两者兼备
64%

图 1-10　院校培养大学生的重点

从图 1-10 中可以发现，超过 60% 的被调查者认为院校对大学生培养的重点应是专业技能和综合素质，即两者兼备；有超过 20% 的被调查者认为培养重点是综合素质。这两项合起来的比例超过了 80%，这就肯定了院校应对大学生进行综合素质培养的观点。只有 2% 的被调查者认为培养重点是其他，有 11% 的认为是专业技能。这两项相加总数不超过 20%，说明这并不足以影响高校培养大学生重点是综合素质的观点。

1.1.4　大学生综合素质的构成及培养

综合素质是一个人内在的思想素质、心理素质、身体素质以及对个人可持续发展起基础作用的非专业能力和素质。我们希望通过此次调查进一步明确大学生应具备的具体综合素质及其培养方式。对此我们对被调查者提出如下问题。

1. 您认为大学毕业生成功立足社会并有良好的发展应具备以下哪些素质（请按重要性排序）

调查结果如图 1-11 所示，大学生成功立足社会需具备的素质排位情况的数据是通过加权平均统计方法所得到的重要性排序。

从图 1-11 中可以看到，被调查者认为大学生成功立足社会并有良好的发展必须具备素质的重要性排序情况是：积极心态 > 诚信素养 > 学习能力 > 吃苦能力 > 有效沟通＞团队精神＞个人自信＞创新素质＞人际关系＞时间管理＞人格魅力＞其他。既然大学生是否具备这些素质对他们能否成功立足社会具有重要作用，我们在此不妨将它们定义为导向大学生成功的综合素质。

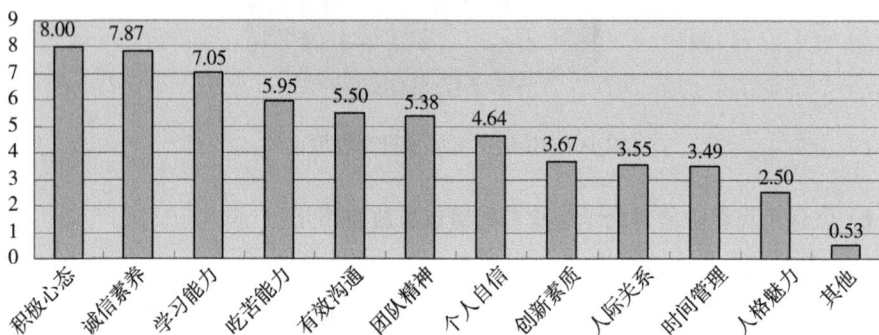

图1-11   大学生成功立足社会需具备的素质排位情况

2. 您认为大学毕业生最缺乏的是哪方面素质（请按缺乏程度排序）

调查结果如图1-12所示，大学毕业生最缺乏的素质排位情况的数据是通过加权平均统计方法所得到的重要性排序。

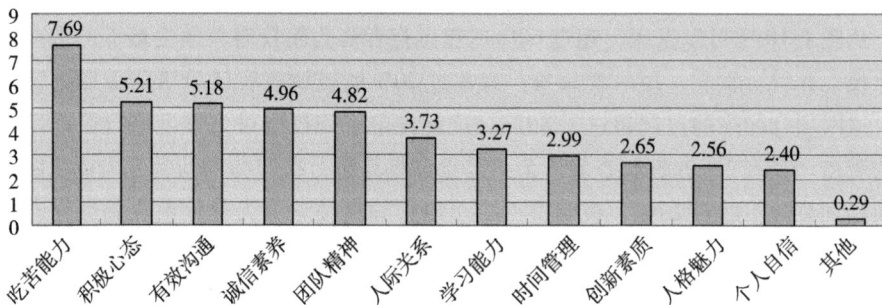

图1-12   大学毕业生最缺乏的素质排位情况

被调查者认为大学毕业生最缺乏的素质的缺乏程度排序情况是：吃苦能力＞积极心态＞有效沟通＞诚信素养＞团队精神＞人际关系＞学习能力＞时间管理＞创新素质＞人格魅力＞个人自信＞其他。

通过将以上两项调查结果进行比较，我们发现，被调查者对大学生需具备和最缺乏的素质内容评价的排序上非常相近，最值得注意的是，其中排在前5位最主要的素质是（不分先后次序）：吃苦能力、积极心态、诚信素养、团队精神、有效沟通。排在后6位的素质主要是（不分先后次序）：人际关系、学习能力、时间管理、创新素质、人格魅力、个人自信。这表明，大学生所具备的综合素质中导向成功的因素具有层次性，其重要性有着较大差异。

3. 您认为对在校大学生开设职业规划与成功素质训练课是否必要

调查结果如图 1-13 所示。

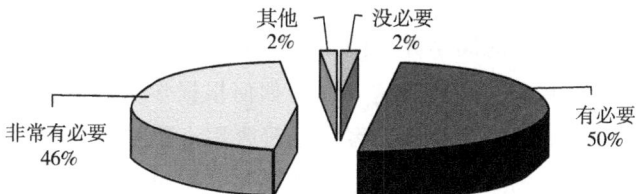

图 1-13　对大学生开设职业规划与成功素质训练课的必要性

从图 1-13 中可以看到，有 50% 的被调查者认为有必要对大学生开设综合素质训练课，有 46% 的企业认为非常必要对大学生开设综合素质训练课。两项相加达到了96%，这不仅显示了综合素质的重要地位，而且充分肯定了院校有必要对大学生开设综合素质训练课的论点。

4. 您认为大学生综合素质训练课应如何开设

调查结果如图 1-14 所示。

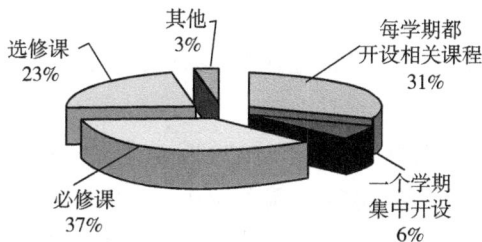

图 1-14　如何开设职业规划与成功素质训练课

调查结果中显示，有差不多 40% 的被调查者认为学校应该把综合素质训练课开设为大学生的必修课课程；有 30% 的被调查者认为应该每学期都开设相关课程。这两者比例比较接近，只相差 6%。有 23% 的被调查者认为应开设为选修课，有 6% 的被调查者认为应在一个学期集中开设课程。这四项共超过 90%，说明了开设综合素质训练课的方式主要是开设课程。至于是开设为选修课还是每学期都开设相关课程视具体情况而定。但也有可能以其他方式开设，如社会实践或企业实习，因为也有 3% 选择了"其他"，这是不可忽视的。

【小思考】

（1）看完这个关于大学生职业规划与成功素质的调查，你有什么感受吗？

（2）在接下来的大学学习生活中，你会有什么行动和改变吗？

1.2　成功与成功素质

关于职业规划，我们的同学并不陌生，因为教育部要求各院校必须要对学生进行职业规划辅导。目前的问题是这一课程如何根据学生的专业进行深化、落到实处，如何让学生能真正制定清晰、客观且符合用人单位及社会发展需要的职业规划。对此我们将在本书第 3 章"职业生涯规划"中重点讨论。目前同学们可能对于成功、成功学和成功素质还缺乏一个正确的理解，对此我们将在这一节共同讨论。

1.2.1　什么是成功

成功，是我们每个人所希冀的。无论我们处于社会的哪个阶层，生活在什么样的环境中，我们都希望能够超越自身所处的层次，实现自己的理想，过上梦寐以求的幸福生活。到底什么是成功呢？

关于成功，没有客观唯一的标准，不同的人会有不同的认识，以下是几种不同的理解。

（1）成功是每天进步 1%，不断地达成目标；成功是对家庭、社会、国家有所贡献；成功是每天快乐的生活。

（2）成功意味着许多美好的事物；成功意味着个人的欣欣向荣；成功意味着更好地享受生活；成功意味着获得赞美、赢得尊敬；成功意味着自由，免于各种烦恼、恐惧、挫折与失意的压迫；成功意味着追求生命中更多的快乐与满足，意味着胜利，意味着最大限度地实现自我价值。

（3）成功需要确立"三赢"的价值取向，所谓"三赢"就是达到"我好、你好、世界好"的理想状态。人生成功是把成功看作一个系统，由事业和感情两大领域构成。人生的成功不仅要讲事业的成功，也要讲感情的成功；不仅要讲潜能的部分发挥，而且要讲潜能的充分发挥；不仅要讲个体的自我实现，而且要讲个体对于环境和社会的积极意义。

关于成功的定义还有许多。但无论如何，成功都是通过个人的努力奋斗，实现于己、于人、于社会都有益的目标。成功虽然有一些外在的评价指标，但更多地取决于当事者的内在感受。成功绝不只是发大财、致大富、立大业。一个人的成功与他所拥有物质财富的多寡之间，并无必然的联系。世界上既有少年得志，也有大器晚成；既有万众瞩目的荣耀，也有清虚自守的安宁。在各自不同的领域和地域，只要自己努力了，建立起了不同层次和程度的功业，都应有自己的尊严和成就感。由于禀赋、性格、环境、机遇的差异，绝大多数人终其一生也不可能成为比尔·盖茨，但只要踏踏实实走好生活的每一步，每个人都可以成为无悔的成功者。

【课堂分享】

（1）在你心目中，成功意味着什么呢？

（2）你会经常品味成功的喜悦吗？为什么？

（3）你长这么大，哪一次的成功给你带来的喜悦最大？

【小组讨论】

（1）讨论题目：我最想要的成功是什么？

（2）小组讨论 15 分钟，每组汇报 1 分钟，汇报大家最欣赏和最有争议的成功。

（3）要求：在共同的学习中了解自己，了解他人，通过他人反观自己。

1.2.2 关于成功学

【小思考】

很多人学过经济学、管理学、统计学……你听说过"成功学"吗？你听说过下面这几位成功学大师吗？

戴尔·卡耐基、拿破仑·希尔、安东尼·罗宾、陈安之

每个人都渴望成功。但是在我们身边，很多人却总是一次又一次地失败，以至于订立的目标总是那么遥不可及，在屡遭挫败之后，渐渐失去了继续拼搏的勇气，最终在默默无闻中度过了自己的一生。其实，大多数人之所以总是不能摆脱失败的困境，总感觉找不到通向成功的道路，其原因并不在于能力的缺失，而在于缺乏正确的方法来指引。20 世纪兴起的成功学，正是针对上述情形而设立的一门科学，其宗旨在于唤醒人们意志中深藏的潜力，改变人们生活中的陋习，通过一些切实有效的方法去催化成功。经过几十年的实践证明，成功学确实实现了它的初衷，无数人通过培训端正了心态，掌握了方法，实现了他们的理想，过上了他们所向往的生活，同时也对社会做出了巨大的贡献。说到成功学不能不谈这四个人物，他们是戴尔·卡耐基、拿破仑·希尔、安东尼·罗宾、陈安之。

1. 第一代成功学大师——戴尔·卡耐基

在众多的成功学大师中，戴尔·卡耐基无疑是其中卓有建树的一位，他的声名遍及全球各地。卡耐基所开办的成功学课程使无数人走上了成功的道路，从而成为有成就的政治家、军事领袖、商人、专业领域中卓越的人……半个多世纪以来，越

来越多的人知道了卡耐基的大名,从西方到东方,卡耐基的著作被译成几十种语言,几乎世界上任何一个语种都有卡耐基的译著。无怪乎美国《时代周刊》这样评价他:"……或许,除了自由女神,他就是美国的象征!"

卡耐基是20世纪伟大的人生导师,他的成功靠的是他对人生深刻而超然的理解,靠的是他高超的智慧,靠的是不朽的管理思想,以及充满睿智而又富有涵养的交际语言艺术。卡耐基认为,人的潜能是无限的,关键就在于开发和挖掘,他把在平常的工作、生活、处世中表现出来的智慧以言传身教的方式惠施于人,为"如何走向成功"这一命题做了全面的注解。

如果对卡耐基的思想做一个深刻的总结,我们将不难发现,成功的关键其实并不在于你的出身、教育程度、经济基础,而在于你必须具有一种谨慎而又勇往直前的实践精神,必须用你的人生理念、用你的智慧、用你的管理思想、用你的语言进行伟大的人生实践。

2. 第二代成功学大师——拿破仑·希尔

在美国,拿破仑·希尔这个名字家喻户晓,由于他创造性地建立了全新的成功学,因此他在人际学、创造学、成功学等领域比卡耐基有着更高的地位。1883年10月26日,希尔出生于美国弗吉尼亚的一个贫寒之家,这是一个深谙教育孩子去争取成功、激励孩子获得成就的家庭。18岁时,他正上大学,并为一家杂志社工作,他有幸被派去采访钢铁大王卡内基。卡内基很快发现了在希尔身上的创造性,他征询希尔是否愿意从事对美国成功人士的研究工作。"非常愿意。"希尔当即回答。卡内基不愧为一位可敬的导师,他拿出了大量的时间与希尔讨论成功学问题,并利用私谊写信给美国政界、工商界、科学界、金融界取得卓越成绩的高层人士,介绍希尔与他们相识。在以后的20年中,已经获得博士学位的拿破仑·希尔访问了包括福特、罗斯福、洛克菲勒、爱迪生、贝尔等著名人士在内的500多位成功者,并进行深入的研究。在整整20年后,他完成了划时代意义的8卷本《成功法则》。

这部书成为激励千百万人获得财富和权势的教科书,同时希尔也成为美国社会享有盛誉的学者。此后希尔成为美国两位总统——伍德罗·威尔逊和富兰克林·罗斯福的顾问,他影响了两位总统所做的决定,而这些决定又影响着美国历史的进程。

数年后,他辞谢官职,集中全部精力从事著述,1937年希尔完成了《思考致富》[⊖]一书,这部名著至今已拥有1 000多万读者。1960年,希尔与他事业的接班人克

　　⊖　本书中文版已由机械工业出版社出版。

莱门特·斯通合著出版了《人人都能成功》。此书激励人们通过纠正意识、性格和生活习惯上的缺点，来获得人生的财富。它又为希尔赢得了极大的荣誉和尊敬。在美国政商两界中，金钱和权势的角逐成功者，没有谁没有受到过拿破仑·希尔成功学的恩泽和影响。美国的第 26 任总统西奥多·罗斯福、第 27 任总统霍华德·塔夫脱、第 28 任总统富兰克林·罗斯福、第 32 任总统伍德罗·威尔逊、汽车大王亨利·福特、石油大王洛克菲勒、出版大王海夫纳、柯达公司总裁伊斯曼等人都是拿破仑·希尔成功学的印证者、受益者和支持者。印度圣雄甘地与希尔博士会面并读了他的著作后，下令全国学习拿破仑·希尔的成功学，希望借此帮助印度脱离贫穷。虽然甘地这个愿望未能实现，但不知多少印度富豪皆因此而诞生。

对于希尔的成就，卡内基非常赞赏，他说："我一生的最大成就之一，是帮助希尔完成了他的成功学，这比我的财富更重要，他的成功学，是一个'经济的哲学'，是异于苏格拉底、柏拉图与传统西方思想史的哲学体系，它不仅是一个帮助人脱离贫困、实现经济富裕的方法，更是一门帮助人建立完善人格、享受丰盛人生的大学问。"

大发明家爱迪生曾经写信给希尔："感谢您花了这么长的时间完成成功学，这是一个很健全的哲学，追随您学习的人，将会获得很大的收益。"

3. 第三代成功学大师——安东尼·罗宾

安东尼·罗宾本来是一名贫穷潦倒的小伙子，26 岁时仍然住在仅有 10 平方米的单身公寓里，洗碗盆也只能在浴缸里洗，生活一团糟，人际关系恶劣，前途十分暗淡。然而自从他发现内心蕴藏着无限的潜能之后，生活便开始大为改观，成为一名充满自信的成功者。

后来，他成了一位白手起家、事业成功的亿万富翁，是当今世界最成功的潜能开发专家。他协助职业球队、企业总裁、国家元首激发潜能，渡过各种困境及低潮。他的著作在全世界已有数十种译本，受益的人不计其数。安东尼·罗宾现已出版的主要著作有《激发心灵的潜能》《唤醒心中的巨人》《一分钟巨人》和《巨人的脚步》等书，这些著作在美国以及已有译本出版的国家或地区，都已成为最佳畅销书，录音带更是有声产品销售的第一名。

冠军永远是属于那些不断进步并且保持巅峰状态的人，安东尼·罗宾是各行各业巅峰战士的终极教练。

4. 第四代成功学大师——陈安之

陈安之，1967 年 12 月 28 日生于中国福建省，12 岁随亲戚到美国读书，开始边工作边读书。他曾经做过 18 份工作，卖过菜刀，卖过汽车，卖过巧克力，当过餐厅服务员……可是他的存款还是为零。

直到 21 岁，陈安之遇到了人生中的第一位恩师——世界潜能激励大师安东尼·罗宾。此后，他个人的特长、天分和强烈的爱心获得了真正的释放。

安东尼·罗宾的一句话，改变了陈安之的命运："这个世界上赚钱的行业很多，但是没有哪一个行业可以比得上帮助别人成功和帮助别人改变命运更加有价值、有意义。"从此陈安之立下了以最短的时间帮助最多人成功的志向。

陈安之回到祖国，看到祖国这样日新月异的发展，看到这么多人对他这样的亲切，他再次立下第二个目标——要把他在海外学到的所有成功学知识，毫无保留地告诉给中国的每一个人，希望中国由于更多人掌握了先进的成功学知识，在 21 世纪成为世界强国！

目前，陈安之在国内已出版了《卖产品不如卖自己》《创业成功的 36 条铁律》《如何做个赚钱的总裁》《把自己激励成"超人"》（以上均赠送 CD）《自己就是一座宝藏》《为成功改变环境》和《跟你的产品谈恋爱》等书籍，出版了《陈安之推销法则》《陈安之创业法则》《陈安之领导法则》和《陈安之人才法则》等 VCD。他的著作、他的录音、他的课程内容都被人疯狂地收藏。其独特的魅力和智慧，也随着一本本书、一张张碟、一段段广播与电视、一张张海报，悄悄地在中国大地上传诵着。

四位成功大师的成功学可分为两种风格，一种是戴尔·卡耐基和拿破仑·希尔，他们的成功学以科学、理性著称于世，而安东尼·罗宾和陈安之则以激情和潜能中外闻名。两种风格各有千秋，但本书作者建议取两者之长，补两者之短，相比而言，作者更倾向于前者的理论、观点和方法。

【课后训练】

在戴尔·卡耐基、拿破仑·希尔、安东尼·罗宾、陈安之四位成功学大师中，你最推崇哪一位，选一本他的书作为我们的配套参考书来阅读，相信会给你带来很大帮助。

1.2.3　成功素质

【小思考】

（1）你了解了成功、成功学，你平时也总听到"综合素质"这个词，那我们这本书所说的成功素质是什么呢？

（2）你是否能说出"知识、能力、素质"之间的区别呢？

1. 知识、能力、素质

我们还是先说说"知识、能力、素质"吧，关于三者之间的区别和联系有许多不尽相同的解释，我们这里给出的是一家用人单位在做人才招聘测评时考核的主要因素，相信会对你有所启示：

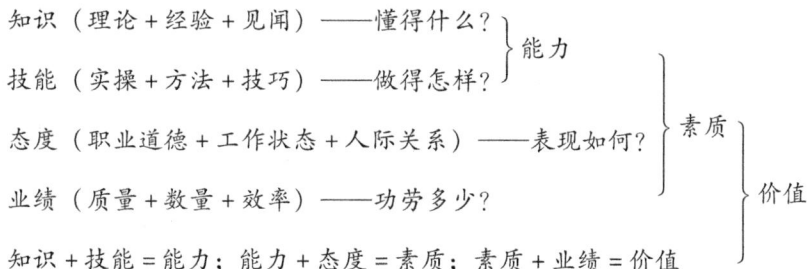

知识（理论＋经验＋见闻）——懂得什么？　┐
技能（实操＋方法＋技巧）——做得怎样？　┘能力　┐
态度（职业道德＋工作状态＋人际关系）——表现如何？　┘素质　┐
业绩（质量＋数量＋效率）——功劳多少？　　　　　　　　　　┘价值
知识＋技能＝能力；能力＋态度＝素质；素质＋业绩＝价值

从中可以看出，企业需要的是对他们最有价值的人。什么是最有价值的人呢？是那些素质好、业绩高的人。但我们也可以看出，素质确实包罗万象，正如有些人所说"素质教育是个筐，什么东西都能装"，这样综合素质就成了一个"大而全"的知识与能力的综合体，因为不能聚焦，所以很难操作和把握。素质教育已推行了多年，但从实践来看，各高校往往是通过举办各种各样的素质拓展训练活动来提高学生素质，虽然取得了一定效果，但往往是治标不治本。因为未能形成一个科学、系统的理论框架，对此，我们根据企业的要求和大学生的实际情况提出了"成功素质"这一概念。

2. 成功素质的内涵

因为"素质"包含了知识、技能和态度，现行的高等教育对知识的教育已经很成熟，而高职教育对专业技能的训练也卓有成效。造成不少大学生综合素质不高的主要因素集中体现在专业技能之外的通用能力，以及影响工作状态的个人态度方面。为此我们根据对用人单位关于大学生职业规划与综合素质调查的结果，从"大素质"这个概念中提炼出影响大学生成功立足社会的非专业的共性因素，以此构建"成功素质"这一可操作的体系。

我们在充分调查、分析、研究和实践的基础上，提炼出 10 项素质作为大学生成功训练的必备内容。这一体系是以大学生职业规划为起点（因为成功对于大学生来讲并不取决于目前站在什么地方，而是取决于下一步迈向哪里），以大学生就业能力为落脚点（因为没有就业就不能生存和发展，成功更无从谈起），从起点到落脚点，中间还有 10 项素质需要进行训练，它们是：增强个人进取心、建立诚信素养、培养积极心态、科学管理时间、提高学习能力、培养个人自信、学会有效沟通、培养合作能力、增强创新能力、提高解决问题的能力。这一体系如图 1-15 所示。

```
                            ┌──────────┐
                            │ 建立诚信素养 │
                            └──────────┘
                            ┌──────────┐
              ┌──────┐  ┌→│ 培养积极心态 │
              │ 基础篇 │─┤  └──────────┘
              └──────┘  │  ┌──────────┐
                        └→│ 科学管理时间 │
                            └──────────┘
  ┌──────┐              ┌──────────┐
  │增强个人│              │ 提高学习能力 │
  │进取心 │              └──────────┘
  └──────┘  ┌──────┐  ┌──────────┐      ┌──────┐
┌──────┐ + │ 成长篇 │─┤ 培养个人自信 │      │户外拓展│
│ 规划篇 │   └──────┘  └──────────┘  ┌→│ 训练 │
└──────┘  ┌──────┐  ┌──────────┐  │  └──────┘
  │规划职 │              │ 学会有效沟通 │  │
  │业生涯 │              └──────────┘ ┌──────┐ +
  └──────┘              ┌──────────┐ │ 就业篇 │
                        │ 培养合作能力 │ └──────┘  ┌──────┐
              ┌──────┐  └──────────┘  └→│提高就│
              │ 成熟篇 │─┤ 增强创新能力 │    │业能力│
              └──────┘  └──────────┘    └──────┘
                        ┌──────────┐
                        │提高解决问题│
                        │ 的能力  │
                        └──────────┘
```

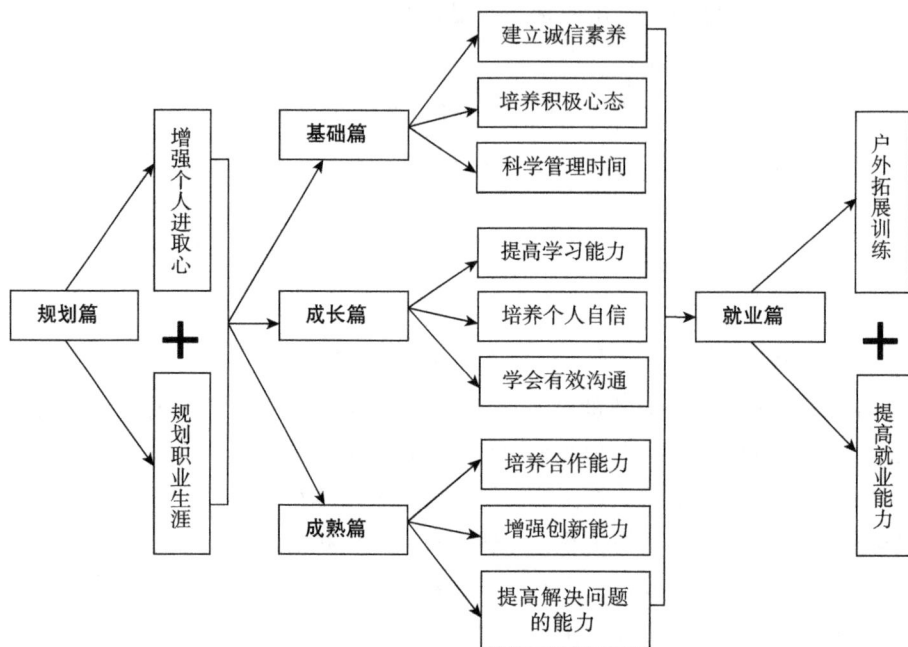

图 1-15　职业规划与成功素质训练体系

1.3　成功素质训练指南

当代大学生为什么需要进行成功素质训练，进行哪些方面的成功素质训练以及如何进行成功素质训练，这是大学生、教师、家长、用人单位以及学校和社会都普遍关注的问题。

1.3.1　成功素质训练的目的

目前我国的高等教育是以专业学科为体系，对学生主要注重专业知识和专业能力的培养，而对大学生的成功素质教育却未能进行系统地规划和有效实施。为什么数千名大学生参加非法传销？为什么经过十几年的寒窗苦读，许多大学生竟发出"毕业就是失业"的感叹？为什么相当比例的大学生存在心理问题？为什么不少大学生智商很高而情商很低？为什么有人消极悲观，尚未行动就给自己设限？为什么有人满腔热情却只有三分钟热度，不能持之以恒？为什么有人受到挫折，会一蹶不振？为什么有人则屡战屡败，不能掌握成功做事的方法？为什么大学生在人际关系、有效沟通、团队合作等方面的技能非常贫乏？这一切，究其原因，是缺乏系统、规范、科学的成功素质教育和训练。综上所述，推行大学生成功素质训练有以下目的。

1. 让成功素质训练帮助大学生树立科学理性的成功观念

一些大学生把理想前途庸俗化成"理想钱途",把找到一份高薪工作当成人生的最大目标,把成功局限于发大财、致大富。怀揣如此抱负,面对传销一夜暴富的诱惑,主动投其怀抱。目前社会上一些人传播的成功学推崇精神胜利法,同时也标榜发财致富是人生成功的唯一目标,不是科学地、理性地分析和研究成功的基础、步骤和方法,而是从精神上俘虏人们,让那些急于成功、渴望发财的大学生对他们所谓的成功学顶礼膜拜,成为庸俗成功学的虔诚教徒。本课程就是要转变大学生世俗偏颇的成功思想,树立科学理性的成功观念。

2. 让成功素质训练成为全面提高学生综合素质的有效途径

素质教育已推行了多年,但从实践来看,各高校往往是通过举办各种各样的素质拓展训练活动来提高学生素质,虽然取得了一定效果,但往往是治标不治本。因为未能形成一个科学、系统的理论框架,未能从学生的思想根源中去解决问题,因而大学生的思想素质和心理素质未能全面提高。当然各校都有必修的思想品德课,但这种课往往采用一种令学生厌倦甚至抵触的传统说教的方式,不能引起学生共鸣和感悟,最终效果难尽人意。而推行科学的成功素质教育则是针对此问题全面提高学生综合素质的一条有效途径。

3. 让成功素质训练成为大学生心理健康的重要保证

几乎所有学校都设置了学生心理咨询机构,它的成立确实收到了应有的效果。但仅此而已还是远远不够的,如何防患于未然而不只是亡羊补牢,如何给学生营造一个师生之间、学生之间进行心灵沟通的平台则是我们要思考的关键问题。而成功素质教育正是侧重于健康心理、健全心智、完整人格的塑造,并通过科学、理性、全面、系统且令人信服的步骤和做法让人们养成成功的习惯,达成成功的目标,从而在根本上保证大学生的心理健康。

4. 让成功素质训练切实提高大学生的就业能力和就业质量

日益激烈的就业竞争激发了部分学生急于就业、创业的心理,各高校开展的就业辅导对学生而言很大程度上是临时抱佛脚,是一顿囫囵吞枣的快餐。既未能从入学始就进行职业规划辅导,进行职业生涯设计,又未能对已确定的职业目标制定相应的策略和保证措施。更多的学生是空有一腔热情,却往往是三分钟的热度,不知道如何处理学业与就业的关系,没有进行科学的成功素质训练,没有能力保证自己的目标得以实现。因而成功素质训练既要解决大学生职业规划的问题,又要从心智和方法上解决如何达成职业目标的问题,使成功素质训练成为指导大学生学业与就业的必修课,以切实提高大学生的就业能力与就业质量。

1.3.2 成功素质训练的内容

1. 增强个人进取心

卡耐基曾说过:"有两种人绝不会成大器,一种是非得别人要他做,否则绝不主动做事的人;另一种人则是即使别人要他做,也做不好事情的人。"只有那些不需要别人催促,就会行动起来,而且不会半途而废的人才能成功,这一类人懂得要求自己多付出,而且做得比别人预期的更多。卡耐基的话告诫我们:进取心,是实现目标不可少的要素,它会使我们不断进步,使我们受到关注并给我们带来好机会。拥有进取精神的人,不但能够达到自己事业的高峰,而且还能够勇敢地面对与他人的竞争,并做到靠自己的不断进取获取竞争中的优势。

2. 职业生涯规划

就业是每一个大学生乃至整个社会关注的焦点,也是大学生是否成功的一个标志。为了使走出校门、步入社会的大学生面对职业人生不再迷惘徘徊,不再一起步就选错航向,引导大学生进行职业生涯规划就成为大学生成功素质训练的首要内容。有了人生的职业目标和规划,接下来的问题是如何使之成为现实,成功素质训练则成为当代大学生必须接受的教育和培训。职业规划绝不只是协助大学生按照自己的资历条件找一份工作,达到和实现个人目标,更重要的是尽其可能地规划未来职业发展历程,考虑个人的价值、智能、兴趣以及助力和阻力,为自己定下事业大计,拟定一生的方向,进一步详细估量内外环境的优势和限制,在"衡外情,量己力"的情况下设计出各自合理且可行的职业生涯发展方向。规划的目的,不见得是让每个人"成大功,立大业",其最终目的是"择其所爱,爱其所择,人尽其才,才尽其用"。

3. 建立诚信素养

诚信是一种美德,也是成功的敲门砖。要获得别人的重视,你首先应该做到诚信。欺骗别人的人,最终被欺骗的是自己。任何时候都保持一颗诚实的心,不但可以在讲究信用的当代社会占有立足之地,而且会使自己的生活变得丰富多彩。但现在大学生中流行这样一句话:"诚信是为了不损人,不诚信是为了不损己,撒谎的人多了,诚实就成了对自己的一种伤害。"相信在当今这种竞争激烈、硝烟弥漫的社会里,好多人都把它奉为信条。但是诚信可能损了私利但得了人心,不诚信可能保了私利却失了人心。面对大学生考试作弊屡禁不止,助学贷款到期不予归还,言行不一,表里不一,投机取巧,或者以欺骗的手段制造泡沫自荐书,对用人单位不履行承诺、不遵守信用这一状况,对大学生进行诚信素养教育势在必行。

4. 培养积极心态

拿破仑·希尔曾经说过：人生成败在心态。现实中的无数事例也印证了这一点。心态是指人们对待事物的心理态度，心理态度就是人的意识、观念、动机、情感、气质、意志、兴趣等心理状态的意向，它是人的心理对各种信息刺激做出反应的趋向。我们应训练大学生努力培养积极心态。积极心态就是主动的自我意识、明确的自我价值观念和良好的自我状态以及优秀的自我心理品质等与复合心理素质的综合体。有了积极的心态不一定能保证事事成功，但它至少可以改善一个人的生活，若没有积极的心态则一定不能成功。

5. 科学管理时间

很多人都知道时间不只是金钱，时间比金钱更有价值，时间就是生命。但人们往往重视生命，乐于理财，而忽略了时间的管理。指导学生进行科学的时间管理就是让时间的投入与个人目标相关联，从而实现以最小的代价或花费，获得最佳的结果。很多学生不知道时间管理是一门学问，经常是没有计划、不分轻重缓急、眉毛胡子一把抓、没有养成良好的习惯、不能排除外部的干扰，从而浪费了大量时间。在国外关于时间管理的课程是在小学低年级就作为必修课进行学习了，因为时间是每个人手上掌握的最重要的也是最公平的资源，成功者往往是时间的主人，而失败者则是时间的奴隶，因而大学生必须掌握时间的管理原则和具体方法。

6. 提高学习能力

现在的大学生正处在一个急剧变革的年代、一个不断创新的年代、一个飞速发展的年代。科学技术的发展迅猛向前、日新月异，令人眼花缭乱、目不暇接。怎样适应社会的变革？怎样发展自己？当今时代唯一持久的竞争力就是你拥有比他人学得更快更好的能力，这已经是一个不争的事实。大学生要想适应社会的变革，赶上时代的潮流，就必须在提高学习能力上下功夫。学习能力，就是以最快捷的速度、最简便的方式、最有效的形式获取准确的知识和信息。在市场经济条件下，谁能最先获取知识和信息并具备实践新知识的行动能力，谁就占有先机和主动。

7. 培养个人自信

爱默生说："自信是成功的第一秘诀。"当然诗人的语言不一定非常具有理性，但是自信对人成功的重要性可见一斑。正如居里夫人所说："人应该有恒心，尤其要有自信心。"一个人没有自信就会自卑，看不到自己的优势；相反，一个人若有很强的自信，在他的面前几乎没有任何跨越不过的难关，因为他充分相信自己的能力，就会全心投入，使原本不可能的事变为可能。我们通常所说的自信就是自己信得过自己，自己看得起自己。别人看得起自己不如自己看得起自己。人们常常把自信比作发挥主观能动性的闸门、启动聪明才智的马达，这是很有道理的。但是目前有为数不少的大学生缺乏自信，特别是走向社会面对求职单位时更为明显，因而在校期间的自信心训练就成了帮助他们成功就业的必修课。

8. 学会有效沟通

很多人都有一个信念：只有知识才是经济与事业的酬劳。但经过若干年的职业生涯，体味了人生的艰辛，深感生活难以驾驭后，才慢慢悟出一个道理，那些事业上获得成功的人，除了知识以外，还具备了一项重要的生活技能，善于讲话、善于沟通、善于影响和改善他人的思想、推销和出售自己观点。沟通的对象无所不在，沟通的内容包罗万象，沟通的形式五花八门，因而掌握沟通的艺术和技巧可以帮助大学生在校与同学、朋友和老师有效地沟通，在企业和同事、上司、客户等有效地沟通。

9. 培养合作能力

面对社会分工的日益细化、技术及管理的日益复杂，个人的力量和智慧显得苍白无力，即便是天才个人，也需要他人的帮助，唯其如此，才能创造事业的辉煌。像 Windows 2000 这样产品的研发，微软公司有超过 3 000 名开发工程师和测试人员参与，写出了 5 000 万行代码。如果没有高度统一的团队精神，这项浩大工程根本不可能完成。因而让大学生学会与人相处、培养团队合作能力是走向社会前的必修课。大学生要学会从崇尚个人英雄主义转向团队合作精神，学会相互尊重与关怀。懂得通过诚信、负责与谦虚建立起别人对自己个人品质的信任；通过个人对专业知识和技能的学习建立起别人对自己专业能力的信任，并在此基础上培养团队合作的能力。

10. 培养创新素质

长期以来由于受应试教育的影响以及大学专业设置太细、知识面窄、技能方面训练不够、不注重思维方法训练等诸多因素，许多大学生创新精神不足，创新能力不强，创新素质不高。在一项 82 家企业对大学生评价的调查中，诸如与创新素质有关的"运用专业知识能力""分析问题能力""创造性思维能力""独立工作能力""动手操作能力"等各项能力水平 50% 以上都处于"一般"水平，而处于较低水平的还占很大比例。这种现状与时代发展对大学生素质要求是极不相称的。目前中国人才与世界人才的三大差距是"诚信、创新和应用"，这使国内各企事业单位对人才的要求也将创新能力排在了首要或前列的位置上，由此看来，大学生创新素质的培养必须得到各方面的高度重视。

11. 提高解决问题的能力

解决问题的能力是从所有职业活动的工作能力中抽象出来，具有普遍适用性和可迁移性的一种核心技能。它是指能够准确地把握事物发生问题的关键，利用有效资源，提出解决问题的意见或方案，并付诸实施，进行调整和改进，使问题得到解决的能力。它是从事各种职业活动都需要的一种方法能力。在现实工作中，尤其在企业工作，人们是非常重视一个人解决问题的实际能力的。可以说"文凭是入门的通行证，解决问题的能力才是生存和晋级的许可证"。能解决"大问题"的就是"大人才"，能解决小问题的就是"小人才"，能解决专业问题的就是"专业人才"。

12. 提高就业能力

如果说高考是对一个中学生"十年寒窗"学有所成的重要检验，那么"就业"就是对一个大学生学海生涯是否成功的重要衡量。铁饭碗的真正含义不是在一个地方吃一辈子饭，而是一辈子到哪儿都有饭吃。如果你能够在大学期间对前面提出的各种素质或能力进行认真、持续的训练，我们认为成功的就业则是水到渠成。你若能掌握寻找空缺职位、撰写求职信和简历的基本技巧，并能在面试过程中成功运用积极心态，表现诚信素养和吃苦精神，进行有效沟通，建立人际关系，发挥创新能力和团队精神，施展人格魅力，我们有理由相信你一定会获得最后的成功。

成功方法学习
成功人士的 22 种习惯与风格

一个人之所以能成功，一个人之所以与众不同，真的不是因为他读了多少书，而是要看他的性格、习惯、行为和内在驱动力，这往往决定一个人成就的大小。你要想做一个成功的人，成为别人尊重的人，那就坚持和养成以下22种习惯与风格吧！长此以往，你将大获成功。

1. 定目标，达目标

一个没有目标的人，就好比大海中航行的船只没有指南针的指引，永远靠不了岸。学会每年、每月、每周、每天给自己制定一个切实可行的目标，并尽自己最大的努力去实现，天天坚持。一年后，三年后，五年后，你将会积累一个大大的、成功的目标，你自己也将会为你的付出而感到骄傲。

2. 尽可能多地帮助他人成功

帮助一个人，需要有付出的心态，需要有爱心，当然也需要有助人的能力。社交的本质就是不断用各种形式帮助其他人成功，共享你的知识与资源、时间与精力、友情与关爱，从而持续为他人提供价值。一定要记得：帮助他人其实是在帮自己。你将会获得更多的快乐、友谊、关爱和宽容。

3. 不停息地编织人际关系网

人际关系同样是生产力，更是快乐的源泉。因此，为了拥有更宽广、更具层次的人际关系，你要给自己列人际关系打造计划，比如领导圈、运动圈、音乐圈、时尚圈、管理圈、美食圈、旅游圈等。在各种不同的圈子里都要有一两个自己最知心、最了解、最和谐的朋友，因此，不管你遇到什么困难，要办什么事情，都有朋友能帮助你。

4. 定期与朋友沟通，联络感情

朋友不是在要利用他时才想起的。因此，编织好自己的人际圈子，并不断扩大的同时，要定期与自己圈子里的朋友保持联系，比如打球、看电影、喝咖啡、吃饭、结伴旅行、沟通聊天、做有益的事情。常来常往，朋友之间才会感情更深厚。

5. 勇敢和自信

一个成功的人，一定是一个勇敢的人、自信的人。具有勇敢和自信的品格，一定会使你在职场攻无不克，战无不胜，创造神奇。所以，要不断修炼你的自信心和勇气，让自己在做事的时候、在创业的时候，更能把握机会，创造成功。

6. 尊重他人

人与人之间是平等的，没有职务高低之别，没有钱多钱少之分，高低贵贱人格平等。因此，一个时常能尊重他人的人，一定能赢得他人的尊重。切忌居高临下，目中无人。谦虚的心怀是人际的通行证。

7. 凡事百分之百准备

成功是属于有准备的人。做任何事、见任何人之前，都要做足充分的准备。准备好你的心态，准备好你的时间，准备好你的精力、资料、知识，这样你将会获得更有准备的成功。

8. 养成列清单习惯

对每天的工作、重要的事情、约见的客户，一定要按时间、轻重缓急的顺序列一个清单，并在计划的时间内完成，养成做事有条理、专注、坚持的好习惯。

9. 坚持每天看书 30 分钟

书中自有黄金屋。坚持读书，读精品书，并能静下来思考，不断扩充知识面，提升见识，做到每天点点滴滴地积累，有朝一日就会获得一日千里的长进。

10. 学会分享

做一个善分享的人。你的心得、才华、能力、经验、感知、经济、新闻、意识、激情都要及时向好朋友分享，分享也是提升自己能力的一种成功法宝。

11. 注重工作质量

做事情、干工作不在于做到多少，更在于做有意义、有价值的工作。因此，平常形成高品质的工作风格，提升自己的工作效率，实际等于在提升工作绩效。

12. 凡事及时跟进

对上司、朋友、同事、部属、亲友、家人交代过的事，相互知晓过的人和事，都要保持及时跟进，不能没有下文，不了了之；要给对方一个满意交代和回复，才能获得他人的信任。因此，有效跟进也是必备的做事风格。

13. 做人讲诚信，做事讲责任

平时保持做人的诚信，一言九鼎，兑现承诺，对做不到的事也要告之朋友，并客观说明理由。做任何事都要负起责任，养成负责的习惯，别人同样会对你负责。

14. 每天运动一小时

生命在于运动。每天做一小时有氧运动，比如晨练、饭后慢跑或打羽毛球等，活动活动经络，舒松舒松骨头，使自己的精神更愉悦，身体更健康。身体是革命的本钱。

15. 经常找某方面比自己更厉害的人交流学习

孔子云：三人行必有我师。多与比自己某方面更厉害的人学习、讨教、沟通交流，你将会获得更多的资讯、能力和知识，从而使自己更有才华。

16. 养成每天朗诵 10 分钟的好习惯，提高"语言流利程度"

坚持朗诵，会提高自己的"语言流利程度"：一种可以与任何人，在任何情况下都自信沟通的能力。这是许多成功人士的共同特征。因此，每天给自己 10 分钟，获得更好的表达技能，使自己在公众场合有更自如的表达和沟通。

17. 养成说真心话、做真实人的好品格

真诚是人际沟通的通行证，打破沉默最好的方式就是说心里话。因此，确保自己做事凭良心，讲诚信，讲真话，做实事。这样你会获得更好的人际，更真诚的友谊。别人见到你，同样会回报给你真心和诚意。

18. 保持倾听的好习惯

成功人士，有着良好的沟通技能。沟通的技能不是在于你多会说话，更要会善听，要能听懂对方的意图、想法和目的。这样才能更好地理解别人，才能被他人理解，才能达成和谐的沟通。

19. 保持专注、专业

成功的人都是专注的人，都是专业的人。这世界上只有专家才是赢家。简单的事重复地做，就可能成为专家，而重复的事能开心地做就更是专注的赢家。保持专注，提升专业，做人生的赢家。

20. 建立自己的品牌美誉度

产品要获得消费者的认可必须靠卓越的品牌。一个人要获得亲朋好友、上司、同事和部属的认可同样靠卓越的个人品牌。因此，个人品牌需要经营。良好个人品牌的树立，需要让自己每天必须做好四讲：讲诚信、讲品格、讲礼貌、讲实效。

21. 谦虚谨慎，不骄不躁

满招损，谦受益。做人做事谦虚，就会获得更好的资源、更好的理解、更好的认同。傲慢是一种病，它会让你忘记真正的朋友，忘记朋友的重要。保持谦虚，帮助其他人和你一起进步，甚至超过你，都是谦虚的心怀。

22. 每天保持愉悦平和的心态

宛容生和气，和气生财。因此，先解决心情，才能做好事情。好心态、好心情才会有好人际、好友谊、好前程。

资料来源：https://wenku.baidu.com/view/f6237b20ccbff121dd36838f.html.

成功素质训练

课堂辩论：人生是应该"成大功，立大业"，还是"淡泊名利，平淡是真"？

【观点参考】

按照中国人的文化，淡泊名利肯定是褒义词，而追逐名利自然是贬义词。从人们的成功观中可以看出，有些人是不断进取、高歌猛进；有些人则生性淡泊、知足常乐。前者看后者是不思进取、贪图安逸；后者看前者则是追名逐利、不懂淡泊。对此，作者的观点是当一个人有了名利之后才有资格去谈淡泊，没有名利说淡泊那叫"吃不到葡萄说葡萄酸"。名利是人的欲望使然，欲望可以使人成就大的事业，也可使人欲火烧身。以合理、合法、公正、公平的方式追名逐利，在一定程度上对个人、对社会都会有益，但它需要一定的度，因而在确定成功观时，对于富贵强者，要知足常乐，知足方能安泰，安泰方能惜福；对于贫穷弱者，则要高歌猛进，不断进取。你的观点是什么呢？

增强个人进取心

⚓ 名人名言

进取心是一种极为难得的美德。

——拿破仑·希尔

有两种人绝不会成大器，一种是非得别人要他做，否则绝不主动做事的人；另一种人是即使别人要他做，也做不好的人。

——戴尔·卡耐基

⚓ 故事分享

2017 年的 7 月，在这样一个毕业季，人民日报、共青团中央等微信公众号分别刊发文章"沉睡中的大学生：你不失业，天理难容！"，究竟怎么回事？请看下文。

不知道从什么时候开始，"学霸""学渣""学弱"等一些名词开始流行。那些年，你认为高考分数将决定你一生的命运，于是你拿着自己的高考成绩寻找自己梦想的大学，把分数当作赌注，与梦想一决高下。可是后来，怎样了呢？

这些场景，你是否觉得熟悉？

上课时，清醒没有发呆的多，发呆没有睡觉的多，睡觉没有玩手机的多；下课时，自修没有吃零食的多，吃零食没有看连续剧的多，看连续剧没有玩游戏的多。如此这般，就业时的失败怎能不比成功多？

考试时，不给范围就不会考试，给了范围也只是复印同学准备的答案。你如果是老板，会雇用你自己这样的员工吗？

毕业前，你说上大学前填报志愿时不知道自己的兴趣特长，但是大学毕业找工作了，同样不知道自己的兴趣特长。自己都不认识自己，还有谁能认识你？

专业课时，学技术不肯动手，学理论不肯动脑。等待你的除了失业还能是什么？你说，你修完了"计算机基础"，但真实水平却连PPT都做不好。你的竞争力在哪里？

你说，你修了两年英语，然而你的水平却连与外国人日常对话都打怵。有哪家用人单位需要你？

你说，你修了"思想修养"，但你根本就没听。你敢说，除了课堂上睡眠的抗干扰能力得到提升外，在思想修养和道德品德方面，得到了应有的提升吗？

你说，你修了"阅读与写作"，但你读的是手机，你写的是微信。对语文，自己都没信心，你还想指望别人对你有信心？

这些话是否直戳你的痛点？

找工作的时候，你能有一分坦然和自信吗？

双休日你起来吃早饭吗？连吃饭都不去，还有谁会相信你会干活？军训的时候叠过被子，军训过后你还叠过几次？

唯一投入的是游戏，耗时最多的是游戏，而你的自荐信对此又只字不提。自己做的事连自己都不认可，世界上，还有谁会认可你？

讲大道理的时候你口若悬河，伸手要钱的时候你撒娇耍赖。你可以欺负你的父母亲，世界也能任由你欺负吗？

离开了电脑你还能做什么？离开了游戏你还喜欢什么？离开了家你还能到哪里去？离开了父母还有谁会给你送水端饭？对于这些问题，你都找不到答案，你还想找到前程吗？

图书馆里没有你的人影，运动场上没有你的人影，公益场上更没有你的人影。你退化的不是肌肉，你退化的不是责任感，你退化的是最基本的生存能力。

找工作时，在工作岗位上的最大价值在于不可替代。责任心、吃苦精神、写作水平、做事能力、专业修养、操作技术、学问素养、人际处理，有哪一方面是你的看家本领？有哪一点是他人不可替代的？你不失业谁失业？

有没有想过当年那些不如你的人也许有一天会超过你。

L同学本科就读的大学是一所普通得不能再普通的高校。上大一时，身边大部分的同学都是挣脱出高考枷锁的飞鸟，渴望自由。大学对于他们来说，就好像是进了一个没有人管的"游乐场"，一进了"游乐场"的大门，他们便飞奔进去，奔向各自想要玩的游乐项目。

他们参加各种各样的社团，又或者去光明正大地恋爱。只是，课本知识对于他们来说，只要不挂科，大学便是圆满结束了。

你是不是也有过这样的经历，也有过这样的同窗。

谁会偶然给你高薪，又偶然让你过上想要的生活？

但总有一些人进了"游乐场"，不是选择先玩要，而是选择先苦练技能，不过我们常常嘲笑这样的人。L 同学就是这样的姑娘。从刚踏入校园的那一刻开始，她就和图书馆紧密相连。总之，在学校见到她的时候，不是在教室的前排，就是在图书馆。

虽然她每一次都坐在第一排，但是很多科目，她常常没有那些进了游乐场就疯玩的人强。同学甚至会偷偷嘲笑她，花了那么多的时间，不过是和大家差不多的分数，甚至还不如要小聪明的同学。

"也许，看上去花了这么多的时间，最后出来的结果相差并不太大，甚至看不出什么差别，因为考试的偶然性很大。但是，我们不仅仅只有这一次考试，如果我们考一次试追求小聪明，考研也追求偶然性，找工作要偶然通过，那么谁又会偶然给你高薪，偶然让你过上你想要的生活呢？"

明明一同起跑却走向了不同的人生旅途。

有时你会突然发现，当时看上去和你差不多的人，甚至是不如你的人，原来蕴藏着如此巨大的能量。

这样的能量，是无法用一次的考试成绩，用她所在的大学，甚至用她的智商来衡量的。

然而其他人，那些还在"游乐场"里疯玩的孩子，等到游乐场打烊，等到灯光都熄灭的时候，甚至还没回过神来，究竟发生了什么。

L 同学如愿考上了名牌大学的研究生，终于去了她想要的学校，过她想要的生活。再后来，硕士毕业，她找到了一份给应届生的特殊优待（special offer），刚入职年收入就有 30 万元。

很多本科的同学都惊呆了，看着普普通通只知道死读书的她，究竟是怎么有了这么大的能量，在四年后、六年后与其他人走向了不同的人生旅途。

熬过的辛苦最后都换成了幸福。

有人说，大学是一场长跑，这四年时光，有的人从一开始就踏上了其他跑道，也有人挤到了前面的队伍，是时间让大家变得不一样。

对于那些进了大学就在"游乐场"里尽情玩要的人来说，不是没有机会、没有平台，而是缺少进取心。当别人都在为学业、事业和前途奔波时，那些人却在茫然地虚度光阴，等到毕业之时也许就是失业之日，抑或找一份自己都养活不起自己的工作，每天在失落中徘徊。如果就此安于贫困，视贫困为正常状态，不想努力挣脱贫困，那么他的一生便永远不能脱离贫困的境地。贫穷本身并不可怕，可怕的是贫穷的思想，以及认为自己命中注定贫穷。一旦有了贫穷的思想，就会丢失进取心，失去行动的原动力，也就永远走不出失败的阴影。因此，进取心是我们成功素质训练的第一步。

【课堂分享】

（1）为什么有学生学习很好，有学生则很差呢？

（2）为什么有人工作业绩突出，有人则碌碌无为呢？

（3）为什么有人很成功，有人则很失败呢？

也许原因很多，请找出最主要、最普遍、最有规律性的原因，先不要找小概率的、个别的、次要的原因。

我认为"进取心"是造成上述现象的最根本原因，你同意吗？

2.1　认识什么是进取心

卡耐基就曾说过："有两种人绝不会成大器，一种是非得别人要他做，否则绝不主动做事的人；另一种人则是即使别人要他做，也做不好事情的人。"只有那些不需要别人催促，就会行动起来，而且不会半途而废的人才能成功，这一类人懂得要求自己多付出，而且做得比别人预期的更多。卡耐基的话告诫我们：进取心，是实现目标不可少的要素，它会使我们不断进步，使我们受到关注并给我们带来好机会。

2.1.1　什么是进取心

进取心，是不满足现状，坚持不懈地追求新的目标，是蓬勃向上的心理状态。成功永远离不开进取心。试想，人类如果没有进取心，社会就会永远停留在一个水平上，正如鲁迅先生所说："不满是向上的车轮。"社会之所以能够不断发展进步，一个重要的推动力量，就是我们拥有的这只"向上的车轮"，即我们常说的进取心。一个人有进取心，才会取得成功。进取心是一种激励我们不断前进的伟大力量。进取心是人类的一种本能，它就潜藏在我们每个人的生命中。一旦进取心被激发出来，就会释放无穷的力量，成为一种推动自我不断向前的巨大能量，激励着我们克服种种艰难，向着自己的目标前行。这种内在的推动力胜过一切外来力量，并能及时将外在的压力转变成内在的动力，使得我们不但能够在一帆风顺时不断前进，而且还能够在逆境中勇往直前。拥有进取精神的人，不但能够达到自己事业的高峰，而且还能够勇敢地面对他人的竞争，并能做到用自己的不断进取获得竞争中的优势。

🌐 职场链接

一家公司人事经理曾说："不管应聘者在校时的成绩多么好，如果缺乏到本公司工作的意愿，那公司肯定是不会要的。公司需要的是那种不畏艰难、不怕失败，能不屈不挠开拓进取的人。"另一公司的人事经理说："公司需要的是有个性的人。在面试中，我们的评价要点着重看应聘者到底是否具有个性。"尽管每家公司都有各自不同的人才评价标准，但对应聘者的要求有一点却很一致：那就是企业需要具有高度进取心的人。简单地说，各公司都喜欢那些真正想干点儿事情的人。这些人往往能自觉地、积极地进行努力，并能不屈不挠地把思想付诸行动，影响和带动周围的人去工作。一个人如果缺乏进取心，在工作中抱着应付态度，自然不会提出主动性建议，也不会去开拓工作的新局面。

资料来源：http://zm.baidajob.com/article-134942.html.

2.1.2 解析个人进取心

很多的时候，你会发现你身边的朋友、同事都有一种特征，那就是过去这么多年了，生活、工作、人际关系等，都和几年前一样，几乎没有太大的变化。那到底是什么原因呢？你看一看下面的问题，就会知道答案了。当然你更需要思考的问题是：我到底是不是也有这种习惯呢？

下面的问题是为了让你更好地了解自己现在的工作及将来的方向。请你慎重地阅读，然后再将答案写在上面，尤其要提醒你的是你的每一个答案都是对你自己生命最庄严的承诺。

(1) 我是不是一个安于现状的人？

(2) 我是否每一项工作都有计划？

(3) 我的工作是否必须由别人来计划？

(4) 在工作中我是不是具备别人没有的优越条件？

(5) 我是否有拖拖拉拉的习惯？

(6) 我是否尝试以更好的计划来提高工作效率？

🌐 职场链接

进取心对我们每一个员工来说尤为重要。企业中的员工不管有多少，都可以根据做事方式简单分成四种。

第一种人，能够做到积极进取、自我实现，无论做什么事都积极主动，不需要别人催促，更不需要别人的监督就能把事情做到最好。这一类人能够自动自发地完成各项任务。

第二种人，其做事方式仅次于第一种人。他们也能够做到有事不推诿，一旦有人告诉他们该做什么事时，他们能立刻去做，但他们只做他人吩咐的事。

第三种人，比起前两种人就被动多了。这一类人做任何事都要别人的督促，一旦没有人监督，他们就懈怠了。这一类型的人做事犹如挤牙膏，别人挤一下他才动一下。

第四种人，已经谈不上做事方式了。因为这一类人根本不愿意去做他们本应该做的事。这一类人成天无所事事，浑浑噩噩。如果他们不能及时改变，其结局只能一事无成。

资料来源：http://blog.sina.com.cn/s/blog_586779940102xjt5.html.

以上这四种人，哪一种最有可能得到企业的赏识和重用？哪一种人最有可能获得不凡的成就？毋庸置疑，一定是第一种人。因为在第一种人的身上有一种精神叫作进取。第二种人也能把工作做好，但由于缺乏足够的进取精神，他们很难在工作上有所突破。第三种人做事被动，进取精神更加匮乏，这种做事风格使他们很难把工作做好，更不用说取得不凡成就了。第四种人游手好闲，不务正业，不会有哪个用人单位愿意用这样的人，这种人如果不能反省改过，是不会取得什么成就的。

【小思考】

从你目前情况看，你是这四种人的哪一种呢？你将来就业后希望自己成为哪一种呢？你认为哪一种人更容易成功，哪一种人更容易幸福呢？

在各行各业激烈竞争的今天，只有那些永葆进取心的人，才能够勇敢地参与竞争，也才会有所发展。企业需要的是具有高度进取心的人。缺乏进取心、漠视竞争、害怕竞争的人早晚都会被竞争淘汰。

一名真正卓越的职业人最大的特点就是：永不满足现状，不断自我激励。真正的职业人，永远是那些积极进取的人。这样的人不仅积极主动，而且对自己严格要求，从不依赖他人的督促。他们深知在领导面前的装腔作势，虽然一时糊弄了别人，但最终糊弄的却是自己。想要真正有所成就，必须在长期的实际工作中做到不断进取、厚积薄发，只有这样才能到达事业的顶峰。

2.2　培养你的进取心

进取心好比一台内燃机，你就是那列快速行驶的火车，没有了进取之心，你的一切行动也将失去动力。进取心赋予了前进巨大的能量，你的进取心愈强，意志力也会愈强，成功的概率也会更大。不管是个人、公司，一旦培养出了一种炽热的进取心，其积极的行为必定换来快乐、幸福与成功。那么怎样才能培养你的进取心呢？

2.2.1　首先必须克服拖延的习惯

没有进取心的一个重要表现是：办事拖延。今天拖明天、这月拖下月、今年拖明年的行为如果渐渐成为习惯，最后就可能完全吞噬人的意志力。成功学大师说："把昨天该完成的事情拖延到今天，这正是你一事无成的根本原因。"对于很多的成功者而言，拖延是最具破坏性的，也是最危险的恶习，它会使你丧失进取心。如果你存心拖延逃避，你就能找出无数个理由来为自己的拖延辩解。也许有人会说，在合适的时候拖延一下也是有好处的，例如在疲倦、沮丧或者愤怒的时候，中断工作比勉强继续的效果要好。实际上，拒绝拖延并没有对合理的等待提出异议，我们也相信优秀的人都不会因此而为自己的拖延寻找借口，不会因此逃避真正需要马上执行的工作。

【小案例】

埃克森美孚是一家曾经在《商业周刊》评出的 50 家标准普尔表现最佳公司中排名第 23 位，在《财富》评出的世界 500 强中排名第二的优秀企业。在这家公司领导的办公室里几乎都悬挂着一个数字电子白板，白板上一直显示着一段话："决不拖延！如果我拖延下去，我将会怎么样？如果将工作拖到以后再去做，那么会发生什么？""决不拖延"是这家公司员工行为的重要准则之一。公司负责人解释说："决不拖延，我们就可以轻松愉快地生活和娱乐。避免拖延的唯一方法就是随时开始行动，而随时开始行动，首先必须认识到自己工作的重要性。另外必须记住的是，没有什么人会为我们承担拖延的损失，拖延的后果只有我们自己承担。如此一来，我们就可能在一个庞大的公司里，创造出每一个员工都不拖延哪怕半秒钟时间的奇迹。"

资料来源：https：//zhidao.baidu.com/question/557538045168054532.html.

事实上，我们每个人都或多或少、或这或那地存在着一种不良习惯——拖延。我们常常因为拖延时间而懊恼不已，然而下一次又会惯性地拖延下去。这种现象，我们可以不时遇见，以至于我们不以为然，以为它就是人的一种不可改变的本性。

拖延时间，看似人的一种本性，实质上是在工作和生活中养成的一种极其有害于工作和生活的恶习。几乎人人都希望在工作和生活中消除因拖延而产生的各种忧虑，但是不少人却没有将自己的愿望付诸行动，不知道自己所推迟的许多事情其实都是自己可以尽早完成的。作为一个职业人，曾经有过某些拖延的行为，其实并不会导致多么严重的后果；真正能够导致严重后果的，是拖延成习并且竭力加以掩盖——为拖延寻找借口。

你要想成为有进取心的人，首先必须克服拖延时间的习惯，因为它正在腐蚀你意志中很重要的部分，让你安于现状、不思进取、一事无成，使你不愿抗拒或停止你安逸的生活方式，并一直误导你。所以你必须割掉这个毒瘤，把它从你的个性中剔除，彻底丢进垃圾箱。解决方法如下：

（1）深刻认识拖延不是一种无所谓的耽搁。一个CEO可能因为没能及时做出关键性的决定而遭到失败，很多损失是无法挽回的，这就像延误了看病时间，就会给病人带来无可挽回的影响一样。

（2）从习惯拖延的一个具体方面突破，一种得到解脱和成功的感觉将会帮助你全面地克服它。

（3）拟定一个完成工作任务的期限，给自己加压，并对公众承诺，让身边的人都知道你的期限，让他们监督你如期完成。

（4）有些人因为过分追求完美而拖延了时间，总想在万无一失的情况下再去行动，但一定要明白十全十美是不存在的。

（5）如果你因为害怕见领导或客户而迟疑不决，唯一的办法就是现在就拿起电话或现在就去。

（6）诸如"再等一会儿""明天开始做""天又下雨了""今天不舒服"这样的语言或心理意念，实质上是一种借口，这是弱者的表现，请马上清除它们。

2.2.2   要有对现状永不满足的精神

人类的愿望，始于不满足。不满足是表示你需要较好的东西，它可以催促你向着好的方面发展。一旦你对自己的工作现状感到满足，就会停滞不前。只有拥有不满足的激情，才会促使你产生改变现状的进取心，才能激发你在今后的工作中不断追求尽善尽美。

要想成功，你就不能够满足于现状。因为无论有多好的机会和多高的才能，如果你满足于现状，不思进取，你就无法采取有效的行动，更不会成功。如果你满足于现状，谁也无法帮助你成功。你最大的朋友和最大的敌人，都是你自己。满足于现状让人失去了追求卓越的原动力，让人忽视了危机的存在，让人看不到更高的目标。然而，在竞争日趋激烈的今天，打破现状、勇于进取，才是生存的根本保证。不满足于现状者，拥有了更好的现状；满足于现状者，现状越来越糟糕。这不是命运的不公平，而是取决于你是否有一颗进取心。

每当你完成一件工作时，就应做一番反省，这是你所能做到的最好的成绩吗？如何能够做得更好？何不现在让自己进步一点点？是否能够发挥个人进取心应以你对于每次机会的觉醒度以及你是否能在发现机会时立即行动而定。具体方法为：

（1）了解自己一生的向往，并决心为之付出不懈的努力。

（2）建立成功的心理环境和意识，激发"我要成功"的内心渴望。

（3）不断迎接新的挑战，而不是停滞不前。

（4）养成精益求精的习惯。

（5）拥有非常健全的思考模式。

（6）每天要进行自我反思与修正。

【小案例】

在亲戚朋友的眼中，钢铁大王卡内基是个吹牛大王。他 15 岁的时候说："我长大后，要组建一家公司，赚很多钱给父母买一辆漂亮的马车。"当时跟他同住在贫民窟的人都觉得他疯了。

20 岁的时候卡内基说："我要赚到足够的钱给家里人换一所大房子。"当时跟他同在路边卖东西的人也觉得他疯了。

30 岁的时候卡内基又说："我要做救世主，让所有的穷人都能够有面包吃。"当时同在一个办公室的十几个同事看着他也觉得他疯了。

可是就是这样一个"疯子"说出了自己的人生梦想，这些看似遥不可及的目标一直激励着他不断努力，最后他成为世界首富，成为受人敬仰的大慈善家！

资料来源：http：//www.sohu.com/a/146706656_631258.

生活中，我能听到周围的人在抱怨："我长相不好，我没有有钱的爸妈，我没有足够的运气……所以，我才不会成功。"这样的人一辈子都在走下坡路，就像他自己说的一样，他越来越不成功。

相反，我也见过不少人，他们每天都会对自己说："我要成功，不管遇到多大困难，我都要不懈地努力。"最后，他们真的就成功了，他们改变了自己的人生，也改变了周围人的命运，进而改变了更多人的生活。仔细回想一下，你的小学、初中同学中，是不是一直有那么几个"爱吹牛"的人呢？他们是不是最终都生活得很不错呢？

【小思考】

面对我们要求的"对现状要有永不满足的精神"，你如何看待俗话所说的"知足常乐"？

2.2.3　要树立远大的目标

伟大的思想家和诗人歌德说："人的一生中最重要的就是要树立远大的目标，并且以足够的才能和坚强的忍耐力来实现它。"狭隘的目标只能限制进取精神的开发，唯有鸿鹄之志才能激发我们强烈的进取心。

【小案例】

哲学家来到一个建筑工地，分别问三个正在砌墙的工人："你在干什么？"第一个工人一脸苦相，头也不抬地说："我在砌砖，我笨手笨脚的，也就只能干干这样的活儿了。"第二个工人抬了抬头，若有所思地说："我在砌墙，一堵堵墙相互连接，慢慢也就能建成一座房。"第三个工人则洋溢着无限的热情，满怀憧憬地说："我在盖房，我要用自己灵巧的双手，建造一座漂亮的大厦，让世人得到一种美的享受!"听完这三个人的回答，哲学家马上就判断出了三个人的未来：第一个人心中、眼中只有砖，可以肯定，他一辈子能把砖砌好就很不错了；第二个人眼中有墙，心中有墙，好好干或许能当上一位工长、技术员；唯有第三位，将来必然大有出息，因为他胸怀远大目标，心中有一座神圣的殿堂。若干年过去以后，果不其然，第一个工人还在干着他的老行当，第二个工人升为一名技术员，而第三个工人呢，则成为一位建筑商……

资料来源：https://wenku.baidu.com/view/9091e133561252d380eb6ed4.html.

我们并不是要求每个人都要有非常远大的目标。每个人的远大目标只是相对自己而言，只要你的目标不停留在你已有的成绩上，只要你的目标不停留在昨天，相信你的目标就可以变得"大"而"远"。而有了"大"而"远"的目标，你就会不断有新的追求，就会不断进取，就会走向成功。

事实上，聪明的人对于自己的远大目标，最初总是要画出路线来，照着路线从他现在的位置达到他想得到的位置，他在中途树立了许多小目标，对于最近的目标积极付出努力，因为这可以在比较短的时间内实现。他达到这个小目标的时候，觉得有了进步，便感到很高兴，然后休息一会儿，又鼓起劲来，树起第二个目标，向着那里前进。最后的大目标距离很远，恐怕只能隐约看见，因为它比起低的目标要远多了。人生像是爬山，你最先必须有一种达到山顶的强烈欲念。但是如果你只是想，只知不满足于你现在是站在山谷中，你还是不会到达山顶的；你只是悠闲地望着山顶，或是想象着你已经到了那里，那你也绝不能达到山顶的。你必须鼓起劲来，努力工作。如果你只望着山顶，糊里糊涂地往上爬，不管前进中的绊脚石，那么你也不会达到山顶，你要时刻注意的是眼前的步骤——如何越过石头，如何跳过溪流，如何绕过山脚，如何避免从绝壁上滑下去。最后的目标好像指南针一样使你不致迷失路途，不过如何爬山是要你自己努力的，只要你不轻言放弃，相信你会成功的!

2.2.4　先把眼前的事做好

1. 彻底解决眼前的问题会帮助你走向更大的成功

大事业的成功，是要彻底解决眼前的问题。有时彻底解决了一个问题，可以引出意外的结果。

【小案例】

发明电话的贝尔是每个青少年都羡慕的人物，但是他最初是否决定以发明电话为目标呢？并非如此。如果等他有了这种理想再去发明电话，恐怕他就不会成功了。他之所以发明电话，是因为他努力于一个另外不同的目标。

他在一个启聪学校里做教员，在那里和他的一个学生结了婚。几年之后，他经过许多试验，想发明一种用电的工具，使他的妻子能够听见他的声音。最终在他的种种试验之中，偶然间发明了电话。

资料来源：http：//ishare. iask. sina. com. cn/f/33Ya3L8Nwyp. html.

发明电话是一件偶然的事吗？不是的，这是贝尔对于目前的问题能够做彻底研究的结果。他并不是呆坐着梦想成为一名大发明家。他是专心地工作，因为他决意要解决眼前的问题，解决了才肯罢休。如果一个人的目标太不实际，忘记了自己的实情，就会有一种错觉，觉得自己离目标要近些。这容易造成他自满，而忘记眼前的工作。

波士顿大学商科的教务长罗尔德对毕业生曾经有这样的告诫："大学生常常容易有一种危险——那就是分心于其他的问题，而把目前的问题疏忽了。年轻人有许多失败，就是因把目前的工作看得太容易，以为不值得用他全副精力去干。"

2. 恐怕要试走几条路才能达到你真正想要到达的地方

一个人要晓得往何处去是很重要的，晓得自己与那目标的距离也是很重要的，但须有一个明确的计划，依着计划由现在的位置前进以到达目的地。至于前进的速度，并不是像一般年轻人所想象的那样重要，重要的问题是：我现在做的事，是否能帮助我达到最后的目的。许多大人物从一种工作换到另一种工作，并不是像蝴蝶从一朵花飞到另一朵花。他们之所以换工作，是因为他们觉得走到了不通之路。大人物的眼光是要能看到一种情况发展的可能性，同时也要能看到一种情况的闭塞。

【小案例】

卡内基如果不是看到了另有一种较大的发展，恐怕他一生还在铁路上做事。他因为想实行他的一种独立的计划，于是坚决辞谢了宾夕法尼亚铁路管理局升他为副总经理的机会。这并不是一种随便的见异思迁。他是想拥有更大的发展空间，而他觉得在宾夕法尼亚铁路局做事不能达到他的目的。

资料来源：http：//ishare. iask. sina. com. cn/f/33Ya3L8Nwyp. html.

恐怕你要试走几条路，然后才能到你真正想要达到的地方。恐怕你难免要调换几种工作，或回头望望，但是你这种改变必须是根据已往的经验，经过仔细地考虑。你的改变不能是因为喜好变动，或是因为对目前工作的畏难。

【小案例】

克利夫兰著名的银行家克拉斯许多年前就有一个理想——主持一个大银行，但他是在许多年里做各种各样的工作，试了一样又一样之后，最后才接近他的目标。

克拉斯曾经做过交易所的职员、木料公司的职员、簿记员、收账员、折扣计算员、簿记主任、出纳员、收银员等。但是在经历种种不同的工作时，他总是注视着他的目标，利用他的经验以增进银行知识。

资料来源：http：//ishare.iask.com.cn/f/33Ya3L8Nwyp.html.

假如是一个比较软弱的年轻人，经过这许多的变化，恐怕会意志消沉了，但是克拉斯却利用这许多工作帮助他达到了最后的目的。他说："一个人可以有几条不同的路径达到他的目的地。如果我换工作，就是为了多赚几个钱，每星期多获得几元薪金，那么，恐怕我的将来便为现在牺牲了，对我并没有什么好处。我之所以换工作，完全是因为我已得到了那方面的经验，无可再学了。"

2.2.5 不要轻言放弃

【小故事】

曾经有一个精明的雇主登广告要招聘一个孩子，他对应征的30个小孩说："这里有一个标记，那儿有一个球，要用球来击中标记，你们一个人有七次机会，谁击中目标的次数多，就雇谁。"结果，所有的孩子都没能打中目标。这个雇主说："明天再来吧，看看你们是否能做得更好。"

第二天，只来了一个小家伙，他说自己已经准备好测试了。结果，那天他每次都击中靶心。"你怎么能做到呢？"雇主惊讶地问道。这个孩子回答说："哦，我非常想得到这个工作来帮助我的妈妈，所以，昨天晚上我在棚屋里练习了一整夜。"不用说，他得到了这份工作，因为他不仅具备了工作所需的基本素质，而且表现了自己的优秀品质。大概谁都知道坚持不懈、永恒进取的魅力，可是又有谁能真正地去做呢！

资料来源：https://nuoha.com/book/151205/00048.html.

1948年，牛津大学举办了一个"成功秘诀"讲座，邀请到了伟大的丘吉尔来演讲。提前三个月媒体就开始炒作，各界人士引颈等待，翘首以盼。这一天终于到来了，会场上人山人海，水泄不通，各大新闻机构都到齐了。人们准备对这位大政治家、外交家、文学家（丘吉尔曾获诺贝尔文学奖）的成功秘诀洗耳恭听。丘吉尔用手势止住大家雷动的掌声后，说："我的成功秘诀有三个：第一是，决不放弃；第二是，决不、决不放弃；第三是，决不、决不、决不放弃！我的讲演结束了。"

说完他就走下讲台。会场上沉寂了一分钟后，才爆发出热烈的掌声，经久不息。

没有失败，只有放弃，不放弃就不会失败。正如乔治·马萨森所说："我们获胜不是靠辉煌的方式，而是靠不断努力。"有了坚韧的毅力，饱满的热情，还要有清醒的认识。

"不放弃"本身并不是目的，成功才是目的。因此，不懈努力，不怕犯错误，决不等于可以重复错误。每一次错误都必须检讨、总结、改正、调整。只有这样，才能使障碍成为前进的阶梯。障碍不是来阻挡我们的，而是来帮助我们成长的，我们每一次的成功都需要克服障碍。障碍会告诉我们，是资讯不够、能力不够，还是努力不够。因此，我们需要挖掘，需要学习，需要努力。成功的过程，就是不断克服障碍的过程。

2.2.6 学习不为报酬而工作

现在很多没有毕业的大学生，在学习之外的空余时间就开始实习工作，本身无非期望挣点儿外快，顺便积累些社会经验。但有时工作是没有任何薪水报酬的，他们其中的一小部分仍旧一如既往地刻苦磨炼，他们的目的不是单纯为了获得所需的人民币，而是那种强烈的进取心不时催促自己不能懈怠，以使自己能早日立于船头之上。试想你在从事工作时，如果只是从事自己分内的事情，不管他人"房前雪"，那么也无法争取到他们对你更有利的评价与交流，你就不会被人注意，你也将失去好多对自己有利的机会。但是或许因为你的举手之劳，慢慢地使你的行为受到关注，你会获得良好的口碑，那么你又获得了一个成功所必不可少的因素。如果你现在还没有成功，但是你觉得已经尽了最大的努力，而且觉得那些努力是有效果的，就不要把不幸的遭遇一股脑地归咎于客观环境，用来给自己的逃避找借口，而不是从主观上查找本质的原因。请你认真反省一下，自己是否缺少一种任劳任怨的进取心呢？

大量的调查研究显示，那些具有高度的工作责任心的人常常具备以下几种特点：为把工作做得更加完善而保持高度热情和付出额外努力；自愿做一些本不属于自己职责范围内的工作；乐于助人与合作；遵守企业的规定和程序；赞同、支持和维护企业的既定目标。一位管理咨询专家说过，如果你说不出你能怎样使公司受益，那你就该走人了！为责任而工作的人是非常受企业欢迎的，他们也会因此而获得更多的成功机会。

【小案例】

一个风雨交加的深夜，一对老年夫妇来到了一家旅馆住宿。

正在值班的一位年轻的服务员对老人说："非常遗憾，我们这里已经住满了客人，没有剩余的客房了。"

老夫妇显得十分失望。年轻的服务员急忙接着说："先生、太太，现在下着大雨，我也不忍心看着你们两位老人再冒着风雨去寻找其他旅店。如果你们不介意，可以到我的房间里休息一下。因为今天晚上我要在这里值班。"

第二天清晨，当老先生准备结账时，年轻的服务员婉言谢绝了。他说："我的房间是免费借给你们住的，那不是旅馆的客房，所以不能收你们的住宿费。"

老先生十分感激，他说："你这样的员工是每一个旅店老板最需要的，也许未来我会为你盖一所旅店。"

年轻的服务员笑了笑，只当它是一句感谢的话语，听过之后也就忘记了。

几年后，那个年轻的服务员忽然收到了老先生寄来的邀请函和飞往曼哈顿的机票。几天之后，年轻的服务员在曼哈顿的一幢豪华旅店面前，见到了老先生。

老先生对年轻人说："这就是我专门为你盖的旅店。"

这家旅店就是美国著名的渥道夫·爱斯特莉亚饭店的前身，这个年轻的服务员就是该饭店的第一任总经理乔治·伯特。乔治·伯特怎么也没有想到，自己只是尽了一名服务员的责任，为客人解决了住宿的难题，却换来一生辉煌的回报。

资料来源：http：//blog. sina. com. cn/s/blog_4e77a6ea01000ao0. html.

每一个企业都喜欢那些有责任心、真正想做出一番事业的人。因为他们常常能自觉地、积极地努力，并能不屈不挠地把思想付诸行动，影响和带动周围的人去工作。当一个人在工作中失去了责任心的时候，他就会在工作中抱有一种应付态度，在工作中就不会主动思考，也不会主动去改进工作，自然更不会提出建设性的意见，也不会去开拓工作的新局面。

因此工作中的进取心首先是一种责任心，一个人没有了责任心，他即使有再大的能耐也做不出好的成绩来，可见责任心的重要。

那些有责任心的人往往会努力、认真地工作；会在工作中做好每一个细小的环节，会听从企业的安排，与同事精诚协作；在做每一件事的时候，无论多么艰难都会坚持到底，不会中途放弃；不仅仅会按时、按质、按量地完成工作任务，而且会主动地去解决工作中的问题，主动地处理好分内与分外相关工作，有人监督与无人监督都能主动承担责任而不推卸责任。

工作首先是一种责任，而对工作负责，就是对自己负责，就是对自己的未来负责。对自己的负责就是一种最好的进取心。因此，一个人的工作态度折射着他的人生态度，态度百分百，成功百分百。我们的工作，就是我们自己生命的投影。它的美与丑，可爱与可憎，全操纵于自己的手中。

2.3　进取心与平常心

【小常识】

游泳的人都懂得这样一个常识：一旦溺水了，最好的获救方法不是拼命挣扎，也不是大声呼喊，而是尽量心无杂念，什么都不要想，全身放松。只要放松，就能浮上来。从某种角度来说，人们并不是死于溺水，而是死于自己过于旺盛的求生欲望。越是在困境中，焦躁而强烈的欲望越会成为你的负担，它会拉着你一步步向深水走去。

资料来源：http：//www.360doc.com/content/16/0516/17/30902438_559649924.shtml.

太想成功，太想得到自己想要的，反而会心态失衡，手足无措，昏着迭出，离成功的目标越来越远。在纷繁复杂的社会中，特别是在各种诱惑面前，保持一种健康良好的心态很重要，而关键是要有"进取心"，也要有"平常心"。拿当教师来说，即使是真心要无私奉献、倾心三尺讲台、情系学生，要成就一番教育事业，也会受到种种因素的制约，不可能想当什么样的老师就当什么样的老师。比如，一个地区上万名教师，只能有极少数教师能被评为特级教师，谁都想成为特级教师，怎么可能？

2.3.1　什么是平常心

所谓"平常心"，就是把名、利、地位之类的东西看得淡一些，对于自己的升降去留、成败得失，能客观冷静地对待。与自己一起毕业的同学，有的晋升得比自己快，有的薪水比自己高，有的嫁了富贵人家，有的获得了不少荣誉，等等。有人看到这些，心态就不平衡了。其实，总要有人得到提拔重用，总要有人名利双收，又总有人不能"升官"，也总有人名利"颗粒无收"。你心态不平衡，对别人来说毫发未损，反而使你自己情绪低落、伤害身体。这不是主张每个人都要安于现状，得过且过。"平常心"是一种处世心态，而"进取心"是一种人生追求，这是两个不同层面的问题。而且，之所以要强调有"平常心"，从某种意义上来说，恰恰是因为没有这种比较超脱的心态，许多人的心乱了，才不再在事业上进取了。正是为了让人们在自己的事业上有进取、有作为，才值得倡导保留一份可贵的"平常心"。

2.3.2　进取心与平常心的关系

纵观历史，横看周围，真正有作为、能取得非凡成绩的人，都是"平常心"与"进取心"的统一论者。正因为如此，他们胸襟博大，气定神闲，宠辱不惊，行动坚定，成就了一份可贵的事业，实现了自己的人生价值。

俄国著名作家契诃夫说："我什么都不要。"他怎么能是"什么都不要"呢？"什么都不要"又怎么能在文学上取得那么大的业绩呢？道理在于他在许多物欲方面"不要"了，精力才能集中在文学事业上，于是成就了他事业和人生的辉煌。

天下之事，有得必有失。对于一个人，事事处处占上风、得好处，不大可能。比如既然当了老师，社会、家长、学生给予了你尊重、信任，那你只能担负起教书育人的责任来，默默奉献，精心育人，你不太可能成富翁，也不太可能成"大官"，这是显而易见的道理。对"不可以"的事不去企求,而是全力追求自己那一份应当而且"可以"成就的教育事业,这也就是"平常心"。有了这颗"平常心",力争去做"非常事",那么就会心无旁骛,全力追求自己倾心的教育事业,去实现自己的人生价值。

每个人都要有进取心,这是我们人生奋进的动力和获得美好人生的前提;每个人都要有平常心,这是我们人生健康心态的基础和保证。失去了一颗做人的平常心,我们才会备感世路难行,人情似纸,命运坎坷,以至于我们失去了享受生活乐趣、体验工作成功中的那种恬适与快乐的心情;失去了一颗做事的进取心,我们才会发出借酒浇愁愁更愁、怀才不遇的感慨,以至于沉溺于现状,不能发挥出自己的聪明才干,而与成功的机遇擦肩而过,沦为平庸。

进取心与平常心,是一对辩证的、对立统一的矛盾关系。在生活和工作中,我们要辩证地处理好这一关系。

2.3.3　保持进取心与平常心的平衡

人生就像走钢丝,时时刻刻都要掌握自己的平衡。比如事业和家庭的平衡、健康与奋斗的平衡、工作与休闲的平衡,等等。在这里着重讲讲进取心和平常心的平衡。

1. 做事要有进取心,做人要有平常心

做事要有进取心,要做到在其位,谋其政;有其职,负其责。无论工作还是生活都不能碌碌无为、固守现状,而应保持一种见贤思齐、知难而进、奋发向上的积极心态。做人要有平常心,要有一种超然的心态,无论工作还是生活都不能心浮气躁,随波逐流,急功近利,要始终保持一种持之以恒、力学敦行、认真做事、本分做人的平静心态。

平常心就是正常心,它是进取心的前提和基础,进取心则是平常心的延伸和体现。只有保持一颗正确看待生活与工作的各种变化的平常心,才能焕发奋发向上的进取心,也只有做到这一点,我们才能享受生活和工作为我们带来的成功和快乐。平常心做人,进取心做事。这既是做人与做事的标准,也是做人与做事的诀窍。

2. 对工作要有进取心,对关系要有平常心

工作中的进取心,是前进的动力,进步的保证。只有不断超越自己,坚持每天进步一点点,才能保证自己不断前进和成长。所以,进取心是人生斑斓多姿、丰富多彩的基础和保证。

在对待人们之间的关系的问题上,要保持一颗平常心。对比自己生活好的人(包括你的上司),要羡慕,不要嫉妒。他们利用自己的各方面特长和优势,抓住了机遇,创造出比我们生活好的条件。我们应向他们学习,充分利用我们的特长和优势,善于学习,决不放过任何一个机遇,争取不断超越自己,赶上他们!对比自己生活差一些的人，要帮助，不要嫌弃。每个人的智商基本都是差不多的，只不过有的人缺少好的条件和机会，或是出现的机遇没有抓住。我们要多关心他们，以实际行动帮助他们提高生活水平，培养他们的生活技能，让他们的生活水准不断得到提升！

3. 对今天要有进取心，对昨天要有平常心

昨天，是过去时；明天，是未来时；只有抓住今天这个现在时，奋力拼搏，保证每天比昨天前进一点点，才能创造出美好的每一天！

对于已过去的昨天，有很多不尽如人意的地方，有很多做得不如别人的地方。要用一个平常心看待昨天的差距，那是由个人的优势与特长、客观环境的情况及机遇等多种情况造成的，要承认差距，正视差距，理解差距的存在。但也要相信自己，变差距为动力，只要通过我们每一个今天的不断进取，就定会缩小现有的差距，逐步迎头赶上。

4. 对挣钱要有进取心，对花钱要有平常心

在经济社会，金钱在体现一个人对社会贡献的同时，也体现了社会对他相应的回报，如比尔·盖茨、姚明等。金钱不但代表了一个人的富有和生活质量，而且也能证明一个人的自身能力和价值。所以对挣钱，要有进取心。在遵纪守法的前提下，靠自己每天的拼搏进取和聪明才智，在为社会贡献的同时，尽可能地多创造出自己的财富，体现出自己人生的存在价值。

但是，在花钱时要有一颗平常心。一是挣钱要靠自己的聪明才智和辛勤劳动，来之不易；二是花钱时大手大脚、铺张浪费是一种资源的犯罪。我们应向比尔·盖茨学习，通过自己的智商、运作和劳动成为世界首富，证明了自己存在的价值；通过慈善事业把自己的资产回报社会，实现了自己的人生价值。

2.3.4　过分的争强好胜不是进取心

其实追求上进和争强好胜二者有着本质的区别。上进心是相对于自己的现状而言要有所改变和提高；而争强好胜则仅仅是为了面子而忽视了个人的情况，片面地与别人攀比，要达到自以为比自己好的那种状况。争强好胜，要点在"争胜"上，"人比人，气死人"，在这种比较之下，我们无法体验到进步与成功的快乐，甚至会因此而影响自己与周围人的关系。争强好胜的人常常有着以下几种自己无法意识到的缺点：

（1）处处要出人头地，要比别人强，而忽视了自己的实际状况和现实能力。这样的个人常常是忘记了自己的职业目标和工作任务，而在某一个细小的地方与别人较真儿，以致影响了工作的全局。比如他会因为某个无关工作大局的问题而同别人

争个高低，却因此浪费了时间，影响了工作。甚至他和同事关系搞得很僵，影响了工作中的合作与配合。

（2）做事十分挑剔，对待别人十分苛刻。因为他个人争强好胜，因此总是要表现自己，显得自己比别人高一头。这种对别人盛气凌人、居高临下的指责和批评，即使是出自一种帮助别人和完善工作的好心，也是很难让对方接受的。

（3）过于看重结果，常常会给自己制定一些不切实际的目标，并且常常会在上司和同事面前夸海口、说大话。结果虽然自己尽了全力，但是总是与预期的目标相差甚远，以至于自己在众人面前抬不起头，从而丧失了对自己的信心，走向了另一个极端，变得极为自卑。

争强好胜的人常常找不到属于自己的坐标，于是按外界给定的标准来要求自己。在他们眼中，所谓的成功都是以他人为参照的，所以外界的一些微小变化，都会直接影响他们的情绪起落，以至于因这些无关琐事的变化而迷失了自己的目标，一天天的迷茫下去。

在做任何事情的时候，我们都首先要自问自己是几流选手；在做任何工作的时候，我们都要不断地反思自己，是否在做适合自己的事情。追求上进的本义不是追求和别人一样的成功，而是做适合自己的和自己擅长的事情。只有做自己擅长的事情，我们才能够成为优秀的自己。

🌐 职场链接

职场上有一些这样的人：

认为自己无所不能，甚至可以改变整个世界，而不愿意一步一个脚印地踏踏实实做事；总是抱怨命运对自己不公，却不知道当命运堵塞了一条道路的时候，它常常会留下另一条道路！

一旦在工作中遇到困难或者挫折，就想着跳槽，却不知道常挪的树长不大。

常常嫉妒他人的才能，却不知道怎样去学习他人，提高自己。

常常会指出别人的错误，抓住别人的小辫子不放，却不知道自己身上也有缺点。

在任何时候都只想沾光，不想吃亏，却不知道吃亏实际上就是一种投资，必然会给你的事业带来滚滚红利。

有些人常常把本应由自己承担的责任推给别人，因为他们不知道只有懂得了负责的苦处，才会有负责的乐趣。

一些人在工作中常常爱摆老资格，对自己以前的"闪光点"津津乐道，却不知道居功自傲会贻害终身。

一些人总是喜欢在人们面前自我标榜，摆出一种高人一头的架势，却不知道在生活中保持一种低姿态是一种智慧的处事艺术，也是成熟的标志。

有的人把领导重视看得比生命都重要，却不知道把冷板凳坐热更需要扎实的功夫和出色的能力。

有的人未用功而期效，或稍用功而即期成，原因就是他们不懂得欲速则不达，只要注重自身知识的积累，厚积薄发，自然会水到渠成。

资料来源：http：//www. njliaohua. com/lhd_96wbz0z3gv9x6b6430uc_3. html.

上述种种人生百态是否有自己的影子，也许我们每个人都需要反思，都要学会拥有一颗平常心。当人们确立了一种"以平常心做人"的观念和思想时，一个人就能够从容地面对自己，就不会以别人的成功作为自己的参照，就不会哀怨自己的怀才不遇，就不会慨叹命运的不公。以平常心做人，一个人就能够从容地接受现实，就能够认识到自己的不足与缺点，就能够不断地激发自己的进取心，不断地战胜自己、改变自己，进而改变周围的环境，获得较大成就。

成功素质测试

进取心是一种积极向上、不断追求进步的精神。在公司中一名员工如果没有进取心，就意味着他可能不会获得提升的机会，或失去被培养的价值，更不用说成为公司的骨干了。如果你在上学时没有进取心，当你毕业后成为公司的一名员工时，也难以具备积极向上、不断追求进步的精神。通过本套测试问卷的测试，你可以更加清晰客观地认识自己。

本测验共28道题，每题有3个备选答案：A很符合自己的情况；B有点符合；C完全不符合自己的情况。请仔细阅读每一道问题并如实回答。

（1）碰到阻力或困难时，不改变既定的主意。

（2）凡事求平和，不出乱子，过得去。

（3）在正常的生活竞争中，总想争个高低，比比强弱。

（4）处事待人不大触及是非，甚至躲避是非。

（5）相信事在人为，人定胜天，不愿任其自然。

（6）有矛盾时往往采取让一让的态度。

（7）别人能办到的事，坚信自己也能办到。

（8）在两难问题面前，往往是取功效小，但难度也小的方案。

（9）礼要守，但事也要办，礼服于事。

（10）讲礼貌和周到，宁愿把事情办得慢一些。

（11）对班级内能办而不办的事敢于挑刺。

（12）讲恭敬与温和，把批评降低到最低程度。

(13) 为实现某个理想目标，不怕吃苦，以苦为乐。

(14) 只讲待人以诚，连必要的防卫也忽视了。

(15) 不怕打击，敢于孤立。

(16) 凡事只求规范，不办出格的事。

(17) 在困难面前有忍耐和承受的意志力。

(18) 事不关己，高高挂起。

(19) 有独到的见解，没有成见，在有些人眼里是个骄傲的人。

(20) 怒而不争，总是以和为贵。

(21) 不安于现状，总想改变点什么，在有的老师看来是不大安分的人。

(22) 只管三尺门里，不管三尺门外。

(23) 对力量有一种崇敬的感情。

(24) 不求有功，但求无过。

(25) 对强者有一种敬意。

(26) 学习上爱和差生相比。

(27) 有点倔强、坚韧和抗争的脾气。

(28) 认为当将军和元帅是和自己不沾边的事。

评分方法：奇数题选择 A 记 2 分，选择 B 记 1 分，选择 C 记 0 分；偶数题选择 A 记 0 分，选择 B 记 1 分，选择 C 记 2 分。将各题分数相加，算出总分。总分在 50 分以上，你的进取心非常强；40～50 分，你的进取心较强；28～39 分，你的进取心一般；27 分以下，你的进取心较差。

资料来源：http://www.vccoo.com/v/d6ehq6.

成功方法学习
方法一：一个大学毕业生自我激励的方法

自 9 月大学毕业开始工作已有三个月了，虽说时间不长，但不论在工作上还是与同事相处上，我感觉还很不错。所以我会一直保持这种状态工作下去，并且我还要保持我的进取心，保持我年轻向上的心。那么，我应该如何才能保持我的进取心呢？我想我应该给自己制订一个激励计划。

目标激励　我想一个人若要在事业上有所成就，就必须要为自己确立明确的目标。有了目标，自己才有前进的动力，才能不断开拓进取。当然，我说的这种目标应该是远大目标与眼前切实可行的小目标相互结合的，否则目标太远，日子长了，达不到目标激励的效果就不好了。我应该要有各种各样的生活目标，长久的目标、一段时间的目标、一个星期的目标、一天的目标，我想有了合理的目标激励，我的进取心就会得到强化。

信心激励 信心是人进取心存在的必要、不可缺少的根基。对我来说，只有相信自己能做好自己的工作，能干出一番事业来，才会更好地、更努力地投身于工作之中，更好地完成工作，做出成绩。我想有许多人并不是没有雄心大志，不是没有进取热情，只是由于缺乏信心，因此迟迟不能把进取的愿望化为行动。

自督激励 通过自我监督、自我催促、自我督导等方法进行心理激励。首先，要对可能产生的惰性保持"自警"。人天性具有贪图安逸的本能，如果任其发展不加警惕，自己就会在舒舒服服中放弃进取心，因此我要自己做一份自督，放在床头前，定时"监督"!

行动激励 在许多情况下，如果未取得什么成绩，原因可能是缺乏能力，但更多是缺乏具体的行动。一个人如果没有勇气在自己所向往的领域中试一试，将永远难以发现自己、认识自己，其潜能也将有白白浪费的危险。当然我现在的工作就是我所向往的，我相信我的选择是正确的。

超负重激励 一个人在工作和生活中不可能一点压力都没有。如果说没有，那他不是超人就是低能人。一个人选定的目标不同，所付出的努力与代价也当然是不同的。如果说我选定上等的目标，经过自己努力，只能达到中等的成就，那对我说也是值得的，因为我想那是我的劳动所得，是自己努力的结晶。如果说我选定中等的目标，经过自己努力，有可能只达到下等的水平，或是说只能基本上算是到达完成的预期，我也会很高兴，因为那也是我自己努力的结晶。当然，有时对所选定的目标不能按时完成，我想我应该不要灰心，人的能力总是有限的，只要在有限的时间内通过自己努力学习与奋斗，补上自己的不足那也是很愉快的。

总之，我要保持我的进取心，快乐地工作与生活。当然我也希望和我一起工作的人以及我认识的人也要激励自己的进取心，干出一番属于自己的事业……

方法二：长久保持激情的方法

以平常心做人，以进取心做事。这既是做人与做事的标准，也是做人与做事的诀窍。但是，并不是每个人都能有那种激情的，即使有了激情也并不一定会永久地保持激情。那么，我们应该怎么样才能让自己长久地保持激情呢?

学会给自己施压 在那些成熟的企业（特别是国企）里，由于环境比较安逸，人们工作中没有太多的压力，于是人们创新、创造的激情可能就淡化了，甚至消退了，常常满足于不犯错误，保持现状。这时我们就必须给自己加压，要求自己在专业上更上一层楼，或者在工作中精益求精，以保持工作的激情。

用休息调节压力 一些人似乎是工作狂，每天都要加班，甚至有人连周末也成了办公时间。时间久了，由于几乎没有任何社交活动，人们常常会对自己的工作产生反感。因此，在工作之余休息娱乐一下，放松一下紧绷着的神经，是保持旺盛的工作精力和工作激情的好方法。

发挥自己的创造力 在做好本职工作的同时，你可以利用现有的环境和条件，学习与自己工作相关的知识，不断提高个人能力。同时，你应该经常反思一下自己的工作，是否可以用一种更加有效、更加简便的工作方法，把工作做得更好。

适当释放不良情绪 当人们情绪不佳时，是很难拥有工作激情的。忍受、躲避、掩饰等这些消极的方法不利于消除工作中的不良情绪。这个时候，我们必须学会适当地释放不良情绪，用工作转移注意力，或者在工作间隙来玩玩游戏或者搞点幽默来缓解，或者到室外做一些体育活动以发泄自己的愤恨和不满，及时地释放掉坏情绪就能够使我们摆脱沉重的负担，重新拥有激情。

和工作谈恋爱 在恋爱的时候，即使劳作很久，只要是与自己所爱的人在一起，就不会觉得很累。当你从事一项工作很长时间后，你就会感到厌烦，要保持对工作的激情就是要和你的工作谈恋爱。首要条件就是，你得爱上它，不断地发掘它的魅力，不断地去征服它。

树立使命感 长时间地在某一固定的环境下，日复一日地重复相同而琐碎的事务，会使人产生厌烦的情绪，从而导致工作情绪低落。发生这种现象的原因在于：工作很少得到上司的重视、表扬，自己也因此没有正确地认识自己工作的价值，所以缺乏工作的动力。一旦人们在工作中树立起使命感，就会主动地为自己出点儿难题，以便把工作做得更好。

为梦想而努力 根据自己的状况和环境条件为自己制定一个可以实施的职业规划。当你发现自己的实力距离目标还有一定差距，当你明白了工作中所取得的成就，在实现目标的过程中所起到的不可忽视的作用时，你就会认真地、充满激情地工作。

成功了也不放弃自己的更高追求 失败会带来成功的经验，成功却常常是导致失败的陷阱。因此，在人生旅途中，失败时不必焦虑过度，成功时要小心谨慎以保持战果。

激情就是一种敬业的精神，富有激情的人往往是敬业的典范。这种精神不仅体现了一种把工作作为挚爱的情感，也体现了一种道德追求和人生信念。激情是一道无比绚丽的霞光，照亮我们的未来；激情是一阵沁人心脾的暖风，吹去工作的疲劳。激情让我们常享工作的快乐和荣誉。

资料来源：http://www.360doc.com/content/14/0728/16/18652692_397680166.shtml.

🌀 成功案例借鉴

不为报酬而工作

拿破仑·希尔曾经聘用一位年轻的小姐当助手，替他拆阅、分类及回复他的大部分私人信件。当时，她的工作是听拿破仑·希尔口述，记录信的内容。她的薪水和其他从事相类似工作的人大约相同。有一天，拿破仑·希尔口述了下面这句格言，并要求她用打字机把它打下来："记住，你唯一的限制就是你自己脑海中所设立的那个限制。"

当她把打好的纸张交还给拿破仑·希尔时，她说："你的格言使我获得了一个想法，对你、我都很有价值。"

这件事并未在拿破仑·希尔脑中留下特别深刻的印象，但从那天起，拿破仑·希尔可以看得出来，这件事在她脑中留下了极为深刻的印象。她开始在用完晚餐后回到办公室来，并且从事不是她分内而且也没有报酬的工作。

她开始把写好的回信送到拿破仑·希尔的办公桌来。

她已经研究过拿破仑·希尔的风格，因此，这些信回复得完全跟拿破仑·希尔自己所能写的一样好，有时甚至更好。她一直保持着这个习惯，直到拿破仑·希尔的私人秘书辞职为止。当拿破仑·希尔开始找人来补这位男秘书的空缺时，他很自然地想到了这位小姐。但在拿破仑·希尔还未正式给她这个职位之前，她已经主动地接收了这个职位。由于她在下班之后，以及没有支领加班费的情况下，对自己加以训练，终于使自己有资格出任拿破仑·希尔属下人员中最好的一个职位。

但尚不只如此而已。这位年轻小姐的办事效率太高了，因此引起了其他人的注意，有人开始提供很好的职位请她担任。为此拿破仑·希尔已经多次提高她的薪水，她的薪水现在已是她当初来这儿当一名普通速记员薪水的四倍。对这件事拿破仑·希尔实在是束手无策，因为她使自己变得对拿破仑·希尔极有价值，因此，拿破仑·希尔不能失去她这位最得力的帮手。

这就是进取心。另外值得注意的是，这位年轻小姐的进取心，除了使她的薪水大为增加外，还为她带来一个莫大的好处。在她身上，已经发展出来一种愉快的精神，为她带来其他速记员永远无法领会的幸福感。她的工作已经不仅仅是工作了，而是一个极为有趣的游戏，由她自己去玩。她比一般的速记员提早来到办公室，而且在她们下班之后，她还留在办公室内。但是，比较起来，感觉上她的工作时间反而比其他工作人员还短。对于喜欢分内工作的人来说，辛勤工作的时间并不难换。

不管你目前从事哪一种工作，每一天你一定要使自己获得一个机会，使你能在平常的工作范围之外，从事一些对其他人有价值的服务。在你自动提供这些服务时，你当然明白，你这样做的目的并不是为了获得金钱上的报酬。你之所以提供这种服务，因为它是你练习、发展及培养更强烈的进取心的一种方式。你必须先拥有这种精神，然后才能在你所选择的终身事业中，成为一名杰出的人物。

资料来源：http://www.jianshu.com/p/8455b8cc8207.

成功素质训练

训练项目　演讲比赛

——《我的进取心和我的平常心》

训练目的

（1）培养学生在众人面前敢于并善于讲话的能力。

（2）进一步认识进取心和平常心的关系。

训练组织

（1）每一个学生根据训练项目的要求，自己首先在课下准备演讲。

（2）按8人左右将全班分为若干个小组，每个小组成员首先在组内发表演讲，小组成员互评打分。

（3）每个小组选派1名最优秀的代表在全班参加演讲比赛。

（4）每个小组选派1名代表担任评委对选手进行评分。

训练考核

（1）每个人的成绩由小组内部评分获得，满分10分。

（2）凡代表小组参加全班演讲比赛的成员，此次实训成绩均为10分。对于获得前几名的同学建议发放奖状予以鼓励。

职业生涯规划

🧭 名人名言

一心向着自己目标前进的人，整个世界都会为他让路！

——爱默生

无论世事如何变迁，只有认识了自己，你才能在职场中找到一把属于自己的椅子，你才能坐稳这把椅子。

——佚名

🧭 故事分享

雅从小就渴望做一名教师，但她的职业生涯起点却是父母选定的。高中毕业考大学时她想报考师范院校，但当了一辈子教师的父母对她说，做教师太清贫了，我们给你选一个有"钱"途的职业吧。那一年她上了某大学的计算机专业。当她每天非常刻苦地学习专业知识时，她开始困惑，难道今生就要如此面对着这冰冷的机器，编写这没有生命的程序吗？她出色的语言表达能力如何施展，她渴望的"言为师表、行为师范"如何实现……于是她决定对自己的职业人生重新规划。首先她以超常的毅力和优秀的成绩获准选修了第二学位企业管理。大学毕业后，她用了 10 年的时间积累了丰富的企业管理经验，又读完 MBA，获得硕士学位，并评上高级经济师后，她放弃了很多东西，毅然走上了高等职业技术学院教师的岗位。可喜的是她用了 5 年的时间当选学院首届教学名师，用了 7 年的时间当选省教学名师，用了 15 年的时间成为一名国家级的教学名师。

在个人的职业生涯中有很多人选错了职业及其目标，有调查表明：在这些人中有80%以上的人是事业的失败者。如果自感事业的失败又何谈工作的幸福呢？

如果事业失败，对其所属的单位不也是一种损失，对社会不也是人才的浪费吗？因此每个人职业目标选择的正确与否，直接关系到个人的幸福、企业的发展和社会的进步。所以职业规划是人生必修的一门功课，对于即将步入社会的大学生更是如此。

3.1　认识职业生涯规划

3.1.1　职业生涯规划

职业生涯是指一个人遵循一定的路径，去实现所选定的职业目标，它是一个人一生中一连串不同职位构成的一个连续的、终身的过程。职业生涯规划是在对一个人职业生涯的主客观条件进行测定、分析、总结研究的基础上，对其兴趣、爱好、能力、特长、经历及不足等各方面进行综合分析与权衡，结合外部环境特点，根据其职业倾向，确定其最佳的职业发展方向，并为实现这一目标做出行之有效的安排。

比如，做出个人职业的近期和远景规划、职业定位、阶段目标、路径设计、评估与行动方案等一系列计划与行动。职业生涯规划的目的绝不只是协助个人按照自己资历条件找一份工作，达到和实现个人目标，更重要的是帮助个人真正了解自己，为自己定下事业大计，筹划未来，拟定一生的方向，进一步详细估量内外环境的优势和限制，在"衡外情，量己力"的情形下设计出合理且可行的职业生涯发展方向。

【小思考】

有人说，现在大学生就业这么难，计划总赶不上变化，更不要说一生的职业规划。有工作一定是先就业，然后再说择业。面对上述观点，你有何想法呢？

目前我们常听到的最多的声音就是"先就业，再择业"，从上到下，从学校领导到学生，从社会学家到普通老百姓，很多人都如是说。但职业规划专家认为，只有让"择业"与"就业"保持同步才是上上之举，具体地说，择业好了才能去就业。因为，先就业，后择业，很可能导致为了找一份工作而找工作，缺乏理性的选择和思考，更谈不上长远的规划，这样做的后果很有可能出现人职不匹配的情况，直接后果就是我们经常看到的频繁换工作，三五年后仍业绩平平，结果耽误了职业发展的宝贵时间。我们特别提醒，尽管竞争激烈，大学生还是应该树立先择业的意识，出校门前做好自己的职业规划必不可少。只有这样，才能确保职业的持续发展。

3.1.2　职业发展阶段

个人的职业发展生涯中，由于职业活动内容伴随着年龄的增长而变化，人们在一定年龄阶段往往表现出大致相同的职业任务，据此可以划分职业生涯的发展阶段，如表 3-1 所示，不同年龄阶段有不同的职业任务。

表 3-1　不同年龄阶段的职业任务

年龄阶段	职业生涯阶段	主要任务
16～21 岁	建立基础阶段	建立个人独立性及自信心，学习基础知识及技能
22～28 岁	进入成年阶段	选择自己的生活方式，建立工作目标，面对第一次事业的成功或失败
29～31 岁	改变适应阶段	个人的事业逐渐成熟，许多人通过更换工作来调整生活方式；确定和强化个人的价值及生活方向
32～38 岁	事业前进阶段	工作是个人生活的最主要项目，工作能力达到最高峰，但常常遇到家庭的压力和重新适应社会变化的困难
39～42 岁	中年危机阶段	有些人回顾以往不如意，但并非每个人都将此视为危机，有些人将目标及生活方式重新再调整，做一些新尝试
43～50 岁	开放发展阶段	大部分人的事业已达顶峰，能力和事业心已获得充分展现，是重新调整工作兴趣的阶段
50 岁至退休	衰退阶段	这一阶段许多人继续发展，增进自我了解，但有些人开始衰退

【小思考】

在职业生涯规划中，有人提倡：

在职业生涯早期，对自己锻炼最大的工作是最好的工作；

在职业生涯中期，收入最多的工作是最好的工作；

在职业生涯后期，实现自己人生价值最大的工作，是最好的工作！

你赞成吗？

【小训练】

描绘你自己的蓝图，如表 3-2 所示。

表 3-2　人生发展蓝图

年龄	居住环境与交通工具	工作和活动	所需技能、态度、人格特质	收入
18 岁				
30 岁				
40 岁				
60 岁				

3.1.3 职业生涯规划的分类

按照时间的长短来分类，可分为人生规划、长期规划、中期规划与短期规划四种类型，如表 3-3 所示。

表 3-3　职业生涯规划的分类

类型	定义及任务
人生规划	整个职业生涯的规划，时间长至 40 年左右，设定整个人生的发展目标。如成为一个有数亿资产的公司董事
长期规划	5～10 年的规划，主要设定较长远的目标。如 30 岁时成为一家中型公司的部门经理，40 岁时成为一家大型公司的副总经理等
中期规划	一般为 3～5 年内的目标与任务。如到不同业务部门做经理，从大型公司部门经理到小公司做总经理等
短期规划	3 年以内的规划，主要是确定近期目标，规划近期完成的任务。如对专业知识的学习，掌握哪些业务知识等

【小训练】

职业生涯规划是一项长期且需要不断调整和完善的任务，一下子让所有同学都能制定出一个人一生的职业规划不太现实，但你可先制定一个短期规划，即大学 3 年的规划，相信这 3 年的规划会对你一生的职业发展都有很大的帮助。

3.1.4 职业规划基本要素

职业生涯规划＝知己＋知彼＋抉择＋目标＋行动

职业规划有五大要素：知己、知彼、抉择、目标、行动。其中，知己、知彼是后面各项的基础，如图 3-1 所示。

（1）知己，主要是了解自己，看看自己的性格、兴趣、特长、能力、个性、智商、情商、价值观，以及家庭、学校和社会教育对个人产生的影响等。

（2）知彼，主要是了解外在的世界，包括职业的特性、所需的能力、就业渠道、工作内容、工作发展前景、职业的薪资待遇、晋升发展机会等。知己与知彼之间的关联如图 3-2 所示。这部分我们会在"提高就业能力"这一章中重点学习，在这里就不再详细讨论。

（3）抉择，在职业规划中会面临各种选择，包括行业、地域、发展前景、阻力、助力等。在要与不要、接受与不接受的反复考虑中做出决定。

（4）抉择之后是为自己确定目标。

（5）确定了目标，然后采取行动。

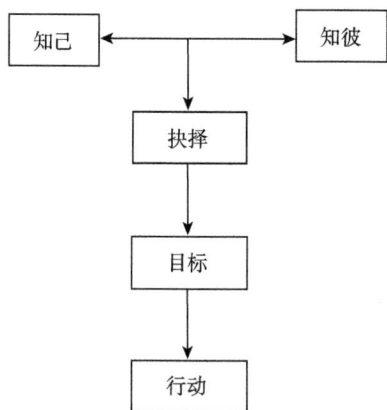

图 3-1 职业规划五大要素

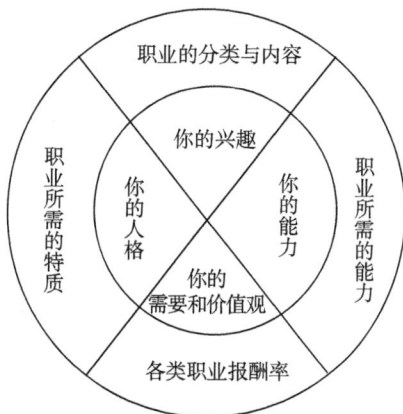

图 3-2 知己与知彼之间的关联

注：内圆表示个人的内在世界（知己），外圆表示外在的工作世界（知彼）。

3.1.5 职业规划模式

此模式由 3 个三角形和 1 个圆形组成，而职业决定是它们彼此直接的关联程度，如图 3-3 所示。

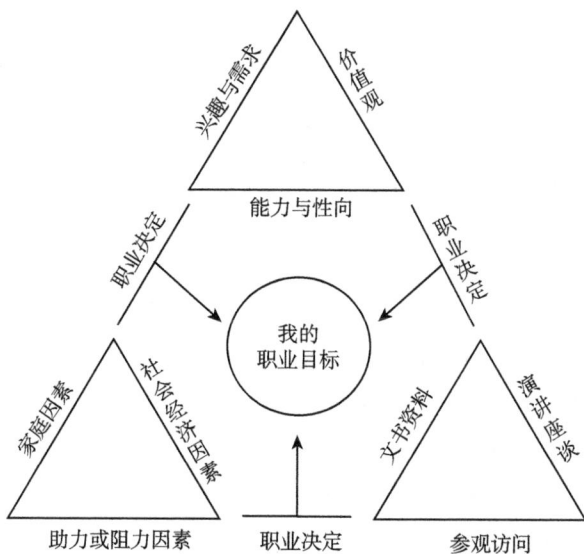

图 3-3 职业规划模式

圆形是此模式的核心部分，表示一个人想要达成的职业目标。此目标的设定，深受环绕着核心的 3 个三角形影响，每个三角形都是职业探索与规划的重点。

【小训练】

你的职业规划模式（请完成下面的句子）

第一部分：自己

我是：

我不是：

我重视：

我不重视：

我的兴趣是：

我完全没有兴趣的是：

我曾参加的训练是：

我喜欢的科目有：

第二部分：自己与环境的关系

我的家庭对我未来工作的影响是：

家人对我的期望是：

我期望工作的收入是：

我期望工作的社会地位是：

我的阻力有：

我的阻力来源是：

第三部分：教育与职业资讯

对于我可能从事的工作，我找过的资料有：

这些资料我特别有印象的是：

对于我可能从事的工作，我参加过的演讲座谈有：

这些活动，我特别有印象的是：

我曾正式或非正式参加过哪些公/民营机构或单位：

哪些机构我特别感兴趣，想进一步了解：

第四部分：我的职业目标

以上的问题，我的回答有无冲突之处：

以上的问题，我的回答有无相似或共通之处：

答题过程中，我觉得自己哪一部分尚不足够：

我初步拟出的职业目标是：

拟出目标后，我打算如何准备：

3.2　个人自我条件分析

个人自我条件分析的目的是认识自己、了解自己。只有客观全面地认识自己，才能选定适合自己发展的职业生涯路线，才能对自己的职业生涯目标做出最佳选择。自我条件分析包括价值观、性格、兴趣、特长、学识、技能、思维、道德水准以及社会中的自我，等等。大多数人都会以为对自己有足够的了解，但许多错误的职业生涯选择恰恰是因为对自己认识不清造成的。自己喜欢的工作到底是什么？自己的专长是什么？自己的性格适合做什么？自身的优势、弱点是什么？现在工作对自己的重要性？家庭对自己的重要性？正确的自我认识，越来越受到各界的关注，哈佛大学的入学申请要求必须剖析自己的优缺点，列举个人兴趣爱好，还要列出 3 项成就并做说明，从中可见一斑。

3.2.1　明确自己的价值观

【小思考】

从前有一只猴子，拿着一把豆子，行走时不小心掉了一颗豆子在地上，它便将手中的豆子放在地上，回头去找掉落的那一颗。结果非但没找到那颗掉落的豆子，回头时那些放在地上的豆子，也都被鸟吃光了。请思考：

- 如果你是猴子，你会如何做？
- 你是否曾经为了追求某种事物，而把其他都放弃了？
- 如果你很重视的事物无法得到，你会如何呢？

猴子手中那把豆子，就像每个人能拥有的一切，例如健康、金钱、声望、地位、面子、尊严、权力、爱情、学位，等等。为了一颗豆子（学位、权位、爱情……）而把其他放弃，这样做到底是因小失大、愚昧无知，还是亦有可取之处呢？一般人一定认为猴子的做法是愚笨的，有人却认为是值得的，譬如有人为了爱情，牺牲了财富、声望，最后甚至自杀，但是还是没有得到爱情，你说这是个感人的纯情者，还是个大笨蛋呢？其实，值不值得最主要的关键在于个人的价值观。

1. 价值观介绍

美国心理学家洛克奇于 1973 年在《人类价值观的本质》（*The Nature of Human Values*）中提出 13 种价值观。

（1）成就感：提升社会地位，得到社会认同；希望工作能受到他人的认可，对工作的完成和挑战的成功感到满足。

（2）美感的追求：能有机会多方面欣赏周围的人、事、物或任何自己觉得重要且有意义的事物。

（3）挑战：能有机会运用聪明才智来解决困难，舍弃传统的方法而选择创新的方法处理事物。

（4）健康：包括身体和心理健康，工作能够免于焦虑、紧张和恐惧，希望能够心平气和地处理事情。

（5）收入与财富：工作能够明显、有效地改变自己的财务状况，希望能够得到金钱所能买到的东西。

（6）独立性：在工作中能有弹性，可以充分掌握自己的时间和行动，自由度高。

（7）爱、家庭、人际关系：关心他人，与他人分享，协助他人解决问题，体贴、关爱，对周围的人慷慨。

（8）道德感：与组织的目标、价值观、宗教观和工作使命能够不相冲突，紧密结合。

（9）快乐：享受生命，结交新朋友，与别人共处，一同享受美好时光。

（10）权力：能够影响或控制他人，使他人照着自己的意愿去行动。

（11）安全感：能够满足基本的需要，有安全感，远离突如其来的变动。

（12）自我成长：能够追求知识上的刺激，寻求更圆满的人生，在智慧、知识与人生的体会上有所提升。

（13）协助他人：体会到自己的付出对团体有帮助，别人因为你的行动而受惠颇多。

2. 确定自己的价值观

【小训练】

针对以上13种价值观，我们可以分别问自己以下几个问题（如果以1~5排序，则1代表最重要，5代表最不重要）：

（1）我重视的价值观是什么？

（2）我所标示的这5个价值观是我一直都重视的吗？如果曾经有所改变是在什么时候？

（3）有哪些价值观是我父母认为重要的，而我却不同意呢？有哪些价值观是我父母和我共同拥有的？

（4）价值观的改变是否曾经改变我的生活方式？

（5）我理想的工作与我的价值观之间有何关联？

（6）预测自己的价值观会在什么时候发生改变？

（7）以前我曾经崇拜哪些人？他们对我有何影响？

（8）我的行为可以反映我的价值观吗？

以上 8 点，是了解价值观的基础。这些问题的回答并不容易，也不是短时间就能有完整答案的。因为价值观的显现有时候像是调皮好动的小孩，不好掌握，动向不明；有时又像是个文静高雅的淑女，没有明显的动作，却是人们注意的焦点。

价值观可以是很明显、清楚的，例如对金钱的重视或不重视，但更常发生的情况是，价值观伴随着很多个人主观、莫名甚至无法解释的情绪因素，让人无法琢磨。原本自认为可以洒脱不在乎的，当情况发生时，依然会产生极大的失落感与痛苦，能够做到自知的人不多。而价值观决定着人生的方向，是最需要自我思量的方面，每个人都要认真把握。没有方向的船是遇不上顺风的。

价值观的澄清有助于人们找到自己的方向，让生命的活水源源不绝，让人生变得充盈、欢畅，意趣无穷。

【小思考】

进一步澄清价值观

（1）如果我是个百万富翁，我会：

（2）我听过、读过最好的观念是：

（3）在这个世界上我最想改变的一件事是：

（4）我一生中最想要的是：

（5）我在什么情况下表现最好：

（6）我最关心的事是：

（7）我幻想最多的事是：

（8）我的父母最希望我能：

（9）我生命中最大的喜悦是：

（10）我是怎样的人：

（11）熟知我的人认为我是：

（12）我相信：

【小案例】

"惠目前的工作困境"，是一个工作内容与自己价值观无法结合的例子。

惠在银行待了 10 年，30 岁出头的她，猛然发现自己常常在算还有几年就可以退休。当初，她专科毕业考进银行，同学都很羡慕，父母高兴得到处炫耀，上菜市场还不忘带着惠去宣传一番。考进银行，对自己能力是一种肯定，但是到银行上班却是自己始料未及的。惠知道自己一直喜欢和人接触的工作，喜欢扮演大姐的角色，帮大家解决问题，而银行的文秘事务工作是她可以做，且做得不错，可是她并不感兴趣的工作。

她喜欢自己有慈善家的精神，从助人的过程中得到快乐。银行的工作和自己的价值观不符合，自己早就心知肚明，只是这半年来升迁上的不如意，让她更怀疑这份工作的意义。仔细思量，理智上她很清楚离职是最不明智、经济上最不划算的决定（理想与现实的冲突）。但是，情感上她真的很想换一换工作环境，去当义工都不错。有一天，她从广播上知道某福利院在招募义工，有一连串助人辅导的训练，有一阶段、二阶段的训练课程……惠想通了，为了现实，她继续待在银行；为了理想，她到某福利院当义工，两全其美，对自己、对家人都有交代。对于过程的辛苦，她相信自己撑得过来。

（1）从惠的例子中，我们可以察觉惠有哪些价值观呢？

（2）这些价值观如何影响工作与心情呢？

（3）如果你是惠，你还有更好的方法吗？

资料来源：https：//max. book118. com/html/2016/0323/38444444. shtm.

3.2.2　了解自己的职业兴趣

【小故事】

有位喜剧大师向心理医生诉苦，说他不快乐。心理医生建议他去看喜剧大师的表演，他会让你快乐。喜剧大师说："我就是喜剧大师，我送给别人快乐，但那是我的工作，快乐是他们的，不是我的。"

这件事让心理医生伤透了脑筋，于是他开始忧郁。心理医生去向喜剧大师诉苦，说我也不快乐了。喜剧大师说："你治好了许多人的忧郁症，让他们重新感受到了欢乐，你却为什么不快乐了呢？"心理医生说："可那只是我的工作，快乐是他们的，我并不快乐。"

资料来源：http：//blog. 163. com/jobhvac@ 126/blog/static/164965529201081409227l3/.

不能够为工作注入兴趣的人是无法体验到工作的快乐的，而兴趣是能量的调节者，它的加入发动了储蓄在内心的力量。据研究，如果一个人对他所从事的工作有兴趣，积极性高，就能发挥其全部才能的80%～90%，否则只能发挥20%～30%。兴趣能把精力集中到一点，其力量好比炸药，能把障碍炸得干干净净。兴趣是获取高效率的关键，也就是说工作的热情、态度是影响工作业绩的关键要素。兴趣是最好的老师，谁找到了自己最感兴趣的工作，谁就选择了通向成功的道路。选择一个自己热爱的事业是人生最大的快乐，也是做出成就的前提之一。因此，我们在进行职业规划时一定要了解自己的职业兴趣。

1. 职业人格的类型

霍兰德提出的人业互择理论认为，同样类型的劳动者与同样类型的职业互相结合，便是达到人业互择的良好状态，他把劳动者分为 6 种类型，与之相联系，把社会上的职业也分成 6 种，即现实型、研究型、艺术型、社会型、企业型、常规型。个人的职业人格可以从此 6 项职业人格中得知，如表 3-4 所示。

表 3-4 职业人格与职业的匹配表

职业人格类型	人格特征	职业特征
现实型	非社交的、物质的、遵守规则的、实际的、安定的、缺乏洞察力的、感性不丰富的、不善与人交往等特征	需要进行明确、具体的，按一定程序要求的技术性、技能性工作，如车工、电工、机床操作工、修理工、建筑工等
研究型	分析的、内省的、独立的、好奇心强烈的、慎重的、敏感的、喜好智力活动和抽象推理等特征	通过观察、科学分析而进行的系统性的创造性研究活动，对象侧重于自然科学，如天文、植物，计算机程序设计等
艺术型	想象力丰富、理想的、直觉的、冲动的、独创但是无秩序的；感情丰富，但缺乏事务性办事能力等特征	通过系统化的、自由的活动进行艺术表现，但精细的操作能力较差。相应的职业有演员、诗人、编辑、工艺设计师等
社会型	助人的、易于合作的、社交的、有洞察力的、重友谊的、有说服力的、责任感强的，比较关心社会问题等特征	从事更多时间与人交往的说服、教育和治疗工作，如教师、律师、营业员、购销人员、公共服务人员、宾馆服务员、医生、护士、社会活动家等
企业型	支配的、乐观的、冒险的、冲动的、自我显示的、自信的、精力旺盛的、好发表意见和见解的，但有时是不易被人支配的，喜欢管理和控制别人等特征	从事需要胆略、冒风险且承担责任的活动。主要指管理、决策方面的工作，如厂长、经理、调度、推销员等
常规型	自我抑制的、顺从的、防卫的、缺乏想象力的、持续稳定的、实际的、有秩序的、回避创造性活动等特征	严格按照固定的规则、方法进行重复性、习惯的活动，希望较快地见到自己的劳动成果，有自控能力。相应的职业有会计、打字员、办公室秘书、理发师、邮递员、图书馆员等

2. 兴趣与职业

兴趣对人生事业的发展至关重要，所以兴趣自然是职业选择应考虑的重要因素之一。表 3-5 是加拿大职业分类词典中各种职业兴趣类型的特点与相应的职业示例。

表 3-5 加拿大职业分类词典中各种职业兴趣类型的特点与相应的职业

类型	类型特征	相应的职业
1	愿与事物打交道，喜欢接触工具、器具或数字，而不喜欢与人打交道	制图员、修理工、裁缝、木匠、建筑工、出纳员、记账员、会计、勘测、工程技术、机器制造等
2	愿与人打交道，喜欢与人交往，对销售、采访、传递信息一类的活动感兴趣	记者、推销员、营业员、服务员、教师、行政管理人员、外交联络等

（续）

类型	类型特征	相应的职业
3	愿与文字符号打交道，喜欢常规的、有规律的活动，习惯于在预先安排好的程序下工作，愿干有规律的工作	邮件分类员、办公室职员、图书馆管理员、档案整理员、打字员、统计员等
4	愿从事社会福利类的工作，喜欢帮助别人解决困难，这类人乐意帮助人，他们试图改善他人的状况，帮助他人排忧解难	咨询人员、科技推广人员、教师、医生、护士等
5	愿做组织和管理工作，喜欢掌管一些事情，以发挥重要作用，希望受到众人尊敬和获得声望，愿做领导和组织工作	组织领导管理者，如行政人员、企业管理干部、学校领导和辅导员等
6	愿研究人的行为和心理，喜欢谈涉及人的主题，对人的行为举止和心理状态感兴趣	心理学、政治学、人类学、人事管理、思想政治教育研究工作以及教育、行为管理工作、社会科学工作者、作家等
7	愿从事科学技术事业，喜欢通过逻辑推理、理论分析、独立思考或实验发现和解决问题、推理、测试的活动，善于理论分析，喜欢独立地解决问题，也喜欢通过实验有所新发现	生物、化学、工程学、物理学、自然科学工作者、工程技术人员等
8	愿从事有想象力和创造力的工作，喜欢创造新的式样和概念，大都喜欢独立的工作，对自己的学识和才能颇为自信，乐于解决抽象的问题，而且急于了解周围的世界	社会调查、经济分析、各类科学研究工作、化验、新产品开发人员，以及演员、画家、创作或设计人员等
9	愿做操作机器的技术工作，喜欢通过一定的技术来进行活动，对运用一定技术，操作各种机械，制造新产品或完成其他任务感兴趣，喜欢使用工具，特别是大型的、马力强的先进机器，喜欢具体的东西	制造人员、飞行员、驾驶员、机械工作者等
10	愿从事具体的工作，喜欢制作看得见、摸得着的产品并从中得到乐趣，希望很快看到自己的劳动成果，并从完成的产品中得到满足	室内装饰师、园林师、美容师、理发师、手工制作者、机械维修人员、厨师等

实际上，一种兴趣类型可以对应许多种职业，而每一个人往往又都同时具有其中几种类型的特点。假如你要成为一名护士，那你就应有愿与人打交道（类型2）、愿热心助人（类型4）、愿做具体工作（类型10）这3种兴趣类型的特点，如果你对其中的某一方面缺乏兴趣，那就应努力培养和发展这方面的兴趣以适应护士职业的要求，否则，还是选择其他更适合你兴趣类型的职业为好。

3. 职业兴趣和责任

【小案例】

中央电视台《绝对挑战》有一期节目，是阿里巴巴旗下的淘宝网招聘商务谈判经理。当时，一位嘉宾问了三个很经典的问题，其中一个是："如果你感兴趣的事情你的上司偏不让你做，而你不感兴趣的事情，上司偏让你做，这时候，你会怎么办？"

当时二号选手说："和上司沟通。"

"如果沟通不成呢？"这位嘉宾接着问。

二号选手说："那我要告诉他，我不为结果负责任。"

这位嘉宾意味深长地点了点头。

资料来源：http：//blog. sina. com. cn/s/blog_a4d0a08001015do8. html.

这个问题应该怎样回答？我们必须先搞清楚兴趣和职业究竟如何匹配。

（1）对于个人来讲，一定要做自己感兴趣的工作。几乎每一个人都知道，人如果要长期发展，就要有动力，而"兴趣"是人发展中最重要的动力之一。在选择职业时要"做自己喜欢的"，但实际行动中，选择的却是"看似不错的行业""容易进入的企业""待遇不错的工作""听上去有发展前景的事业"。尽管这些选择并没有错误，但是如果缺乏了兴趣——动力的来源，很可能出现的情况就是缺乏足够的竞争力，或者在面临困境和压力时难以坚持下去。

（2）对于职业人来讲，不仅要有兴趣，还要有责任。一个职业人，只有兴趣还不够，还要有责任。工作，经常是一部分让你感兴趣，还有一部分不让你感兴趣。比如，你喜欢和人打交道，但是不一定喜欢和各种类型的人打交道。所以每个人都会在工作中遇到兴趣和工作的冲突，这个时候，成熟的职业人会采取"暂时忍耐"的策略，以工作需要为重。

（3）对于职业经理人来讲，兴趣和职业的匹配是一个渐进和艰难的过程，很多时候不得不暂时放弃自己的兴趣。成功的人都会讲，自己是如何感兴趣自己的工作，但是在成功的道路上，更多的时候很难做到兴趣和职业的匹配。比如，你喜欢自由，但是职业会有很多约束；你喜欢管理，但是经常被人管；你喜欢创意，但是经常要循规蹈矩；你喜欢做事，但是经常陷入"办公室政治"不能自拔。

在职业规划的道路上，太多的职业经理人面临"如何接纳一个不喜欢的职业状态"的挑战，有的时候甚至是改变自己的核心价值观的问题。在多年摸索的道路上，职业经理人必须明白一个事实，那就是兴趣是可以培养的，也是可以管理的；有的时候，可以放弃一种旧兴趣来焕发一种新兴趣。

因此，对马云先生的问题可以这样回答：

"如果领导总是让我做我不喜欢的事情，短期来讲，我可以接受，毕竟工作是第一位的。若不能按照我的喜好来行事，长期来讲，我就需要考察这个工作是不是符合我的兴趣。如果长期做不符合我兴趣的事情，我不能做得出色，我也不会接受这样的任用。作为管理人员，我一直在学习管理自己的兴趣，在工作中，尽量做到不让自己失去兴趣的动力，同时也会考虑企业的大局和利益，不被个人的兴趣所左右。"

3.2.3　认识自己的能力

有学者曾指出：

$$成功 = 能力 \times 兴趣 \times 性格 \times 价值观$$

公式中，能力居于第一位。在工作上要想出人头地，除了要具备一般的知识技能和社交技巧之外，专业知识与专业技能才是制胜的关键。在"知识爆炸"的时代，学历、文凭只是美丽的外表，重视终身学习专业知识与专业技能才是关键。

1. 检测自己的能力

【小训练】

为了检测你对职业的认识，以及你所具备的能力与理想工作所应具备的能力，请你试着根据目前的职业目标，选定一项工作或职位，然后查阅相关资料，试着回答以下的问题（见表3-6）。（对"工作所需具备的能力"及"自己已具备的能力"两大部分，确定打√，不确定或不知道打△，不需要或自己缺乏此能力打×。）

表3-6　职业能力检测表

工作职位名称	工作所需具备的能力	自己已具备的能力	整体心得感想
	□ 1. 文字能力 □ 2. 表达能力 □ 3. 沟通、协调能力 □ 4. 领导统御能力 □ 5. 专业技能 □ 6. 电脑软件操作能力 □ 7. 中文打字及英文打字能力 □ 8. 营销能力 □ 9. 会计能力 □ 10. 机械操作能力 □ 11. 法律知识 □ 12. 判断力 □ 13. 创造力 □ 14. 直觉与敏感度 □ 15. 其他重要专业知识	□ 1. 文字能力 □ 2. 表达能力 □ 3. 沟通、协调能力 □ 4. 领导统御能力 □ 5. 专业技能 □ 6. 电脑软件操作能力 □ 7. 中文打字及英文打字能力 □ 8. 营销能力 □ 9. 会计能力 □ 10. 机械操作能力 □ 11. 法律知识 □ 12. 判断力 □ 13. 创造力 □ 14. 直觉与敏感度 □ 15. 其他重要专业知识	

以上的活动，你在"工作所需具备的能力"部分打√的多，还是打△的多？如果△超过5个，显示你对外界信息的了解仍不充足，"知彼"的工作仍需加强。

你在"自己已具备的能力"部分，打√的多，是打×的多，或者是打△的多呢？如果打×及打△过多，显示你需要加强自我的了解或提升自己的能力，以便达到工作职位的要求。

2. 个人成长的 15 种关键能力

大多数人不会认为自己的能力有问题。但是，困扰人们的问题是：在相关条件差别不大的情况下，为什么有的人能成功，而有的人却不能成功？无论在国企，还是在外企，凡是成功人士的身上都有独特的个人能力和人格魅力，这是他人所缺乏的。他们的成功绝不能简单地归结为机遇好，而是具备了如下能力。

（1）**解决问题时的逆向思维能力**。面对工作中遇到的新问题，一时又找不到解决方法，而上司可能也没有什么锦囊妙计时，他们擅长用逆向思维方法去探索解决问题的途径。他们清楚具体业务执行者比上司更容易找出问题的节点，是人为的还是客观的，是技术问题还是管理漏洞。采用逆向思维找寻问题的解决方法，会更容易从问题中解脱出来。

（2）**考虑问题时的换位思考能力**。在考虑解决问题的方案时，常人通常站在自己职责范围的立场上尽快妥善处理。而他们却总会自觉地站在公司或老板的立场去考虑解决问题的方案。作为公司或老板，解决问题的出发点是首先考虑如何避免类似问题的重复出现，而不是"头疼医头，脚疼医脚"的就事论事。面对人的惰性和部门之间的扯皮，只有站在公司的角度去考虑解决方案，才是一个比较彻底的解决方案。能始终站在公司或老板的立场上去酝酿解决问题的方案，逐渐地他们便会成为公司可以信赖的人。

（3）**强于他人的总结能力**。他们对问题的分析、归纳、总结能力比常人强，总能找出规律性的东西，并驾驭事物，从而达到事半功倍的效果。人们常说苦干不如巧干，但是如何巧干，不是人人都知道的。

（4）**简洁的文书编写能力**。老板通常都没时间阅读冗长的文书，因此，学会编写简洁的文字报告和编制赏心悦目的表格就显得尤为重要。即便是再复杂的问题，他们也能将其浓缩阐述在一页 A4 纸上，有必要详细说明的问题，再用附件形式附在报告或表格后面。让老板仅仅浏览一页纸或一张表格便可知道事情的概况，如其对此事感兴趣或认为重要，可以通过阅读附件里的资料来了解详情。

（5）**信息资料收集能力**。他们很在意收集各类信息资料，包括各种政策、报告、计划、方案、统计报表、业务流程、管理制度、考核方法等，尤其重视竞争对手的信息。因为任何成熟的业务流程本身就是很多经验和教训的积累，遇到用时，就可以信手拈来。这在任何教科书上是无法找到的，也不是哪个老师能够传授的。

（6）**解决问题的方案制订能力**。遇到问题，他们不会让领导做"问答题"，而是做"选择题"。常人遇到问题，首先是向领导汇报、请示解决办法，带着耳朵听领导告知具体操作步骤，这就叫让领导做"问答题"。而他们常带着自己拟定好的多个解决问题方案供领导选择、定夺，这就是常说的给领导出"选择题"。领导显然更喜欢做的是"选择题"。

(7) **目标调整能力**。当个人目标在一个组织里无法实现，且又暂时不能摆脱这一环境时，他们往往会调整短期目标，并且将该目标与公司的发展目标有机地结合起来。这样，大家的观点就容易接近，或取得一致，就会有共同语言，就会干得欢快。反过来，别人也就会乐于接受他们。

(8) **超强的自我安慰能力**。遇到失败、挫折和打击时，他们常能自我安慰和解脱。还会迅速总结经验教训，而且坚信情况会发生变化。他们的信条是：塞翁失马，焉知非福，或上帝在一个地方为你关上一扇门的同时，一定会在另一个地方为你打开一扇窗。

(9) **书面沟通能力**。当发现与老板面对面的沟通效果不佳时，他们会采用迂回的办法，如采用电子邮件、书面信函或报告的形式尝试沟通一番。因为，书面沟通有时可以达到面对面语言沟通所无法达到的效果。这可以较为全面地阐述想要表达的观点、建议和方法；可以让老板听你把话讲完，而不是打断你的讲话，或被其电话打断你的思路；也可方便地让老板选择一个其认为方便的时候来"聆听"你的"唠叨"。

(10) **企业文化的适应能力**。他们对新组织的企业文化都会有很强的适应能力。换个新企业犹如换个办公地点，照样能如鱼得水般地干得欢畅并被委以重用。

(11) **岗位变化的承受能力**。竞争的加剧、经营风险的加大、企业的成败可在一朝一夕之间发生。对他们来讲，岗位的变化，甚至饭碗的丢失都无所畏惧。因此，他们承受岗位变化的能力也是常人所无法比拟的。在他们看来，这不仅是个人发展的问题，更是一种生存能力的问题。

(12) **客观对待忠诚**。从他们身上你会发现对组织的忠诚。他们清楚地意识到忠诚并不仅仅有益于组织和老板，最大的受益者是自己。因为，责任感和对组织忠诚的习惯一旦养成，会使他们成为一个值得信赖的人，可以被委以重任的人。他们更清楚投资忠诚得到的回报率其实是很高的。

(13) **积极寻求培训和实践的机会**。他们很看重培训的机会，往往在招聘时就会询问公司是否有提供培训的机会。他们善于抓住任何培训机会。一家企业，如果它的薪酬福利暂时没有达到满意的程度，但却有许多培训和实践的机会，他们也会一试。毕竟，有些经验不是用钱能买回来的。

(14) **勇于接受分外之事**。任何一次锻炼的机会他们都不轻言放弃，而把它看成是难得的锻炼机会。他们并意识到今天的分外，或许就是明天的分内之事。你可能常看见他们勇于接受别人不愿接受的分外之事，并努力寻求一个圆满的结果。

(15) **职业精神**。他们身上有一种高效、敬业和忠诚的职业精神。主要表现为：思维方式现代化，拥有先进的管理理念并能将其运用于经营实践中。言行举止无私心，在公司的业务活动中从不掺杂个人私心。这样，他们就敢于直言不讳，敢于纠正其他员工的错误行为，敢于吹毛求疵般地挑剔供应商的质量缺陷。因为，只有无私才能无畏。待人接物规范化，这也是行为职业化的一种要求。有了这种职业精神的人，到任何组织都是受欢迎的，而且迟早会取得成功。

当然，有了上述能力，不能保证一定成功，但如果没有这些能力，那肯定是无法获得成功的。

【小测试】

如表 3-7 所示，请你对照管理人员能力评价表，为自己评分，看看自己是否具备管理人员的能力。

表 3-7　管理人员能力评价表

能力分类	能力要求	个人能力程度	得分
分析能力	有能力对形势或工作的组成因素进行论证，并能分析出其中的关系	1. 较差；2. 一般；3. 良好	
综合能力	有能力将不同的组成部分综合在一起，并对其优势进行论证说明	1. 较差；2. 一般；3. 良好	
预测能力	有前瞻能力，有远见，并有能力制订战略性计划，组织先行工作	1. 较差；2. 一般；3. 良好	
决策能力	有根据不全面的信息进行分析、评价、选择并做出最终的决策和承担风险的能力	1. 较差；2. 一般；3. 良好	
规划能力	有能力对所定目标进行论证说明，确定重点，制订行动计划，最终达到目的	1. 较差；2. 一般；3. 良好	
领导能力	有能力确定目标，让人接受一种观点、一个方案，或一项行动计划。进行组织落实，确定检验标准及范围，并有能力对工作进行追踪	1. 较差；2. 一般；3. 良好	
组织能力	有能力设计一个组织机构，制定目标、工作方法和相关制度，并组织实施	1. 较差；2. 一般；3. 良好	
落实能力	具有正确传达上级指示、核定行动计划、制订具体的落实方案的能力	1. 较差；2. 一般；3. 良好	
先行活动能力	有能力明确制定工作目标，并有能力创造实现工作目标的各种条件	1. 较差；2. 一般；3. 良好	
授权能力	有能力将一项具体的任务授权给另一位同事或下属完成	1. 较差；2. 一般；3. 良好	
参与能力	有能力参与到相关工作中去	1. 较差；2. 一般；3. 良好	
沟通能力	有能力说明自己的意见，观察别人的反应，倾听别人的意见，对其意见进行整理，做好协调统一工作	1. 较差；2. 一般；3. 良好	
适应能力	在变化的形势中，面对不同的对手，仍能把握住方向，创造巨大的效益	1. 较差；2. 一般；3. 良好	

（续）

能力分类	能力要求	个人能力程度	得分
谈判能力	身处冲突的形势环境中，有能力论证自己的意见，分析对方的观点，并找到协调的方法	1. 较差；2. 一般；3. 良好	
坚持能力	尽管存在困难和障碍，但有能力落实一项长期的计划	1. 较差；2. 一般；3. 良好	
责任能力	全身心投入落实所定目标的工作中，以独立的意识面对形势，具有行使权利、独立管理自己工作范围的能力	1. 较差；2. 一般；3. 良好	
创新能力	有能力结合实际想象出新的解决问题的办法	1. 较差；2. 一般；3. 良好	
检验能力	有能力对工作结果进行评价，检验其是否与预期需达到的目标相符，并具有传达评价、更正或弥补工作结果与目标之间差距的能力	1. 较差；2. 一般；3. 良好	
伦理能力	有自觉按照正确的伦理观念，处理企业内外部各方面利益关系的能力	1. 较差；2. 一般；3. 良好	
情绪控制能力	了解自己和他人的情绪，有能力控制自己和他人的不良或极端情绪	1. 较差；2. 一般；3. 良好	
激励能力	有在挫折或平凡中使自己和他人保持积极性的能力	1. 较差；2. 一般；3. 良好	
学习能力	有根据工作要求主动向书本、向他人、向自己学习的能力	1. 较差；2. 一般；3. 良好	
个人总分			

评价说明：此评价表将管理能力划分为 22 项，将个人能力程度分成 3 级，根据被评价者的层级与侧重点不同可选择不同的能力项进行组合评估。

资料来源：http://www.doc88.com/p-946836352575.html.

【课堂训练】

写出 7 种让你感到高兴、骄傲而且希望自己从事的活动，你可以写一些自己很喜欢、很擅长但还未做过的活动。如果可能，请尽力写上 15～20 件事情，对于你提到的每项活动，问自己如下问题：它与某项工作或职业相关吗？如果是，就在该活动后面把职业的相关名称写下来。

　　　　你希望常常从事的活动　　　　与工作有关吗　　　　工作或职业的名称

（1）＿＿＿＿＿＿＿＿＿＿＿　　＿＿＿＿＿＿　　＿＿＿＿＿＿＿＿＿＿

（2）＿＿＿＿＿＿＿＿＿＿＿　　＿＿＿＿＿＿　　＿＿＿＿＿＿＿＿＿＿

（3）＿＿＿＿＿＿＿＿＿＿＿　　＿＿＿＿＿＿　　＿＿＿＿＿＿＿＿＿＿

（4）_____   _____   _____
（5）_____   _____   _____
（6）_____   _____   _____
（7）_____   _____   _____
（8）_____   _____   _____

思考与分享：

（1）从小到大，你有哪些兴趣和爱好？它给你带来了哪些收获？这些兴趣和爱好哪些与工作和职业相关，哪些只是与生活相关？

_____

_____

（2）你觉得你自己最擅长做的事情有哪些？它与哪些工作和职业相关？

_____

_____

3.3　职业生涯的选择

职业生涯的选择常常是痛苦的，因为选择总是有得有失，顾此失彼，而理想和现实总是充满矛盾。但通过前面价值观的确定、个人自我条件的分析，你一定会明白什么是自己最想要的？什么是自己最喜欢又最有可能得到的？记住没有舍就不会有得，关键要科学客观地进行抉择。

3.3.1　职业生涯选择的类型

职业生涯的抉择方式和态度称之为职业生涯选择类型，哈瑞恩将每个人的抉择形态区分为以下的三种类型：

（1）理性型。此种形态选择合乎逻辑的方式，分析各种利弊得失，按部就班，做出最佳决定。例如，小李准备投入保险业，在毕业的前一年，他和保险从业人员有很多的接触。为了训练自己打破与陌生人之间的藩篱，以及能在短时间内与陌生人建立良好的关系，小李还去报名参加了人际关系训练课程。经过很多的利弊分析与筹划，最后在家人的支持下，小李于即将毕业前正式投入保险业。他相信这是最适合他的选择。

（2）直觉型。此种形态是以自己此时此刻的感受，或情绪反应为基础，做出直接的决定。这种类型的人能为自己的抉择负责，但常跌破旁人的眼镜。芸萍长得美丽、聪慧，在某重点大学法律系毕业后直接赴美念英语教育专业。原因是当初英语分不够以致没考上外文系，这一直是她心中一大遗憾。为了补偿，芸萍才出国念英语教育专业。毕业后，酷爱旅行的她，凭着冲劲与直觉到加利福尼亚州房地产中介公司上班。她以迅雷不及掩耳的速度，在职业抉择路上走自己的路，为自己的决定负责。

（3）依赖型。总在别人需要的影子里，依据他人的期望而做选择，非常需要别人关爱、认同的眼神。社会赞许、社会评价、社会规范是决定的标准。口头禅是："爸妈叫我去……""我的男/女朋友希望……""他们认为我很适合……""他们认为我可以……，于是……"

【小案例】

阿平大四那年，不想毕业后马上工作，便盲目地跟同学一起上图书馆、补习，准备参加研究生考试。"反正大学毕业也不知道能做什么，不如再去研究生院蹲两年，两年后年纪大一点儿，会比较清楚地认识自己，再差也有张硕士文凭，别人也会比较看重自己。"阿平就抱着这样的心态来念研究生。

阿平的抉择过程是依赖同学的意见，和目前追求高学历的潮流。对阿平而言，没有经济的压力，多念两年书，将来在社会上立足只赚不赔，何乐而不为？但阿平的抉择是有潜在风险的：

（1）阿平是否能确定自己要念哪一个专业的研究生？如果研究生的学习与本身的志趣差异过大，他该如何？

（2）研究生毕业之后，阿平真的就可以比较了解自己吗？真的就能找到一份好的工作吗？如果答案是否定的，他该如何做职业的准备工作？

（3）阿平念研究生的原因，如果主要是逃避模式，这对阿平的职业有什么影响？

这三种抉择形态（理性、直觉、依赖）各有利弊。依赖型最为省时省力，但不见得是最有效的策略，可能得非所愿，蹉跎岁月。直觉型的决定是自发性的，在时间紧迫时非常有用，缺点是容易受主观影响。理性型的决定包含探索个人与环境的需求，是不会错失良机的。

3.3.2　职业抉择考虑要素

在职业发展过程，我们会面临许多的抉择，考虑的要素主要包括：

（1）who。"我是谁""我具备什么特质与能力""我喜欢的生活方式是什么""我的专长何在""我父母对我的期望"。考虑这些以后再下决定，此时我们对自己已有充分认识。

（2）what。下决定时，要问自己"我有哪些选择""我的问题在哪里""我每个决定的可能影响是什么"。

（3）when。考虑时间的长短与事情的急迫性，如"我的计划容许我搜集资料的时间有多长"等。

（4）where。空间的因素，即在我的职业目标中，我向往什么样的工作环境与生活空间？居住的地点与工作场所之间的距离，我希望越近越好，还是喜欢住在郊区？这些均与生活方式有关。

（5）why。探讨自己的原因、理由，思考"我为何偏好 A 而排斥 B""我的职业困境的缘由"等。

（6）how。"做完决定，如何化技巧、概念、想法为行动""如何取舍""如何完成目标""如何找到工作"，以及"如何安排时间、运用时间"等。

3.3.3 职业生涯选择的特性

职业生涯选择的特性，可用 coin（钱币）这个词来加以说明。

（1）c：choice（选择）。择业是选择与放弃的历程，每个抉择情境都有两个以上的选择可能，决策者必须自其中选择其一。例如，文彬是一个品学兼优的学生干部，毕业时有许多机会选择。每个决定所带来的后果，他都必须承担。

（2）o：obstacle（阻碍）。每个决定都有优点及缺点，这些与人格特质及个人成熟程度有关。每个人面对阻碍时的心理反应都不相同。例如，发现自己选择的专业未来出路并不如自己想象中那么好，有的人会大失所望，否定所付出的一切。事实上，每条路都会有挑战，每个人主观与客观认知的局限都不相同，是否走得过，就看个人的抉择与努力程度。

（3）i：inclination（倾向）。你的倾向是保守路线，还是冒险路线？保守路线的抉择变化幅度小，风险低；冒险路线的抉择要有壮士断腕的决心，放手一搏的胆量，风险大，变化幅度也大。

（4）n：no right answer（没有正确的答案）。职业抉择的诡异就在于没有标准的衡量尺度。职业抉择经常都是在不确定的情况下进行，每个不确定性，都可能引发下一个不确定性。

（5）coin 都有两面，每个人应该根据综合判断来选择自己认为最有收获的那一面。

3.3.4 职业生涯选择的路线

职业生涯选择路线如图 3-4 所示，对照这个图对你的职业生涯做出初步的选择吧！

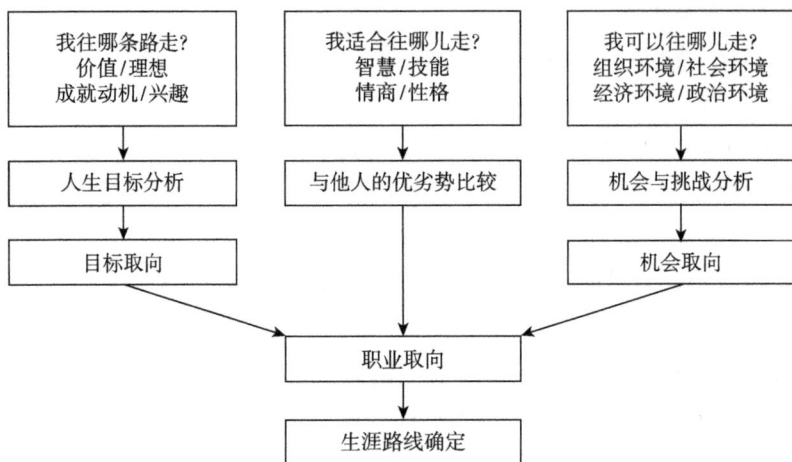

图 3-4　职业生涯选择路线图

3.4　成功目标的确定

【小案例】

有人曾经做过一个实验：他往一个玻璃杯里放进一只跳蚤，发现跳蚤立即轻易地跳了出来。再重复几遍，结果还是一样。根据测试，跳蚤跳的高度一般可达它身体的 400 倍左右，所以跳蚤称得上是动物界的跳高冠军。接下来实验者再次把这只跳蚤放进杯子里，不过这次是立即在杯上加了一个玻璃盖，跳蚤开始撞到玻璃盖上。跳蚤十分困惑，但是它不会停下来，因为跳蚤的生活方式就是"跳"。一次次被撞，跳蚤开始变得聪明起来，它开始根据盖子的高度来调整自己所跳的高度。再一阵子以后呢，发现这只跳蚤再也没有撞击到这个盖子，而是在盖子下面自由地跳动。一天后，实验者开始把盖子轻轻拿掉，跳蚤不知道盖子已经去掉了，它还是在原来的那个高度继续跳着。三天以后，他发现那只跳蚤还在那里跳。一周以后，发现这只可怜的跳蚤还在这个玻璃杯里不停地跳着，它已经无法跳出这个玻璃杯，从一个跳蚤变成了一个可悲的爬蚤！

资料来源：https：//www.zybang.com/question/beed8c12caf65d935a2feddafcf60519.html.

这个故事带给你什么启发？

3.4.1　目标的作用

美国 20 世纪成功学奠基人奥里森·马登说过："知道自己为什么迷茫吗？因为你是没有目标的迷路者。"当意识到目标的重要性时，设立一个目标就迫在眉睫。安东尼·罗宾说："正如空气对于生命一样，目标对于成功也是绝对必要的。有什么样的目标，就有什么样的人生。"哈佛大学有一个非常著名的关于目标对人生影响的跟踪调查，对象是一群智力、学历、环境都差不多的年轻人。调查结果如下：有清晰且长期的目标的人为 3%，有清晰且短期的目标的人为 10%，有模糊目标的人为 60%，无目标的人为 27%。

而 25 年后的调查显示：

属于 3% 的人，25 年来几乎都不曾更改过自己的人生目标，他们都朝着同一个方向不懈地努力。现在，他们几乎都成了社会各界的顶尖成功人士，他们中不乏白手创业者、行业领袖、社会精英。

属于 10% 的人，大都生活在社会的中上层。他们的共同特点是，那些短期目标不断被达成，生活状态稳步上升，成为各行各业不可或缺的专业人士。如医生、律师、工程师、高级主管，等等。

属于 60% 的人，几乎都生活在社会的中下层，他们能安稳地生活与工作，但都没有什么特别的成绩。

属于 27% 的人，几乎都生活在社会的最底层，他们的生活都过得很不如意，常常失业，靠社会救济，并且常常都在抱怨他人、抱怨社会、抱怨世界。

设定明确的目标，是所有成就的出发点。那些 87% 的人之所以失败，就在于他们从来都没有设定明确的目标，并且也从来没有踏出他们的第一步。由此可见一个清晰且长期的目标对当代大学生日后发展的重要意义。

3.4.2　好目标的特点

【小故事】

小明暑假跟着爷爷去稻田插秧，他发现爷爷秧苗插得非常整齐，而自己却把秧苗插得乱七八糟，于是他问爷爷是什么原因。爷爷说："孩子，你应该盯住前面的一个目标去插。"小明看到前面有一头水牛，于是盯着水牛开始插秧。可是，他发现自己插得虽然有进步，但还是不直。于是小明又问爷爷："为什么我还插不直呢？"爷爷告诉他："孩子，水牛总在动，如果你盯着它当然会插得弯了，你应该盯住一个确定的目标。"小明明白了，于是盯着前方的一棵树去插，果然秧苗插得很直了。

资料来源：https：//wenku.baidu.com/view/b748fc72a98271fe910ef958.html。

人不能没有目标，也不能总去变换目标，必须明确一个不轻易变更的奋斗目标，这是取得成功的基本保证。而许多人埋头苦干，却不知所为何来，到头来发现追求成功的阶梯搭错了方向，却为时已晚。因此，我们务必有一个恰当的好目标，并拟定一个达成目标的完整的规划，凝聚继续向前的力量。好的目标有如下特点。

1. 目标必须是长期的

没有长期的目标，你可能会被短期的种种挫折击倒。理由很简单，没人能像你自己一样关心你的成功。你可能偶尔觉得有人故意阻止你进步，但实际上阻碍你进步最大的人就是你自己。其他人可以使你暂时停止，而你是唯一能使自己永远止步不前的人。如果你没有长期的目标，暂时的阻碍可能构成无法避免的挫折。家庭问题、疾病、车祸及其他你无法控制的种种情况，都可能是你进步的重大阻碍。

2. 目标必须是特定的

从商店里买一个最大的放大镜以及一些报纸，在炎热的太阳底下，把放大镜拿来放在离报纸有一小段距离的地方。如果放大镜是移动的话，你永远也无法点燃报纸。然而，如果放大镜不动，你把焦点对准报纸，过一会儿就会点燃报纸。不管你具有多大能力、才华或能耐，如果你无法管理它，将它聚集在特定的目标上，并且一直保持在那里，那么你永远无法取得成就。能够猎得几只鸟的猎人并不是向鸟群射击，而是每次选定一只作为"特定"的目标。

3. 目标要具体化

有人说，我将来长大了要做一个伟人，这个目标太不具体，太笼统了。目标必须具体，比如你想把英语学好，那么你就定一个目标，如每天一定要背 10 个单词、一篇文章，要求自己在一年之内能看懂英文书报，由于你定的目标很具体，并能按部就班去做，目标就容易达到。有人曾经做过这样一个试验，他把测试人分成两组，让他们去跳高。两组大概个子都差不多，先是一起跳了 6 尺 ⊖，然后把他们按组分开。对一组说："你们能跳过 6 尺 5 寸 ⊜。"而对另一组只说："你们能跳得更高。"然后让他们分别去跳高。结果第一组由于有 6 尺 5 寸这样的一个具体要求，他们每个人都跳过了 6 尺 5 寸；而第二组没有具体的目标，所以他们只跳过 6 尺多一点，不是所有的人都跳过了 6 尺 5 寸。为什么呢？就是因为第一组有一个具体的目标。

4. 目标要远大

目标远大会给人以创造性火花，使人有可能取得成就。奥运金牌得主不是光靠他们的运动技术，更主要的是靠远大的目标的推动力，商界领袖也一样。远大的目标就是推动人们前进的梦想。随着这梦想的实现，你会明白成功的要素是什么。没有远大的目标，人生就没有瞄准和射击的靶子，就没有更崇高的使命能给你希望。正如道格拉斯·勒尔顿说的："你决定了人生追求什么之后，你就做出了人生最重大

⊖　1 尺 ≈0.333 3 米。
⊜　1 寸 ≈0.033 3 米。

的选择。要能如愿，首先要弄清你的愿望是什么。"有了理想，你就看清了自己想取得什么成就。有了目标，你就有一股无论顺境逆境都勇往直前的冲劲，目标使你能取得超越你自己能力的东西。

3.4.3　如何设定目标

事实上，设定一个适当的目标就等于达到了目标的一部分。目标一旦设定，成功就会容易得多。若要保持高效率地实现目标，定出来的目标就要时时检查、规划、执行，并以发展的眼光来评估，客观情况有变化时需要你在一些方面灵活处理，观点变了，目标就要修改。要记住，在你实现目标的过程中，自身的提高是比达到既定目标更加重要的。制定目标应该成为一种生活方式。但每一个人都必须在某一点上起步，才能逐渐成为一个事事都想着目标的人。大多数人并非天生就有这个本领，以下是开始制定目标的五个步骤。

1. 确定你的目标及起跑线

通过前面的学习，你大概已经看清楚自己的目标和起跑线了。明白这两点，对你的成功极其重要。没有目标就没有前进的方向；没有起跑线就无从规划自己的航程。

2. 把目标清楚地表述出来

使自己精力集中的最佳办法，是把自己的人生目标清楚地表述出来。把人生目标清楚地表述出来，能帮助你时时集中精力，提高工作效率。在表述你的人生目标时，要以你的梦想和个人的信念作为基础，这样做，有助于你把目标表述得更贴切、更具体。

3. 把整体目标分解成一个个易记的目标

清楚表述未来之梦及人生目标之后（这会帮助你把握方向），你就可以着手制定长期和短期的目标了。目标可以用业绩表示（如推销 1 000 件某种产品），也可以用时间表示（如每周三次，每次锻炼一个小时）。目标可以涉及人生的各个领域，视你想取得什么成就而定，但要把整体目标分解成一个个易记的目标。注意：人生大目标应尽可能伟大，人生大目标不要求详细、精确；中短期目标应既有激励价值，又要现实可行，中短期目标应尽可能具体明确，并限定时间。

4. 定期评估计划执行情况

定期评估进展，是与行动同等重要的。随着计划的进展，你有时会发现自己的短期目标并未能使你向长期目标靠拢；或者你可能发现你当初的目标不怎么现实；又或者你会觉得自己的中长期目标中有些方面并不符合你的理想及人生的最终目标。无论是何种情况，你都需要做出调整。你对制定目标越陌生，就越可能估计失误，也就越需要重新评估及调整你的目标。

有些人常会犯的另外一个错误是走到岔道上了。这些人制定了目标，也写下了要达到目标必须做的事情，然后把那些指导方针全忘了。有个办法能防止这种事情发生，你可以把这句话贴在自己经常看到的地方："我现在做的事情会使我更接近我的目标吗？"

5. 庆祝已取得的成就

最后，要抽点时间庆祝已取得的成就。当你取得预期的目标时，你应奖励自己，小成就小奖，大成就大奖。例如，如果要连续干几个小时才能完成某项工作，你应对自己说，做完了就休息，吃点东西，或看场球赛。但是决不在完成任务之前就奖励自己。当你取得一项重大成就时，一定要把庆祝活动搞得终生难忘。

【小思考】

以下是一个学生为自己制定的人生阶段性目标，如图3-5、图3-6、图3-7所示，你对此有何评价。

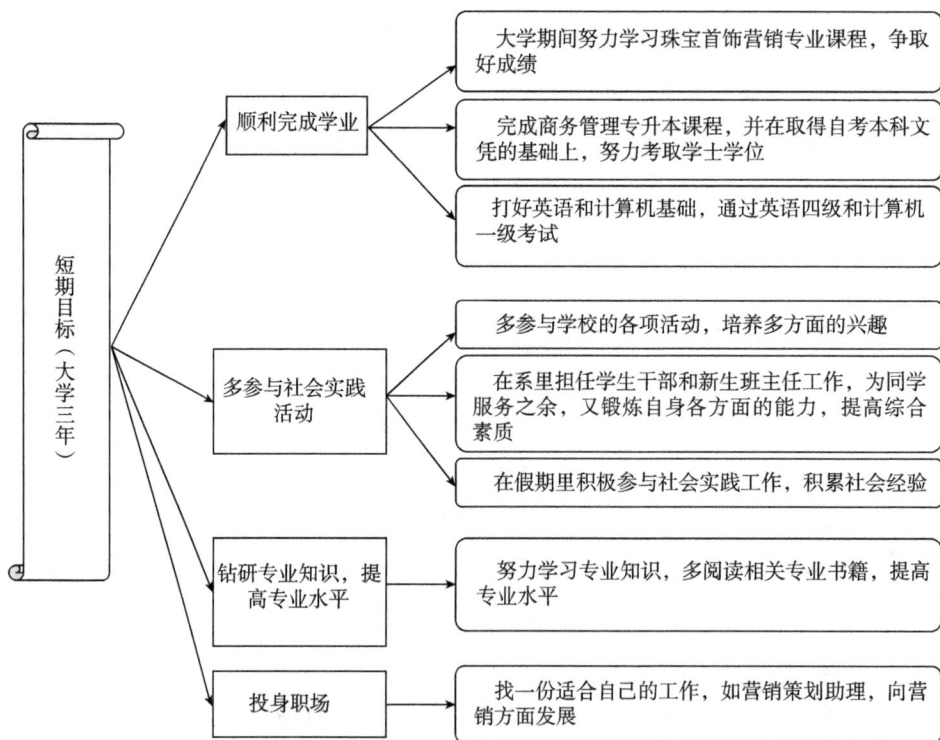

图 3-5　职业生涯规划——短期目标

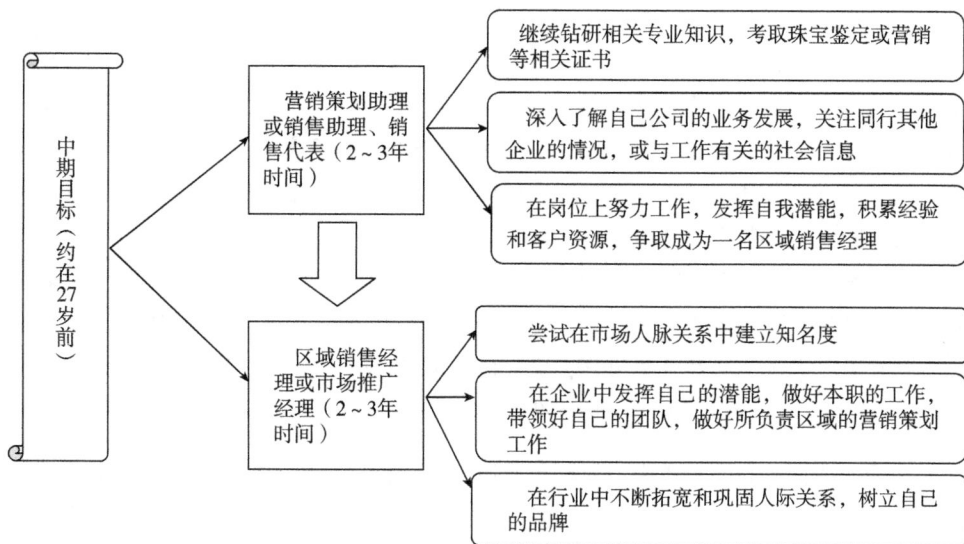

图 3-6 职业生涯规划——中期目标

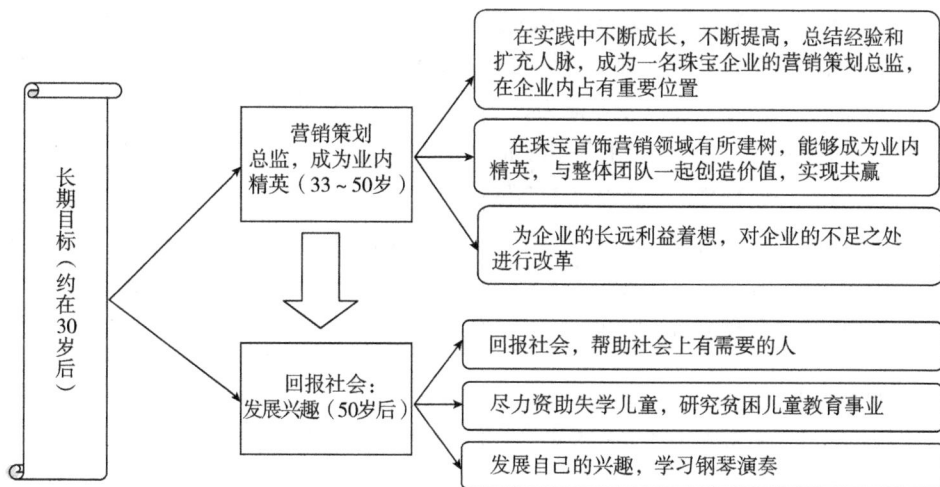

图 3-7 职业生涯规划——长期目标

3.5 职业生涯的行动

当你确定了人生目标，认真制订完各个时期的计划，你就必须开始行动，否则会一事无成。如果你不行动，你就像下面小故事中的这个人。

【小故事】

一人一直想到中国旅游，他花了几个月时间阅读能找到的各种材料——中国的艺术、历史、哲学、文化。他查阅了中国各省地图，订了飞机票，并制定了详细的日程表，标出要去观光的每一个地点，甚至每个小时去哪里都定好了。这人有个朋友知道他翘首以待这次旅游。在他预定回国的日子之后几天，这个朋友到他家做客，问他："中国怎么样？"这人回答："我想，中国是不错的，可我没去。"

这位朋友大惑不解："什么！你花了那么多时间做准备，出什么事啦？""我是喜欢定旅行计划，但我不愿去飞机场，受不了，所以待在家没去。"苦思冥想，谋划如何有所成就，是不能代替身体力行去实践的，没有行动的人只是在做白日梦。

资料来源：http：//www.chinahrd.net/blog/146/46077/145087.html.

下面，我们对高职大学生如何开始职业生涯的行动给出一些建议，供你参考。

3.5.1 珍惜在校生活，全面提高素质能力

大学阶段是为高职大学生一生奠定基础的黄金时期，是高职大学生未来职业发展腾飞的基础，影响着高职大学生未来职业前景的规划。高职大学生一定要珍惜在校生活，把握在校的每一分钟，苦练内功，潜心学习，重视综合素质的培养，加强职业道德的修炼，努力提高专业能力，学会学习，讲究方法，增强适应力，培养沟通能力，为今后的工作、学习打下扎实的基础。

人的青春是短暂的，时光也是不会倒流的。"少壮不努力，老大徒伤悲"的例子在我们的现实生活中确实太多太多。作为21世纪的高职大学生，一定要珍惜大学阶段，珍惜在校生活，超额完成职业生涯规划中大学阶段的学习任务，切莫混天度日，要为职业理想的实现迈出最坚实的一步。

【小案例】

高中不努力使杨青山独自一人来到了某职业技术学院。父亲的叹息，母亲的埋怨，使杨青山更加郁闷。

"我一定会有出息，我一定不能让我的家人失望。"杨青山暗自下着决心。

一进校，杨青山有幸被任命为班长。但他越是负责，同学就越是反感，闹得越凶。板着小脸安排工作，对方却撇着小嘴直是冷笑。工作无法开展，闲言碎语让他头痛。

干部改选，杨青山落选了。他噙着泪水，回想着过去："我错了？我该如何做？"

杨青山没有忘记自己进校时暗下的决心，他不能让自己的家人失望，更不能让自己失望。他认真学习每一门功课，从不放弃每一个学习的机会，期末成绩年年名列全班前三名。他积极参加学院举办的各项活动，是学院礼仪队队员，每次训练结束，他都会主动打扫卫生，走在最后。每次寒暑长假，学院组织校外实习，他都会

第一个报名参加。2006 年 12 月，在成都举办的四川省第二届大学生"鱼凫温泉杯"旅游艺术设计大赛中，杨青山荣获金奖。

后来，杨青山成为学院礼仪队队长、勤工俭学部部长，与北京某旅游公司签订了就业协议。杨青山用自己的实际行动，改变着自己的生活。

资料来源：http://blog.sina.com.cn/s/blog_5fec45f50100dnu9.html.

3.5.2 重视社会实践，增强就业竞争能力

社会实践能力已越来越被人们所重视。招聘面试考技能，设置重重情景让大学生面对。本科大学加重了社会实践课的分量，甚至有些本科大学生毕业后不是忙于找工作，而是到职业院校继续充电——培养技能，增强社会实践能力，已时有报道。因此，大学期间，高职大学生积极参加社会调查、生产实习、军事训练、公益劳动、社区服务、科技文化活动、志愿者行动、勤工俭学等，去了解社会，了解职业，增强就业竞争能力，缩短自身素质与职业要求的差距，是实现职业理想与目标的基础。高职大学生们积极参加技能考试，多拿等级证书，实行多证书制，从不放过任何一次社会实践和职业活动的机会，主动、自觉、全方位地提升自己，是落实职业生涯设计，实现职业理想与目标的重要保证。

【小案例】

当身边很多同学还在四处找工作时，化工系学生王则冠早已被杭州一家知名药业集团接收，做研发部实验室的分析员。"我没想到最后能留下来，毕竟竞争非常激烈。"说到顺利签约，王则冠觉得很庆幸。因为在这家知名企业里，每年都有很多实习生挤着进来，小王所在的分析实验室更成了"香饽饽"。竞争最激烈的时候，据说一个小小的实验室就有 15 名实习生，其中本科生占一半，还有几名研究生。学精细化工的小王在学历和专业上并无优势。

"我的优点就在于既懂理论，又掌握了一定的专业技能。"王则冠说，"加原料的顺序、如何调节等技术，师傅一点拨我就懂了。学校里主要原理都学过，只要稍微变通就可以了。"三年高职有一半时间花在实践操作上，这让他在工作岗位上得心应手。果然，实习没多久，他便在与众多本科生的竞争中脱颖而出，给实习单位留下了"动手能力强、上手快"的好印象。另外，凭借娴熟的技术，王则冠还在全国职业院校操作技能大赛上轻松得奖，捧回个人全能二等奖奖杯。随后，他又考取了由国家劳动部颁发的化工高级分析工职业资格证书。

资料来源：http://news.sina.com.cn/c/2007-06-27/034512096949s.shtml.

3.5.3 关注职场发展，调整职业方向

随着社会生产力的进步和社会分工的高速发展，职场需要也在发生着迅速的变

化。高职大学生要学以致用，学以够用，就必须随时关注职场发展，调整职业方向，弄清职场供求变化规律：分工越来越细、内容不断弃旧更新、职业结构大调整、新型职业不断增加、高素质复合型人才越来越受欢迎等。为此就需要我们不断补充达到目标所需知识，修订职业生涯发展规划，紧随时代，紧跟市场，才会以自己的聪明才智和良好的职业素质，为自己今后的职业生涯开拓出宽广而又通畅的发展道路，将职业和发展机遇牢牢掌握在自己手中。

【小案例】

一个游戏推广公司在对小周进行面试后打电话叫他去入职，由于小周自己对游戏比较感兴趣，就决定去试试。很快他适应了公司的运作，自己的工作业绩也从不达标到超标，每天都能超额完成任务。在工作中，他不懂就问别人，特别是老员工。因为和老员工的关系很好，他们也愿意帮小周。所以，虽然有不少人离职，他还是坚持留了下来。

因为小周的业绩一直很高，在他所在的小组算是第一，因此经理很看好他。在部分老员工离职之后，管理层人才跟不上，给予了新人晋升的机会，经理便直接找小周面谈，问他愿不愿意抓住这个机会，小周说愿意。然后经理就给了小周任务，要他帮组里其他人达标。最后小周想了各种办法，不但自己超额完成任务，还学会了带队伍。最终小周顺利地晋升到主管的岗位。

小周觉得毕业实习算是一个人从学生转化为社会人的过程，在这个过程中，大家应该保持相应的自信，寻找适合自己的岗位，多去尝试。但还是要按个人兴趣与特长去选择，毕竟是要做一辈子的事情。要相信自己的能力，保持适当的自信，才不会怀疑自己，要明确知道自己的目标和方向，尽力去学习。不要让自己的情绪受别人影响，别人有他们自己的考量和想法，他们离职可能有他们的去处。但对于你而言离职也许只能让自己陷于漂浮的状态，要让自己不受太多影响，听取适合的意见，学习不会的东西，把握职场中的各种机会，这样自己才能获得很好的发展。

3.6　职业生涯的转换

职业生涯的转换俗称"转行"。据调查，有过"在职转行"经历的占20%，正在考虑"在职转行"的占45%，"对原行业压根没兴趣"的达到31.12%，还有34.04%的人转行目的就是为了薪水。在实施"在职转行"中遇到各种困难的占到65%，其中："经验空白"占34.14%，"专业知识匮乏"占24.15%，"对转行方向盲目"的占15.39%。此外，转行过程中还有许多的障碍，如缺乏人脉、学历限制、专业对口、年龄门槛、亲属反对以及地域发展等问题。面对这样的状况，有同学则说，与其将来转行，不如现在转专业。

3.6.1 关于"专业对口"问题

专业一定要对口吗？这个问题从客观上说，本身不具有标准答案。

（1）工作和专业能对口是最理想的，但因各种因素造成工作和专业不对口也是可以的。目前职场上很多人实际做的和当初学的专业不对口的现象也不少，而且相当一部分人做得也很优秀。当然，各种情况都会存在，有些人扭转不了专业和实际工作的差距，那么势必会影响工作态度，其实学校学的专业是基础的一部分，大部分还是需要在实践中学习的。

（2）如果你目前所从事的职业和你所学的专业是对口的，那么恭喜你。也许正像有些人所说的一样，如果目前所从事的职业和你所学的专业是对口的，你便可以最大限度地去发挥你的潜能，借助你扎实的专业基础对未来的职业发展会更容易一些。不过有一点你必须引起注意，那就是要从你的职业个性上去看，你是否真正适合做这样的职业，再结合你本身的外在实力，看看你是否能够真正做好目前所从事的工作，如果你目前从事的是专业对口的工作，可是工作起来非常吃力或感到迷茫的话，就要重新考虑给自己做定位了，并非只要专业对口就值得你长远发展下去。

（3）如果你目前所从事的职业和你所学的专业是不对口的，那么请不要盲目地选择职业。你没有从事你对口的职业，也并不代表你不适合做这样的工作。在没有定位好自己的职场道路之前，请先停下来想想自己究竟适合做什么，能够做什么，目前有哪些行业是适合我去发展的，它们的发展趋势如何。在不清楚这些情况之前，不要随意去尝试，那样只会浪费你自己宝贵的时间，一定要找到权威、专业的职业规划专家结合你的实际情况为你做出准确的判断，为自己规划出清晰的职场路线。

3.6.2 如果转行要三思后行

（1）转行绝不同于跳槽，跳槽可以为新企业在短时间内创造价值，而转行的人往往需要一段适应期，原有领域走得越远的人，转行的难度也就越大。所以，你要问自己：转行可行不可行？什么时候转行？适合转到什么行业？

（2）为了避免盲目转行，要先想清楚自己的职业目标，做好个人的职业发展规划，并确定转行确实有利于个人职业目标的达成。你需要自我论证和分析目前在现在单位的发展究竟有多少机会和空间；首先要先行挖掘自己的职业素质、职业兴趣、职业能力结构等方面的因素，找到自己的职业潜力集中在哪个领域，在哪个行业能把自己的优势资源全部用上，找准方向才能最大限度地开发和发掘自己的潜力。三思一下：自己的职业含金量是什么？就个人综合素质而言，你的优势主要体现在哪里，弱势在哪里？转行自己有没有"敲门砖"？诸多转行问题如何解决？你原来的工作经验和客户还能否用上，是全部清零还是有可用部分？"目标行业"与自己隔行如隔山，如何跨越鸿沟去与新行业匹配？

（3）规划转行之前，提前了解清楚将要进入的行业，认真思考这个行业到底是不是比较适合自己生存的行业，有没有信心去培养对这个行业的兴趣。把你现在的行业与目标行业进行反复认真地对比，如果决定要转行的话，就要了解清楚目标行业目前的市场定位和在未来的 5~10 年之内的发展前景。所以要三思：转行是利多还是弊多？转行后，则需要从基础开始学起，参加学历教育、认证培训，你的经济条件和精力是否能承担得起？

（4）转行后，自己的发展平台可能要下降一个台阶，甚至一切从零开始，业务从头开始，经验一片空白，人际关系重新开始相处。转行后需要韬光养晦、卧薪尝胆。如果一个人缺少耐心，不能放平心态，就会半途而废。所以要三思：如果转行之后"水土不服"怎么办？如果转行后，自己将与比自己年龄小很多的师弟师妹竞争，心态是否能平和地接受？当一切并不如原来想得那么好，如何面对新的尴尬？自己有激流勇进的勇气和实力吗？

3.6.3　转行案例分析

案　例　一

小李是学电子仪器专业的，因为不喜欢这个专业，心理上很排斥，学习盲目无效，对专业的认知很差，是应付考试式的学习。所以毕业后，她虽然在一家大集团工作，由于没有兴趣，于是交了 3 000 元违约金辞了职。她又做了 ERP 项目跟进，负责数据准备以及传感器、控制器等，但还是没能找到自己的兴趣特长，更没找到适合发展自己的职业方向，生活过于盲目，有逃避不如意生活的感觉，在郁闷中度过了很多日子。于是小李来到宏威职业顾问公司咨询，职业顾问在测评中发现她的文字运用水平能力很强，自己又喜欢相关工作，就为她定位做电子仪器类编辑工作。按照这个方向，一周后，她就得到了一份出版社编辑的工作，现在，她干得很好。在对她的结果进行跟踪时，她说："现在开始接触选题报告，下周我要做个简单的项目，我们老板有意培养我，给我半年的时间打基础。"于是大家都很欣慰，转行初见成效。

资料来源：https://wenku.baidu.com/view/62d1f7d0ccbff121dc36836e.html.

案　例　二

小王学的也是精密仪器与光电子应用，毕业后，工作不顺利，与一个国有企业签了约，也是不喜欢这个专业，自己很苦闷，想转行又不知道做什么好，于是来到宏威职业顾问公司做职业规划。通过测评，发现她乐于与人沟通，喜欢迎接新的挑战。具有积极向上的生活态度，性格开朗，诚实豁达，吃苦耐劳，具有开拓精神和较强的责任心，注重团队合作精神和集体观念，有较强的学习能力和独立的工作能力。但是，她的转行时机还尚不成熟，因为她还不具备其他方面的工作技能和专业知识。如果偏离自己的专业，那就是个高中生。于是职业顾问帮她找到的切入点是在行内发展，电子产品在现代市民群体中的普及程度越来越高，尤其是在经济发达城市，如上海、北京、广州等地，年轻人爱不释手的 DV，家庭旅游出行的必备武器数码相机（DC）等产品，以异常活跃的姿态在国内电子产品市场上"叱咤风云"。如果能在这个行业上发展，则有利于她做出成绩。于是职业顾问建议她利用业余时间，学习营销知识，了解电子仪器、ERP的销售渠道和经营方法，争取把自己的资源都利用上去，拼个不错的职位。

资料来源：https：//article.liepin.com/writings/472614.shtml.

年龄相同、专业相似的两个女孩，在转行问题上却是一个近期"能行"，一个"不能行"，这就是除了专业以外，她们所具备的特长、优势、能力各不相同。因为转行时，原来的工作与新的工作之间有一个跨度很大的鸿沟，这个鸿沟有的人可以跨越，有的人不能跨越，需要自己认真思考，合理定位。

所以转行需要多加思考，权衡利弊。草率行事或被动将就，都是注定要失败的。转行做出决定前，必须有充分的把握，不要看到沙漠上有一片绿洲，就慌忙奔它而去，殊不知，如果自己不是骆驼，就会困死在荒漠。转行，在没有必胜的把握之前，最好是先准备、充电，时机成熟，一举成功！

成功素质测试
测试项目一　职业人格测试

下面90道题可以帮你测测你的职业人格，把你的答案填入职业人格测试统计分析表（见表3-8）。

（1）强壮而敏捷的身体对我很重要。
（2）我必须彻底了解事情的真相。
（3）我的心情受音乐、色彩、写作和美丽事物的影响很大。
（4）和他人的关系丰富了我的生命并使其有意义。
（5）我自信会成功。
（6）我做事时必须有清楚的指引。
（7）我擅长于自己制作、修理东西。
（8）我可以花很长时间去想通事情的道理。
（9）我重视美丽的环境。
（10）我愿意花时间帮助别人解决危机。

（11）我喜欢竞争。

（12）我在开始一项工作前会花很多时间去计划。

（13）我喜欢使用双手去做事。

（14）探索新事物让我兴奋。

（15）我总是寻求新方法来发挥我的创造力。

（16）我认为能把自己的焦虑和别人分担是很重要的。

（17）成为群体中的关键人物，对我很重要。

（18）我对于自己能重视工作中的所有细节感到骄傲。

（19）我不在乎工作时把手弄脏。

（20）我认为教育是个发展及磨炼脑力的终身学习过程。

（21）我喜欢非正式穿着，喜欢尝试新颜色和款式。

（22）我常能体会到别人的需要。

（23）我喜欢帮助别人不断改进。

（24）我在做决策时，通常不愿冒险。

（25）我喜欢购买小零件，做成成品。

（26）有时我可以长时间的阅读，玩拼图游戏。

（27）我有很强的想象力。

（28）我喜欢帮助别人发挥天赋和才能。

（29）我喜欢监督事情直至完工。

（30）如果我将面对一个新情境，我会在事前做充分的准备。

（31）我喜欢独立完成一项任务。

（32）我渴望阅读或思考任何可以引发我好奇心的东西。

（33）我喜欢尝试创新。

（34）如果我和别人发生摩擦，我会不断地尝试化干戈为玉帛。

（35）要成功就必须定高目标。

（36）我不喜欢为重大决策负责。

（37）我喜欢直言不讳，不喜欢转弯抹角。

（38）我在解决问题前，必须把问题彻底分析清楚。

（39）我喜欢重新布置我的环境，使它们与众不同。

（40）我经常借着和别人的交谈来解决自己的问题。

（41）我常起草一个计划，而由别人完成细节。

（42）准时对我而言非常重要。

（43）参与户外活动令我神清气爽。

（44）我不断地问：为什么？

（45）我希望自己的工作能够抒发我的情绪和感觉。

（46）我喜欢帮助别人找出可以更好地关注其他人的方法。

（47）能够参与重大决策是件令人兴奋的事。

（48）我经常保持整洁，喜欢有条不紊。

（49）我喜欢周围的环境简单而实际。

（50）我会不断地思索一个问题，直到找到答案为止。

（51）大自然的美深深触动我的灵魂。

（52）亲密的人际关系对我很重要。

（53）升迁和进步对我是极重要的。

（54）当我把每日工作计划好时，我会较有安全感。

（55）我非但不害怕过重的工作负荷，并且知道工作的重点是什么。

（56）我喜欢使我思考、给我新观念的书。

（57）我期望能看到艺术表演、戏剧及好电影。

（58）我对别人的情绪低潮相当敏感。

（59）能影响别人使我感到兴奋。

（60）当我答应做一件事时，我会竭尽所能地监督所有细节。

（61）我希望粗重的肢体工作不会伤害任何人。

（62）我希望能学习所有使我感兴趣的科目。

（63）我希望能做些与众不同的事。

（64）我对于别人的困难乐于伸出援助之手。

（65）我愿意冒一点危险以求进步。

（66）当我遵循成规时，我感到安全。

（67）我选车时，最先注意的是好的引擎。

（68）我喜欢能刺激我思考的对话。

（69）当我从事创造性工作时，我会忘掉一切旧经验。

（70）我会关注社会上有许多人需要帮助。

（71）说服别人依计划行事是件有趣的工作。

（72）我擅长于检查细节。

（73）我通常知道如何应付紧急事件。

（74）阅读新发现的书是件令人兴奋的事。

（75）我喜欢美丽、不平凡的事。

（76）我经常关心孤独、友善的人。

（77）我喜欢讨价还价。

（78）我花钱时小心谨慎。

（79）我用运动保持强壮的身体。

（80）我经常对大自然的奥秘感到好奇。

（81）尝试不平凡的新事物是件相当有趣的事情。

（82）当别人向我诉说困难时，我是个好听众。

（83）做事失败了，我会再接再厉。

（84）我需要确切地知道别人对我的要求是什么。

（85）我喜欢把东西拆开，看是否能够修理它们。

（86）我喜欢研读所有事实，再有逻辑性地做决定。

（87）没有美丽事物的生活，对我而言是不可思议的。

（88）人们经常告诉我他们的问题。

（89）我常能借着资讯、网络和别人取得联系。

（90）小心谨慎地完成一件事，这会给我带来成就感。

表 3-8 中的数字代表以上人格类型测验中的题号。请你将自己的答案用"√"或"×"，画在各数字上，最适合描述你的项目打"√"，最不适合描述你的项目打"×"，若不确定，则先画个问号"？"，最后考虑好后再确定。

表 3-8　职业人格测试统计分析表

实用型	研究型	艺术型	社会型	企业型	事务型
1	2	3	4	5	6
7	8	9	10	11	12
13	14	15	16	17	18
19	20	21	22	23	24
25	26	27	28	29	30
31	32	33	34	35	36
37	38	39	40	41	42
43	44	45	46	47	48
49	50	51	52	53	54
55	56	57	58	59	60
61	62	63	64	65	66
67	68	69	70	71	72
73	74	75	76	77	78
79	80	81	82	83	84
85	86	87	88	89	90

算出每种类型打钩（√）项目的总数，并将它填在下面的横线上：

实用型_____　研究型_____　艺术型_____

社会型_____　企业型_____　事务型_____

算出每种类型打叉（×）项目的总数，并将它填在下面的横线上：

实用型_____　研究型_____　艺术型_____

社会型_____　企业型_____　事务型_____

相信测评的结果会帮助你对自己的职业人格做出清楚的判断。

资料来源：http://www.wenku1.com/news/B28368FFEFFD76B9.html.

测试项目二 职业兴趣测试

你仔细阅读下面的问题，对于每项活动，假如你的回答是肯定的话，则在"是"一栏中打"√"；假如你的回答是否定的话，则在"否"一栏中打"√"。最后把"是"一栏的回答次数相加，填入"总计次数"一栏中。

1. 测试内容

第 1 组

（1）你喜欢自己动手修理收音机、自行车、缝纫机、钟表、电线开关一类的器具吗？　　　　　　　　是 □ 否 □

（2）你对自己家里使用的电扇、电熨斗、缝纫机等器具的质量和性能了解吗？　　　　　　　　是 □ 否 □

（3）你喜欢动手做小型的模型（诸如滑翔机、汽车、轮船、建筑模型等）吗？　　　　　　　　是 □ 否 □

（4）你喜欢与数字、图表打交道（诸如记账、制表、制图）一类的工作吗？　　　　　　　　是 □ 否 □

（5）你喜欢制作工艺品、装饰品和衣服吗？　　　　是 □ 否 □

总计次数：

第 2 组

（1）你喜欢给别人买东西当顾问吗？　　　　　　　是 □ 否 □

（2）你热衷于参加集体活动吗？　　　　　　　　　是 □ 否 □

（3）你喜欢接触不同类型的人吗？　　　　　　　　是 □ 否 □

（4）你喜欢拜访别人、爱与人讨论各种问题吗？　　是 □ 否 □

（5）你喜欢在会议上积极发言吗？　　　　　　　　是 □ 否 □

总计次数：

第 3 组

（1）你喜欢没有干扰地、有规则地从事日常工作吗？　是 □ 否 □

（2）你喜欢对任何事情都预先做周密的安排吗？　　是 □ 否 □

（3）你善于查阅字典、辞典和资料索引吗？　　　　是 □ 否 □

（4）你喜欢按固定的程序有条不紊地工作吗？　　　是 □ 否 □

（5）你喜欢把事物分类和归档的工作吗？　　　　　是 □ 否 □

总计次数：

第 4 组

（1）你喜欢倾听别人的难处并乐于帮助别人解决困难吗？　是 □ 否 □

（2）你愿意为残疾人服务吗？　　　　　　　　　　是 □ 否 □

（3）在日常生活中，你愿给人们提供帮助吗？ 是 □ 否 □

（4）你喜欢向别人传授知识和经验吗？ 是 □ 否 □

（5）你喜欢防病治病和照顾病人的工作吗？ 是 □ 否 □

总计次数：

第 5 组

（1）你喜欢主持班级集体活动吗？ 是 □ 否 □

（2）你喜欢接近领导和老师吗？ 是 □ 否 □

（3）你喜欢在人多时当众发表自己的观点和意见吗？ 是 □ 否 □

（4）假如老师不在时，你能主动维持班里学习和生活的

正常秩序吗？ 是 □ 否 □

（5）你具有强烈的责任感和工作魄力吗？ 是 □ 否 □

总计次数：

第 6 组

（1）你非常爱读文学著作中对人内心世界的细致描写吗？ 是 □ 否 □

（2）你喜欢听人们谈论他们的活动和想法吗？ 是 □ 否 □

（3）你喜欢观察和研究人的心理和行为吗？ 是 □ 否 □

（4）你喜欢阅读有关领导人物、政治家、科学家等名人

传记吗？ 是 □ 否 □

（5）你很想了解世界各国的政治和经济制度吗？ 是 □ 否 □

总计次数：

第 7 组

（1）你喜欢参观技术展览会或收听（收看）技术新消息

的节目吗？ 是 □ 否 □

（2）你喜欢阅读科技杂志（诸如《我们爱科学》《科学

24 小时》《科学动态》）吗？ 是 □ 否 □

（3）你想了解生气勃勃的大自然奥秘吗？ 是 □ 否 □

（4）你想了解使用科学精密仪器和电子仪器的工作吗？ 是 □ 否 □

（5）你喜欢复杂的绘图和设计工作吗？ 是 □ 否 □

总计次数：

第 8 组

（1）你想设计一种新的发型或服装吗？ 是 □ 否 □

（2）你喜欢创作画吗？ 是 □ 否 □

（3）你有尝试写小说或编剧吗？ 是 □ 否 □

（4）你很想参加学校宣传队或演出小组吗？ 是 □ 否 □

（5）你爱用新方法、新途径来解决问题吗？　　　　　　　　是 □　否 □

总计次数：

第 9 组

（1）你喜欢操作机器吗？　　　　　　　　　　　　　　　是 □　否 □

（2）你很羡慕机械类工程师的工作吗？　　　　　　　　　是 □　否 □

（3）你想了解机器的构造和工作性能吗？　　　　　　　　是 □　否 □

（4）你喜欢交通驾驶一类的工作吗？　　　　　　　　　　是 □　否 □

（5）你喜欢参观和研究新的机器设备吗？　　　　　　　　是 □　否 □

总计次数：

第 10 组

（1）你喜欢从事具体的工作吗？　　　　　　　　　　　　是 □　否 □

（2）你喜欢做很快就看到产品的工作吗？　　　　　　　　是 □　否 □

（3）你喜欢做让别人看到效果的工作吗？　　　　　　　　是 □　否 □

（4）你喜欢做那种时间短但可以做得很好的工作吗？　　　是 □　否 □

（5）你喜欢做有形的事情（诸如编织、烧饭等）而不喜

　　欢抽象的活动吗？　　　　　　　　　　　　　　　　是 □　否 □

总计次数：

2. 统计方法

将对每组问题回答"是"的总次数，记在下面。

第 1 组　兴趣类型 1：

第 2 组　兴趣类型 2：

第 3 组　兴趣类型 3：

第 4 组　兴趣类型 4：

第 5 组　兴趣类型 5：

第 6 组　兴趣类型 6：

第 7 组　兴趣类型 7：

第 8 组　兴趣类型 8：

第 9 组　兴趣类型 9：

第 10 组　兴趣类型 10：

通过上组训练，找出你的兴趣类型，在答"是"的总次数一栏中，得分越高，相应的兴趣类型就越符合你的职业兴趣特点；得分越低，相应的兴趣类型就越不符合你的职业兴趣特点。然后对照各种兴趣类型所对应的职业，给你的职业生涯定位。

资料来源：http://www.wenku1.com/news/51C40144EC5B6BE6.html.

成功方法学习

职业和兴趣发生冲突时的解决办法

当个人职业和兴趣爱好发生冲突时，可以从以下几个方面考虑解决办法。

方法一：专业和爱好兼顾

小李是学行政管理专业的，但她的爱好是在文化产业上。其实行政管理专业的职业发展领域还是比较宽泛的，小李若能在职业定位较准确的情况下，将来是可以进入文化产业从事和专业有关的工作。

方法二：改行，换个领域发展

好好评估一下业余爱好和能力之间的差距，如果自己真的很喜欢，也能够把职业和爱好很好地统一起来，那么你可以果断地选择改行。很多成功者的案例都告诉我们，成功是和爱好紧紧联系在一起的，做自己喜爱的工作更有利于充分发挥自身的潜能，做出最好的业绩来。

方法三：职业与爱好并行

让你的爱好来促进职业发展，可以把对文化、艺术类的爱好作为自己生活的一部分。大家知道，很多成功人士都有艺术方面的特长，这不仅有助于身心的愉悦，也促进了他们事业的发展，所以你也可以让职业与业余爱好并行，让两者相得益彰。

方法四：寻找真正的内心需求

很多时候，自己究竟是不是很适合做所谓喜欢的、感兴趣的职业？内心真正的需求是什么？这些其实你自己也说不清楚。这时候借助专业咨询机构，通过专业的测评工具及专业的职业需求分析找到自身深层次的需要，并找准最适合的职业发展方向就显得很有必要。

方法五：暂时忍痛割爱，专心职业发展

在发展初期，职业发展往往是最迫切的。在现代社会就业压力不断增大的情况下，职业竞争就成为主要矛盾，职业发展也就成了核心问题。人的需求是多方面、多层次的，很难一步到位地全部实现，但可以分步骤实施，待职业发展到具备相当的实力之后，再进行职业调整和提升，最终把职业与爱好统一起来。当然，这得有个职业发展规划做前提。

资料来源：http://xuewen.cnki.net/CJFD-SSZC200606041.html.

成功案例借鉴

案例一：大三女生成企业负责人

小潘是某职院艺术系的大三女生。从进校开始，她就立志成为一名优秀的设计师。"我现在从打版做起，先了解服装的结构、制作的工艺，把基础打扎实。太多的设计师不会打版，但想成为一流的设计师，首先就要成为一名一流的打版师。"谈及未来，小姑娘很有主见。所以，从大二起，小潘就认准打版，苦练基本功。确实，只有经过打版师的手，设计稿才能成为样衣，才能投入生产，这让她对打版这道工序充满热情，也颇有成就感。

为给学生提供一个真实的锻炼环境，她所在的艺术系与一家曾为苏泊尔公司、横店影视城、华辰假日酒店等单位提供制服的大型服装企业联手，成立了服装设计岗位模拟室。小潘就在这个服装设计岗位模拟室里历练着，并在老师的指点下迅速成长起来。而那家服装公司最初只是想租用学院的场地，没想到职院学生设计的几套制服款式独特新颖，且在竞争中频频中标，这对企业触动很大。于是，该企业决定将核心部门搬迁到学院内，并聘请学生担当设计师。就这样，小潘便成了这家服装企业技术部的负责人，尽管她还是个大三学生，尚未毕业。

案例二：工作两年升职"三级跳"

"近三年来总共只有六位员工被送往日本总公司接受培训，我就是其中之一。"应用电子技术专业的学生小张，2005 年毕业受聘于一家日资公司，因工作表现优异，一年后就被派往日本京都 SCREEN 总公司接受为期三个月的研修。据悉，在这家印刷设备生产份额占全球前三位的外资企业里，通常只有工作满三年以上的优秀员工才有机会去总公司培训。回国后，小张升任副系长。从生产操作第一线跳到副系长这一技术管理岗位，小张只用了一年多时间。"在等级严格的日资公司里，一般优秀的员工，如果每半年升一级，四年都不一定能升到副系长这一职位。"小张自豪地说。为此，他经常被同事戏称为"跳级"升职第一人，目前他手下管理着 30 多名员工。

无独有偶，精细专业 2004 届毕业生小郑也受到了企业的重用。2003 年 9 月，他被学校安排到杭州龙山化工集团有限公司进行实习。实习期还没结束，厂方就提前录用了他，不仅升任其为主操作手，还让他担任了厂精细车间研究所班长一职。2005 年年初，刚毕业半年的他又被提升为总厂调度，成为龙山化工集团历史上最年轻的总调度。

资料来源：http://hzdaily.hangzhou.com.cn/hzrb/html/2007-08/22/content_110519.htm.

成功素质训练
训练项目 职业生涯规划大赛

训练目的
（1）让每位学生制定自己的职业生涯规划。
（2）通过比赛让同学们共同学习和分享彼此的职业生涯规划。

训练组织

（1）每位学生根据本单元所学内容制定个人的职业生涯规划。

（2）每位学生按规定时间上交职业生涯规划，教师进行初选，选出 10 份。

（3）选出的 10 位同学用 PPT 在课堂上陈述他们的职业规划。

（4）每个小组选派 1 名代表与老师一起担任评委，对选手进行评分。

训练考核

（1）每位同学此次训练的成绩由老师通过批阅同学们上交的职业生涯规划获得。

（2）10 位参赛选手，通过颁发不同等级的奖状予以鼓励。

建立诚信素养

⚓ 名人名言

言必行，行必果。

——孔子

失足，你可以马上恢复站立；失信，你也许永难挽回。

——富兰克林

⚓ 故事分享

某名牌大学一位学生被美国一所大学录取为博士研究生，成绩高得令那些招生的教授咋舌。该生入学到校不久的一天下午，女导师给他派了任务，让他下午2:00至3:00在实验室做实验。实验室里刚好有一部电话，可以打美国境内的长途，结果他在这一小时内打了40分钟的长途，与在美国的同学聊天。过了几天，导师偶然从记录电话的电脑上发现了这个事实，非常生气，就把他叫来询问："那天下午2:00至3:00你在做什么？""在按您的要求做实验。""除了做实验，还做了什么吗？""没有，我一直在专心做实验。"女导师气得头发都竖起来了。几天以后，校方宣布：开除这个"优秀学生"。

资料来源：http://www.mofangge.com/html/qDetail/08/c2/201408/aotuc208197417.html.

诚信是一种美德，也是成功的敲门砖。要获得别人的认可，你首先应该做到诚信。欺骗别人的人，最终欺骗的是自己。任何时候都保持一颗诚实的心，不但可以在讲究信用的当代社会占有立足之地，而且会使自己的生活变得丰富多彩。

4.1 大学生诚信现状

早在2000多年前，就有一位睿智的老人——孔子，用毕生的精力著书立说，阐述诚信是人生立身之本，是国家立业之本，是人类发展之本……至今，延绵数千年，其伟大的精神早已深入人心，而"诚信"也早成为当代大学生的必修课。那么到底什么是"诚信"呢？

4.1.1　诚信的含义

诚信，作为中国传统伦理道德规范，具有广泛而深刻的含义。概括地说"诚"是指诚实、真诚、诚恳；"信"是指确实、信用、信任。诚信是指诚实而有信用，既内心善良又能表里如一、言行一致。

（1）诚信应该是一种自我约束。人都难免有功利之心，在利益面前恪守诚信，需要有一种自我约束的精神。我们可以看到那些缺乏自我约束、背弃诚信的人，就像不遵守游戏规则的人，一个个被驱逐出场。背弃诚信的人即使一时得利，也终将被人们所唾弃。

（2）诚信还在于接受外在约束。高校为了维护一种诚信的环境，确定了大学生的行为准则，学校制定了学籍管理条例和大学生守则等校纪校规，要求大学生自觉遵守和维护。一个人要讲诚信，一个组织要维护诚信。作为个人，加强自我约束，提高抗拒诱惑的能力，是诚信之本。有了诚信环境，不讲诚信的人，将不会再有立足的空间。我们看到，总有些在校学生，对学校的规章制度表示不理解，甚至颇有微词，认为学校制定那些规矩，是对他们的不信任。其实正是因为有的大学生轻慢规章制度，在利益面前便丧失了自我约束力，失去了诚信。

【课堂训练】
按照如下剧本，请同学们演出《诚信摆渡人》，并进行反思和共享。

训练目的
（1）感悟诚信在社会生活中的重要性。
（2）引导思考诚信缺失的代价。
（3）树立诚信为本的理念。

工具准备
《诚信摆渡人》剧本，道具（胡子、草帽、烟斗、帽子等），演员服装。

任务实施
各个组按照剧本进行排练和演出，也可对剧本进行改编，看看哪个组能以"诚"动人、以"信"感人。

《诚信摆渡人》情景剧剧本

人物介绍：
坐船人（学生甲扮演），这是一个功成名就、自命不凡的年轻人，手中拿着折扇。

老艄公（学生乙扮演），一位须眉皆白、头戴草帽、手拿烟斗、神情悠闲的长者。

行囊（七个学生分别扮演），头戴写着各自角色的帽子。

场景介绍：

坐船人：当我经过漫长的人生跋涉，走到这个渡口的时候，我可以非常自豪地说我这一生是成功的！我身旁有七个行囊。

健康：我是健康！

美貌：我是美貌！

权力：我是权力！

才学：我是才学！

金钱：我是金钱！

荣誉：我是荣誉！

诚信：我是诚信！

坐船人：（拍着胸脯，晃着脑袋，一副得意扬扬的神态）这些都是我经过坚持不懈的努力所得来的，它们都是我的珍宝。而现在我将带着我的七个珍宝渡过这个渡口。

旁白：渡口只有一条小船，一位须眉皆白的老艄公正坐在船头悠闲自在地吸着烟，望着远方……

坐船人：（走上前去，深鞠一躬）劳烦船家，摆渡过江多少钱？

老艄公：（转过头来，打量一番，目光停留在"诚信"的行囊上，慢慢露出笑脸）一口价，三个铜钱，包你安全到岸！

坐船人：好！一言为定。

旁白：起初江面风平浪静，过了不久风起浪涌，小船开始上下颠簸。

老艄公：（叹了口气）唉，船小负重，客官须丢弃一个行囊，方可安渡难关。

坐船人：（面露难色）这……哪一个不是我辛劳所得？我怎舍得丢弃？

老艄公：有弃有取，有失有得。

坐船人：唉，我该丢弃哪一个呢？

诚信：留下我吧！虽然你现在感觉不到，但是我是你生命中很重要的一部分，请相信我！

荣誉：留下我吧！我能让你登上人生最高领奖台。

健康：留下我你才能拥有你现在的一切！

美貌：留下我吧！我能让你举世瞩目。

权力：留下我就有指挥和支配的权力！

才学：留下我吧！我能让你学贯中西，博古通今。

金钱：留下我吧！虽然钱不是万能的，但是没有钱是万万不能的！

坐船人走到诚信面前对他说：好，就是它了。

诚信：不要呀，你会后悔的！

坐船人咬紧牙关，狠下决心，把诚信抛进了水里。老艄公稍一愣，面露失望之色。

旁白：过了一会儿，风平浪静。过来一会儿，权力和荣誉忽然大叫：

权力和荣誉：咿呀！我没力气了。（权力和荣誉随后跌落水中。）

坐船人：（面露喜色）老人家，趁着浪小，快快摇船吧！

（老艄公瞥了一眼坐船人，停了船桨，径自坐在船头。）

老艄公：唉，不摇了！

坐船人：老人家，你这是……

老艄公：要我摇船可以，不过要用你那一袋"金钱"来充当船费。

坐船人：你……（气得说不出话来，但四周水天茫茫，何处是岸？只得气急败坏地将"金钱"扔给老艄公）给你吧！

旁白：又行了一会儿。

老艄公：（摇头叹气）哎哟，人老身子骨不好，没力气摇船了。除非你把"健康"给我，不然……

坐船人：事到如今，我就把"健康"给你。

老艄公：（伸伸懒腰，走到坐船人身边）喂，年轻人，你好人做到底，连同那几个行囊一同给我老头儿吧！

坐船人：你……（大声嚷）当初上船时，你说三个铜钱包我到岸，可如今你却贪得无厌，一再勒索。你……你怎么如此不讲诚信？

老艄公：哈……（大笑不止）诚信？你不早将"诚信"抛入水中了吗？与你这等不诚信的人还讲什么诚信？快将行囊拿来，现在我可比你健壮多了！

坐船人一愣，只得乖乖将行囊给了老艄公。

老艄公：我可先走一步喽！

旁白：老艄公扑通一声，跳进水里，不见踪影。坐船人暗自想起被抛弃的诚信，后悔莫及，不禁落下泪来。突然老艄公湿淋淋地爬上船来，将"诚信"抛到坐船人身边。

老艄公：年轻人，我给你把"诚信"捞回来了，记住，从今往后，无论何时，也不能抛弃"诚信"呀！

坐船人：（惊喜交加）你是……

老艄公：（指着自己）我就是"诚信"。"诚信"才是人生真正的摆渡人啊！

旁白：坐船人上岸后，又开始了自己漫长的人生。经历这次事情后，他不论遇到什么艰难险阻都始终坚守诚信，对诚信不离不弃，因为他终于明白失去诚信就会失去一切。慢慢地权力、荣誉、才学、健康、美貌、金钱都回来了。

权力：立木悬金取信民，王遵国法统先秦。

荣誉：若非结义桃园拜，何苦单骑古堡寻。

才学：汉使流年居北海，南雁带书上苑林。

金钱：诚信是金，真理赋予了诚信，才能金子般闪闪发光。

美貌：诚信是美，心灵美才是真正的美。

健康：面容上有自尊，眼睛里有自信，行动中有把握，生命中有力量。

诚信：学习因为诚信而进步，工作因为诚信而成功，人生因为诚信而精彩，社会因为诚信而和谐。

全体人员：我们呼唤诚信，我们拥抱诚信，坚守诚信。

坐船人：你童叟无欺，一视同仁；我表里如一，诚实守信。

老艄公：你说话算话，一诺千金；我一言九鼎，一言为定。

老艄公：你君子一言，驷马难追；我张口无悔，一锤定音。

全体人员：我们合作共赢，人人诚信，诚信人人。

资料来源：http://www.doc88.com/p-997561724051.html.

反思与分享

（1）本剧什么地方感动、触动了你？

_____

_____

_____

（2）立木悬金的故事给我们什么启示？

_____

_____

_____

训练总结

1. 诚信是立世之本

《墨子》有云："诚信者，天下之结也。"诚信不仅是做人的基本美德，也是为人立世之根本。纵观古今中外，人们所敬重者，无不是诚信之人；事业有成者，无不以诚信为本；行之远者，无不笃行诚信之道。反观那些言而无信、背信弃义、百约百叛之徒，有的遭人唾弃、离心离德；有的事业由盛而衰、跌落谷底；有的甚至付出生命的代价。究其原因，皆因背信弃义、贪而无信、缺失诚信而致。正如周恩来总理所说，"自以为聪明的人，往往是没有好下场的，世界上最聪明的人是老实的人，因为只有老实人才能经得起事实和历史的考验。"

2. 为人做事要有"底线"意识

爱默生说："原因与结果、方法与结局、种子与果实都是不可分割的，这是因为原因预示了结果，方法注定了结局，种子孕育了果实。"一个人没有了诚信，就失去了根本。没有诚信，就没有约束，做事就没有底线，所以就有了地沟油、三聚氰胺奶粉、瘦肉精火腿肠，就有了"年份酒""天价烟"；没有诚信，就没有遵循，做事就无所顾忌，所以就有了所谓的形象工程、面子工程，就有了"萝卜招聘"；没有诚信，就没有尊严，就失去信任。所以在欺骗别人的同时，自己也难免上当受骗；在投机钻营的同时，自己也难以摆脱待遇不公。一句话，没有了诚信，就失去了未来，因为狐狸尾巴终有暴露出来的时候。

3. 小成凭智，大成靠德

"狼来了"的故事，可能是我们所接受的最早的诚信启蒙教育，可为什么放羊孩子的悲剧，还在一而再再而三的上演？一是贪婪自私的本性。殊不知贪婪自私是人生最大的陷阱，有多少人陷入其中而难以自拔，又有多少人走到陷阱的边缘不是思退反而冒进，岂不悲哉！二是鼠目寸光的短视。只顾眼前，不虑长远，"人无远虑，必有近忧"，诚信缺失了，祸患还会远吗？三是道德上的自我约束。"道德的基础是人类精神的自律。"人与人的区别，主要在于每个人的自我约束克制能力，力强则人强，力弱则人弱，做人做事自然就会遂心如意。

古人云，"小成凭智，大成靠德""德之不厚，行之不远"。无论任何组织，是企业还是个人，如果真的在意自己的前途，就必须始终坚守住诚信。

4.1.2 大学生诚信"危机"

近年来大学生们的诚信现状令人担忧。一些大学生毫不隐讳地说出了发生在他们身边的事情：有的同学家庭并不困难，却要申请助学贷款；有的借同学甚至老师的钱不还；有的平时不用功，考试作弊；有的替人当"枪手"，有的雇"枪手"替自己考试；有的自造假毕业推荐信、各种证书……像这样大学生诚信缺失的现象屡见不鲜。

1. 考试作弊屡禁不止，作弊方法层出不穷

考试作弊从夹带、偷看、交头接耳发展到使用现代通信工具，甚至雇用"枪手"，可谓五花八门，形形色色。尽管各高校在《学生手册》中对考试纪律和违纪处罚做了明确规定，并且安排了众多监考教师和考场督查及巡视人员，但是遗憾的是，无论何时何种考试，都会有人铤而走险，以身试纪。而在我们的大学生中到底有多少人未曾作过弊是一个值得探究的问题。

【小案例】

大三毕业生小陈去参加一家大公司行政助理的招聘面试，前来面试的有10个人，招聘负责人让同学们自我介绍，并说出自己的最大优势。小陈听完竞争对手的自我介绍，还真一时想不出自己还有哪些地方比别人更有优势。于是他对招聘负责人讲了一个老师上课做的一项调查。当时老师说：请从小到大考试没有作过弊的同学举手。全班大约有 100 人，只有 3 个人举手，他便是其中一个。没有想到这个招聘负责人马上在这 10 个应聘者中也做了同样的调查。结果只有小陈自信地举起手来。最终小陈如愿以偿地获得了这个职位。

当然，小陈获得这个职位不只是依靠诚信，但诚信依然起到了决定性的作用。

2. 助学贷款到期不予归还，甚至更姓换名逃避还贷

助学贷款是国家为了帮助贫困学生顺利完成学业发放的一种贴息贷款，为不让一个学生因家庭经济困难而辍学采取的一项有力措施，体现了党和政府对贫困学生的殷切关怀。同时，贷款的额度有限，只能解决少数贫困学生的困难，能够得到贷款的同学是非常幸运的，应该珍惜难得的机会，信守诺言，按期还贷。但是，相当一部分同学在毕业离校后，即在人间蒸发，杳无音信。有同学的学杂费、住院医药费都是所在学院为其垫付的，毕业后也一走了之，再无任何消息。还有个别同学毕业实习期间借实习单位的钱，承诺工作后在工资中扣还，但毕业后工作不到半个月就欠下借款不辞而别，使得用人单位函告学校请求帮助追讨欠款。

【小案例】

小李来自三门峡农村，他是河南某大学的一名毕业生。2009 年 4 月，为了帮助小李完成学业，农业银行商都支行向他发放了助学贷款 20 000 元，该笔助学贷款的到期日为 2013 年 6 月 29 日。

如今，小李已经毕业两年，却一直没有归还这笔贷款。2013 年 6 月 16 日，眼看到了两年诉讼时效的最后期限，农行把小李告到法院，"要求其偿还贷款和利息"。和小李一起被告的，还有该校的另外 21 名毕业生，他们的情况和小李相似。除了农业银行，建设银行金水支行近期也起诉了 31 名大学毕业生，金水区法院已全部受理。如果说家境困难、没找到理想工作是客观理由的话，银行方面最不能理解的，就是那些误解助学贷款和恶意不还贷的毕业生。"助学贷款不是国家补贴给我们的吗？需要还吗？"在追讨欠款的过程中他们经常听到这样的反问，欠款毕业生以为助学贷款和国家的粮食补贴一样，都是免费的。更有甚者，明明找到了一份好工作，可就是拖着不还款，直到被起诉后才肯还款。

一边是央行强调进一步完善和落实国家助学贷款政策，加强和改进金融服务；一边却是让银行头痛不已、居高不下的助学贷款违约率……

鉴于这样的现状，各银行纷纷寻求对策，来避免自身利益受损。于是，银行在

媒体曝光欠款大学毕业生名单、建立信用"黑名单"等措施一一出炉。今后的个人房贷、车贷、信用卡办理等，都将受到严重影响。要想消除这个信用"污点"，需要把欠款还清，并且7年内没有不良信贷。

3. 在就业求职中，弄虚作假

为了赢得用人单位的好感，增加求职的保险系数，有些人不仅不敢暴露自己的缺点，而且精心策划包装，尽可能地展示自己的优点和亮点，美化和掩饰自己的某些缺点。有的甚至采取某些不正当的手段，弄虚作假，没有当过班长，却写上当过班长，没有获得某种荣誉称号，却拿从市场上买来的假证书充当。这种自欺欺人的做法一旦被用人单位识破，其不良后果是不言而喻的。实践表明，诚信是一种做人的美德，讲诚信的人永远不会吃亏。

【案例警示】

2017年3月，张某凭借河南某大学企业管理专业毕业生的身份，到上海某催化剂公司应聘行政助理职务，经面试考核等程序，张某被招聘为该公司职工。同月，张某被公司通知到生产技术部操作岗位锻炼。公司对张某在公司的表现基本满意。到了这个阶段，张某认为自己已经达到了成为该公司员工的目的。

张某所提供的"个人简历·受教育情况"内注明2013～2017年在"河南某大学"读企业管理专业，获本科毕业证、学位证、英语六级证书。但是，公司根据该简历在国家教育部指定的网上查询，却没有找到张某所称的"河南某大学"。张某提供的学历有问题！公司马上和张某联系，张某辩称其简历写错了，应该是另一所院校。根据查询，张某重新提供的毕业院校是存在的，但是公司在去该校查询张某情况时，却发现该校并没有张某所称的企业管理专业，也没有张某所提供的毕业证书编号位数，核对该校毕业生查无此人。由此，张某以假学历进行应聘已被证明是事实。尽管张某声称可以胜任现在的工作岗位，但是公司还是毫不犹豫地解除了和张某之间的劳动关系。违背诚信的张某最终没有实现自己的上海梦。

【案例启发】

有一位平时在校表现并不出众，也没有多少特长的大学生到一家用人单位参加求职面试，前来参加面试的人很多，竞争也异常激烈。但与众不同的是，他在自己的求职简历中，不仅列举了自己的优点和在校期间获得的一些荣誉及奖励，还自我揭短，把个人存在的诸如做事缺乏必要的耐心、性格有些急躁以及喜欢墨守成规、不善于与人沟通交往等缺点，明明白白地写在简历上。

负责招聘面试的公司人事部经理看了这份与众不同的求职简历，问这个大学生："你为什么把自己的缺点都不加掩饰地写在简历上，难道你就不怕用人单位知道了你的短处而拒绝聘用你吗?"这位大学生非常坦然而真诚地回答:"人无完人,金无足赤,人都是有缺点的,正如明亮的太阳中还有黑子一样。我想,让用人单位知道自己的缺点甚至比知道优点更重要,而且只有把自己的缺点说出来,才能有决心和勇气去改掉!"

听了他简洁坦率的回答,人事部经理高兴地对他说:"祝贺你,小伙子,我们就需要你这样的人才,你被录取了!"就这样,一个勇于说出自己缺点的他,靠真诚战胜了其他竞争对手,脱颖而出,找到了一份称心如意的工作。

这位大学生求职成功的秘诀不是别的,而是在于他的真诚坦然,在于他的人格魅力。因为许多用人单位在招聘人才时,不仅要考查求职者的学历和能力,看他的优势和特长,还看重他的道德表现,看重他为人处事的态度,更何况,很多时候大学毕业生在硬件上没有太大的区别。

4. 言行不一,表里不一,投机取巧

有些大学生言行不一、表里不一,希望通过投机取巧换来各种荣誉,如入党、评优。我们非常担心地看到一部分同学没能把诚实守信、相互信任、信守承诺作为自己做人的基本准则,不再相信世上有真诚、信任和帮助。欺诈、虚伪、狡猾等丑恶现象被部分同学奉为圣明,认为自己要有这样的本事才能适应社会,成为人上人。我们发现,有的同学平时表现还不错,热情、克己、守纪律,没承想他们那是以虚假的一面展现在老师和同学面前,一遇关键时刻就原形毕露,使人难以相信、瞠目结舌。

诚信是个人立身处世的基本要求和原则。当代大学生都是经过十多年正规教育,由国家挑选出来的优秀青年群体,是社会建设的主力军和接班人,他们理当具有较高的品德和素质,在德智体美等诸方面高于其他一般群体。事实上,在大学生这个特殊青年群体中,绝大部分人是好的。然而,现实中的确存在部分大学生的诚信状况并不令人乐观。

【小思考】

请反思:上述种种不诚信的行为在你身上是否存在?若存在,你是否希望改变?

4.1.3　大学生诚信危机的危害

做人德为先,诚实是最古老的道德义务,是具普遍意义的道德义务,又是整个社会必须完成的文化教育内容。世界各民族无一不把诚实作为少年儿童道德教育和行为训练的最重要内容之一,对少年儿童诚实品质的培养是道德社会化的最早项目和最重要的内容。具不具备诚实品质,已成为道德社会化完成与否的标志,成为衡

量一个社会成员在道德上合格与否的最基本的标准。在中国传统道德规范体系中，诚实是道德修养所达到的最高境界，而能不能做到守信，表现的是一个人的综合道德素质。诚实不说谎就是全人类的道德诉求，是亘古以来回响在一切文化形式中的庄严的道德呐喊，是照射在人类良知上的一束红色道德之光。

我们不能不痛心地感到，诚信危机正侵蚀一代学子的心灵，扭曲其灵魂，扰乱其正常的思想观念和思维方式，造成了严重的危害。

1. 助学贷款到期不还，增加了银行贷款的风险

在大学生的助学贷款问题上银行存在着一定风险，为了大力发展高等教育，加快人才培养速度，帮助家庭经济困难的学生完成学业，这既是党和政府对贫困大学生的关爱和扶持，也是银行的义举。银行作为企业，是以利润最大化为宗旨的，如果大学生到期都不予归还所贷款项，势必形成庞大的不良贷款，增大银行的风险，也影响企业的正常运行，同时也极大地挫伤银行继续放贷的积极性。

2. 考试作弊获得虚假成绩，违反了公平竞争规则

市场经济的基本运行机制就是竞争。这种竞争应该是公平的，只有在公平的前提下，才能正常地、充分地发挥竞争的功能，社会才是有序的，充满活力的。为了维护公平竞争的原则，维持社会的正常运行，各国都制定了反不正当竞争法。考试作为教学过程的一个重要环节，衡量教师教学效果和学生学习效果的重要手段，本身就是竞争。竞争是有规则的，要参与竞争就要遵守规则，要想在竞争中获胜，就要有正确的竞争心理，处理好付出与得到的关系。要想获得好成绩，就要把更多的心思、精力放在平时的学习过程中，一分耕耘，一分收获，而不要把聪明和智慧用在如何作弊上。以作弊来获得高分这种行为严重地破坏了竞争规则，践踏了公平竞争赖以存在的基础，是一种不公平、不正当的竞争，它使考试失去了真正意义，也无法发挥考试的衡量功能和作用。

3. 混淆了是非，不知人间有羞耻

许多同学认识不到考试作弊和违约行为是错的。相当一部分同学对考试作弊持理解和宽容态度，认为作弊的同学主要是想要好成绩或过关，不算什么，或者视而不见，漠然置之，认为他作弊不关自己的事，自己不作弊就行了，甚至予以配合和帮助，缺乏起码的是非观念和道德观念，不坚持和伸张正义，混淆了是非，在价值判断上迷失了方向。当有同学作弊被发现，学校要按有关规定做出处罚的时候，作弊者不知检讨该怎么写，错在什么地方，其他同学会到学院为作弊同学求情。有个别同学扬言采取极端方式，以死要挟，破罐破摔，并表示，即使这次处罚了他，下次他还会作弊，使人不寒而栗。因此，考试作弊危害的不仅是作弊者本人，它使

所有学生都面临道德的考验和灵魂的拷问。对考试作弊、毕业不还贷的理解和宽容，也就是对社会不正之风的漠然和认同，自己也就不知不觉加入其中，其危害是不言而喻的。

4. 严重败坏了学校和社会风气

学生的学风、教师的教风汇成学校的校风。各个学校都在积极营造和建设勤奋学习、刻苦钻研、严谨治学、追求真理的氛围和风气，用以陶冶情操、熏陶品格。优良校风对学生科学价值观和正确行为倾向的形成以及心灵情感的升华都起着积极而深刻的影响。有道德的人以做假、说谎为最大耻辱，有道德的人也必定会忠于自己的承诺。所以，信必有忠，忠能达信。考试作弊、欠贷不还等行为则是对优良校风的败坏，是对学校正面的道德教育的无端亵渎与粗暴践踏。有的同学明知某同学作弊，但不予以制止和报告，而是采取关键时刻写匿名信、打匿名电话的方式予以揭发，滋生不健康的心理。

5. 造成社会对大学生的信任危机

社会把大学生一贯视为高素质人群，给以充分的信任和关心。但是由于考试作弊的屡禁不止，欠贷不还等现象的频频出现，使得社会对大学生的信任度大打折扣，工商银行镇江市分行邱处长不无痛心地说："我们不得不认为大学生出现了诚信危机。我们不得不重新考虑对他们的信任度……"并希望找到有效的制约措施，规避风险，确保银行利益不受损。某高校所在地的建行也已将原来的一次授信，一贷四年改为一年一授信，一年一贷，并且将贷款额度减少了一半。

可见由诚实、守信方面出问题而导致社会成员之间的不信任，导致社会信任度的降低。这会使信任危机强化为社会危机，也就使我们看到不讲诚信恶性发展的灾难性后果，从而也就能够明白为什么各个民族的各种文化都把诚实守信作为最基本的道德规范。

【小故事】

一个在日本打工的留学生，同其他留学生一样，在课余为日本餐馆洗盘子以赚取学费。日本的餐饮业有一个不成文的行规，即餐馆的盘子必须用水洗上七遍。由于洗盘子的工作是按件付酬的，这位留学生一天累下来，也得不了多少工钱。于是他计上心头，以后洗盘子时便少洗一两遍。果然，劳动效率便大大提高，他也因此受到老板的器重，工钱自然也迅速增加。一起洗盘子赚学费的日本学生便向他请教技巧。他毫不避讳，说："你看，洗了七遍的盘子和洗了五遍的盘子有什么区别呢？少洗两遍嘛。"日本学生诺诺，却与他渐渐疏远了。餐馆老板只是偶尔抽查一下盘子清洗的情况。一次抽查中，老板用专业的试纸测出盘子的清洗程度不够并责问这位留学生时,他振振有词:"洗五遍和洗七遍不是一样保持了盘子的清洁吗?"老板只是淡淡地说:"你是一个不诚实的人,请你离开。"这位留学生走在大街上,愤愤不平。

为了生计,他又到了该社区的另一家餐馆应聘洗盘子。这位老板打量了他半天,才说:"你就是那位只洗五遍盘子的留学生吧。对不起我们不需要!"第二家、第三家……他屡屡碰壁。不仅如此,他的房东不久也要求他退房,原因是他的"名声"对其他住户(多为留学生)的工作产生了不良影响。他就读的学校也专门找他谈话希望他能转到其他学校去,因为他影响了学校的生源……万般无奈,他只好收拾行李搬到了另一座城市,一切从头开始。他痛心疾首地告诉准备到日本留学的学生:"在日本洗盘子,一定要洗七遍呀!"

资料来源:https://www.zybang.com/question/ba623d4377b898950a6d2e08c3c37caf.html.

一个人的信用,反映的是他的人格;而一个社会的信用,反映的却是民族的精神素质。一个守信用的民族,才能跻身于世界民族之林,一个守信用的国家,才能为国际所信赖,而一个诚实守信的人,才能令大家所尊重。

诚信没有重量,却可以让人有鸿毛之轻,可以让人有泰山之重;诚信没有标价,却可以让人的灵魂贬值,可以让人的心灵高贵;诚信没有体积,却可以让人的心胸狭隘,目光短浅,可以让人的胸怀宽广,高瞻远瞩;诚信没有色彩,却可以让人的心情灰暗、苍白,可以让人的情绪高昂、愉悦!诚信只在于你是否维护它!

4.2 在学校诚信求学

经过上一节的反思,面对大学生诚信危机这一现状,我想每个大学生的心灵都会被触动,都会萌生一种责任感,那就是建立诚信素养。在这一节中我们向同学们介绍天津师范大学建立健全大学生诚信评价体系的做法,希望同学们能够按照这一诚信体系建立自己的诚信素养,并不断进行诚信的自我评价、自我监督、自我反思和自我修炼,从而成为一个真正有诚信的人。

自2003年天津师范大学创建"大学生诚信评价体系"后,许多学校也在效仿开展诚信教育中逐步探索形成一套量化考核标准,通过对学生学习、经济、生活、择业四方面的考核,使评价结果与学生综合测评、奖学金评定、研究生保送、三好生评选、入党申请人考察等挂钩,不同信誉等级的学生享受不同的"待遇"。天津师范大学推出的学生诚信评价体系,包括学习诚信评价、经济诚信评价、生活诚信评价、择业诚信评价四大评价标准,对诸如考试作弊、不按时还贷、隐瞒健康状况、不履行就业合同等具体行为明确了可量化的指标，由学校相关职能部门进行跟踪测评。每学年初，每个学生都要填写诚信评价量化表，签订诚信承诺书，同时获得 100 分的诚信基础分。学校学生工作部门定期对学生的操行作考查评价，依照评价标准对不诚信行为予以减分，最后根据得分多少，将学生信誉度分为 A、B、C、D 四个等级。

以下是《天津师范大学大学生诚信评价细则》及其附表，从中可以窥见诚信评价体系的大概。

第一部分，评价内容

1. 诚信承诺书
2. 学生个人基本情况
3. 学习诚信评价
4. 经济诚信评价
5. 生活诚信评价
6. 择业诚信评价

第二部分，评价机构

评价数据由天津师范大学各学院诚信评价中心办公室负责搜集、整理。学习诚信评价由各任课教师评测，每学期填写学习诚信评价记录表；经济诚信评价根据学校财务处、学生处、宿舍管理中心、图书馆等部门的反馈由学院诚信评价中心办公室评测；生活诚信评价通过本班民主评议的方式评测；择业诚信评价由天津师范大学各学院诚信评价中心领导小组、就业指导中心共同评测。

第三部分，评价办法

每学年初，由学生本人填写天津师大大学生诚信评价量表（见表 4-1）中的个人基本情况，并签下诚信承诺书，该生即获得 100 分的诚信基础分。每学年结束时进行总评，根据其出现的不诚信行为相应减分。

诚信度总分 = 学习诚信评价得分 × 40% + 经济诚信评价得分 × 20% + 生活诚信评价得分 × 20% + 择业诚信评价得分 × 20%

根据学生的得分分为四个等级。

A（95 ~ 100 分）：诚实守信，具有良好的道德品质，具有模范作用。

B（80 ~ 94 分）：需要进一步约束自己的行为，力争做到诚实守信。

C（60 ~ 79 分）：经常有不诚实守信的行为发生。

D（< 60 分）：不能做到诚实守信，情节严重。

第四部分，评价标准

（1）学习诚信评价（基础分 100 分），如表 4-1 所示。

表 4-1　学习诚信评价表

学习诚信中可能出现的不良行为	扣分标准
抄袭作业	扣 5 分/次
考试作弊	扣 20 分/次
上课迟到或早退	扣 2 分/次
抄袭论文	扣 20 分/次
其他	由诚信评价中心领导小组酌定
备注	原始 100 分，对出现的不良行为根据次数累计扣分

（2）经济诚信评价（基础分 100 分），如表 4-2 所示。

表 4-2　经济诚信评价表

经济诚信中可能出现的不良行为	扣分标准
学费、住宿费、书费未按时交纳	扣 10 分/次
助学贷款不按时还款、还息	扣 20 分/次
其他借款、借物到期不还	扣 10 分/次
弄虚作假，骗取困难生补助	扣 30 分/次
其他	由诚信评价中心领导小组酌定
备注	原始 100 分，对出现的不良行为根据次数累计扣分

（3）生活诚信评价（基础分 100 分），如表 4-3 所示。

表 4-3　生活诚信评价表

生活诚信中可能出现的不良行为	扣分标准
隐瞒健康情况或出具假健康证明（献血）	扣 20 分/次
使用违禁电器及危险品	扣 10 分/次
学生干部不尽职，学生不参加集体活动，不履行义务	扣 10 分/次
在教室的桌椅及墙壁上乱写乱刻	扣 10 分/次
在禁烟区吸烟	扣 10 分/次
浏览非法或不健康网站	扣 10 分/次
其他	由诚信评价中心领导小组酌定
备注	原始 100 分，对出现的不良行为根据次数累计扣分

（4）择业诚信评价（基础分 100 分），如表 4-4 所示。

表 4-4　择业诚信评价表

择业诚信中可能出现的不良行为	扣分标准
自荐书内容不属实	扣 20 分/次
就业合同不履约	扣 20 分/次
择业中的不正当竞争行为	扣 20 分/次
其他	由诚信评价中心领导小组酌定
备注	原始 100 分，对出现的不良行为根据次数累计扣分

第五部分，大学生诚信评价量化表（见表4-5）

表4-5　大学生诚信评价量化表

姓　名		班　级		相片
民　族		政治面貌		
出生日期		职　务		
家庭住址及联系电话				
学习诚信评价40%	扣分原因		扣分	基础分
	抄袭作业			100 分
	考试作弊			共扣分
	上课迟到或早退			
	抄袭论文			得分
	其他			
经济诚信评价20%	扣分原因		扣分	基础分
	学费、住宿费、书费未按时交纳			100 分
	助学贷款不按时还款、还息			共扣分
	其他借款、借物到期不还			
	弄虚作假，骗取困难生补助			得分
	其他			
生活诚信评价20%	扣分原因		扣分	基础分
	隐瞒健康情况或出具假健康证明（献血）			100 分
	使用违禁电器及危险品			共扣分
	学生干部不尽职，学生不参加集体活动，不履行义务			
	在教室的桌椅及墙壁上乱写乱刻			
	在禁烟区吸烟			
	浏览非法或不健康网站			得分
	其他			
择业诚信评价20%	扣分原因		扣分	基础分
	自荐书内容不属实			100 分
	就业合同不履约			共扣分
	择业中的不正当竞争行为			
	其他			得分
总分			等级	
备注				

【自我评价】

按照上面的评价体系为自己在校期间的诚信做一评价，你能获得哪一个等级呢？

4.3　在社会诚信就业

大学生走出校园，更多的时间是面对企业和社会，如何在企业和社会中履行诚信是立世之本，是兴业之源。在每年的人才招聘会上，许多用人单位都把招聘的大学生及各类人才是否具有诚信态度、团队合作精神等良好品行作为重要考察内容。据某些企业人力资源部门反映，近年来招进的大学生大部分是好的，但也有的由于"诚信"不足，眼里根本没有企业的规章制度，经常迟到、旷工，领导批评几句，不是消极怠工，就是掉头走人。还有的大学生心高气傲，缺乏动手能力，不愿意虚心学习请教，有的甚至不择手段、沽名钓誉等。这些行为对于大学生自身的成长、成才都是极为不利的，即使具有较高的天赋和理论知识，要想真正实现个人价值也是很难的。

【案例警示】

2007年10月，石家庄市科龙电子衡器厂招聘了一批大学生做业务员，企业对他们进行了几天的培训后，分别把他们派往山西、邯郸等地跑业务。而让人诧异的是，其中4名大学生在向厂里预支了700~1 000元不等的差旅费后，竟没了音讯。按照厂方的规定，外派的业务员每隔3天要通过电话跟单位联系一次，每月回单位开一次会。可是，近半年的时间里，这4名大学生中的小陈不仅没与单位联系过，而且单位多次打他留的电话，不是空号就是关机。2008年3月20日，记者多次与小陈联系，也均以失败告终。随后，记者拨通了其中另外两人的手机。他们说，是想通过这种方式抵顶当月的工资。

"现在就业形势本来不乐观，大学生们如果不拿诚信当回事，不仅损害了企业利益，而且影响了他们自身的前途。"石家庄市科龙电子衡器厂办公室主任说。虽然不讲诚信的大学生是少数，但其造成的恶劣影响却是无法挽回的。

资料来源：http://blog. sina. com. cn/s/blog_43c33d700100geut. html.

【案例启发】

有一篇报道，讲述的是女大学生梁婷在火车上捡到一个钱包，里面有近万元现金和信用卡，她立刻与失主联系，做人诚信的品质感动了失主所在单位，本来这个单位只收研究生，却破格录用梁婷为公司成员，因为她的优秀品质为她加了分，成为打开求职大门的金钥匙。从这件事情之中，我们可以看出企业在重视专业技能的同时更注重职员个人品德。大多数的求职者都要经过投简历和面试两道关口。简历，是对我们基本情况的简要概括，是间接吸引用人单位的媒介。企业也借用简历对求职者做一个初步的评判。而面试，才是关键的，企业不仅要考察简历有没有"掺水"，更为关键的是要观察求职者的品质和修养。在求职过程中，不少人因为细节问题而被刷下来，很多人因此愤愤不平。其实这是没必要的，在企业看来，个人修养在细节上最能体现，当然要考察这一方面了。

资料来源：http：//3y. uu456. com/bp_3gzkn1teu7507xn0vyo5_1. html.

也许有人会说就因为拾金不昧而录用一个人，这也太草率了吧。其实不尽然，企业对求职者竖起两道门槛：能力，人品。选拔人才时，德才兼备者为先；两者难全时，大多会取才浅而德高者。虽然梁婷学历差了一点儿，但在人品上却高出很多，而且学历低并不代表能力差，两相权衡之下，单位当然就要她了。因为诚信而被录用也指出了一个事实，那就是在大众身上这一品质的缺失。正因为稀少，所以才显得珍贵，才会在招聘中成为砝码。诚信是企业的金字招牌，诚信的企业要用诚信的人。而在利益的冲刷下，诚信，这本来理所当然的品质居然变成了稀罕物品，成了求职中除了能力之外的另外一把金钥匙。那么如何才能诚信就业呢？

4.3.1　忠诚所属企业

诚实守信要求从业人员忠诚于他们的企业。所谓忠诚所属企业，就是心中始终装着企业，总是把企业的兴衰成败与自己的发展联系在一起，愿意为企业的兴旺发达贡献自己的一分力量。具体说来，忠诚所属企业就应该做到以下几点。

1. 诚实劳动

在市场经济体制下，劳动仍然是人们谋生的手段。劳动者参加劳动，在一定意义上是为了换取与自己劳动相当的报酬，以养家糊口，改善生活条件。市场经济条件下也有可能出现不诚实劳动的现象。

市场经济的根本是诚信经济，为了生存和发展你必须付出诚实劳动。每一个从业人员，都应该尽心尽力、尽职尽责、踏踏实实地完成本职工作，自觉地做一个诚实的劳动者，这对国家、民族、企业和个人都是有利的。

2. 关心企业发展

作为从业人员，一旦投身某个企业，那就意味着个人的利益甚至命运，已经与这个企业联系在一起。因此，就应该关心企业的发展，积极参与企业的经营管理，为企业的发展献计献策。许多职工积极参与企业事务，为企业发展提出了许多合理化的建议，并发挥个人专长实施技术革新和新产品开发，重视为企业培养后继人才，努力搞好传、帮、带，所有这些都表现了职工积极做好企业的主人，关心企业发展，自觉把个人利益与企业利益联系在一起的精神。也正是因为有一大批这样的好职工，企业才能实现自身的良性发展。

3. 遵守合同和契约

随着市场经济体制的逐步建立，我国劳动用工制度日益走向契约化和法制化。而是否履行契约、依法办事是从业人员是否忠诚所属企业的一个重要表现。劳动用工制度契约化，对劳资双方都是一种保障机制和约束机制，双方都享受一定的权利，也相应要承担一定的义务。从企业方面讲，它要按规定付给工人工资及奖金，按时为工人交纳多种保险，保证工人法定的休息时间，不得无故变更劳动合同等，如果企业有违约行为，每一个从业人员都有权利依法讨回公道。就从业人员方面讲，既然是按契约就业，就必须遵守相关的合同和契约。一方面，这是他的义务，是他对企业的忠诚的表现；另一方面，这也是法律的强制要求。

4.3.2　维护企业信誉

信誉是企业文明的重要标志。如商业零售企业天天与人打交道，是体现社会文明的重要窗口。在市场经济条件下，商业企业的内外环境无论发生多大变化，为顾客服务的宗旨和对社会负责的义务不能变。"百城万店无假货"活动倡导诚实守信的商业新风，对国家、社会、人民有利，所以受到了广泛拥护。信誉是企业在竞争中取胜的关键。"百城万店无假货"活动的实践证明：扎扎实实开展这项活动的街（店），货真价实，买卖公平，最大限度地满足了消费者的需求，企业也因此获得了最佳经济效益。南京市鼓楼区湖南路正是通过创建"百城万店无假货"示范街的活动，以真诚赢得了信誉，用信誉保证了效益，使一条原来简陋杂乱、名不见经传的街道在短短几年内变成了消费者的购物天堂、商家的黄金宝地。企业信誉和形象的树立，可以从两方面着手。

1. 树立产品质量意识

对于产品质量，要以严谨的态度来对待。确保产品的合格率，对残次品决不姑息迁就。在质量出现问题、消费者利益受到损害时，要主动承担责任，给予经济补偿。绝不可生产假冒伪劣产品，也不能搞欺诈。

【小案例】

在小天鹅公司，每一位员工都把产品质量时刻挂在心头。公司销售人员曾在上海火车站对南来北往的旅客做市场调查，请他们将洗衣机的价格、服务、质量、款式，各自排个座次，结果绝大多数人把质量排在第一位。一位中年人说："买洗衣机嘛，图的是个方便省力，否则三天两头出毛病，一旦公司的售后服务跟不上，岂不是花钱找罪受?"于是,小天鹅的质量标准得到延伸:达到部标、国标只是起码的要求,最终目标是国际标准、用户标准。国家对洗衣机的质量标准是 4 000 次运行无故障,而国际标准是 5 000 次。为此,工厂组织了近百名科技人员,花了两年时间进行全厂性的技术攻关,经过国家检测中心严格测试,终于实现了无故障运行 5 000 次。把国外的数据拿来,按图纸分毫不差地生产行不行? 小天鹅人的回答是:不行。因为中国的消费环境是电压不稳定、运输机械化程度不高等。因此,小天鹅的箱体、排水系统和某些零部件,甚至包装箱,技术标准均比国外高,这就是用户标准在起作用。高质量的产品是生产出来的,不是检验出来的,小天鹅的每条流水线口都有工序流转卡,每道工序完成后,由操作人员盖章,出了质量问题,3 年之内都能查出责任人是谁。因此,操作人员的责任心大大增强,一次装配合格率从 88% 一下子提高到 99%,并且一直稳定在这个水平上。1995 年的一天,总装车间下班铃响后,清洁工在清理装配场时发现有两个螺丝,马上想到可能是漏装了,便立即做了报告。车间领导经分析认定是漏装,立即决定将下午装配的 600 多台机器连夜翻仓,一直到晚上 9 点多钟拆到第 327 箱时,终于找到了漏装的洗衣机,补装上了那两个螺丝。大家说:"这台机子找不出来,今晚睡觉也不安心。"

资料来源:http://www.renrendoc.com/p-407908.html.

在小天鹅公司,产品质量意识就是这样的深入人心。每一位小天鹅人都懂得,对质量永无止境的追求就是公司保持旺盛生命力的强大动力。正是因为小天鹅公司从上到下,人人都树立了质量意识,它才能在生产、经营上获得巨大的成功,成为洗衣机行业中的佼佼者。小天鹅公司给我们的一个重要启示是:对质量的追求永无止境,而公司的活力和旺盛生命力就寓于对质量永无止境的追求之中。

我们所处的 21 世纪,是"质量的世纪",质量将是竞争永恒的主题。"以质取胜"已成了世界各国振兴经济、提高国力的一项发展战略。日本战后以"技术立国、质量振兴",现在又开展"争创世界一流"的运动,使日本产品成为优质的象征;英国自 20 世纪 70 年代以来就开展最高年耗资 150 亿英镑的"全国质量运动";欧洲统一大市场则提出"质量——欧洲的精神",要使欧洲商品质量在 21 世纪初领先世界水平;美国为保持经济技术领先地位,提出以"质量复兴"作为 20 世纪 90 年代的工作重点。我们的企业要在竞争日益激烈的国内外市场中取胜,就必须以狠抓产品质量、练好企业基本功为主要手段。

2. 重视服务质量,树立服务意识

服务信誉也是企业信誉的基本要求。要对产品负责到底,不能"产品出门,概不负责"。这是树立企业信誉,扩大影响,争取市场的关键环节。道理简单而又现实:所有企业都依靠其顾客而生存。良好的售后服务可以使消费者产生信任感和安全感,产生连续购买的欲望和行为,成为企业永久的客户。

【小案例】

美国的卡特彼勒公司是一家世界性的生产推土机和铲车的公司。该公司自创立以来，历久不衰，信誉卓著，驰名全球。它在广告中说："凡是购买我们公司产品的人，不管在世界任何一个地方需要更换零件，只要通知我们，我们保证在48小时内送到。如果送不到，我们的产品就白送给你。"该公司真的说到做到，有时甚至不惜花费2 000美元的运费，将仅值50美元的零部件送到边远地区；有时候无法在48小时内将零件送到用户手中，就真的将产品白送给用户。因此，许多用户长期购买该公司的产品。由于经营信誉高，企业形象好，这家公司历经50年而不衰。

资料来源：https：//max. book118. com/html/2015/0205/12146889. shtm.

被称为"企业经营之神"的日本企业家松下幸之助有一句名言："请你对商品附加'精心服务'出售，精心服务是应该的，是不会白费的。"日本松下公司之所以取得举世瞩目的成绩，在很大程度上也取决于其良好的售后服务。

为消费者和客户提供优质配套服务，是树立企业信誉和形象的重要方面。新加坡有一家东方大酒店，对员工实施了一项"顾客至上，以人为先"的训练计划，目标是使每位员工要以向顾客提供优质服务为荣。

【小案例】

一天，东方大酒店咖啡厅来了4位客人，他们拿着资料文本，非常认真地讨论着问题。但是咖啡厅里的人越来越多，人声嘈杂。一位服务生走过那4位客人身边时，听见其中一位在大声讲话："什么？再说一遍！天啊，吵死了！听不清楚！"按理说此事与服务生毫无关系，但是她想到酒店的宗旨是"顾客至上，以人为先"，关心顾客是每一位员工的责任，于是她拿起电话找到客房部经理，询问此刻是否有空的客房，以便借这几位客人临时用一下。客户部经理立即答应提供一间客房。

两天后，客人写信给总经理表示感谢。信的内容如下："感谢贵酒店前天提供的服务。我们受宠若惊，并体会到什么是世界上最好的服务。拥有如此优秀的员工，实是贵酒店的一大骄傲。我们4人是贵酒店的常客，从此，我们除了永远成为您的忠实顾客之外，我们所属的公司以及海外来宾，亦将永远为您广泛宣传。"

资料来源：http：//www. doc88. com/p-759220911456. html.

从这件小事，人们可以领略到优质服务的内涵。所谓优质服务，就是在尽可能的范围内，满足顾客的各种需求，不管是分内之事还是分外之事。用行家的话来讲，就是在标准化服务的基础上再提供针对性服务。

上面这个事例告诉我们，企业员工每次所提供的优质服务，都可以引起消费者对企业的依赖和好感。1987年，加拿大提出的一份调查报告中就指出，当顾客受到不公平的待遇后，公开抱怨的比例只占3%~4%，这些人还有可能会再来，而那些虽然不满但未公开抱怨的人中，相当一部分是绝对不会再来的。美国波士顿的另一份商业调查中说，留住一位老顾客的花费，只是吸引一个新顾客的1/5，而10个转到别的商店购物的消费者中，7个主要是因为企业服务不好所致。由此可见，企业服务质量的优劣与产品质量的优劣一样，是影响企业信誉高低和企业形象好坏的重要因素。

4.3.3 保守企业秘密

在现代市场经济中，企业间的竞争异常激烈，人们常常戏称：商场如战场。这种说法一点也不为过。历经千百年实践的总结升华，现代商战形成了众多"战略战术"，信息战就是其中之一。随着信息时代的到来，信息逐渐成为经济发展的一个内在变量，人们对信息战的重视更是达到了空前的程度，甚至有人认为：现代商战就是信息战。许多商家和企业十分重视收集各种商业信息，以抓住商机，获取成功。这就使企业的商业信息变得至关重要。许多不法商家和企业为了在竞争中取胜，总是想尽办法刺探竞争对手的商业信息，甚至不惜出巨资收买商业信息。因此，作为所属企业的职工，每一个人都有义务和责任保守企业的秘密。

1. 闲谈莫论或少论企业事

许多从业人员一般分不清什么是企业秘密，什么不是企业秘密，过多的闲谈就容易造成泄密事故的发生。特别是你不知道竞争对手对你所属企业的哪些信息感兴趣，一个大家都觉得很平常的消息，很可能成为你所属企业的竞争对手的制胜法宝，成为它击败你所属企业的突破口，给你所属企业造成无法挽回的损失。

2. 要谨防亲朋好友泄密

许多昔日的亲朋好友，如今都归属各自不同的企业，可以说是各为其主，因而也就拥有了各自不同的利益，在事实上已经成了你的对手。所以，与这些人交往、闲谈，一定要谨慎。

3. 请相信一句名言：沉默是金

从业人员的使命就是为企业创造更多的财富，从而自己也获得更丰厚的报酬。因此，在日常工作中，就应少说话（当然一些特殊职业除外），多干活，这样才能提高工作效率。在生活中，少说闲话、废话，既有利于养生，也可以防止言多语失。中国古人就很推崇那种慎思寡言的人，称之为"贵人语话迟"，这在今天仍有它的意义。

当然，我们说保守企业秘密，主要是从正面、积极意义上讲的。对于一些商家和企业从事非法生产和销售的黑幕，每一个从业人员不但不能为其保守"秘密"，相反，还要大胆地予以检举揭发，投诉举报。从业人员如果知情不报，不仅要受到良心的谴责，而且还可能被追究法律责任。

4.3.4　办事公道

办事公道作为诚信的内容，它要求劳动者遵守本职工作所制定的行为准则，做到公开、公平、公正，不以私害公，不出卖原则。办事公道是一切劳动者在职业行为中的普遍性道德要求。职业道德的基本准则就是办事公道。只有出于公心，本着公道，才能恪尽职守，将工作做好。

1. 坚持原则

坚持原则是办事公道的指导思想，是保证本职工作正常进行的准则，是衡量职业行为善恶的尺度。它代表着本职工作的整体利益，是社会利益的职业化。在职业场所内，工作原则对所有的从业者都具有高度的约束力，任何人不得违背，即使是制定原则的人也是如此。只有坚持原则，才能秉公办事。

坚持原则必须遵纪守法。坚持原则是指从业人员都无一例外地按照国家法律法规和职业纪律、规章行使职业权利，履行职业义务。遵纪守法、坚持原则是一切从业人员必须具备的最起码的道德品质。只有坚持原则，才能扶持正气、顶住歪风。否则，正气不长，邪气必生。长此以往，必然正不压邪，从而也丧失了公道。

坚持原则必须遵守工作原则。原则是最根本的职业行为规范，关系本职工作的性质和社会职能的合理发挥。因此，原则代表着本职工作的整体利益，对场所内的所有劳动者都具有同等的约束力，即便是掌握制定、监督权力的领导干部，也应无条件地遵守工作原则，必须在工作原则范围内行事。

2. 办事公道与灵活应变相统一

办事是否公道，除了有明确的原则观念和祛邪胜私之心外，还要具备一定的认识能力与灵活处理事情的变通技巧。是否公道有时候难以用量的标准来评判，为此就需要有灵活应变的机智。若只是拘泥于形式上、文字上的规则章程，失去对其根本精神的体会，不是根据具体场所和对象的特殊性加以适当变通，有时就会显得过于迂腐、顽固，其结果不仅不公道，还可能会适得其反。孟子说："权，然后知轻重；度，然后知长短。"权度的标准，具体到职业活动中，就是衡量、比照的过程，其间包含了行为者的主观因素。在实际工作中，仅仅遵循工作原则是远远不够的。因为工作原则往往针对一般情况，它不可能顾及所有的个案和具体的事例，而且工作原则又是对既往经验的总结，而对发生的新情况、新问题则无法预料，又难以适用，为此就需要做到原则性与灵活性的统一。

4.3.5　平等竞争

平等竞争的内涵是：在承认竞争起点可能是不平等的前提下，必须有一个可以平等参与的公正合理的竞争原则，也就是应当保证竞争过程的平等性。竞争活动的平等参与是指每个人都有自主选择参与竞争的权利。竞争规则的公正是指竞争过程中的规则对于每一个参与竞争的人都具有同等的效力，规则不偏不倚、不分亲疏远近，不能因人而异；在竞争过程中，竞争的规则应该是公开的，竞争活动也应该在公开的状态下进行，不允许有内幕交易或是受某些因素操纵的竞争。为了保证平等竞争的顺利进行，就必须做到办事公道、不徇私情，这是市场经济条件下平等竞争的要求。如果办事不公正，徇私舞弊，势必会损害平等竞争的原则，形成不正当竞争，造成新的不平等，就会对社会各方面产生消极的影响，最终会阻碍社会经济的进步。

4.3.6　大公无私

无私才能无畏。只有这样，才能做到光明磊落。如果做不到这一点，他就可能不惜采用抬高自己、吹嘘自己、弄虚作假、欺骗隐瞒等不正当的手段来达到自己的目的；有的人为了追求私人名利，为了满足物质欲望和对金钱的追求，最终走上违法犯罪的道路。如果能对当前现实生活中的大量刑事案件进行深入的分析，我们就很容易看到，许多贪污、受贿、偷盗、抢劫，甚至杀人的案犯的思想动机，总是同自私自利的思想分不开的。

类似的典型案例还有许多，人员名单也可以列出长长一串。这些名噪一时、曾红遍大江南北的人物之所以经不住改革开放的考验，挡不住金钱和个人欲望的诱惑，最终成为阶下囚，客观上与疏于管理、疏于防范、疏于监督有很大关系，从主观上则是个人私欲膨胀的结果。他们抵御不了金钱和权力的诱惑，最终走上了犯罪的道路。因此，在市场经济条件下，从业者要取得自己事业的成功和发展，必须正确认识和处理好个人利益和集体利益的关系，重视集体利益和社会整体利益，富于奉献精神，在促进集体利益发展的同时，也为个人得到充分发展提供良好的条件。

成功素质测试
大学生诚信心理测试量表

（1）假如说谎能给你带来好处，你会不会说谎？
　　A. 会　　　　　　　　　B. 不会　　　　　　　　　C. 看具体情况
（2）你在还有一门课补考通过后才能获得学位证书的情况下，会不会作弊？

A. 会　　　　　　　　B. 不会　　　　　　　C. 看情况

（3）6 月 19 日，大学英语四级考试（CET-4）作文题在网上泄密，武汉某考点 7 名考生夹带事先做好的作文当场被抓获。如果你在考前也碰巧看到 CET-4 作文题，你会：

A. 不理不睬

B. 事先做好，考场照抄

C. 向有关教育主管部门反映

（4）你参加了大学英语六级考试，在未知成绩时去参加招聘会，某单位看中了你，但要求英语必须过六级，你会：

A. 如实相告　　　　　B. 支吾过去　　　　　C. 编造谎言

（5）当你自己犯了错误，老师却冤枉了你的同学，你是：

A. 窃喜，有人代己受过

B. 忐忑不安，很想找老师说明情况

C. 主动承担责任

（6）你阅读那些与你的观点不相同的刊物吗？

A. 从来不看

B. 看，而且还特别感兴趣

C. 如果碰到的话，也会看看

（7）你很难宽恕严重伤害过你的人吗？

A. 很难原谅他

B. 可以原谅他

C. 可以宽恕他，但不会忘记这件事

（8）你认为自己是一个诚实守信的人吗？

A. 是　　　　　　　　B. 不是　　　　　　　C. 基本上是

（9）一次大学生篮球联赛中，你队以 2 分之差落后于对手。比赛结束前你来了一个 3 分远投，结果你投中了，裁判员没注意到你的脚踩界了，判你队以 1 分险胜对手，这时你会：

A. 举手向裁判示意你踩界了

B. 独自快乐，反正胜利就行

C. 忐忑不安，很想找裁判说清楚。

（10）在田径场进行运动训练时，你无意间捡到一部昂贵的新款手机，这时你会：

A. 诚实地将它交给教练员

B. 管它三七二十一，据为己有

C. 内心矛盾，不知道怎么办

（11）在无人监控的大学生英语四级考试中，你遇到了许多不会做的题目，这时你会：

A. 看实际情况吧，小心驶得万年船，我可不要做扑火的飞蛾

B. 不会做就不会做，绝不看别人的，说不定有监控器在偷窥呢

C. 东张西望，力争准确答案，不然就不及格，拿不到毕业证书多可怕呀

（12）在饭堂打饭时，周围人太多，服务员没留意到你是否打过卡而实际你却没打卡，这时你会：

A. 和她开个玩笑，装着没看见，一走了之

B. 人家食堂也不容易，自觉地打卡，享受刷卡消费带来的快乐

C. 义正词严地说：我打过两次卡了，你还缺我一份饭呢

（13）诚信、成人、成才是辩证统一的关系，诚信是基础，然后才谈得上探索如何成人与成才，你认为哪句话最能概括三者关系：

A. 车无辕不行，人无信不立

B. 有德有才者，谓之君子；有德无才者，谓之贤人；有才无德者，谓之小人

C. 成在学、思、行，行在诚、实、信

（14）助学贷款是国家为支持和鼓励家境贫寒的学生完成大学学业而设立的无担保、无抵押、无质押的纯粹意义上的信用贷款，其偿还完全取决于学生个人信用。有些高校助学贷款的还贷违约率超过20%，令学校和银行方面有苦难言。你觉得影响贷款同学还贷的最主要因素是什么呢？

A. 是否偿还都无所谓的心理，反正国家也无法制裁自己，坚持能拖就拖、能赖就赖的原则

B. 个人或者家里出现问题，以致不能按期还款，情非得已

C. 毕业后一定时期内的收入不足以偿还贷款，"口袋里没钱，银行倒是很多"

（15）青春爱情是校园里永恒的话题，它常谈常新不褪色。如果你在大学期间谈恋爱，你认为：

A. 玩玩而已，不会投入很深的感情，以后会遇到更合适的

B. 对感情负责，认真投入，真心实意地恋爱，不求回报

C. 过程比结果更重要，只在乎曾经拥有，不在乎天长地久

（16）《韩非子》中的寓言：宋国有个富人，一天大雨把他家的墙淋坏了。他儿子说："不修好，一定会有人来偷窃。"邻居家的一位老人也这样说。晚上富人家里果然丢失了很多东西。假设你就是那个富人，你会怎么想？

A. 自认倒霉，就当是扶危济困，为下辈子积善了吧

B. 运用法律武器，立即报告官府，擒拿偷盗的人，维护自我合法权益

C. 儿子很聪明，怀疑是邻居家老人偷的，找他理论去

(17) 在对所在的学校或公司填写个人材料如档案、履历表时，你会：

A. 无所谓

B. 自己会如实填写，绝对诚信

C. 在必要时可适当虚构，不必绝对诚信

(18) 怎样才能提高学生诚信意识，实现校园诚信呢？

A. 主要靠国家、靠社会，大社会诚信了，校园这个小社会自然也就诚信了

B. 学校要严把思想教育关，把"诚信"纳入课堂话题

C. 学生自身要不断提高对诚信必要性和意义的认识，维护校园这最后一片净土

(19) 2000 多年前，孔子就有言曰："人而无信，不知其可也。"时至今日，诚信是做人之本、兴业之基、立国之策，这已是社会各界的共识。然而，我们正在经历一场严重的"诚信危机"，最严重的表现为：

A. 政治领域里欺上瞒下、粉饰政绩、买官卖官、贿选捞官、贪污腐败、权钱交易等现象在一些地方和一些官员身上不同程度地存在

B. 经济领域里制假贩假、偷税漏税、骗汇骗保、恶意透支、虚开票据、伪造票证、财务造假、商业欺诈、虚假广告等现象相当严重

C. 教育文化领域里假成果、假学历、假文凭、假证件、假新闻等现象屡见不鲜

(20) 在教室的桌洞里，你（或者和同学）发现了上节课同学落下的手机、MP3、戒指等贵重物品，这时你会：

A. 携物私奔，换个座位，淡然处之，全当物品不在自己身上

B. 感谢能有一次做好事的机会，等待失主的到来

C. 假慈悲地为失主愤不平，为同学隐瞒罪行

【评分标准】

	1题	2题	3题	4题	5题	6题	7题	8题	9题	10题
A	0分	0分	1分	2分	0分	0分	0分	2分	2分	2分
B	2分	2分	0分	1分	1分	2分	2分	0分	0分	0分
C	1分	1分	2分	0分	2分	1分	1分	1分	1分	1分

	11题	12题	13题	14题	15题	16题	17题	18题	19题	20题
A	1分	1分	0分	0分	0分	0分	0分	0分	0分	1分
B	2分	2分	1分	1分	1分	2分	1分	1分	2分	2分
C	0分	0分	2分	2分	2分	0分	2分	2分	0分	0分

你的总分是：

31～40 分：你是一位诚信度很高的人，有很高的涵养，能充分意识到别人面临的困难，理解他们的难处。你可能会遭到别人暂时的不理解，但你仍不会同他们发生争执，你最终会成为许多人喜欢的朋友。倘若这种宝贵的品质继续发扬下去，将来定会成就一番事业，不仅如此，你还将会备受别人的尊重。

21～30 分：你的诚信度还算可以，显得比较有涵养，在许多方面能容得下别人的意见。只要心诚，石头也会开出花来，紧握这些箴言，相信拥有诚信，你的人生之路会更平坦。要谨记，"诚者，天之道也"。

11～20 分：你的诚信度不算高，也许你还没有意识到这一点，你和朋友的友谊，一般不会维持太久，你在许多没有价值的微小问题上浪费了许多时间。

0～10 分：你相当缺乏诚信，而且比较专横，易冒犯他人。你不能容忍别人对你做错事，但常为自己的过失找理由。衷心祝愿你擦亮心灵的窗户，别给自己蒙上一层灰。只有做到"内诚于心"，才能"外信于人"。切记切记！

成功方法学习

让诚信成为习惯

有句俗语：习惯成自然。思维意识经过多次的重复后形成习惯意识，行为也就变成了习惯性的动作。习惯有恶习和良习之分。当然人们还是尊崇健康的良习，譬如讲诚信的习惯。讲诚信的习惯需要我们在日常的工作生活中培养。但是讲诚信的习惯不同于我们生活中的个人习惯，可以凭着自己的兴趣爱好自然形成。因为诚信受多方面非诚信因素的冲击，还要接受个人私欲的考验。"失信"是影响诚信习惯养成的关键原因，因为对待失信的人，人们往往是以牙还牙——你不讲诚信就别怪我不讲诚信了。结果恶性循环，讲诚信难成习惯。个人私欲也是影响诚信的致命因素，在经济至上、金钱至上的物欲横流的经济社会，人的私欲心膨胀，利益与诚信失衡，很多人为得名利而不惜以牺牲诚信为代价，虽然名利丰收，结果诚信扫地，诚信的意识习惯难于形成。

如何养成讲诚信的习惯？其一要把讲诚信当作一种人生价值来培养，当作一种人格来维护；其二要自觉履行自己言行，坚决抵制不讲诚信的现象；其三要轻诺重践，做到言而有信；其四要注重诚信细节的培养，不因小失大，不因事小失信于人；其五要坚持不懈，因为习惯成自然的决定因素在坚持，只有坚持，才能确保习惯的良性发展；其六是知错必改，小失信大补救，错误在所难免，及时纠正也是一种讲诚信的具体表现。

总之，要让讲诚信成为一种习惯，需要我们的共同维护，需要每个人的一贯坚持，不然，讲诚信很难成为习惯。

资料来源：http://www.360doc.com/content/11/0218/17/161248_94122547.shtml。

成功案例借鉴

案例一：宋庆龄的故事

在宋庆龄小的时候，一天早晨，一家人正准备去李伯伯家做客。突然，她告诉父母："我和小珍约好，今天上午我要教她叠纸花，我不去李伯伯家了。"爸爸说："以后再教吧！明天再和她解释一下，再说，李伯伯家有你喜欢的鸽子，你不去会后悔的！""不会，"宋庆龄想了想，说："你们去吧，我在家等她，我不能失信。"妈妈说："就按她的意思吧！有句话说，'言必信，行必果'。一个有道德的人要讲信用，不能自食其言。"就这样，宋庆龄一个人在家等小珍。11点了，小珍还没来，宋庆龄十分失望。中午，父母回来了，听宋庆龄说小珍没来，爸爸说："唉！要知道她不来，就不等她了。"宋庆龄却说："不。没有来，我也要等。虽然没有等到，但我心里很坦然。"宋庆龄就是这样，从幼年起，终身都要求自己恪守信用，决不自食其言。

资料来源：https://zhidao.baidu.com/question/586687247458391725.html.

案例二：何在成功，唯真唯诚

那一年深秋，我拿着自己公开发表的几十万字的作品满街寻找工作，因为没有文凭，不断地碰壁。庆幸的是，一家广告公司让我去复试。笔试过程中我从几十名应聘者里脱颖而出。最后总经理面试，在等待的过程中，窗外的天灰蒙蒙的，偶尔几声闷雷，让人心颤，我不由得自卑起来，终于秘书叫了我的名字。总经理并非想象的那么严肃，挺年轻的30多岁，友善的笑容让我心里踏实多了。他递给我一张名片并让我坐下，问道："如果你进入广告圈，该从何做起呢？""做人。"我不假思索地回答。"以前看过一些广告方面的书吗？""看过。""广告界前辈丹尼·卫斯的作品如何？"我从脑海中苦苦地思索，大卫·奥格威，李奥·贝纳……就是没有卫斯这个前辈的印象（后来我才知道这个前辈是老总随意杜撰的），我只回答："这个前辈的作品我没能读过。"接下的许多问题我都有种似曾相识的印象，却不知怎么具体回答，只好千篇一律地回答："不知道。"

次日，我打点行囊准备到远方浪迹天涯，我甚至开始怀疑自己的智商，在即将离去的一瞬间，邮递员送上一份快件："你已经被公司正式聘用，请你三日之内到公司报到。"泪水在脸庞无声滑落……一次周末我们在一起闲聊时，我问起老总："当初面试时，你问我的许多问题我都回答不上来，还录用我？"老总微笑着对我说："你的才华从笔试中我已充分感触到，但你的品性我却不了解，我问的许多问题都是假的，我期望最好的答案是不知道，这就是真诚。我不需要不切实际、夸夸其谈的人在我身边。"

后来看见董建华曾经说过的一句话："何在成功，唯真唯诚！"我释然了。

资料来源：http://www.wendangwang.com/doc/e182a3610bac1bba92e1bca3/2.

案例三：广外有个无人报摊 经营一年"不差钱"

凭一个"信"字，广州南岸路欧婆婆的"无人售报亭"传为佳话。但大家不知的是，在广州大学城广东外语外贸大学（以下简称广外）内也有一个学生创办的"无人售报摊"：买报、付钱、找零全自助。至今报摊已运行一年多，销售额基本没"差过钱"。

这个报摊是广州大学城内首个无人报摊，经理是一名在校大学生，他是受日本诚信售票的启发才开摊的，如今报摊已扩张为两个，计划扩张至每个宿舍楼。"报纸销售量不多，但是依然有钟爱纸张阅读的同学，我们会坚持下去。"

这个报摊很简陋，只是一个简易书架，靠在教学楼墙壁的一个转角处，上面整整齐齐地摆放着几份报纸，旁边是用纸糊成的箱子……箱子上写着几个字："自觉投币""文明取报"，报纸价格也明码标出。

林镇裕是这个报摊的学生经理。据她所说，他们隶属于广外云山勤工助学组织，是学校里一个为学生服务的组织。

"报摊主要是为学生提供更贴心的服务。"林镇裕在这之前曾做过一个调查，有同学认为学校几个报刊亭太远，购买报纸很不便。同时，他们的团队也受到日本诚信售票方式的启发。"报摊的初衷不以营利为目的，一是想改变一下生活方式，提供更便利的服务；二是想向大学生传递诚信理念。"

林镇裕和伙伴们每天上午 10 时前，从学校云山报刊亭处拿 20 份报纸摆放到无人售报摊，然后下午 6 时再去收回清算，把没有卖出的报纸退回报刊亭。

"读'霸王报纸'的现象很少见。"林镇裕说，买报人没人会"赖账"，有几次有同学急着买报纸，可带的钱不够，当天没给足钱，但是过了一天还是把欠的一两元补回，所以一年多时间来，报纸销售额"不差钱"，有时还会多出一些。

如果这个活动在你所在学校开展会怎样？为什么？

【分析提示】无人售报本身是一个考验文明的活动，但更是一个互相信任的过程。

资料来源：http://news.k618.cn/ycph/201404/t20140414_5024410.html.

成功素质训练

训练项目 写一份"个人诚信介绍信"

训练目的

(1) 对个人的诚信状况进行反思。

(2) 为建立诚信素养塑造一个自律与他律的环境。

训练组织

(1) 每个学生根据训练项目的要求，自己首先在课下撰写"个人诚信介绍信"。

（2）按 8 人左右将全班分为若干个小组，每个小组成员首先在组内互相介绍。

（3）每个小组进行组内总结，并提交小组建立"诚信素养行动方案"。

（4）每个小组选派 1 名代表在课堂上分享"诚信素养行动方案"。

训练考核

（1）每个人的成绩由小组内部评分获得，满分 10 分。

（2）团队分由老师打分获得。

培养积极心态

✵ 名人名言

播种一个理念，收获一种态度；播种一个态度，收获一种心情；播种一个心情，收获一种行动；播种一个行动，收获一种习惯；播种一个习惯，收获一种性格；播种一个性格，收获一种命运；播种一个命运，收获一种未来。

——张伟

有了积极的心态并不能保证事事都成功，但它肯定会改变一个人的日常生活。而消极的心态则一定不能成功。

——拿破仑·希尔

✵ 故事分享

在推销员中，广泛流传着一个这样的故事：两个欧洲人到非洲去推销皮鞋。由于天气炎热，非洲人向来都是打赤脚。第一个推销员看到非洲人都打赤脚，立刻失望起来："这些人都打赤脚，怎么会要我的鞋呢？"于是放弃努力，失败沮丧而回；另一个推销员看到非洲人都打赤脚，惊喜万分："这些人都没有皮鞋穿，这儿的市场大得很呢！"于是想方设法，引导非洲人购买皮鞋，最后发大财而回。

这就是一念之差导致的天壤之别。同样是非洲市场，同样面对打赤脚的非洲人，由于一念之差，一个人灰心失望，不战而败；而另一个人满怀信心，大获全胜。

资料来源：http：//www.doc88.com/p-3167534102566.html.

5.1　教你认识心态

5.1.1　什么是心态

　　心乃心灵、心境、心情，态乃状态。心态乃心灵、心境、心情的状态。心灵、心境、心情有状态吗？有。心态是一种对人、对自己的态度。心花怒放、心满意足是快乐的心态；心潮澎湃、心旷神怡、心地善良是积极的心态；心灰意懒、心有余悸是消极的心态；心平气和是健康的心态；心烦意乱、心醉神迷是不健康的心态。

　　为什么有些人就是比其他的人更成功？为什么大家都在同一个环境中却有不同的结果？其实，人与人之间并没有多大的区别。上帝给每个人的东西也没有多大的区别——一杯苦酒、一杯甜酒。很少有人一辈子光喝甜酒或光喝苦酒的。生活就像玩牌一样，不可能抓的牌都很好，好牌差牌概率相等，你必须以平和的心态接受它。

【小故事】

　　一个小男孩与全家一起玩牌，连续几次抓的牌都不好，结果全输了。于是，他开始心烦气躁，连连抱怨自己的手气、运气不好。男孩的母亲忽然停止了玩牌，她严肃地对小男孩说："无论你手中的牌怎样，你都必须接受它，并且尽最大努力玩好自己的牌！"男孩望着母亲那严肃认真的面孔，愣了愣神，只听母亲接着说道："人生也是如此，上帝为每个人发牌，你无法选择牌的好坏，但你可以用好的心态去接受现实，并竭尽全力，让手中的牌发挥出最大的威力，获得最好的结果。"

　　资料来源：http://www.chinadmd.com/file/aatcpacriurscoctizxtviww_10.html.

　　从此，小男孩一直记着母亲的教诲，他不再抱怨命运，而是以良好的心态去迎接一次又一次的人生挑战。这个男孩，就是美国第32任总统艾森豪威尔。这个故事告诉我们，其实成功者和失败者在智力、体力、环境上没有太大的区别，他们最主要的区别是心态的差别，成功者用积极的心态、乐观的心态支配和控制人生，他们可能遭遇过失败和厄运，但是他们仍继续走下去，总有一天他们获得了成功。失败者则刚好相反，他们消极，得过且过，借口又颇多，因此不敢为，不作为。他们也许有过成功，但由于心浮气躁，心高气傲，保持不住成功。

5.1.2　心态的主要类型

　　心态的分类很多，但主要分为积极心态和消极心态两种。

　　（1）积极心态：就是主动的自我意识、明确的自我价值观念、良好的自我状态以及优秀的自我心理品质等复合素质的综合体。

（2）消极心态：就是被动地自我意识、模糊的自我价值观念和萎靡、自卑的自我状态以及脆弱的自我心理品质等复合素质的综合体。

【小资料】

一位哲人说："你的心态就是你真正的主人。"

一位伟人说："要么你去驾驭生命，要么是生命驾驭你。你的心态决定谁是坐骑，谁是骑师。"

西方心理学家说："你的心态是什么样子，你的生活就会成为什么样子，你的命运就会成为什么样子。"

许多人犯错误，并非技不如人，也并非经验不足，只因自己打败了自己。

你改变不了环境，但可以改变自己；

你改变不了事实，但可以改变态度；

你改变不了出身，但可以改变现在；

你不能样样顺利，但可以事事尽心；

你不能左右天气，但可以改变心情；

你不能选择容貌，但可以展现笑容。

心态控制了人的头脑和行动，心态也决定了事业和人生。你有一个积极的心态，青春就会长驻；你若有一个消极的心态，未老可能先衰；你有一个乐观的心态，天天顺心、笑口常开；你有一个悲观的心态，长吁短叹、无病呻吟。一个人对生活的态度决定了一个人的生活质量。

5.1.3 积极心态的特征

（1）面对难题，认真思考，做出自己的选择；而不是不动脑筋，安于现状。

（2）遇到挑战，从实际出发，求变创新；而不是浑浑噩噩，回避矛盾。

（3）选取目标，计划事情，具体而明确；而不是笼而统之，模糊不清。

（4）正视现实，负起责任，不管是愉快还是痛苦；而不是否认、逃避现实。

（5）尊重事物规律，考虑客观可能；而不是拒绝真理，不顾客观实际，只凭主观愿望办事。

（6）独立自主，积极行动；而不是依赖别人，消极等待情况变化。

（7）敢于冒险，不怕失败；而不是躲避风险，贪图安逸。

（8）坚信自己的价值和能力，坚持靠自己；而不是自我贬低，就怕别人看不起。

（9）有了错误，愿意承认并纠正；而不是文过饰非，虚荣自负。

（10）冷静从容，能控制自己的情感；而不是急躁任性，感情用事。

【小思考】

在以上这 10 项积极心态中，你具备几项？真希望你能永久保持已经拥有的，并能逐步建立起那些还没有的积极心态。

5.1.4　消极心态的特征

（1）愤世嫉俗，认为人性丑恶，时常与人为忤，缺乏人和。

（2）没有目标，缺乏动力，生活浑浑噩噩。

（3）缺乏恒心，不晓自律，懒散不振，时时替自己制造借口去逃避责任。

（4）心存侥幸，空想发财，不愿付出，只求不劳而获。

（5）固执己见，不能容人，没有信誉，社会关系不佳。

（6）自卑懦弱，自我压缩，不敢信任本身潜能，不肯相信自己的智慧。

（7）挥霍无度，或吝啬贪婪，对金钱没有中肯的看法。

（8）自大虚荣，清高傲慢，喜欢操纵别人，嗜好权利游戏，不能与人分享。

（9）虚伪奸诈，不守信用，以欺骗他人为能事，以蒙蔽他人为嗜好。

（10）过分谨慎，恐惧失败，不敢面对挑战，稍有挫折即退缩。

【小思考】

以上这 10 项消极心态，你有吗？如果没有那就祝贺你！如果有也没问题，从现在开始，就让我们一起培养积极心态吧！

5.2　感知心态的力量

【小资料】

根据心理学家的统计，每个人每天大约会产生 5 万个想法。如果你拥有积极的态度，那么你就能乐观地、富有创造力地把这 5 万个想法转换成正面的能源和动力；如果你的态度是消极的，你就会显得悲观、软弱、缺乏安全感，同时也会把这 5 万个想法变成负面的障碍和阻力。积极的态度肯定会改变一个人的生活方式，但并不能保证他每件事都心想事成。可是，坚持消极的态度却必败无疑。我们从来没见过哪个持有消极态度的人能够取得可持续的、真正的成功。

如果你以积极的心态去应对你所面临的事情，并且相信成功是你的权利的话，你的信心就会使你成就所有你所制定的目标。但是如果你接受了消极思想，并且满脑子想的都是恐惧和挫折的话，那么你所得到的也都只是恐惧和失败而已。积极的心态是成功理论中最重要的一项原则，你可将此原则运用到你所做的任何工作上。

积极的心态，不管是春风得意，还是寒冬披霜，都具有一股如火的青春魅力，能把痛苦当作攀登人生的阶梯，能把失败当作成功的前奏，拥有它就能享受到花的温馨、暖的阳光，没有一种东西能阻止积极心态的力量。

1. 积极心态帮助你成就事业

积极心态能让人在忧患中看到希望，使人保持进取的旺盛斗志去克服一切困难。不论做任何事情只要有积极的心态，就不会失去自己，就能取得成功。

【小故事】

两个年轻人结伴去深圳淘金，一下火车就感受到深圳与其他城市之间的巨大差异，水是日常生活中必不可少的东西，得花钱买。于是两个人的反应截然不同，一位十分沮丧，"完了，这鬼地方连水都要钱买，看样子是难以立足了"；而另一位则十分高兴，"太好了，连水都能赚钱，这里的钱一定很好赚"。到后来，前者沦为乞丐，后者变为富翁。这个故事中的两个人对同一件事情的不同心态，导致了两种截然不同的结果。前者遇到困难时畏缩不前，一蹶不振；而后者则充满希望、积极努力，结果取得成功。这说明人们不管做什么事情，心态很重要，你抱着什么样的心态，结果也就会随着你的心态而改变。

资料来源：https：//tieba. baidu. com/p/202803257？ red_tag = 3343943300.

2. 积极心态让你乐观处事

当你面对生活中不顺心的事情时，乐观心态使你把一切不如意都放弃，依然感觉生活中充满无穷的乐趣，轻松愉快。积极心态对于一个人来说每时每刻都很重要，很多情况下，人的痛苦和快乐并不都是客观环境决定的，而是心态在起作用。

【小故事】

有这样一个故事，有个朋友乘船去英国，途中突然遇到暴风雨，船上的人都惊慌失措，却看到一个老太太非常平静地在祷告，神情十分安详。风浪过后，朋友十分好奇地问老太太："您当时一点都不害怕吗？"老太太说："我有两个女儿，大女儿戴安娜去了天堂，二女儿玛丽亚就住在英国。刚才风浪大作时，我就向上帝祷告，如果接我去天堂，我就去看我的戴安娜；如果留我在船上，我就去看我的玛丽亚。不管去那儿，我都和我心爱的女儿在一起，我怎么会害怕呢？"

资料来源：http：//www. wenku1. com/news/484FD0C55A0CCA48. html.

你看完这个故事后一定佩服这位老太太的豁达大度和乐观向上的心态。这个老太太面对死亡没有感到恐惧，因为她心怀希望，她相信不论怎样，都会有美好在前面等待。你想一想，当船遇到暴风雨，船上的旅客惊慌失措，又能挽救些什么呢？

什么都不能。如果结局是人所不能改变的，又为什么让它使你苦恼呢？不如乐观一点。任何事情只要用乐观向上的心态去对待，就会别有一番滋味。

3. 积极心态能够排忧解难

要知道使你痛苦的不是别人，而是自己消极的心态。有人说："积极的心态是温暖我们的明媚阳光，消极的心态是笼罩于我们心头的阴霾。"积极的心态使你拥有快乐，可以把所有的烦恼抛洒，消极的心态只能看到问题，我们只要将消极心态排除在心门之外，你就能快乐。

【小故事】

古时有一位国王，梦见山倒了，水枯了，花也谢了，便叫王后给他解梦。王后说："大势不好，山倒了指江山要倒；水枯了指民众离心，君是舟，民是水，水枯了，舟也不能行了；花谢了指好景不长了。"国王惊出一身冷汗，从此患病，且愈来愈重。一位大臣要参见国王，国王在病榻上说出他的心事，哪知大臣一听，大笑说："太好了，山倒了指从此天下太平；水枯指真龙现身，国王，你就是真龙天子；花谢了，花谢见果子呀！"于是，国王顿感全身轻松，很快痊愈。

资料来源：http：//www.360doc.com/content/12/1214/08/868418_253926620.shtml.

人世间的许多事情，往往是因为自己的心态，人有时只要改变一下自己的心态，便会拥有另一番风景。

4. 积极心态使你受人喜欢

希望被人喜欢和欣赏是人们内心深处的渴望，要想得到他人的喜爱，首先必须真诚地喜欢他，这种喜欢必须发自内心，而非另有所图。"喜欢别人"是一种生活方式的结果，它是一种训练有素的思维模式的产物。而能使你喜欢别人的一种思维方式便是积极思想，也就是说，你必须以一种积极而非消极的心态来对待他人，才能使你受人喜欢。

5. 积极心态让你健康长寿

积极的心态能给你带来健康，消极的心态则相反。接受良好的思想——积极而愉快的思想，会改进你感情作用的方式。一种事物如果能影响你的心理，就能影响你的身体；决不要放弃希望，积极的心态能帮助你找到办法；积极心态能使人十分机敏地对待危险，从而排斥事故和悲剧。如果悲剧突来，积极心态也能引导你泰然处之。

【小资料】

拿破仑·希尔告诉我们，我们的心态在很大程度上决定了我们人生的成败：

(1) 我们怎样对待生活，生活就怎样对待我们。

（2）我们怎样对待别人，别人就怎样对待我们。

（3）我们在一项任务刚开始时的心态就决定了最后将有多大的成功，这比任何其他因素都重要。

（4）人们在组织中的地位越高，就越能找到最佳的心态。

难怪有人说，我们的环境（心理的、感情的、精神的）完全由我们自己的态度来创造。

【小训练】

练习目的

通过互相交流打破自我肯定的障碍，树立自我形象。

操作程序

（1）两人为一小组。

（2）两人互相问下列问题。

    A. 在外形上你喜欢自己的两个方面

    B. 在个人品质上你喜欢自己的两个方面

    C. 在才能上你喜欢自己的两个方面

（3）注意每一个评价都必须是正面的、积极的。

5.3　培养积极心态

【小知识】

PMA 黄金定律：成功学大师拿破仑·希尔说，一个人能否成功，关键在于他的心态。成功人士与失败人士的差别在于成功人士有积极的心态，即 PMA（positive mental attitude）。而失败人士则习惯于用消极的心态去面对人生，消极的心态，即 NMA（negative mental attitude）。（在美国成功学领域 PMA 与 NMA 已成为替代积极心态与消极心态的专有名词。）

成功人士运用 PMA 黄金定律支配自己的人生，他们始终用积极的思考、乐观的精神和辉煌的经验支配和控制自己的人生；失败人士是受过去的种种失败与疑虑所引导和支配的，他们空虚、猥琐、悲观、失望、消极、颓废，最终走向了失败。运用 PMA 支配自己人生的人，拥有积极奋发、进取、乐观的心态，他们能乐观向上地正确处理人生遇到的各种困难、矛盾和问题。运用 NMA 支配自己人生的人，心态悲观、消极、颓废，不敢也不去积极解决人生所面对的各种问题、矛盾和困难。

有些人总喜欢说，他们现在的境况是别人造成的，环境决定了他们的人生位置。事实上，我们的境况不是周围环境造成的。说到底，如何看待人生，是由我们自己决定的。第二次世界大战某集中营的一位幸存者维克托·弗兰克尔说过："在任何特定的环境中，人们还有一种最后的自由，就是选择自己的态度。"而且积极的心态是人人可以学得到的，无论他原来的处境、气质与智力怎样。但是，怎样培养和加强PMA呢？必须从以下几个方面做起。

1. 言行举止像你希望成为的人

许多人总是等到自己有了一种积极的感受再去付诸行动，这是本末倒置。积极行动会导致积极思维，而积极思维会导致积极的人生心态。心态是紧跟行动的，如果一个人从一种消极的心态开始，等待着感觉把自己带向行动，那他就永远成不了他想做的积极心态者。

2. 要心怀积极、必胜的想法

美国亿万富翁、工业家卡内基说过："一个对自己的内心有完全支配能力的人，对他自己有权获得的任何其他东西也会有支配能力。"当我们开始运用积极的心态并把自己看成成功者时，我们就开始成功了。

谁想收获成功的人生，谁就要当个好农民。我们决不能仅仅播下几粒积极乐观的种子，然后指望不劳而获，我们必须不断给这些种子浇水，给幼苗培土施肥。要是疏忽这些，消极心态的野草就会丛生，夺去土壤的养分，直至庄稼枯死。

3. 用美好的感觉、信心与目标去影响别人

随着你的行动与心态日渐积极，你就会慢慢获得一种美满人生的感觉，信心日增，人生的目标感也越来越强烈。紧接着，别人就会被你吸引，因为人们总是喜欢跟积极乐观者在一起。运用别人的这种积极响应来发展积极的关系，同时帮助别人获得这种积极态度。

4. 使你遇到的每一个人都感到自己很重要、被需要

每个人都有一种欲望，即感觉到自己的重要性，以及别人对他的需要与感激。这是我们普通人自我意识的核心。如果你能满足别人心中的这一欲望，他们就会对自己，也对你抱积极的态度，一种你好我好大家好的局面就会形成。正如美国19世纪哲学家兼诗人爱默生说的："人生最美丽的补偿之一，就是人们真诚地帮助别人之后，同时也帮助了自己。"

使别人感到自己重要的另一个好处，就是反过来会使你感到自己很重要。在大多数情况下，你怎样对别人，别人就怎样对你，就像下面小故事中的情况一样。

【小故事】

第一个人到了市郊就在一个加油站停下来问一名职员："这个镇里的人怎么样？"

加油站职员反问："你从前住的那个镇的人怎么样？"

第一个问答："他们真是糟透了，很不友好。"

于是加油站职员说："我们这个镇的人也一样。"

过了些时候，第二个驾车人驶进同一加油站，问职员同一个问题："这个镇的人怎么样？"

那个职员同样反问："你从前住的那个镇的人怎么样？"

第二个人回答："他们好极了，真的十分友好。"

加油站职员于是说："你会发现我们这个镇的人完全一样。"

那个职员懂得，你对别人的态度跟别人对你的态度是一样的。

资料来源：http://www.wxphp.com/wxd_2aqny7juuj0wk4t3w2j5_5.html.

5. 心存感激

在日常生活中，父母抱怨孩子不听话，孩子抱怨父母不理解他们，男朋友抱怨女朋友不够温柔，女朋友抱怨男朋友不够体贴。在工作中，也常出现上级埋怨下级工作不得力；而下级埋怨上级不够理解自己，不能发挥自己的才能。他们对生活总是抱怨而不是一种感激。拿破仑·希尔认为，如果你常流泪，你就看不见星光，对人生对大自然的一切美好的东西，应心存感激，人生就会显得美好许多。

6. 学会称赞别人

莎士比亚曾经说过这样一句话："赞美是照在人心灵上的阳光。没有阳光，我们就不能生长。"心理学家威廉姆·杰尔士也说过这样的话："人性最深切的需求就是渴望别人的欣赏。"在人与人的交往中，适当地赞美对方，会增强这种和谐、温暖和美好的感情。你存在的价值也就被肯定，使你得到一种成就感。丘吉尔曾经说过："你要别人具有怎样的优点，你就要怎样地去赞美他。"实事求是而非夸张的赞美，真诚而非虚伪的赞美，会使对方的行为更增加规范。同时，为了不辜负你的赞扬，他会在受到赞扬的这些方面全力以赴。赞美具有一种不可思议的推动力量，对他人的真诚赞美，就像荒漠中的甘泉一样让人身心感到滋润。许多杰出的音乐歌唱者或运动员之所以在后来的专业领域中能大放异彩，大多是在年幼时参与歌唱、运动等活动表现优异时受到赞赏，激发出一股自信与冲劲而引发出潜力的。

因此在生活和工作当中，你也应该这样，以鼓励代替批评，以赞美来启迪人们内在的动力，自觉地克服缺点，弥补不足，这比你去责备、埋怨会有效得多。这样将会使人们都怀着一种积极的心态，创造出一种和谐的气氛，而有利于事业的成功和生活的幸福。由衷的赞美所带给对方的愉快及被肯定的心情，也使你分享了一份喜悦和生活的乐趣。

7. 学会微笑

微笑是上帝赐给人的专利，微笑是一种令人愉悦的表情。面对一个微笑着的人，你会感到他的自信、友好，同时这种自信和友好也会感染你，使你油然而生出自信和友好来，使你和对方亲切起来。微笑是一种含意深远的身体语言，微笑是在说："你好，朋友！我喜欢你，我愿意见到你，和你在一起让我感到愉快。"微笑可以鼓励对方的信心，微笑可以融化人们之间的陌生和隔阂。当然，这种微笑必须是真诚的，发自内心的。正如英国谚语所说："一副好的面孔就是一封介绍信。"微笑，将为你打开通向友谊之门，如果你想要发展良好的人际关系，建立积极的心态，那么非要学会微笑不可。

8. 积极寻找新思路

有积极心态的人时刻在寻找新思路、新方法。这能增加积极心态者的成功潜力。正如法国作家维克多·雨果说的："没有任何东西的威力比得上一个适时的主意。"

有些人认为，只有天才才会有好主意。事实上，要找到好主意，靠的是态度，而不是能力。一个思想开放有创造性的人，时刻留心好主意。在寻找的过程中，他不轻易扔掉一个主意，直到他对这个主意可能产生的优缺点都彻底弄清楚为止。据说，世界最伟大的发明家托马斯·爱迪生的一些杰出的发明，是在给一个失败的发明寻找一个额外用途的情况下诞生的。

9. 放弃鸡毛蒜皮的小事

有积极心态的人不把时间和精力花在小事情上，因为小事常使他们偏离主要目标和重要事项。如果一个人对一件无足轻重的小事情做出反应（小题大做的反应），这种偏离就产生了。

10. 培养一种奉献的精神

前任通用面粉公司董事长哈里·布利斯曾这样忠告属下的推销员："忘掉你的推销任务，一心想着你能带给别人什么服务。"他发现人们一旦思想集中于服务别人，就马上变得更有冲劲，更有力量，更加让人无法拒绝。说到底，谁能抗拒一个尽心尽力帮助自己解决问题的人呢？

布利斯说："我告诉我们的推销员，如果他们每天早晨开始干活时这样想——'我今天要帮助尽可能多的人'，而不是'我今天要推销尽量多的货'。他们就能找到一个跟买家打交道的更容易、更开放的方法，推销的成绩就会更好。谁能尽力帮助其他人活得更愉快、更潇洒，谁就实现了推销术的最高境界。"

让给予别人成为一种习惯的生活方式，它给你的人生所带来的积极结果将是无法预料的。

11. 永远也不要消极地认定什么事是不可能的

永远也不要消极地认定什么事情是不可能的，首先你要认为你能，去尝试、再尝试，最后你就会发现你确实能。

对于变不可能为可能，拿破仑·希尔曾经用过一种奇特方法。年轻的时候，拿破仑·希尔抱着一个当作家的雄心。要达到这个目标，他知道自己必须精于遣词造句，字词将是他的工具。但由于他小时候家里很穷，所接受的教育并不完整，因此，"善意的朋友"就告诉他，说他的雄心是"不可能"实现的。

年轻的希尔存钱买了一本最好的、最完全的、最漂亮的字典，他所需要的字都在这本字典里面，而他的意念是完全了解和掌握这些字。但是他做了一件奇特的事，他找到"不可能"（impossible）这个词，用小剪刀把它剪下来，然后丢掉，于是他有了一本没有"不可能"的字典。以后他把他整个的事业建立在这个前提下，那就是对一个要成长，而且要成长得超过别人的人来说，没有任何事情是不可能的。

我们不建议你从你的字典里把"不可能"这个词剪掉，而是建议你要从你的心中把这个观念铲除掉。谈话中不提它，想法中排除它，态度中去掉它、抛弃它，不再为它提供理由，不再为它寻找借口，把这个字和这个观念永远地抛弃，而用光辉灿烂的"可能"来替代它。

12. 培养乐观精神

为了培养乐观的精神，就必须在日常生活中养成一些好习惯。

（1）不要做一只受制于自我的困兽，冲出自制的樊笼，做一只翱翔的飞鹰吧！只要是抱着乐观主义精神，而且是个实事求是的现实主义者，就没有问题是不能解决的。最不足以交往的朋友，是那些悲观主义者和只会取笑他人的人。

（2）当情绪低落时，不妨去访问孤儿院、养老院、医院，看看世界上除了自己的痛苦之外，还有多少不幸。如果情绪仍不能平静，就积极地去和这些人接触，和孩子们一起散步游戏，把自己的情绪转移到帮助别人身上，并重建自己的信心。通常只要改变环境，就能改变自己的心态和感情。

（3）听听愉快、鼓舞人的音乐。在上学或上班途中，听听电台的音乐或自己的音乐带。如果可能的话，和一位积极心态者共进早餐或午餐。晚上不要坐在电视机前，要把时间用来和你所爱的人谈谈天。

（4）改变你的习惯用语。不要说"我真累坏了"，而要说"忙了一天，现在心情真好"；不要说"他们怎么不想想办法？"，而要说"我知道我将怎么办？"；不要在团体中抱怨不休，而要试着去赞扬团体中的某个人；不要说"为什么偏偏找上我？"而要说"请考验我吧！"；不要说"这个世界乱七八糟"，而要说"我要先把自己家里弄好"。

（5）向龙虾学习。龙虾在某个成长的阶段里，会自行脱掉外面那层具有保护作用的硬壳，因而很容易受到敌人的伤害。这种情形将一直持续到它长出新的外壳为止。生活中的变化是很正常的，每一次发生变化，总会遭遇到陌生及预料不到的意外事件。不要躲起来，那样会使自己变得更加懦弱。相反，要敢于去应付危险的状况，对你未曾见过的事物，要培养出信心来。

（6）重视你自己的生命。不要说："只要吞下一口毒药，就可获得解脱。"不妨这样想，"PMA 将协助你渡过难关"。你所交往的朋友，你所去的地方，你所听到或看到的事物，全都记录在你的记忆中。由于头脑指挥身体如何行动，因此你不妨从事高级和最乐观的思考。

（7）从事有益的娱乐与教育活动。观看介绍自然风景、家庭健康以及文化活动的录像带；选看电视节目及电影时，要根据它们的质量与价值，而不是注意商业吸引力。

（8）在幻想、思考以及谈话中，应表现出你的健康情况很好。每天对自己做积极的自言自语，不要总是想着一些小毛病，像伤风、头痛、刀伤、擦伤、抽筋、扭伤等。如果你对这些小毛病太过注意了，它们将会成为你最好的朋友，经常来"问候"你。你脑中想些什么，你的身体就会表现出来。在抚养及教育孩子时，这一点尤其重要，要专门想着家庭的好处，注意家庭四周的健康环境。曾经一些父母，比其他人更关心孩子的健康与安全，反而使他们的孩子变成了精神病患者。

（9）在你生活中的每一天里，写信、拜访或打电话给现在需要帮助的某个人。向某人显示你的 PMA，并把你的 PMA 传给别人。

（10）把星期天变作培养"PMA"的日子，养成体育锻炼的习惯。根据对青少年滥服药物所做的研究报告指出，不服用任何药物的正常年轻人，他们生活中的三大支柱就是：积极的身体锻炼身体、良好的家庭关系以及高度的自尊心。

13. 经常使用自我提示语

积极心态的自我提示语是不固定的，只要是能激励我们积极思考、积极行动的词语，都可以作为自我提示语。拿破仑·希尔曾列举了一些有重要意义的提示语，以供参考：

- 人的心神所能构思和确信的，人便能完成它。
- 如果相信自己能够做到，你就能够做到。
- 我心里怎样思考，就会怎样去做。
- 我生活的每一方面，都一天天变得更好。
- 现在就做，便能使异想天开的梦变成事实。
- 不论我以前是什么人，或者现在是什么人，只要我是凭 PMA 行动的，我就能变成我想做的人。
- 我觉得健康，我觉得快乐，我觉得好得不得了！

如果我们经常使用这一类自我激励性的提示语，并融入自己的身心，就可以保持积极心态，抑制消极心态，形成强大的动力，达到成功的目的。一些重要的激励词语还应当经常使用，并牢记于心，让它们成为心神的一部分。那样，潜意识才会闪射到意识中来，用 PMA 指导人的思想，控制感情，决定命运。

成功素质测试

你的生活态度积极吗？请实事求是地在每句话后面的符合你情况的方框中画"√"。选项中：1 分代表"从不"，2 分代表"偶尔"，3 分代表"经常"，4 分代表"总是"。最后将你的得分相加，看看你目前的积极性程度有多高。

	自测：1 分	2 分	3 分	4 分
（1）我发现保持乐观心态很难。	□	□	□	□
（2）我觉得生活抛弃了我。	□	□	□	□
（3）遇到厄运时，我向厄运屈服。	□	□	□	□
（4）我会使自己情绪低落。	□	□	□	□
（5）我容易想到最坏的方面。	□	□	□	□
（6）我以消极的语气与人交谈。	□	□	□	□
（7）我觉得自己没有价值。	□	□	□	□
（8）我对别人感到失望。	□	□	□	□
（9）我觉得世界充满危机。	□	□	□	□
（10）我容易回忆痛苦的往事。	□	□	□	□
（11）面对赞美我会局促不安。	□	□	□	□
（12）我觉得自己一无是处。	□	□	□	□
（13）我会被坏心情淹没。	□	□	□	□
（14）我容易愤怒。	□	□	□	□
（15）我无法实现我的人生理想。	□	□	□	□
（16）我容易忧虑不安。	□	□	□	□
（17）人们说我是个悲观主义者。	□	□	□	□
（18）我很难自得其乐。	□	□	□	□
（19）我缺乏自信。	□	□	□	□
（20）我做事没有动力。	□	□	□	□
（21）我的生命没有意义、缺乏目标。	□	□	□	□
（22）我没有舒适、安逸的生活环境。	□	□	□	□
（23）我觉得身体不适。	□	□	□	□

(24) 没有人支持我。	☐	☐	☐	☐
(25) 我的生活方式充满压力。	☐	☐	☐	☐
(26) 我无法控制自己的生活。	☐	☐	☐	☐
(27) 我的爱情生活不如人意。	☐	☐	☐	☐
(28) 我不满意我的工作。	☐	☐	☐	☐
(29) 我缺乏成就感。	☐	☐	☐	☐
(30) 失败的一天带给我很大的打击。	☐	☐	☐	☐
(31) 我的危机一个接着一个。	☐	☐	☐	☐
(32) 我对于自己所处的年龄段不满意。	☐	☐	☐	☐

【分析】

将你的得分相加，然后阅读下列分析你积极性程度的报告。要注意记下自己最积极和最消极的方面，这样你就能有针对性地改善你的弱点。

32~64分，你的生活态度非常积极。基于这个基础，你将获得幸福美满的人生。

65~95分，你的积极性一般。但通过一些帮助和学习，你将改善自己的思维方式，获得更美满的生活。

96~128分，你的生活态度令人担忧。但通过一些帮助和学习，你可以获得有益的心理策略，帮助你建立积极的生活态度。

我的弱点在于：

我的优势在于：

资料来源：http：//www.wendangku.net/doc/acd1986e87c24028915fc3ac.html。

成功方法学习

如何运用积极心态

1. 以积极心态正确思考

你就是你所想的那样的人，你的思想决定于你的心态是积极还是消极，清除你心中的蜘蛛网——"消极的情感、情绪、酷爱、倾向、偏见、信条、习惯"等。当你面临被别人误解的问题时，你必须首先从检查你自己开始；当你运用思维进行推理时，要保证你的大、小前提都是正确的。

2. 以积极心态激励自己和他人

激励就是鼓舞自己和别人做出抉择并付诸行动，激励就是一种希望或力量，用以激起人的行动，使人期望产生特殊的结果。在你激励自己和他人时，希望是一种神奇的成分。像富兰克林那样激励自己，列出自己的每日检查表。在整个一生中，你起着双重作用，你既激励别人，别人也会激励你。

3. 以积极心态帮助他人

树立崇高的信念，同别人分享自己的东西，而不期望得到回报，当你同别人分享你所拥有的一部分东西时，剩余的部分仍然可以增值和成长。你分给别人的东西越多，你拥有的东西也越多。

4. 以积极心态探索心理

人的心理具有某种神秘的力量，要敢于探索这种心理力量。你的心理有两部分，"有意识心理和下意识心理，二者相伴相随"。你能用积极健康的暗示来帮助自己，也能阻止有害的、消极的暗示；学会使用适当的暗示去影响他人，学会应用正确的有意识的自动暗示。做到了这两点，你就能在生理、心理和道德上获得健康、幸福与成功。

5. 以积极心态消除心病

你有内疚情绪，那很好！但是你要祛除这种内疚情绪。当两种行为相互冲突时，你所肩负的重担就是发现什么是对的、什么是错的，认识特定条件下、特定时间内，什么是善的、什么是恶的。

6. 以积极心态克服忙碌不安

事情无论大小，从个人私事至国家大事，如果在处理过程中过于焦虑，便足以影响身心的平衡。没有你们，地球仍然旋转。平缓紧张情绪的最好方法就是以从容不迫的心情完成任何事。日光浴的主要功能是减缓生活的步调，抚平内心的焦虑，以保持应战的精力。

7. 以积极心态克服困难

你碰到了一个难题，那很好！当你用积极的心态去克服困难时，你就会变成一个更美好、更大度、更成功的人！人人都会有许多难题，那些具有积极心态的人能从逆境中求得极大的发展。当你有了一个难题时，你要向他人求教、思考、口述这个问题，并采取积极的心态"这是好事"，然后从逆境中求得发展；良好的想法紧跟以切实的行动，能把失败转变为成功。

8. 以积极心态自我充电

能量是万物运动之始，是维持生命的根源。如果你的感情和动作表明你的优点正在被那些令人不称心的、消极的东西所代替，那就是该把你的"电池"充电的时候了。你有两种类型的能量，一种是身体能量，另一种是心理和精神的能量。

9. 以积极心态立即行动

播下一个行动，你将收获一种习惯，播下一种习惯，你将收获一种性格，播下一种性格，你将收获一种命运。建功立业的秘诀就是："立即行动！"我们通常把我们所读到的和认识到的东西变成我们的藏书和词汇的一部分，而没有把客观存在变成我们生活的一部分。

资料来源：https://max.book118.com/html/2014/0823/9486017.shtm.

成功案例借鉴

案 例 一

父亲欲对一对孪生兄弟做"性格改造"，因为其中一个过分乐观，而另一个则过分悲观。一天，他买了许多色泽鲜艳的新玩具给悲观孩子，把乐观孩子送进了一间堆满马粪的车房里。

第二天清晨，父亲看到悲观孩子正泣不成声，便问："为什么不玩那些玩具呢？""玩了就会坏的。"孩子仍在哭泣。

父亲叹了口气，走进车房，却发现那乐观孩子正兴高采烈地在马粪里掏着什么。

"告诉你，爸爸。"那孩子得意扬扬地向父亲宣称，"我想马粪堆里一定还藏着一匹小马呢！"

乐观者与悲观者之间，其差别是很有趣的：乐观者看到的油炸圈饼，悲观者看到的是一个窟窿。

乐观者在每次危难中都看到了机会，而悲观的人在每个机会中都看到了危难。

资料来源：https://www.zybang.com/question/474e538fe6429d9dba8fdf90cc5ae68c.html.

案 例 二

发明家爱迪生为了找到可做灯丝的材料，做了5 000多次实验都失败了。有一位记者对爱迪生说："看来我们要用电灯照亮黑暗真是太难了，你已经失败了5 000多次。"爱迪生微笑着说："我不是失败了5 000多次，而是找到了5 000多种不适合做灯丝的材料，我终会找到那一种可以做灯丝的材料的。"

这就是积极的心态——爱迪生不会相信世上有什么样的挫折可以将自己打倒。

资料来源：http://3y.uu456.com/bp_3gzkn1teu7507xn0vyo5_1.html.

案 例 三

拿破仑·希尔曾讲过这样一个故事，对我们每个人都极有启发。塞尔玛陪伴丈夫驻扎在一个沙漠的陆军基地里。丈夫奉命到沙漠里去演习，她一个人留在陆军的小铁皮房子里，天气热得受不了——在仙人掌的阴影下也有华氏 125 度[⊖]。她没有人可谈天——身边只有墨西哥人和印第安人，而他们不会说英语。她非常难过，于是就写信给父母，说要丢开一切回家去。她父亲的回信只有两行，这两行信却永远留在她心中，完全改变了她的生活：两个人从牢中的铁窗望出去，一个看到了泥土，一个却看到了星星。

塞尔玛一再读这封信，觉得非常惭愧。她决定要在沙漠中找到星星。塞尔玛开始和当地人交朋友，他们的反应使她非常惊奇，她对他们的纺织、陶器表示了兴趣，他们就把最喜欢但舍不得卖给观光客人的纺织品和陶器送给了她。塞尔玛研究那些引人入胜的仙人掌和各种沙漠植物，又学习有关土拨鼠的知识。她观看沙漠日落，还寻找海螺壳，这些海螺壳是几万年前，这沙漠还是海洋时留下来的……原来难以忍受的环境变成了令人兴奋、流连忘返的奇景。

是什么使这位女士内心发生了这么大的转变呢？沙漠没有改变，印第安人也没有改变，但是这位女士的心态改变了。她把原先认为恶劣的情况变为一生中最有意义的冒险，她为发现新世界而兴奋不已，并为此写了一本书，以《快乐的城堡》为书名出版了。她从自己造的牢房里看出去，终于看到了星星。

资料来源：https：//tieba. baidu. com/p/4759973166? red_tag =0287165039.

案 例 四

很多人都梦想做出轰轰烈烈的事业。但事实上，很多轰轰烈烈的事业并没有什么惊天动地的举动，而是由许许多多平凡甚至乏味的事情所组成。

弗雷德，是一个普通的邮差。他负责为小区的住户收、送邮件。他听说小区内有一位职业演说家，叫桑布恩先生。这桑布恩一年有 160 到 200 天在外出差。于是他向桑布恩索要一份全年行程表，桑布恩很奇怪，问："您有什么用？"他回答说："以便您不在家时，我暂时代为保管您的信件，等您回来再送过来。"

这让桑布恩很吃惊！因为他从未碰到过这样的邮差。桑布恩回答道："没必要这么麻烦，把信放进信箱就好了，我回来再取也是一样的。"弗雷德解释说："窃贼经常会窥探住户的邮箱，如果发现是满的，就表明主人不在家，那住户就可能要身受其害了。"

弗雷德想了想，接着说："这样吧，只要邮箱的盖子还能盖上，我就把信放到里面。塞不进邮箱的邮件，则搁在房门和铁栅门之间。如果那里也放满了，我把其他的信留着，等您回来。"弗雷德的建议无可挑剔，桑布恩欣然同意了。

两周后，桑布恩出差回来，发现门口的擦鞋垫跑到门廊的角落里，下面还遮着个什么东西。

原来事情是这样的：在桑布恩出差期间，美国联合快递公司把他的包裹投到别人家了。弗雷德看到桑布恩的包裹送错了地方，就把它捡起来，送回桑布恩的住处藏好，还在上面留了张纸条，解释事情的来龙去脉，并费心地用擦鞋垫把它遮住，以避人耳目。

不同的邮政公司之间竞争市场份额，比的就是服务，就因为有一批弗雷德式的职业化员工，他们所提供的人性化服务，创造了无形价值，使美国联合快递公司在众多竞争对手中脱颖而出！

弗雷德是职业化的典范，他真正做到了"以此为生，精于此道"。职业是人的使命所在，忠于职守、认真履行本职工作是人类共同拥有的一种崇高精神。从世俗的角度来说，敬业就是尊重自己的工作，将工作当成自己一定要做好的事。敬业首要的是一个"敬"字，体现为忠于职守、尽职尽责、一丝不苟、善始善终的职业道德，其中包含了使命感和道德责任感。敬业精神成为一种最起码的为人之道，也是任何人成就事业的必要条件。

弗雷德是一个普通的邮差，相貌平常，外表也没有任何出奇之处。但他的真诚和热情却感染着周围的人，他人性化的贴心服务为客户创造了更大的价值，他的故事改变了2亿美国人的观念，他以他的行动向世人揭示了"每个人都能有所作为"这样一个道理。

没有不重要的工作，只有看不起自己工作的人，我们应该对自己、对自己所从事的工作充满信心。职位不能决定一个人的表现，反倒是工作表现最终决定了一个人在生活中的地位。只有相信自己是一个有所作为的人，哪怕即使只是一个最平凡的工作，只要用心去做，也能给我们带来丰厚的回报。

弗雷德的行为证明了，人们可以每天都与自己的潜力进行竞争，把我们的工作做到本来可以达到的程度。而大多数人，都没能完全发挥潜力，没有做到最好。专家们分析了弗雷德的动力来源，认为从出色工作中获得的满足感，是最重要的一个因素，因此他才能始终如一地带给客户快乐和优质的服务。

如果你希望成长与进步，那就必须每天都调整状态，与自己的潜力进行竞争，与自己激烈角逐，让每一天都成为你的代表作。

资料来源：https://tieba.baidu.com/p/104925023?red_tag=0341767959.

成功素质训练

行动一：成为一个爱笑的人

人们常说爱笑的人运气一定不会太差，然而并不是每一个人生来就是个爱笑的人，那么如何让自己成为一个爱笑的人呢？

1. 请思考

微笑的可以给我们带来：＿＿＿＿＿＿＿＿＿＿＿＿＿＿＿＿＿＿＿＿

＿＿＿＿＿＿＿＿＿＿＿＿＿＿＿＿＿＿＿＿＿＿＿＿＿＿＿＿＿＿＿＿＿＿

＿＿＿＿＿＿＿＿＿＿＿＿＿＿＿＿＿＿＿＿＿＿＿＿＿＿＿＿＿＿＿＿＿＿

2. 看方法

（1）早晨醒来时，轻轻地微笑。

在天花板、墙上挂一根树枝或其他标示，甚至是个"笑"字，好让你早晨醒来一睁开眼就能看到，这个标示有提醒你的作用。利用起身前的片刻掌握好呼吸，轻轻地吸进并吐出三口气，同时轻轻地微笑，调整你的呼吸。

（2）闲暇时，轻轻地微笑。

不管在任何地方坐着或者站着，记得轻轻地微笑。看着一个小孩、一片树叶、一幅墙上的画，或任何其他相对来说的静物，保持微笑。

（3）听音乐时，轻轻地微笑。

听一段音乐，听上两三分钟，专注在歌词、曲调、旋律与音乐情境上。注意你的呼吸，轻轻地微笑。

3. 一起做

拍一张最美笑脸的照片，替换成你的 QQ 头像。

在 QQ 标签上写上：＿＿＿＿＿＿＿＿＿＿＿＿＿＿＿＿＿＿＿＿＿＿＿

（如，一个爱笑的人。）

请从今以后，试着做这样的一个人：做一个温暖的人，做一个爱笑的人！

记住：有意识的行为会改变无意识的习惯！

行动二：说"太好了"

泰坦尼克号中的杰克一无所有，但对生命无限热爱。露丝是一位富翁的未婚妻，因对上层社会的生活失去信心，精神痛苦，渴望新的生活。这时杰克出现了。

那次晚宴上的对话太精彩了，道出了人生的真谛。

露丝的母亲因看不起杰克，故意讥讽，问道："三等舱的感觉怎么样？"

"太好了，没有老鼠啊！"杰克自豪地说。

"你觉得像你这样到处流浪的生活、没根的生活会有趣吗？"

"太好了，我虽然一无所有，却能呼吸自由的空气，享受明媚的阳光，欣赏迷人的风景，聆听大自然的音乐。前两天，我还睡在桥洞里过夜，今天我居然在豪华的泰坦尼克号上和世界上最富有的人共进晚餐，生活就是这样的奇妙。生命是上帝赋予的，我不想浪费。"

在任何情况下，都要微笑着说声："太好了!"这样我们就能拥有一种力量，能把负变成正，把坏事变成好事，把不利变为有利。靠这种力量，就能进入一个光明的世界、一个充满快乐的世界。"太好了"是一种乐观主义精神，是人类解除烦恼的一剂良药。

如果竞选班里的干部成功了，你就说："_____"

如果落选了，你就这么说："_____"

如果考试考得不错，我们可以这么想："_____"

如果考得不理想，就可以这样想："_____"

"太好了"，这平平常常的三个字具有无穷的魅力，它仿佛一个振奋人精神的号角，把人心里失望、沮丧的负面信息转化成催人奋发向前的正面信息，把在前进道路上遇到不愉快的心情变成继续前进的动力。

行动三：停止抱怨

抱怨使人上瘾，是非常难改的恶习。就像改掉其他习惯一样，需要花费一些时间。下面这个"不抱怨运动"，来自《不抱怨的世界》一书。

不抱怨运动：连续 21 天，不抱怨、不批评。

美国史上最著名的心灵导师之一威尔·鲍温，发起了一项"不抱怨运动"，邀请每位参加者戴上一个特制的紫手环，只要一察觉自己抱怨，就将手环换到另一只手上，以此类推，直到这个手环能持续戴在同一只手上 21 天为止。

全世界有 80 个国家、600 万人热烈参与了这项运动，学习为自己创造美好的生活，让这个世界充满平静喜乐、活力四射的正面能量。而你也可以成为其中的一分子，戴上紫手环，接受 21 天的挑战，为自己创造心想事成的无怨人生!

1. 请思考

抱怨的危害：_____

_____

_____

_____

减缓痛苦，增进健康，创造圆满的关系，拥有更好的工作，变得更平静喜乐……听起来很棒吧？这些不但可能发生，而且很有希望实现。要刻意努力去重新设定心灵的硬盘并不容易，但你可以现在就开始。

2. "停止抱怨"紫手环的使用方法

(1) 开始将手环戴在一只手腕上。

(2) 当你发现自己正在抱怨、讲闲话或批评时，就把手环移到另一只手上，重新开始。

（3）想想你为什么要抱怨。抱怨的这件事是你可以改正的吗？如果可以，那就开始改正。如果无能为力，那为它生气也是白费力，学会以平常心对待。

（4）如果听到其他戴紫手环的人在抱怨，你可以指出他们应该把手环移到另一只手上；但如果要做这种事，你自己要先移动自己的手环！因为你在抱怨他们的抱怨。

（5）坚持下去。可能要花好几个月，你才能达到连续 21 天不换手、不抱怨的目标。平均的成功时间是 4～8 个月。

抱怨是人性中的一种自我防卫机制，要完全断绝的确很难。如果你觉得自己根本无法做到停止抱怨，那么至少应该在抱怨的时候提醒自己，这个抱怨只是暂时的出气宣泄，可作为心灵的麻醉剂，但绝不是心灵的解救方。

科学管理时间

🚢 名人名言

人无法使时光倒流，也不能使时光缓慢，但我们却可以控制它的"流向"。 通过时间管理，让时光流向更有意义的地方。

——戴尔·卡耐基

浪费自己的时间，等于是慢性自杀；浪费别人的时间，等于是谋财害命。

——鲁迅

🚢 故事分享

有两个人，到非洲去考察。他们突然迷路了，正当他们在想怎么办时，突然看到一只非常凶猛的狮子朝着他们跑过来，其中一人马上从自己的旅行袋里拿出运动鞋穿上。另外一人看到同伴在穿运动鞋就摇摇头说："没用啊，你怎么跑也没有狮子跑得快。"同伴说："嗨，你当然不知道，在这个紧要关头最重要的是我要跑得比你快。"

这个故事让人联想到：人们正处在一个激烈竞争的世界，你必须参与一场人生的竞赛，而这场竞赛的对手可能是你的同学，可能是你的同事，也可能是你生意场上的对手。然而，不管怎样竞争，最让你感到束手无策的一样东西是时间。时间就好比故事里的狮子一样，你怎么跑也不能跑得比它快。但是你只要比竞争对手跑得快，你也就会赢得时间，最终赢得胜利。竞赛以快取胜，搏击以快打慢，军事以先下手为强，商战已从"大鱼吃小鱼"变为"快鱼吃慢鱼"。大而慢等于弱，小而快可变强，大而快王中王！快就是机会，快就是效率，快就是瞬间的"大"，无数的瞬间构成长久的"强"。

6.1　认识时间管理

人生最宝贵的两项资产，一项是头脑，一项是时间。无论你做什么事情，即使不用脑子，也要花费时间。因此，管理时间的水平高低，会决定你事业和生活的成败。每个星期有 168 个小时，其中 56 个小时在睡眠中度过，21 个小时在吃饭和休息中度过，剩下的 91 个小时（每天 13 个小时）则由你来决定做什么。如何根据你的价值观和目标管理时间，是一项重要的技巧。它使你能控制生活，善用时间，朝自己的方向前进，而不致在忙乱中迷失方向。

6.1.1　什么是时间管理

时间管理就是将时间投入与你的目标相关联，从而实现以最小的时间代价或花费，获得最佳的结果。如果时间一定，就要实现回报最大；如果任务一定，就要实现时间耗费最少。卡内基认为，竞争的实质，就是在最短的时间内做最好的东西。人生最大的成功，就是在最短的时间内达成最多的目标。质量是"常量"，经过努力都可以做好；而时间，永远是"变量"：一流的质量可以有很多，而最快的冠军只有一个——任何领先，都是时间的领先！

【小思考】

每个高等院校的学生在校学习的时间大体一致，当时间一定时，你如何比别人获得更多的收获呢？大学 3 年或 4 年你将达成哪些目标？什么是你大学期间最大的回报？如果你和其他同学要分别完成一项同样的任务，你如何才能以最少的投入获得最佳的结果呢？

6.1.2　时间的划分

时间可以花费在不同的事情上，因此就有了工作或学习时间、休闲时间、家庭时间、个人时间、思考时间等。

1. 工作或学习时间

时间用在工作，或用在学习上，称为工作或学习时间，它是为了谋生以及充实生活并实现自我。

学习是谋生前的准备，或者是工作时的进修，也是为了充实生活。工作并不是你生命的全部，活到老、学到老的终身学习的观念已经来到。学习的重要性与日俱增，每个人都必须抽出一部分时间来学习新知识或者熟悉新事物，以适应时代的发展和进步。

2. 休闲时间

休闲时间包括休息、睡眠及体育活动。人生就像马拉松比赛一样，你别一开始就猛冲，浪费甚至透支了你的体力，要懂得放松，要养成一种良好的睡眠、休息以及运动的习惯，才能把身体状况调整到最佳状态。

3. 家庭时间

家庭是你的避风港，只有家人与你没有所谓的利害关系。你要跟家人真心地相处，不要到了需要你时才回家，你才懂得去珍惜亲情。

4. 个人时间

个人时间是用来修身养性、充实自我的，是完全属于个人独自享受和自省的时间。个人时间就是自己跟自己约会的那种时间。每个人不论是求学还是工作，甚至在家中，都有一种不允许被侵犯的个人时间，利用这些时间人们可以充实自己。

5. 思考时间

思考时间就是思考未来的时间。思考时间可着重用在计划自己未来的发展，也可用在反省以前自己所做的事情是否正确，是不是值得等。思考如何改进，如何调整，如何让自己变得更好，而不必特别为了什么目的思考，可以天马行空地去想象，可以胡思乱想，如果发现了一些好的想法，或者是一些好的念头就应该立刻把它记下来。

【小思考】

现在，我们要找出一些关于我们的时间的数字。请想办法找出以下数字：

（1）你每天需要花多少时间睡觉才感到舒适？实际上花多少时间睡觉？

（过多或过少的睡眠都对身体无益。回答第一问需要你对自己的身体有基本了解；回答第二问需要对自己的生活有基本了解，如果你的睡眠时间很不规律，则取一个平均值。）

（2）你在一天中的什么时段精力最充沛、反应最敏锐？

（3）在开始一项工作（如写作业、写报告、读书）时，记录自己中途中断了多少次、每次中断占用多少时间。结果也许会令你吃惊。

（4）每天供你自己支配、自己负责的时间有多少？

（5）你平均每天用多少时间计划以后的时间安排？

（6）你每天花多少时间与家人、同事、朋友交流？

（7）你每天花多少时间保护自己的健康？

以上只是几项提示，你可以扩展思路，找出更多与你的时间有关的数字，然后把它们记录下来。在这方面花费的每一分钟都会是事半功倍的。

小时候盼着过生日，成年以后，伴随生日而来的往往是对时间的危机感：不知不觉又过了一年，太快了！类似的日子还有元旦、除夕等。不过，这种危机感难以持久，第二天早上醒来，又觉得来日方长，24 小时对于一生来讲不算什么。如何使自己常常保持危机感，警惕时间的流逝，抓紧利用每一分每一秒，一个好方法是为自己设定阶段性目标，把度量时间的单位由年、月缩短至周、天，因为有目标在前，就会在周末惊叹："又过了一周！"或者在临睡前恋恋不舍地想："今天的时间已经用光了。"从而增加对时间的重视，不再不知不觉地虚度光阴。

6.1.3　时间的运用

时间运用分为几类时间：大块时间、首要时间、零碎时间、固定时间、安静时间、弹性时间、交通时间等。

1. 大块时间

你每天都要用一大部分的时间来完成当天重要的事情，大块的时间至少需要两个小时。其实也可以分散地安排大块时间，这样安排时间你便会觉得身心愉快，且会产生一种成就感。

2. 首要时间

首要时间与大块时间接近，它指每天早晨的那段时间。有人把早晨的时间用来进修，有人把早晨的时间用来运动，有人把早晨的时间用来做一些重要的思考，因人而异。

3. 零碎时间

零碎时间看起来好像不太重要，但是这种时间如果能够把它积少成多，化零为整，把那些零碎时间充分利用起来，以很少的时间来做一些小事，坚持下来，也是非常可观的。零碎时间称为时间的存储器。

4. 固定时间

如果觉得某项工作在某个时段内进行效果最好，把它固定下来，就称为固定时间。

5. 安静时间

读书也好，工作也好，是否能够专心有效，环境因素的影响是很大的，不少人在办公室都感觉到非常吵闹，工作经常受到干扰，这时可以由大家互相来约定，安排一段安静的时间。

6. 弹性时间

每一项工作都需要时间，最好是留有弹性，即预估的时间应该稍微宽裕些。可以在两三项工作之后，安排一个弹性时间，来弥补以前还没有做完的事情，或者说是留作被干扰以后的调节时间。弹性时间不能够太长，10分钟甚至20分钟是比较适当的。

7. 交通时间

一般人对交通时间都是用两个字来形容：抱怨，特别是居住在大城市的人。要提高时间的利用率，就要学会如何去缩短或利用你的交通时间，例如早点儿出门，晚点儿回家，选择走哪条路线，坐车的时候你还可以思考一些问题，可以听听音乐，看看书，充实自己。

6.1.4　时间的价值

时间的价值基本上分两种，一种叫作无形的价值；另一种叫作有形的价值。

1. 无形价值

时间的无形价值是把时间投资于你的工作、家庭、社交等功能方面，建立工作关系、家庭关系、人际关系等。你为此花掉时间，但它带给你的收获可能是无法用金钱来衡量的，这叫作无形价值。

2. 有形价值

时间的有形价值是指你所苦心开拓的许多社会关系，会在以后带来有形的报酬。例如你是一名销售人员，拜访客户，跟客户建立关系，最后与客户达成交易，你定会有报酬。

【小训练】

你希望自己在未来5年内的时间价值是多少？如表6-1所示，请在时间价值表中计算一下你的时间价值。

表6-1　时间价值表

年收入 （万元）	年工作时间 （天）	日工作时间 （小时）	每天价值 （元）	每小时价值 （元）	每分钟价值 （元）
1	250	8	40	5	0.08
2	250	8	80	10	0.16
3	250	8	120	15	0.25
5	250	8	200	25	0.42
10	250	8	400	50	0.83

时间管理就是让自己的时间增值，让自己更有成就。使时间增值有两层意思，一是使你获得更多自由时间，二是使每单位的时间能为你提供更多价值。例如，你完成某件工作，每次需要 10 小时。花 5 小时学会一种新方法以后，每次完成相同的工作只需要 7 小时，那么学习新方法的那 5 小时就使你的时间得到了增值。再如，当每小时只能赚 10 元钱的时候，20 天要赚 1 000 元的话，则每天必须工作 5 小时。若每小时能赚 100 元时，每天只需工作半小时就能维持 1 000 元的收入，从而获得更多自由时间。时间增值能使你有更多自由时间、享受更加丰富的生活。不过，努力使时间增值时，要明确自己的目标是丰富的人生，避免把增值手段当成终极目标，否则，会成为这些手段的奴隶。例如，当初赚钱是为了获得更大自由，赚到钱后，钱反而成了负担，成天忧心如何使钱生钱，时间在其间飞逝无踪。每天多出 1 小时，每天为自己创造出额外的 1 小时——早起床 1 小时，这种创造时间的方法异常简单，同时相当有效。如果每天早起 1 小时，一年就可以创造出额外的 10 个星期！如果你是一个雇员，不论你的工资有多少，都只是在为他人创造财富。即使你的工作创造了巨大的利润，也只能分得其中的一小部分。如果你使用这 10 个星期，为自己工作，则能得到大部分收入。

【小思考】

请思考并回答下列问题：

（1）你的时间够用吗？原因是什么？

_____

_____

（2）你如何看待以下问题？

时间就是金钱吗？	时间 = 金钱
金钱对你的意义重于时间吗？	时间 < 金钱
时间对你比金钱更有价值吗？	时间 > 金钱

你选择哪一种答案？_____

相信每个人答案是不尽相同的。

事实上：

- 时间不只是金钱。
- 时间比金钱更有价值。
- 时间就是生命。

6.1.5　时间管理的学习原则

时间管理会让你了解怎样才能更有效地安排时间，减轻工作和学习压力。时间管理能帮助你制定出有效的时间表，减轻压力和忧虑，最大限度地利用时间。不用担心，时间表不会让你变成机器人，相反，它能使你享受自觉支配时间的自由感。

（1）勤做练习。时间管理的实践性很强，课程中的每一项练习都对提高你的时间管理水平有很大帮助，如果不认真地完成它们，学习效果将大打折扣。

（2）学以致用。时间管理的个性化很强，每个人都有自己的时间管理特色，以便和自己的生活方式及环境相适应。课程中介绍的原则和技巧只有运用到实际中才有效用，只记住它们，对改进你的时间管理是没有意义的。你最好一边学，一边运用起来，以便印证它们是否真的有效。

6.2　时间管理的步骤

卡耐基说："人无法使时光倒流，也不能使时光缓慢，但我们却可以控制它的流向。通过时间管理，让时光流向更有意义的地方。"而任何有效的时间管理系统都包含以下五个步骤：明确你的价值观、确定你的目标、对你的目标按优先级排序、明确你的任务、对任务按优先级排序。

6.2.1　关于价值观

价值观是每个人思考和做事的基本原则，它是进行时间安排的最基本的因素。每个人有不同的价值标准，它们是形成个人特性的基础，也是你进行时间管理的基础。大多数时候，人们都会根据自己的价值观采取行动，虽然往往没有意识到这一点。什么对你而言是最重要的？学习？工作？家庭？金钱？健康？友情？你首先要明确自己需要的是什么，然后才能决定朝那个方向走。如果你不知道自己的目的地，你很可能会到达别的地方。人的一生中有许许多多的追求，有许许多多的愿望，但时间这种资源却是非常有限的，如何在有限的时间内实现最大的满足是每个人都必须解决的事情，应该将有限的时间用在最重要、最迫切的事情上。如图 6-1 所示，生命之轮向大家展示了人生中几个重要的元素。当然这六个元素又可细分为更多的元素，如"工作"又可分为"金钱、权利、自我实现等"。不同的生命会有不同的价值观，同一生命的不同时期也会有不同的价值观，当然你可能认为生命之轮中的六个元素对你而言都很重要，但你必须给它们排出优先级。

图 6-1　生命之轮

【小思考】

你认为在你的一生中什么是最重要的？目前一两年的时间内你的价值观是什么？请为你的生命之轮中的六个元素排出优先级。

6.2.2　价值观与目标

请对本章末"成功素质训练"中的 24 个事件排序，通过你把哪一项放在首位，把哪些放在无关紧要的地方，可以清楚地看出你的价值观。目标是你的需求和愿望——你想得到什么。它们直接源于你的价值观。目标往往不能由单个行动达到，需要花费相当长的时间，并需要采取若干步骤。

例如，周末有一对矛盾：要么去外地拜访朋友，要么准备星期天的报告。如果你决定去外地拜访朋友，而不为报告做准备，你的目标很可能是：保持友谊，哪怕自己做出某些牺牲。如果你不去拜访朋友，而是准备报告，你的目标很可能是：尽最大努力完成工作。当然，保持友谊和完成工作都是你的目标。但你对它们的重视程度取决于你的价值观。把友谊放在前一位的价值观可能是：你对生活的真正满足源于你的家庭和朋友。把工作放在前一位的价值观可能是：你对生活的真正满足来自于追求卓越。再如，任务表中还有一对矛盾：星期二和星期三晚上，在公司开会、兼职面试、看演唱会三者之间只能挑选两样，舍弃一样，它们分别代表的是工作、金钱和生活，对它们如何排序，也完全取决于你的价值观和目标。一旦明确了自己的价值观和目标，接下来制定日程表的过程就很简单了。

6.2.3　价值观、目标与任务

请在脑海中想象一棵大树，树根是你的价值观，树干是你的目标，树的主枝是你的主要任务，树的细枝和叶子是你的次要任务。你所做的一切应源于你的价值观——树根。你的目标支撑着各种各样的任务，它们都是为实现你的目标服务的。树的姿态和生长方向由它的主枝表现出来，同样，你通过主要任务来实现你的目标。树叶为树的生长提供养分，你通过完成各种次要任务，保持你现有的生活。

拿出一张白纸，画出一棵树，如图 6-2 所示。在树根处写上你的价值观，在树干处写上你的目标，在几个主枝上写上你的主要任务，在叶子和细枝旁写上各种次要任务，完成这幅图。在进行时间管理时，这幅图是重要的参考。

你可以按照下面的步骤进行：

（1）树根。写上你的价值观。如果你对这一点比较模糊，不能清楚地说出自己最想要的是什么，请试一试这个办法：重新拿一张纸，写下所有想要的东西，如健康、金钱、幸福的家庭、爱情、事业、自由自在、旅行、安定……写完之后，划去你认为最不重要的一项，再在剩下的项目中划去一个最不重要的，一直划下去，直到只剩下一项，它就是你最重视的东西。

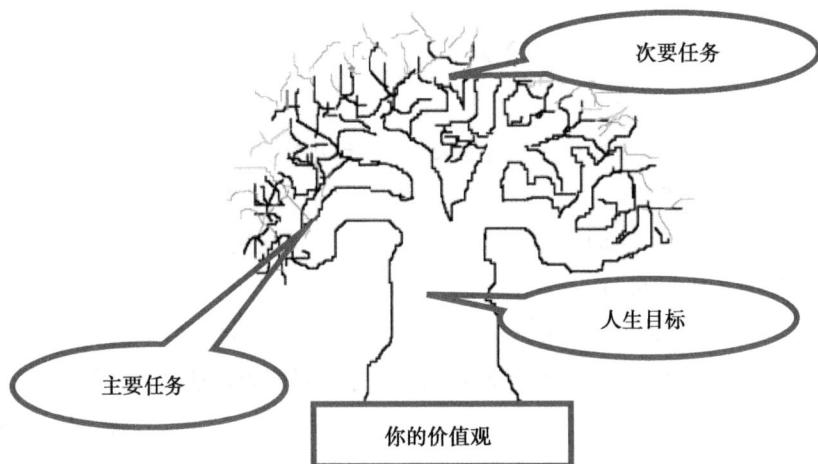

图 6-2　时间管理树

（2）树干。写上你的人生目标。注意，你的人生目标应与你的价值观是一致的，如果不一致，请思考你写下的"树根"确实是你最珍视的东西吗？或者，你写下的人生目标真的是你最大的希望吗？

（3）主枝。写上几个主要任务。这些主要任务应是直接为你的目标服务的，实现这些任务有助于达成目标。如果不是这样，请思考是否有必要在这个任务上面投入时间和精力。

（4）树叶。写上次要任务。有些次要任务是实现主要任务的手段，有些次要任务是用来维持现在的生活。次要任务是不可缺少的，没有树叶的树无法生长，但它们不应占据你的主要精力。

学完时间管理步骤，请再看一下本单元最后的"成功素质训练"，将这份事件清单中的各种事件划分不同的优先级，按优先级把它们重新排序，然后根据这些事件，制定一个时间安排表。

编好时间表以后，请考虑：

（1）哪些事情被放弃不做？为什么？

（2）哪件事情有最高的优先级？为什么？

【课堂训练】

（1）如表 6-2 所示，请填写如下时间管理现状调查表。选项中：0 分代表"从不"，1 分代表"偶尔"，2 分代表"经常"，3 分代表"总是"。最后将你的总分相加，看看你的时间管理现状。

表6-2 时间管理现状调查表

序号	题目	从不	偶尔	经常	总是
1	我在学习中能够感受到强烈的成就感	0	1	2	3
2	兼职或做学生干部时，我经常在晚上或周末把工作带回去做	3	2	1	0
3	我会将困难、烦人或令人不愉快的工作拖到最后完成	3	2	1	0
4	我每天都留出计划和思考问题的时间	0	1	2	3
5	当天工作结束时，我会检查一下哪些工作没有按原定计划进行，原因何在，以后如何补救	0	1	2	3
6	我经常给自己和别人规定工作期限	0	1	2	3
7	我会随身携带一些书籍和空白卡片，在等待时间阅读、记录	0	1	2	3
8	我使用工作进度时间表来书面规定工作与任务目标	0	1	2	3
9	我每天列出一个办事清单，按优先顺序排列，并先办最重要的事情	0	1	2	3
10	我试着按生理节奏变动规律来安排我的工作	0	1	2	3
	总分合计：				

（2）你的时间管理现状。

请将你的得分相加，然后阅读下列分析，得出你目前的时间管理现状。

0~15分，危险！你几乎没有对时间进行规划与管理。

16~20分，当心！你有意识进行时间管理，但难以持久。

21~25分，不错！你的时间管理状况良好，但需要进一步提高。

26~30分，很好！保留并坚持你的方法。

（3）谁是时间杀手？

如果你的时间管理很糟糕，那看看以下是否为你的时间杀手。

缺乏明确的目标

在我们的工作、学习、家庭生活，包括我们的财富收入、健康，这些最重要的指标当中，如果我们没有明确的人生目标，没有目标就没有规划，就不能够按照我们的方向去努力，去达到自己想要的结果。所以我们浪费了时间，浪费了自己的生命；所以没有目标就让我们变得毫无意义和价值，让我们没有动力，让我们没有看到成功的希望。这是第一个浪费时间的主要原因。

拖延

有人总觉得自己做事情不利索，总喜欢拖延，说"以后再说吧""明天吧""再考虑吧""反正还有的是时间"，这样的人比比皆是。我们为什么会拖延呢？是因为很多时候我们害怕失败，很多时候我们觉得拖延可以解决问题，甚至我们有时候不敢直面现实，甚至我们认为拖延是最简单的解决办法。生命就在不断拖延中流逝掉。

缺乏优先级

有件事情有趣的是，有人知道应该有目标，他们也知道目标之后要有计划，但是这些人生命中最大的问题就在于无法设定优先次序，即决定什么事情比较重要、什么事情比较不重要。我们有很多事情要去做，我们没有时间去做所有的事情。但是一个时期或 10 件事情中，总有一段时间或一两件事是重点，是必须要做的。我们的时间花在了哪里，我们就会得到什么样的结果。

不懂得授权

事必躬亲，但很多时候自己的时间和精力都是有限的。李嘉诚先生说过一句话，赚大钱比赚小钱容易，因为赚小钱要靠自己，赚大钱是靠别人。所以说在我们的生命当中，要懂得去授权，要懂得去叫别人去做，和别人一起组建团队，一起达到共同的目标。

缺乏自我约束

自我约束能力差，指一个人在计划与组织方面缺乏自我控制能力。比如，是否每天会花上几个小时看电视新闻、读报纸新闻或在网上浏览新闻？看新闻偷走了我们的时间，把原本可以用于做很多重要事情，做能改善生活，做让自己感觉更好的事情的时间给占用了。

其他时间杀手：_____

6.3　时间管理的工具

6.3.1　时间管理矩阵图

如图 6-3 所示，时间管理矩阵图（time management matrix）将时间分为四个象限。

紧急任务：指如果不能按期完成，它对你或别人的价值会减少甚至消失。

重要任务：指如果成功地完成，你或别人将取得很大的收益。带来的收益越高，这项任务的重要程度越高。

1. 时间的四个象限

我们每天所做的事情，可以分类归入四个象限：

（1）紧急并且重要的任务。这些任务应具有最高的优先级，应该从现在就开始做。

（2）紧急但不重要的任务。这些任务现在需要时间，但优先级比紧急且重要的任务要低。

（3）不紧急但重要的任务。它们的优先级不是最高的，但应该在你的时间表中占重要位置。

	紧急	不紧急
重要	I 1.危机 2.紧急的问题 3.有限期的任务、会议 4.准备事项	II 1.准备事项 2.预防工作 3.价值观的澄清 4.计划 5.关系的建立 6.真正的休闲充电 7.自主管理
不重要	III 1.干扰，一些电话 2.一些信件、报告 3.许多紧急事件 4.许多凑热闹的活动	IV 1.细碎、忙碌的工作 2.一些电话 3.浪费时间的事 4."逃避性"活动 5.无关紧要的信件 6.看太多的电视

图 6-3 时间管理矩阵图

（4）既不紧急又不重要的任务。你真的需要做这些事情吗?

【小思考】

你每天花在第几象限的时间最多？你认为成功人士会在哪一象限花费时间更多？

第1种情况：如果你偏于第一象限，结果是：①压力；②筋疲力尽；③危机处理；④忙于收拾残局。

第2种情况：如果你偏于第三象限，结果是：①短视近利；②危机处理；③轻视目标与计划；④缺乏自制力，怪罪他人；⑤人际关系浮泛，甚至破裂。

第3种情况：如果你偏于第四象限，结果是：①完全无责任感；②工作不保；③依赖他人或社会机构为生。

第4种情况：如果你偏于第二象限，结果是：①有远见、有理想；②工作生活平衡；③自制纪律；④人际关系良好；⑤少有危机。

2. 四个象限的4D原则

四个象限的4D原则如图6-4所示。

（1）立即做（do it）。不要拖延、马上办、不能委派给别人的事，按照优先顺序自己亲自去完成。

（2）稍后做（delay it）。把一些次要工作、信息资料不完全的工作，暂时放在一边，待有空余时间再去处理。

（3）授权（delegate it）。学会授权，将能委派出去的事尽量派给他人干，这样就可以节约时间干最重要的工作。

（4）不做（drop it）。把一些与目标无关的事、无效益的事丢掉不管。

	紧急	不紧急
重要	I 立即做	II 稍后做
不重要	III 授权	IV 不做

图 6-4　四个象限的 4D 原则

3. 普通人的时间安排

普通人的时间安排，如图 6-5 所示。

	紧急	不紧急
重要	I 25%~30%	II 15%
不重要	III 50%~60%	IV 2%~3%

图 6-5　普通人的时间安排

4. 成功人士的时间安排

成功人士的时间安排，如图 6-6 所示。

	紧急	不紧急
重要	I 20%~25%	II 65%~80%
不重要	III 15%	IV <1%

图 6-6　成功人士的时间安排

6.3.2　时间计划表

把事情按紧急和重要的不同程度，分为 A、B、C、D 四类：A——紧急又重要，B——不紧急而重要，C——紧急而不重要，D——既不紧急又不重要。

1. 做出一周的计划表

请在一周内简要记下你所做的 A、B、C、D 四类事务，如表 6-3 所示。

表 6-3　一周的计划表

时间＼类别	A	B	C	D
周一				
周二				
周三				
周四				
周五				
周六				
周日				

先做 A、B 类事务，少做 C 类事务，不做 D 类事务。方向重于细节，策略胜于技巧。始终抓住"重要"的事，才是最佳的时间管理、最好的节约时间的方法。A、B 类事务多了，C、D 类事务自然就杜绝了，你就会越来越有远见、有理想、有效率、少有危机。

请把一周已做的事务记录下来，做深刻检讨，并参照以上原则重新规划配置你下一周的事务重心。

2. 做日程表

许多人讨厌日程表，认为它们夺走了自己的自由。按日程表行事的确会降低一定的灵活性，但如果认为日程表把人变成了时间的奴隶，那就大错特错了。

要写一份日程表，没有固定的方式，只需遵循一些基本原则。在开始前，找到合适的工具。你可以使用一张纸、日程计划簿或电脑来记录你的日程表。第一，你把一天的时间分为几块，如上班的时间、吃饭的时间、睡觉的时间。第二，再具体划分每一块时间。写日程表时，要现实一点。日程表是帮助你安排时间、达到目标的工具。不要把日程表写成做不到的愿望列表，那样只会使你被自己不切实际的计划挫败并失去信心。

灵活地执行日程表。一般来说，只将时间的 80% 计划好，其余的 20% 应当属于灵活时间，用来应对各种打扰和无法预期的事情。实际执行时，事情总会发生这样或那样的变化，使你不得不偏离定好的计划，如果日程表定得过于精确，反而会失去机动性和实用性。

每隔一段时间评估一次日程表。每两个星期重新审视一遍日程表，看它起了多大作用，是否定得过高或过低，可以怎样改进它。然后，进行必要的修改。

如果你以前从未好好计划过你的时间，从头开始会有点困难。不过，时间管理和其他事情一样，你做得越多，就会做得越好。关键是要坚持大约30天，以养成逐日管理时间的习惯，并看到它的效果，增强信心。

【小案例】

鹅卵石与人生

在一次上时间管理的课上，教授在桌子上放了一个装水的罐子。然后又从桌子下面拿出一些正好可以从罐口放进罐子里的"鹅卵石"。教授把石块放完后问他的学生："你们说这罐子是不是满的？"

"是。"所有的学生异口同声地回答。"真的吗？"教授笑着问。然后再从桌底下拿出一袋碎石子，把碎石子从罐口倒下去，摇一摇，再问学生："你们说，这罐子现在是不是满的？"这回他的学生不敢回答得太快。最后班上有位学生怯生生地细声回答道："也许没满。"

"很好！"教授说完后，又从桌下拿出一袋沙子，慢慢地倒进罐子里。倒完后，于是再问班上的学生："现在你们再告诉我，这个罐子是满的呢，还是没满？"

"没有满。"全班同学这下学乖了，大家很有信心地回答说。"好极了！"教授再一次称赞这些"孺子可教也"的学生。称赞完了后，教授从桌底下拿出一大瓶水，把水倒在看起来已经被鹅卵石、小碎石、沙子填满了的罐子。当这些事都做完之后，教授正色地问他班上的同学："我们从上面这些事情能得到什么重要的信息？"

班上一阵沉默，然后一位自以为聪明的学生回答说："无论我们的工作多忙，行程排得多满，如果要挤一下的话，还是可以多做些事的。"这位学生回答完，心中很得意地想：这门课到底讲的是时间管理啊！

教授听到这样的回答后，点了点头，微笑道："答案不错，但并不是我要告诉你们的重要信息。"说到这里，这位教授故意顿住，用眼睛向全班同学扫了一遍说："我想告诉各位最重要的信息是，如果你不先将大的'鹅卵石'放进罐子里去，你也许以后永远没机会把它们再放进去了。"

资料来源：http://www.360doc.com/content/13/1101/10/2036792_325773540.shtml.

对于工作中林林总总的事件可以按重要性和紧急性的不同组合确定处理的先后顺序，做到"鹅卵石""碎石子""沙子""水"都能放到罐子里去。对于人生旅途中出现的事件也应如此处理。也就是平常所说的处在哪一年龄段要完成哪一年龄段应完成的事，否则，时过境迁，到了下一年龄段就很难有机会补救。

【小提示】

对战拖延症

美国德宝大学的心理学家约瑟夫R.法拉利发现，拖拉也是一种病，且能根治。他认为喜欢把该做的事尽量往后拖的人是慢性拖延症患者。他把慢性拖延症分成"激进型"和"逃避型"。前者有自信能在压力下工作，喜欢把事情拖到最后一刻以寻求刺激；后者通常缺乏自信，害怕做不好而迟迟不肯动手，或害怕成功后受到别人的关注。

造成拖延的原因有很多，攻克拖延症也应该对症下药。

（1）完美主义：做事情要尽善尽美，所以不愿匆忙开始。

解决办法：允许不完美的存在，每有一点儿进步都鼓励自己。意识到自己不可能不犯任何错误，因此不必要求自己达到完美。

（2）容易颓废：任务太难了，明天再做吧。明日复明日，一拖再拖。

解决办法：把任务分成比较容易的小块，化整为零，降低任务难度；推迟自己要放弃的心态，每天尽可能多地完成任务。

（3）自我贬低：常常不能很好地完成任务，自己的评价越来越低，当自己能很好地完成任务时却认为是运气。

解决办法：对自己有信心，接受别人对自己工作的赞扬；自己对自己进行勉励。

大多数心理学家认为拖延行为是人们对抗焦虑的一种办法，而焦虑大多来自要做出一个决定或开始一项任务。个人的拖延行为往往源于压力、犯罪感以及个人效率降低——这些感觉综合起来往往又加剧了拖延行为。一般来说，一定程度的拖延行为属于正常，但长期的拖延则很可能是心理或生理失调的表现。明日复明日，明日何其多！从现在起，不再拖延！

资料来源：http://www.wenku1.com/news/E4C0500A6D48FCDA.html.

6.4　时间管理的原则和方法

大家可能会希望有一种通用的时间管理方法，学会以后，无论何人何时何地，都能畅通无阻地运用。不过，可惜的是，并没有通用的时间管理方法，就像买衣服一样，我们得根据自己的特点选择合适的样式和尺码，有时还得量身定做，不同的人需要采用不同的时间管理方法，有时甚至得自己创造出新方法来。有的人喜欢列出详细的清单，把时间精确地划分为一小块一小块，严格地按日程表行动；有的人则相反，喜欢把握整体，形象地思考问题，抗拒"机械的"日程表，传统的时间管理方法只会使他们感到不舒服。对于后一种人而言，他们只愿把事情简单地排序，然后设定最后期限，而不愿把它们分割成小块，填入时间表。无论你属于哪一种，都要找出适合你自己的方法，只有这样，才能保证时间管理是在帮助你组织时间，而不是加重你的负担。你可能需要结合两种风格的管理方法，以便创造出自己的时间管理体系。在学习这节课时，请注重考虑你的需要和偏好，按你的想法修改课程中的建议和方法。不管你偏好使用哪种风格管理你的时间，下面这几个原则都会帮助你提高时间管理的效率。

6.4.1　时间管理的原则

（1）积极。积极意味着采取主动，而不是坐等别人先行动，而消极地回应。与主动相反的是被动，被动的人不习惯对周围的事情做出反应，这使他们耗费掉更多时间。想一想，然后写下一些能使你采取主动的具体方法，以便能对你的时间有更多控制权。

（2）通盘考虑。从你想达到的目标反推出要做的事情，写下你的目标，然后从目标出发，逐步写出你需要做的事情。估计每一步所需的时间，然后列出整体计划。

（3）按顺序做事。对任务进行分类，舍弃不需要的任务，然后把剩下的任务排序，以便优先处理紧急和重要的任务。一般80%的事情只需要20%的努力，20%的事情需要80%的努力，而20%的事情是值得做的，应当享有优先权。因此要善于区分这20%的有价值的事情，然后根据价值大小，分配时间。做好的事情要比把事情做好更重要。做好的事情，是有效果；把事情做好，仅仅是有效率。首先考虑效果，然后才考虑效率。

（4）提前准备。保持主动的要诀是事先计划，例如每月制订一份计划表，在上面标出重要的日期和繁忙的时间，据此来安排其他的事情。

6.4.2　常用时间管理方法

下面总结了20个节省时间的方法，请根据你的需要选用它们：

（1）对目标、任务、会议等事件分别按优先级进行排序。

（2）从优先级最高的任务着手。

（3）和拖延做斗争，如果事情重要，从现在开始做。

（4）把大的、艰难的任务细分为小的、容易的部分。

（5）为自己创造一小时的宁静，哪怕这需要很强的意志力，或者有时不起作用。

（6）找到一个隐蔽的地方，如图书馆或空闲的办公室。

（7）当你有重要的事情要处理时，学会对别人说"不"。

（8）学会委派别人做事。

（9）归纳相似的事情，把它们放在一起处理。

（10）减少例行事务，它们不值得花费过多时间，缩短低价值的事件，抛开没有价值的信件和文书工作；委派别人完成、减少或推迟优先级很低的任务。

（11）避免完美主义，记住二八定律。

（12）避免做出过多许诺，对你在有限时间内能完成的工作持现实态度。

（13）不要把时间表排得满满的，为自己留下一定机动时间应付突发事件。

（14）设置时间限制。例如，做某些决定时，不应超过三分钟。

（15）聚精会神地做手头的事情。

（16）处理重要事情时，使用大块的时间。

（17）迅速处理困难的事情，等待和拖延不会使它们变容易。

（18）文书工作争取只处理一次。

（19）在行动以前，彻底地思索整件工作。

（20）第一次就做好。

你不需要实施课本中提出的每一种方法，就像在超市中购物一样，选择自己喜欢的就可以。你还可以按自己的需要改变、组合某些方法。

6.4.3　一定时期的时间管理

上述时间管理方法就像在超市中购物一样是你随时可以选用的，但不够系统，若面对一年或一个时期的时间管理应采取什么方法进行规划呢？进行规划并不意味着把未来的 365 天的日程安排得满满当当，而是首先明确以下问题。

1. 先明确的问题

（1）我希望在这一年过去以后得到什么？

（2）除此以外，这一年中还有哪些事情需要我花费时间？

（3）我必须做哪些事情？

（4）这些事情必须在什么时候完成？

（5）这一年中有哪几个关键的任务？

（6）我将怎样根据这些关键任务分配安排时间？

（7）预计有哪些事情会干扰今年计划的执行？

（8）今年哪一段时期的时间最充裕、压力最小？我准备怎样充分利用这段时间？

（9）今年哪一段时期的时间最紧张、压力最大？我准备怎样应对？

对这些问题心中有数以后，你就能自如地安排这一年的时间。下一步，我们就该为这一年写时间规划了。

2. 时间规划的主要方法

（1）安排固定项目。首先从工作或上课时间开始，这些时间段通常是事先就固定的，其他的活动必须围绕它们进行。然后安排每天的日常活动，如睡觉和吃饭。把固定的项目安排完以后，你可以看到还剩哪些时间供你支配。注意在项目之间安排休息间隔，例如每工作 50 分钟休息 10 分钟。

（2）根据你的生物钟安排时间。把重要的任务安排在你效率高、干扰少的时间段。把你的空余时间按你的效率和外界干扰给予不同分值。然后，把优先度高的任务分配到分值较高的时间段。例如，用大块的时间学习新知识。

（3）把较大的任务分割成易于控制的小块。当你面对一个巨大的任务，被它压得喘不过气来的时候，试着把它分成小块，使它易于管理，然后相应地安排你的时间。这样做有几个好处：首先，你明确了完成整个任务的各个步骤，只要循序完成各小块就能成功，畏难情绪会减轻；其次，把一个任务拆分为若干块，可以使你的进度显得更显著，并能多次体会达到目标的喜悦；最后，较小的任务易于估计时间，从而加强对完成时间的控制。

（4）充分利用零碎时间。从时间表中"剪裁"大块大块的时间后，剩下的边角余料可不能浪费。可以用它复习学过的知识、做些体育活动。一个利用小块时间的技巧是：把你不愿做的事情分成小段，然后在做其他事情的间隙每次完成一小点儿，不知不觉做完讨厌的事情。

（5）为每件事情设定明确的起止时间。这样可以防止项目之间互相干扰，也可以防止你把事情拖到最后一分钟才做。

（6）留出充分的休息和娱乐时间。在制定时间表时，千万不要"虐待"自己。要制订一个切实可行的计划，就应该为生活中真实的你"量身定做"，预留出你需要的休息和娱乐时间，使你保持良好的状态和愉快的心情。否则，执行的时候会不断打乱计划，不但没有节省时间，反而使其他事情也脱离预定轨道。

（7）留出机动时间，不要把所有的时间都填满。为突发事件预留时间。一个填得满满当当的计划表是没有"防震"性能的，稍有意外，整个计划都会"破碎"，无法执行。

3. 修改计划的标准

订完计划后，按下面的标准逐条检查，修改计划。

（1）事情是按重要程度和紧急程度依次进行的吗？先处理重要的和紧急的事情。是否有根本不需要做的事情列入了时间表？你不可能完成每件事情，也不可能把每件事情都做得尽善尽美。

（2）每天应有用于自省和修订计划的固定时间。如果遗漏了这一部分，请在时间表中补上。

（3）对于有截止期的任务，是否有足够的时间在时限内完成？没有处理过的事情往往比你想象中要花费更多时间，为它们留下充裕的时间。

（4）把用于生活不同方面的时间分别汇总，各部分之间应保持平衡。很多时候，在时间表的各个单项中看不出来的问题，会在合计数字中显示出来。如果某部分明显超过或低于合理的比例，请进行调整。

进行时间管理，就好像抛鸡蛋，你要不停地把手中的一只鸡蛋换成另一只，还要保持所有的鸡蛋都不落到地上。要做好抛鸡蛋的动作，需要耐心、毅力、练习和计划。进行良好的时间管理，同样需要这些品质。当鸡蛋越来越多，情况越来越复杂时，你要有能力控制局面，把握好间隔和规律——这正是时间管理的内容。时间管理的意义不仅在于帮助你达到工作上的目标，它还能使你最大限度地发挥自己的作用，并在工作和个人生活之间保持平衡。

成功素质测试

下面是一套时间管理能力的自测题。

第 1 步　请为每一项选择最适合你的修饰语："总是""经常""很少"

	总是	经常	很少
（1）我觉得我可以工作得更努力。	☐	☐	☐
（2）我可以告诉你上个星期我工作了多少个小时。	☐	☐	☐
（3）我常常把事情留到最后一分钟才做。	☐	☐	☐
（4）对我来说，开始一项工作很难。	☐	☐	☐
（5）我对下一步要做什么不很确定。	☐	☐	☐
（6）我要开始做某件事之前，要拖延很长时间。	☐	☐	☐
（7）我不知道我做的是否足够多。	☐	☐	☐
（8）我在不同的任务之间频繁地换来换去。	☐	☐	☐
（9）我在某些地方的工作效率比在其他地方的高。	☐	☐	☐
（10）我在某些时间的工作效率比在其他时间的高。	☐	☐	☐
（11）我工作起来没有规律，往往在某件事上花费很多时间后又置之不理。	☐	☐	☐
（12）我不可能完成我想做的全部事情。	☐	☐	☐
（13）我不肯定自己是否在优先处理最重要的事情。	☐	☐	☐
（14）到这门课程结束之前，我不敢肯定自己是否会坚持到底。	☐	☐	☐
（15）我工作时没有任何计划。	☐	☐	☐

第 2 步　请把你的答案和后面的解释互相对照

（1）我觉得我可以工作得更努力。

如果你总是觉得自己的时间没有发挥最大作用，这说明你的时间管理技巧有问题，你要学会善用时间。

（2）我可以告诉你上个星期我工作了多少个小时。

很多人对自己的工作时间只有个大致的印象：我好像一直在工作。这样是不行的。人们的感觉往往和实际并不相符。研究人员用录像机摄下实验者的工作情况，把统计得到的工作时间与被拍者自我感觉的工作时间对照，发现两者之间的差距相当大。如果你对自己的工作时间没有明确的认识，最好花一天至一星期的时间，逐小时记录自己的工作时间，结果说不定会使你大吃一惊。

（3）我常常把事情留到最后一分钟才做。

如果总是出现这种情况，有两种可能原因：一是你忽视时间管理，不使用时间表；二是在制定时间表时，没有依照合理的顺序。

（4）对我来说，开始一项工作很难。

哪怕订好了计划，要开始做这项工作，仍是件头疼的事。如果常常出现这种情况，那么症结不在制订计划的环节，而在于"行动"这一环。你要有意识地增强自己的行动意识，并学会一些克服拖延的技巧。

（5）我对下一步要做什么不很确定。

如果总是对下一步要做什么不很确定，则是缺乏整体计划的表现。

（6）我要开始做某件事之前，要拖延很长时间。

请参见对第4项的解释。

（7）我不知道我做的是否足够多。

请参见对第1项的解释。

（8）我在不同的任务之间频繁地换来换去。

怎样确定分配给不同任务的时间段长度，是一项重要的技巧，过长或过短都会降低你的效率，你可以通过测试和记录来确定最适合自己的间隔。

（9）我在某些地方的工作效率比在其他地方的高。

没有人能完全排除外界影响，不同的地点对人的工作效率有不同的影响，只不过人们往往没有留意这一点。如果你清楚地知道自己在哪些地方的工作效率较高，说明你对自己很了解。这有助于你进行时间管理。

（10）我在某些时间的工作效率比在其他时间的高。

请参见对第9项的解释。

（11）我工作起来没有规律，往往在某件事上花费很多时间后又置之不理。

这也是缺乏整体计划的表现。

（12）我不可能完成我想做的所有事情。

人不可能完成所有想做的事情，在制定时间表时必须有所取舍。但如果连时间表上的事情也总是不能完成，那么不是时间表不切实际，就是执行的过程出现问题。

（13）我不能肯定自己是否在优先处理最重要的事情。

先明确价值观，再确定目标，就能容易地为各种事情确定优先级，优先处理重要的事情。如果总是对此感到迷惘，则说明对自己的价值观不很明确，不能清楚地表述自己真正需要的是什么。

（14）到这门课程结束之前，我不敢肯定自己是否会坚持到底。

如果因为缺乏计划和执行能力，常常不能完成想做的事情，就会对自己失去信心，做任何事情的时候都不知道自己是否会坚持到底。

（15）我工作时没有任何计划。

这是你对自己的计划性的评价，请对照上面各项的解释，看你对自己的评价是否适当。

资料来源：https：//wenku.baidu.com/view/2d2cb079376baf1ffd4fad27.html.

成功方法学习
时间管理 101 招

第1步 了解时间

时间是我们最宝贵的资源，通过分析我们时间的使用情况，才有可能掌握适于工作场所内外，最为有效的时间使用方法。

（1）每天要回顾，急事需优先。

（2）对于很棘手的任务，先从一小部分入手，立即处理。

（3）考虑一天的日程安排，采用相应的工作方法。

（4）不值得去做的事，派下属代劳。

（5）工作日化整为零，每段30分钟。

（6）重温日程安排，评价工作效率。

（7）安排日程时，留点时间用于思考。

（8）预测工作用时，看看是否准确。

（9）要随时做日程记录，单凭记忆不大可靠。

第2步 制订计划

如果你不知道明天的行动方向，你就不能决定今天要干什么。改进时间支配的任何方法都有赖于对目标的清楚了解。

（10）化长远规划为一周、一日的行动计划。

（11）绘出工作履历表，计划下一步干什么。

（12）几项任务难分先后顺序，另辟蹊径，寻找第二方案。

（13）协调你与上级在工作安排的先后顺序上存在的差异。

（14）要及时发现与同事在工作安排先后上的矛盾。

（15）把日志中的所有工作按重要性分类。

（16）如果你的工作表上全是A类任务，委托别人代办或重新分类。

（17）根据情况的变化和新信息的出现，不断变更工作的优先级。

（18）讨论应该简短，避免没有结论的提问。

（19）每天给自己一段安静的时间。

（20）不要担心电话机没有搁好。

（21）记录你的体力、脑力出现高峰的时间，了解它们能持续多久。

（22）留些精力给家庭生活和工作之后的消遣。

（23）建议公司以弹性工作时间运作，以提高工作效率。

（24）挑选一种看起来美观、用起来称心的日志。

（25）在你的日志里永远放支笔，随时记录信息和日期。

（26）用彩色笔标示出任务的不同重要性。

（27）确定的期限要合乎实际，定期限为的是促进你完成任务而不是要制造紧张。

（28）委托该委托的工作，无论那是你喜欢的还是不喜欢的工作。

（29）工作按时完成后，应该自我奖励。

（30）在日志上制订计划，不要超前一年。

（31）要保证你每天至少办了一件令你愉快的事。

（32）晚上的最后一件事，读篇你最喜欢的作者的文章。

（34）使用电子记事簿列出自己的弱点，然后计划逐一加以克服。

（35）写字桌上没用的东西清理走，只把现在的工作留在手边。

第3步　立即做出改变

这里有许多实际的工作可以去做，无论是清理写字桌并使其保持整洁，还是使计算机内的文件分类清晰，都可以在短期或长期内提高你的工作效率。

（36）留心"告示贴"式的便条，小心丢失。

（37）每天都要清理干净，不要把脏乱留到明天。

（38）文件里的特别关键处要做标记以加快重读时的速度。

（39）办公室里放一只钟，你和客人都能看见。

（40）建立一种档案系统，它将与你和你的生意一起发展兴隆。

（41）每隔几个月，重新检查档案系统。

（42）定期查阅你的存盘，把不再需要的文件丢掉。

（43）将较难归类的文件统一放入一档案夹中，贴上"其他"卷标。

（44）只把将来要参考的重要文件存盘。

（45）打给你的电话首先应由秘书或同事接听。

（46）拿起电话听筒暗示会议结束。

（47）如果有人跟着你走进办公室，你不要坐下来。

（48）如果门开着，你的座位不要放在别人的视野之中。

（49）把你认为不需要的信息都扔掉。

（50）利用一切机会尽可能站着与人碰面——以便能随时离开。

（51）只为那些需要知道的人员复印信息资料。

（52）停止订阅你不再阅读的杂志。

（53）取走你希望保存的报刊，存盘留作参考。

（54）写字桌上只留最重要的读物。

（55）评价每条信息与正在进行的工作的相关性。

（56）在打断别人之前要想到他们的时间与你的时间同样宝贵。

（57）其他的选择行不通时，才考虑召开会议。

（58）不要对同事随意猜测。

（59）在你打电话之前，做一次放松的深呼吸。

（60）打电话时要避免精力分散，集中精力听对方在说些什么。

（61）你在打电话时，把另一件工作放在手边，以防你要久等。

（62）告诉别人什么时候可以给你打电话。

（63）为了避免被打断工作，你可以换一条电话线路。

（64）千万不要把要写的材料向后拖——这样会越积越多。

（65）在你必须阅读的报告上划出关键的句子。

（66）快速阅读报纸的标题。

（67）把重要的参考材料与其他文件分开。

（68）每月一次清理你计算机里的不需要文件。

（69）仔细考虑你的计算机配置。

（70）确保你的电子邮件简短，地址准确。

（71）要鼓励别人表达自己的意见，即使他们的观点与你的相反。

（72）要多听少说，使会议开得简短。

（73）如果日常例会超过了一小时，请同事去"紧急"打断它。

（74）对议程中的每个专题都要分配一定的时间。

（75）鼓励人们只参加会议中与他们有关的部分。

（76）在会议的备忘录上记下会议通过的事项。

（77）旅行之前评估这次旅行是否必要，钱花得是否值得。

（78）如果可能，把你需带的每件东西全都塞进一个小手提箱里。

（79）带点工作在候机楼里做，以防飞机延迟。

（80）按目的地的当地时间拨好手表。

（81）在打电话之前，核查酒店对电话的收费。

（82）核查你的电子装备在国外使用时是否需要适配器。

（83）每年要安排两三个短的假期，而不是一干到底。

（84）定期留出一点时间给业余爱好，享受休闲放松的乐趣。

（85）志在每天尝试新东西。

第4步 支配别人的时间

为了把你的时间安排得更好，你还需要支配好职员、同事和下属的时间。学会授权或委托他们去替你办事、分担任务，掌握好同上下级相处的艺术。

（86）要保持很高的期望值，人们会将努力付诸实践。

（87）劝说别人的时候要用事实，而不是用感情。

（88）关心别人想得到什么。

（89）听到和聆听是不同的，要学会聆听。

（90）当你把任务授权别人去办的时候，确保你把目的说得相当清楚。

（91）留点时间来做你一个人可以做的事。

（92）要有一张核查表，帮助你监察已委托工作的进度。

（93）奖励要慷慨，训斥要适度。

（94）对授权别人的任务要设定明确的、切实可行的完成时间。

（95）不要让同事用不重要的事来分散你的精力。

（96）在同事的办公室里召开会议，这样在你需要的时候则可以离场。

（97）专门留出时间，让你的办公室向全体人员开放。

（98）只有当你有不止一个疑难问题需要讨论的时候，才去请教你的同事。

（99）揣摩老板的工作模式，并试图采纳。

（100）在安排工作时间时，应当把类似的工作集中起来，以便消除重复的活动，并尽力减少打扰，诸如来往电话之类。

（101）记住时间是最民主的，没人比你的多，也没人比你的少。

资料来源：https://wenku.baidu.com/view/796d8a18f8c75fbfc67db26d.html。

成功案例借鉴

时间管理案例：谁背上了猴子

为什么经理们总是没有时间，而他们的下属却总是没有工作？这里我们将探讨"管理时间"的内涵，因为它涉及经理和他们的上司，其他经理以及下属之间的不同关系。

具体而言，我们将讨论三种时间。

受老板制约的时间——用于完成那些老板要求的工作，而且经理若不完成，将迅速受到直接的处罚。

受公司制约的时间——用于处理来自其他经理的求助。忽略这些求助，也将受到处罚，尽管不那么直接或迅速。

受自己制约的时间——用于处理经理自己想出或同意做的工作。其中一部分时间会被下属占用，称为受下属制约的时间；剩下的时间属于经理自己，被称为"自由支配时间"。"自己的时间"不会受到任何处罚，因为无论老板还是公司都不知道经理没有完成自己原本打算完成的工作，也就无法对他进行约束。

要应付来自各方面的要求，经理需要控制好工作时间和内容。既然老板和制度规定的工作存在受罚风险，所以经理不能忽视。这样自己的时间便成了他们最关心的问题了。经理应该通过尽量减少"自己的时间"中受下属制约的时间部分来提高自由支配时间部分。然后利用这些提高的自由支配时间部分来更好地处理老板和公司给他规定的工作。大部分经理几乎从未意识到：他们大部分时间都花在了下属问题上。所以，我们将使用"背上的猴子"这个比喻来解释"受下属制约的时间"是如何形成的，以及经理应怎样做。

第一部分：猴子在哪儿

让我们想象一下，一个经理正走在大厅时，这时他看见下属琼斯迎面而来。两人碰面时，琼斯打招呼道："早上好。顺便说一下，我们出了个问题。你看……"当琼斯继续往下说时，经理发现这个问题与所有下属提出的问题具有两个相同之处，引起了他的注意。这两个相同之处是：①经理知道自己应该参与解决问题；②经理知道目前还无法提供解决问题的方案。于是，经理说："很高兴你能提出这个问题，我现在很忙，让我考虑一下，再通知你。"然后他就和琼斯各自走开了。

现在我们分析一下刚才发生的一幕。他们两个人碰面之前"猴子"在谁的背上？下属的背上。两人走开之后，又在谁的背上？经理的背上。一旦猴子成功地从下属的背上跳到上司的背上，"受下属制约的时间"便一直持续到猴子回到真正的主人那儿接受照顾和饲养。在接收这只猴子的同时，他也就自动地站到了他下属的位置上。也就是说，当经理做了两件一般应让下属为老板做的事时，他也让琼斯将他变成了她的下属。这两件事就是经理从下属那儿接过了责任，并承诺汇报工作进展状况。而下属呢，为了确保经理不会忘记这件事，以后她会将头探进经理办公室，欢快地询问道："怎么样了？"（这叫监督。）

或者让我们想象一下经理是如何结束他和另一位下属约翰的谈话的。他离开时说："好的，给我一份备忘录。"我们分析一下这个场景。猴子现在在下属的背上，因为下一步要采取的行动是他，但猴子准备跳跃了。请观察这只猴子。约翰尽职地写好经理要求的备忘录，放在发件篮里。然后很快经理从收件篮中收到并读了一遍。现在该谁采取行动？经理。如果他不迅速采取行动，下属就会生气（因为他浪费时间），经理也感到内疚。

或者，设想经理在和另一个下属史密斯会面时，他同意为他让史密斯做的公共关系建议书提供一切必要的支持。结束的时候经理说："需要帮助尽管告诉我。"我们来就此做一分析。同样，猴子本来是在下属背上的。但是又有多久呢？史密斯意识到：直至经理批准她的建议书才能让经理"知道"。根据经验，她也意识到她的建议书会在经理的公文包里待上几个星期才能得到处理。

是谁真正得到了猴子？谁要找谁核实？浪费时间和瓶颈问题又会发生。第四个下属，雷德，刚从公司的另一部门调任，将发起并管理一项新的业务。经理说过他们马上要碰个头，定出一套新的工作目标，并补充说："我会草拟一个跟你讨论的大纲。"我们也来分析一下。下属（通过正式委任）得到了一份新工作并（通过正式授权）对此负有全部责任，但是经理决意要负责下一步的工作。在经理做出任何行动之前，他肩负着猴子，而下属也无法开展工作。为什么会发生这样的情形？因为在各种情形下，经理和下属在最初时总是自觉或不自觉地认为他们所考虑的问题是两人共同的问题。每次猴子都是在经理和下属的背上跳来跳去。它所要做的就只是不合时宜地跳，然后一转眼，下属就机敏地消失了。于是，经理的一大堆事务中又增添了一桩。当然，可以培训猴子合时宜地跳，但在最开始就阻止它们又腿坐在两个人的背上会更容易些。

第二部分：谁为谁工作

设想一下，如果这四个下属都能为他们上司的时间周全地考虑，从而尽量使每天跳到经理背上的猴子不超过三只。这样在五天的工作周里，经理就会得到 60 只尖叫的猴子，猴子太多，会令他无法一只一只地处理好。所以他只能将"受下属制约的时间"花在搞定"优先事情"上。周五下午快下班时，经理把自己关在办公室考虑面临的事情，而他的下属们则等在门外希望能抓住周末前的最后机会提醒他"快做抉择"。想象他们在门外等的时候怎样彼此悄悄议论："真是难办，他根本没法做任何决定。真是不知道像他那样一个没能力作决定的人怎么在公司做得这么高。"

最糟的是，经理无法做出任何"下一步的行动"，是因为他几乎所有的时间都花在了应付上司和公司要求做的事上了。要完成这些事，他需要自由支配的时间，而当他忙于应付这些猴子时，也就失去了自由支配的时间。这样经理就陷入了恶性循环中。但是时间却被浪费了（这是说得轻的）。经理用对讲机告诉秘书，让她转告那几个下属，他只能星期一早上见他们了。晚上 7 点，他离开公司，下定决心要第二天回办公室，利用周末处理事情。第二天清晨，当他回到办公室时，透过窗户看见高尔夫球场上有两对人正在打球。猜到是谁了吧？

这下好了。他现在知道谁是真正为谁工作了。而且，他现在也明白了，如果他这个周末完成了他要完成的任务，他的下属就会士气高涨，从而每个人都会提高跳到他背上的猴子数量。简而言之，当他登高远眺时，他明白了他越被纠缠不放，就会越落后。

于是他像躲避瘟疫似地飞快地离开了办公室。那他的计划呢？多年来他一直没时间做的一件事：和家人共度周末（这是自由支配的时间的众多形式之一）。周日晚上他享受一次长达 10 小时的香恬醇酣，因为他对周一已有了清楚的计划。他要摒弃下属强加给他的时间。而同时，他也得到相同长度的自由支配时间。其中，他还要将一部分自由支配时间花在下属身上，以确保他们学会艰涩难懂却极有意义的管理艺术——"猴子的照料和喂养"。经理也有了大量的自由支配时间来控制他的"受上司制约的时间"和"受公司制约的时间"的时限和内容。这也许需要几个月的时间，但和一直以来的情形相比，回报将是异常丰厚的。他的最终目标是管理自己的时间。

第三部分：摆脱猴子

周一早上，经理尽量晚一点儿回到办公室，他的四个下属已聚集在他的办公室门口等着询问他猴子的问题。他把他们逐一叫进办公室。每次面谈的目的是拿出一只猴子放在两人中间的办公桌上，共同思考下属的下一步行动应是什么。对于有些猴子也许要花更长一些的时间。下属的下一步行动也许很难定夺，那么经理也许可以暂时决定先让猴子在下属背上过夜，然后在第二天早上约定的时间把猴子带回到经理办公室，继续寻求下属的下一步行动方案（猴子在下属和经理的背上都睡得一样香）。

当经理看见各个下属带着各自的猴子离开办公室时，觉得很满足。在后来的 24 小时里，不再是下属等待经理；相反，是经理在等待下属了。后来，似乎是为了提醒自己有权利在间歇期间参与一项有建设性的工作，经理踱步走到下属办公室门口，探进头去，欢快地问道："怎么样？"（这里的时间，对于经理是自由支配时间；对于下属则是上司施加的。）

当背着猴子的下属在第二天约定的时间与经理会面时，经理这样解释基本规则："任何时候当我帮助你解决这样或那样的问题时，你的问题都不应成为我的问题。你的问题一旦成为我的问题，那你就不再有问题了。我不会帮助一个没有问题的人。这次面谈结束后，问题应该由你带出去——正如由你带进来一样。你可以在任何约定的时间向我求助，然后我们可以共同决定下一步谁应采取什么行动。在偶尔需要我采取行动的情况下，我们俩要共同决定，我不会单独采取任何行动。"

经理就这样将他的思路传递给各个下属，一直谈到上午 11 点。这时他突然明白他不用关了。他所有的猴子都不见了。当然他们都会回来——但只在约定的时间。他的日程安排将确保这一点。

我们采用这个"背上的猴子"的比喻的目的，是经理能将主动性转给并一直留在他的下属那儿。我们曾试图强调一个浅显易懂的道理，即在培养下属主动性之前，经理必须确保他们有这种积极主动的精神。一旦他将主动性收回，他也就失去了它，并要向自由支配时间说"再见"。一切又将回到受"下属制约的时间"。

同样，经理也无法与下属同时有效地拥有主动性。一旦有人说"经理，我们这儿有个问题"时，即暗含着这种双重性。同时，也正如以前提到过的，说明猴子又腿坐在了两个人的背上，这对于开始职场生涯的一只猴子来说是很糟的。因此，让我们花几分钟的时间来探讨我们说的"管理主动性剖析"。

经理在处理他与上司和公司的关系时可以有五个级别的主动性。

级别 1：等着被叫去做（主动性的最低级）。

级别 2：问应该做什么。

级别 3：提出建议，然后采取最终行动。

级别 4：采取行动，但马上提出建议。

级别 5：自己行动，然后按程序汇报（主动性的最高级）。

显而易见，经理应该足够职业化，从而在处理与老板或公司的关系上不会采取 1 级和 2 级主动性。采取 1 级主动性的经理无法控制"受老板制约的时间"和"受公司制约的时间"的计时和内容，从而失去了对他被要求工作的内容和时间进行抱怨的权利。采取 2 级主动性的经理可以控制计时，却无法控制内容。而采取 3、4、5 级主动性的经理则可以控制计时和内容，尤以采取 5 级主动性的经理控制力最大。

在处理和下属的关系上，经理的工作是双重的。首先，取缔 1 级和 2 级主动性，这样下属就不得不学习并掌握"完成的员工工作"。然后，他必须确保每一个离开他办公室的问题都有一个认同的主动性级别，和与下属会面的下一次时间及地点。后者应在经理的日历上标明。

第四部分：猴子的照料与喂养

为了进一步弄清背上的猴子与分配任务和进行控制之间的比喻关系，我们可以大致参考经理的约会安排。经理的约会安排需要运用指导"猴子的照料与喂养"管理艺术的五个严格规则（违反这些规则会造成自由支配时间的丧失）。

规则 1：猴子要么被喂养，要么被杀死。否则，它们会饿死，而经理则要将大量宝贵时间浪费在尸体解剖或试图使它们复活上。

规则 2：猴子的数量必须被控制在经理有时间喂养的最大数额以下。下属会力所能及地尽量找到时间喂养猴子，但不应比这更多了。饲养一只正常状况的猴子时间不应超过 5~15 分钟。

规则 3：猴子只能在约定的时间喂养。经理无须四处寻找饥饿的猴子，抓到一只喂一只。

规则 4：猴子应面对面或通过电话进行喂养，而不要通过邮件。（记住：如果通过邮件的话，采取下一步行动的人就是经理。）文档处理可能会增加喂养程序，但不能取代喂养。

规则 5：应确定每只猴子下次喂养时间和主动性级别。这可以在任何时间由双方修改并达成一致，但不要模糊不清。否则，猴子或者会饿死，或者将最终回到经理的背上。

"控制好工作的时间和内容"是一条关于管理时间的恰当建议。对于经理而言，商务中首要任务是通过消除"受下属制约的时间"来增加自己的"自由支配时间"；其次是利用这部分刚发现的自由支配时间确保各个下属确实具有并运用积极性；最后经理利用另一部分增长的自由支配时间控制"受老板制约的时间"和"受公司制约的时间"。所有这些步骤将提高经理的优势并使他花在支配"管理时间"上的每个小时的价值能无任何理论限制地成倍增长。

资料来源：https://wenku.baidu.com/view/c007fb116c175f0e7cd1378f.html.

成功素质训练

假设现在是星期天的晚上，你要计划未来 6 天的日程，下面是这 6 天要做的事情：

（1）你从昨天早晨开始牙疼，想去看医生。

（2）星期六是一个好朋友的生日，你还没有买礼物和生日卡。

（3）你有好几个月没有回家，也没有写信或打电话。

（4）有一份夜间兼职不错，但你必须在星期二或星期三晚上去面试（晚上 7 点以前），估计要花 1 小时。

（5）明晚 8 点有个 1 小时左右的电视节目，与你的工作有密切关系。

（6）明晚有一场演唱会。

（7）你在图书馆借的书明天到期。

（8）外地一个朋友邀请你周末去玩，你需要整理行李。

（9）你要在星期五交计划书之前把它复印一份。

（10）明天下午 2 点到 4 点有一个会议。

（11）你欠某人 200 元钱，他明天也将参加那个会议。

（12）你明天早上从 9 点到 11 点要听一场讲座。

（13）你的上级留下一张便条，要你尽快与他见面。

（14）你没有干净的内衣，一大堆脏衣服没有洗。

（15）你想好好洗个澡。

（16）你负责的项目小组将在明天下午 6 点钟开会，预计 1 小时。

（17）你身上只有 5 元钱，需要取钱。

（18）大家明天晚上聚餐。

（19）你错过了上个星期五的例会，要在这个星期五之前复印一份会议记录。

（20）这个星期有些材料没有整理完，要在星期五之前整理好，约需两小时。

（21）你收到一个朋友的信 1 个月了，没有回信，也没有打电话给他。

（22）星期天早上要做一次简报，预计准备简报要花费 15 个小时，而且只能用业余时间。

（23）你邀请恋人后天晚上来你家烛光晚餐，但家里什么吃的也没有。

（24）下个星期二，你要参加一次业务考试。

面对这样一个任务清单，你打算如何进行时间管理，安排这些事件？

第 7 章
CHAPTER7

提高学习能力

⚓ 名人名言

未来的文盲不再是不认识字的人，而是没有学会怎样学习的人。

——埃德加·沙因（世界著名未来学家）

任何停止学习的人都已经进入老年，无论在 20 岁还是 80 岁；坚持学习则永葆青春。

——福特（福特汽车的创始人）

⚓ 故事分享

亨利·庞加莱是 19 世纪的一位数学家。他曾讲过这样一个故事，当时他为了攻克一个棘手的数学难题，花费数周，绞尽脑汁，却依然一无所获。于是他给自己放了个假。某天在法国南部乘公交车时，答案竟不期而至地闪现在了他的脑海里。

尽管他在度假，但他大脑中的一部分却一直在思考这个问题。虽然在回到巴黎后才开始整理细节，但他知道自己已经找到了正解。

你也可以像庞加莱一样获得这种"灵光乍现"的时刻，关键是找到适合自己的学习方法，培养自己高效学习的能力。这样一来，学习就不再是枯燥的劳作，而是一场神奇精彩的冒险了。

资料来源：奥克利. 学习之道[M]. 教育无边界字幕组，译. 北京：机械工业出版社，2022.

7.1 学习能力

7.1.1 学习能力的三个特征

学习能力，是指由学习动力、学习毅力直接驱动而产生的接受新知识、新信息并用所接受的知识和信息分析问题、认识问题、解决问题的智力，主要包括感知力、记忆力、思维力、想象力等。相对于学习而言，它是基础性智力，是产生学习力的基础因素。

学习能力就是学习的方法与技巧（并非是学到什么东西），有了这样的方法与技巧，学习到知识后，就形成专业知识；学习到如何执行的方法与技巧，就形成执行能力。学习能力是所有能力的基础。

学习能力有以下三个重要特征：

（1）自主性，是指个体生命自觉、自愿地去学习，而不是被迫去学习。

（2）能动性，是指个体生命积极富有创造性地去学习，而不是对知识、信息简单地吸收。同时还要会消化，要善于转化成生命所需要的物质和精神能量。

（3）创造性，学习的最终目的是推陈出新、吐故纳新、融会贯通，是为了创新和创造，而不是"死读书，读死书，读书死"那种现状。

7.1.2 学习能力的重要性

一个人的学习能力往往决定了一个人竞争力的高低，也正因为如此，无论对于个人还是组织而言，未来唯一持久的优势就是有能力比你的竞争对手学习得更多更快。一个组织如果想要在激烈的竞争中立于不败之地，它就必须不断地有所创新，而创新则来自于知识，知识则来源于人。所以管理大师德鲁克说："真正持久的优势就是怎样去学习，就是怎样使得自己的企业能够学习得比对手更快。"

根据调查，刚入学的五六岁儿童，约有82%的对自己的学习能力极有自信，而当他们16岁时，这一百分比急降为18%。4/5的青少年和成年人在重新面对学习时会有无力感。为什么呢？是因为没有学会学习！

复旦大学原校长杨家福教授曾说，一个大学生在毕业离开大学的那天，他在这4年里所学的知识有50%已经过时。这是现代社会的一个重要特征：知识创造与更新的速度日益加快。人类知识总量翻番所需要的时间已从过去的100年、20年、10年缩短到目前的3年左右。有人预计，在50年后人类所拥有的知识总量中，现存知识只占其中的1%。换句话说，在未来的50年中，我们所用的知识绝大部分都是新知识。因此，个人社会竞争力的高低不仅仅取决于你现在掌握了多少知识，更大程度上取决于你学习掌握新知识的速度和能力的大小，也就是说今天知识折旧速度加快。计算机和现代通信技术使知识的实效性和时效性变得很快，大部分的知识可以复制，而拥有某种知识的优势会迅速失去。未来唯一持久的优势是有能力比你的竞争对手学习得更快，所以未来个人学习能力将是其最核心的竞争力。

【小思考】

你在大学想学习什么？有哪些书、哪些人、哪些事，还有哪些能力？到底如何提升自己的学习能力让自己在毕业时更有竞争力？

【小案例】

一个学生在一家水果专营公司顶岗实习的周记

新来的同事上早班，我害怕点货，他却主动请缨，主动请教收银、调价。才来半个月的他就比我学得还多，下班后还会去他哥哥工作的那家店去学习，也学得很快。我向他请教如何切果盘、如何点货、摆货。学到的东西是自己的，只有主动向别人请教才能成长得越快。学如逆水行舟，不进则退。

我由于没记住水果代码、名称和价格，没当成收银员，被安排去卖车厘子。我开始很胆怯，连"欢迎光临百果园"都说不利索，后来慢慢放开，"欢迎光临百果园。您好！请看看我们从美国进口的车厘子，车厘子的补血、美容、抗衰老、抗疲劳的功能是其他水果所不能及的，吃一颗车厘子比你吃很多其他水果的效果更好。而且我们是新店开业，车厘子优惠了，买一盒是59.8元一斤，买两盒以上只要49.8元一斤，每斤优惠了10元哦！买得越多越优惠，过了这几天就没这个价了，我帮你挑两盒吧！我们还有三斤装卖150元，既优惠又显得大方高贵，送人也合适，自己吃也吃得实惠"。卖了一个星期的车厘子，我的积极性下降，再加上涨价，销售骤减。店长要我调整状态，后来叫另外一个同事做了我的岗位。我一下子就意识到无论是工作还是学习，都必须每天充满战斗力，充满激情。于是很快又回到了原来的岗位，负责推销主推产品。

我每个月发工资都被扣长短款50多元，以前是因为多找钱给客人，或是收了别人的钱但忘了录单。现在我找钱给客人都会检查一遍看有没有找错钱，如果是先收客人的钱还没来得及录的单，我就先不把钱放进抽屉，而是先放在抽屉外面，记住收了什么果品的钱，多少重量，等到有空的时候再录进电脑，把钱放进抽屉。

看完这个学生的实习周记，你认为他擅长学习吗？学习在他的实习工作中起到了什么作用？他还能通过学习做得更好吗？

一个人的学习能力往往决定了一个人竞争力的高低。在知识经济时代，知识总量迅速扩张，知识老化也越来越快，一个大学生在校所学的知识可能仅占其一生所需知识的 10% 左右，而其余 90% 的知识需要在工作中通过学习来获取。可见，要实现我们的职业理想，适应瞬息万变的环境，就必须不断地学习，以开放的心态树立与时俱进的终身学习观，只有这样，才能取得比竞争对手更多的优势和机会，才能实现可持续性的成功。因此，在诸多的能力中，学习能力是第一能力，是制胜的法宝，是未来社会发展中最具价值的能力。

7.2　做一个善于学习的人

我们经常听到有人抱怨："我的付出不比他少，但为什么我的收获没有他大呢？""我一直以来都积极认真地学习这门新的知识，但还是没有大的提高，我该怎么办啊？"实际上，并不是每个人都会学习。有的人学习的态度积极、认识正确，但缺乏有效的方法，以致浪费很多的时间，事倍功半；有的人态度不端正，学习的方法也不适合自己的个性或特长，得到的收获肯定微乎其微。如何才能学会学习，提升自己的职业能力呢？这就需要你做一个善于学习的人。

"工欲善其事，必先利其器"，做一个善于学习的人，必须从以下几个方面做起。

7.2.1　端正学习态度

做一个善于学习的人，首先要端正学习态度，树立正确的学习意识，要认识到只有通过不断的学习才能修补自己的缺陷，提升自己的职业素质，增强竞争力。在学习中能够做到以苦为乐，主动学习，把学习当成是一件快乐的事情。在逆境中能够学会生存，并能树立远大的职业理想，高标准要求自己，促使自己积极学习，增加学习动力。大凡成功者，都得益于正确的学习态度，并能持之以恒。

【小案例】

"简书"签约作者彭小六在《让未来现在就来——成为高效能的行动派》中提到，谁都渴望自由，但自由不是随心所欲做自己想做的事情，而是可以有能力不做"不想做"的事情。所以实现自由并不是靠勇气，而是靠能力。怎么具备实现自由的能力呢？最好的方式就是不断学习，不断更新自己。我们看一看他是从哪些方面进行学习的呢？

1. 向书本学习

一本书就像是一个老师，你把它请到你的家里，你有空就和它聊聊，没空就让它在书架上休息。

读书有好几种类型：实用类阅读、工具类阅读、消遣类阅读、精神修养类阅读。

不同的阅读提供不同的养分，就像我们饮食一样，不能偏食。哪怕是励志类畅销书，我们也可以看看年轻人是如何表达自己的想法的。彭小六说他就经常看这些书籍，"为什么我写干货没人看，写励志类书籍却这么热销？我不会抱怨'凭什么'，我会去买他们的书，在书里请教他们'为什么'"。

2. 向工作学习

工作是什么？是别人要求你做，而你又有能力可以做的事情。你想做什么工作，和你要成为什么样的人是两件事。你以为这份工作让你虚度光阴，然而给你一个你理想的岗位你就能做好吗？所以，在工作中要不断主动锻炼自己，无论做什么，都要让自己具备职业化的精神，要学习匠人精神，从为什么开始，追求细节，为自己工作。很多人觉得"给我这么多钱我就做这么多事"不是很公平吗？但是你忘记了，你的价格是取决于你提供的价值的。公司又不傻，你有10 000元的本事，我就只给你2 000元？公司不是在和你博弈，你的老板是在和其他公司博弈，因为给你太低，根本留不住你。

所以在工作中学习，是为了让自己不断提升，成为更好的自己。你的内在价值在不断提升，别人给你的价格（工资）就自然水涨船高了。

3. 向朋友学习

彭小六说："我的朋友圈中有很多比我强很多的人。我可以每天关注他们写的文章，在群里的发言。他们会不断打破我的认知界限，好不容易建立起来的心里篱笆圈，每天都被他们'践踏'，但是我会很开心，因为我知道有他们在，我们就可一直在进步。"

这个世界大神很多，大多我们无法触碰。但是出现在我们朋友圈中的，说明我们之间已经有了一些连接，我们可以近距离地模仿他们，向他们学习。很多大神都会写自己身边的朋友。比如曹将在《这是我见过最称职的斜杠青年》中说，在文字中陈述大神的闪光点，会给自己一种暗示：我们也要向他学习。另外，就是远离那些负能量的人。他们什么都给不了你，只会影响你的心情。

4. 向组织学习

彭小六曾参加过"行动派"上海伙伴圈的斜杆青年论坛。近300人的场，再加上他和4位嘉宾，从活动发布到最后结束，有多少人来负责呢？就3个人！这3位小伙伴都只有20多岁，但是却靠自己从零开始寻找资源完成了这么大的活动。而他们加入行动派伙伴圈不到一年。

当你一个人找不到方向的时候，组织会给你强大的力量。组织有很多地方可以让你成为更好的自己：做事情有业务流程，做任务有项目管理，还可以练习如何有效与他人沟通，学会提高效率，以目标导向。组织不一定是公司和团队，也可以是你参加的一些学习社群。而这些社群组织往往会让你学到更多东西，因为那里面是一群和你一样的人。

5. 向金钱学习

任何的决策都可以用利益来衡量。你说你没有办法坚持每天早起，只不过是因为早起带给你的收益远远小于你睡懒觉的收益罢了。当你要靠粉丝来实现个人品牌，每天只有早上早起才有时间看书，不看你就写不出干货的时候，"早起"就成了利益驱使了。彭小六认为改变他价值观的是以下这些概念和理论：复利；在成人的世界里面，没有好坏只有利弊；机会成本；沉没成本；能用钱解决，千万别用交情；免费是最贵的；学习是回报率最高的投资；要学会大大方方地谈钱，大大方方地挣钱；学什么不重要，重要的是你的知识和服务有没有人愿意付钱。

资料来源：http://www.sohu.com/a/115794250_487858.

7.2.2　制定学习目标

通过一个阶段的学习，要掌握哪些知识，熟练专业技能达到什么水平等，都是在制订学习计划前要先确定的。这些目标需要明确、具体，且符合自己的实际水平，所以在制定目标前首先要进行自我实际水平的分析。

1. 分析自己的学习现状

分析自己的学习现状，一是和全班同学比，确定自己的学业成绩与素质拓展成绩在班级中的位置，可以用"好、较好、中、较差、差"来评价。二是和自己过去的成绩比，看它的发展趋势，可以用"进步大、有进步、照常、有退步、退步大"来评价。

2. 学习目标要适当、明确、具体

学习目标是学生学习的努力方向，正确的学习目标能催人奋进，从而产生为实现这一目标去奋斗的力量。没有学习目标，就像漫步在街头不知走向何处的流浪汉一样，是对学习时光的极大浪费。

（1）适当：就是指目标不能定得过高或过低。过高了，最终无法实现，容易丧失信心，使计划成为一纸空文；过低了，无须努力就能达到，不利于进步。要根据自己的实际情况提出经过努力能够达到的目标。

（2）明确：就是指学习目标要便于对照和检查。如"今后要努力学习，争取更大进步"，这一目标就不明确，应怎样努力呢？哪些方面要有进步？如果为"这学期要拿到一等奖学金"，这样就明确了，以后是否达到就可以检查了。

（3）具体：就是指目标要便于实现。如怎样才能达到"拿到一等奖学金"这一目标呢？你可以根据要拿到一等奖学金的要求，将目标具体化为学业成绩要在班上排名前几，素质拓展成绩要达到多少，等等。

【小训练】

请制定本学期这门课程的学习目标，要以成果为导向，你希望这门课程结束时，你应该拥有什么样的成果，而这个成果是可以在你毕业求职面试时呈现给用人单位的。

7.2.3　确定学习方法

确定学习目标之后，还必须寻找和研究学习方法，这样才能确保提高你的学习效率。学习方法是指你在学习时所采用的方式、方法和策略。学习的方法各有不同，但总的原则是相同的。比如分析方法、记忆方法、逻辑推理方法，大致一样。所不同的是，要找到适合你的学习方法，这样才能从根本上提高学习效率。如有的人大声地朗读记忆效果好；有的人做读书笔记记忆效果好；有的人喜欢用图表分析问题，又快又清楚；有的人更适合用一边写一边思考的方法。

总之，学习方法千差万别，没有一个固定的模式，不是一成不变的，需要时常更新，根据自己的学习情况、学习需要、学习目的、学习内容，根据不同的年龄、不同的智慧、不同的环境，进行科学的调整，这样才能够不断地完善、不断地提高，真正成为你学习上的精锐武器。

1. 学习金字塔

学习金字塔（见图7-1）是美国缅因州的国家训练实验室研究成果，它用数字形式形象显示了采用不同的学习方式，学习者在两周以后还能记住内容（平均学习保持率）的多少。它是一种现代学习方式的理论，是由美国学者、著名的学习专家埃德加·戴尔于1946年首先发现并提出的。

图7-1　学习金字塔

在塔尖，第一种学习方式"听讲"，也就是老师在上面说，学生在下面听，这种我们最熟悉、最常用的方式，学习效果却是最低的，两周以后学习的内容只能留下5%。

第二种，通过"阅读"方式学到的内容，可以保留10%。

第三种，用"声音"或"图片"的方式学习，可以达到 20%。

第四种，是"示范演示"，采用这种学习方式，可以记住 30%。

第五种，"小组讨论"，可以使学生记住 50% 的内容。

第六种，"实际演练"或"做中学"，可以达到 75%。

最后一种在金字塔基座位置的学习方式，是"训练别人"或"马上应用"，可以记住 90% 的学习内容。

埃德加·戴尔提出，学习效果在 30% 以下的几种传统方式，都是个人学习或被动学习；而学习效果在 50% 以上的，都是团队学习、主动学习和参与式学习。

2. 适合的学习方法

学习是一个复杂的系统工程，学习方法不是学习技巧的简单罗列，也没有能适合于每个人的一个具体方法，它是贯穿于整个学习、思维、实践的一系列心理活动。"找到适合自己的学习方法"最终的落脚点在"适合自己"。我们知道的学习方法有很多，可能每个人都有自己独到的方法，但是真正适合自己的才算是最好的学习方法。

（1）分析自己的学习特点。在找适合的学习方法时，首先要了解自己。这就要求我们，不仅要知道自己的强项是什么、弱项是什么。每个人的学习特点不一样：有的记忆力强，学过的知识不易忘记；有的理解力好，老师说一遍就能听懂；有的动作快但经常出错，有的动作慢却很仔细；有的善于逻辑思维，推理能力很强；有的想象力丰富，善于出一些有创意的点子……你可以全面分析。在了解了自己的特点之后，我们才有可能找到适合的学习方法并做出更适合自己的学习计划。

（2）智慧类型与学习方法。我们知道，人脑有七个智力中心，我们可以根据个人所具有的先天智力类型，来选择学习方法：假如你属于语言智力中心发达的类型，你就应该首先建立以语言学习为主的学习方法，且应该从你所处的环境的"母语"开始；如果你的逻辑思维特别强，你应该从建立以数学学习为主的学习方法；也许你的节奏、韵律、乐感非常强，那么你可以从建立以音乐为主的学习方法入手。

另外，我们还可以根据个人所表现出的智慧类型，来选择学习方法。

自然科学智慧：指在从事自然科学研究、学习、使用中形成的智慧类型，主要是以西方自然科学智慧为代表的智慧，包括数学、物理学、化学、机械工程、水利、医学、生物学等以实证方法为基础的科学。

社会科学智慧：指在从事社会科学研究、学习、使用中形成的智慧类型，包括哲学、政治学、经济学、法学、宗教、考古学、社会学、心理学等。

文学艺术智慧：指在从文学艺术研究、学习、创作中形成的智慧类型，包括文学、音乐、美术、电影、电视、舞蹈等以想象与创作为基础的科学。

创造型智慧：指以联想、幻想为主要特征的智慧类型，这一智慧类型的人的思维活动赋有跳跃性、拓展性。他们常常将毫无关系的事物，进行不厌其烦地联想，对自己感兴趣的事物表现出惊人的耐心与持久性。他们最大的乐趣是进行创造活动，他们有打破常规的固执己见，从不愿意与别人相同。他们的兴趣广泛、思维敏捷、敢于尝试、勇于发现，表现出坚忍的意志，非凡的思维能力。他们总是愿意从事具有创新性、创造性、别出心裁、独树一帜的非常规性工作，是难得的人才。

你可以根据自己的实际情况，建立起适合于自己智力类型、智慧类型、个性特征，发展需求的学习方法。

（3）从最容易的开始。一般说来，你的哪一个或哪几个智力中心比较发达，其对应的课程就比较容易学习。但也有一部分人不是这样，他们只知一味地学习，根本没有注意到智慧类型与学习能力的内在关系。不过这也没关系，你只要从你最容易学好的课程入手，建立学习方法，你的学习就会逐步提高。

【小训练】
请尝试分析你的智慧类型来找出适合你的学习方法。

3. 迁移与借鉴

当你已经掌握某一门功课的学习方法后，你就应该以这种学习方法为基础，对相类似的东西可以联系已学的知识，不学自通，这就是学习的迁移现象。

聪明的学习者能够有效地运用学习成果，主动迁移，发挥事半功倍的效果，最大限度地激发潜能，培养自己发现问题、分析问题和创造性地解决问题的能力。一个人能力的形成和发展是通过知识的广泛获得及广泛的迁移实现的。

在运用学习成果主动迁移的过程中，要积极发现一种学习对另一种学习产生的积极促进作用，避免干扰，推进知识的正向迁移。

那么如何才能促进学习的正迁移呢？你需要从以下几方面做起：

- 掌握基本知识、基本技能。
- 合理组织你的学习材料。
- 提高你的概括水平，加强对知识的理解。
- 培养你的比较或类比能力。
- 克服你的思维定式。
- 加强学习方法的指导。
- 积极创造迁移的有利情境。

学习的最终目的是为了学会学习，只要你能够按照上述的思路开展你的学习活动，并创造条件积极地实现你学习能力的迁移，你就是一个善于学习并会学习的人。

7.2.4　制订学习计划

合理地安排学习时间，有利于提高学习效率，对各门学科的预习、复习，阅读参考资料，参加集体活动、体育文娱活动，都要求有个长期计划和短期安排。特别是大学生的机动时间较多，充分利用时间，提高自学能力，就要制订计划，对学习加强管理因素。根据我们对 7 所大学 8 个系的学生的调查结果如下。

（1）制订每学期（或每学年）的生活和学习计划的占 41%，基本上不制订计划的占 33%，一般的占 26%；在一天时间的利用上，经常检查的占 39%，基本上不检查的占 30%；对假期的学习时间，基本上不制订计划的占 51%，制订计划较认真的占 17%，认真的占 7%。

（2）就计划的适宜程度来分析，学习时间与其他活动时间的安排，协调的占 51%，较不协调和不协调的占 17%；学习计划对自己的能力、兴趣、性格完全适合和基本适合的占 70%，较不适合和不适合的各占 5%。这项调查也可以说明学习计划是按照自己的需要和个性特点制订的。

（3）在生产实习或教育实践方面，具有规划布置和组织管理能力者占 45%，缺乏和较少者占 23%，一般的占 30%。这说明组织管理能力在大学教育阶段，仍是值得注意培养的能力。在工作顺序和保持作业整洁方面，只有 4% 不注意，7% 较少注意。

（4）在集体关系方面，大学生注意参加集体活动的占 72%，不注意的只占 3%；在班级活动中，同学之间的关系协调和较协调的占 72%，小部分不协调者占 3%，不协调者占 2%。

确定了学习目标与学习方法之后，就要通过科学的制订学习计划来实现学习目标。首先，需要你根据内外部环境的分析确定学习的具体任务，具体任务也就是你学习的具体内容，是学习目标的具体化；其次，你必须选择切实可行的措施方法，以保证任务的具体落实；最后，你还需充分考虑时间的因素，科学合理的利用和分配时间，使你的学习活动有条不紊地进行。

（1）学习内容的确定要具体，尽可能量化。

（2）学习任务的安排，既要考虑全面周到，又要保证重点。

（3）时间的安排要合理科学，既要突出重点，对比较薄弱的学科在时间上给予重点保证，又要有机动时间，计划不要排太满太紧，贪心的计划是难以做到的。

（4）长计划与短安排相结合，灵活多变。

（5）积极寻求支持、请人指导，听取别人的意见。

（6）着重行动。

【小训练】

请按照下面的步骤制订下一周的学习计划，关键是要认真落实。

（1）学习计划要符合你自身的实际情况。首先你要知道你一周的课程表：什么时候有课，什么时候吃饭，什么时候回宿舍休息。

（2）根据你的学习目标，在表7-1中的空白时间填上具体化的学习内容与任务，可以是某门课程的预习与复习来巩固知识；可以是社团活动来提高综合素质；可以是兼职来提高专业技能；还可以是休闲运动与娱乐，提高身体素质，用更好的状态来完成下一个学习任务。

表7-1　一周学习计划表

时间 课程	周一	周二	周三	周四	周五	周六	周日
1 ~ 2							
3 ~ 4							
午休							
5 ~ 6							
7 ~ 8							
晚餐							
9 ~ 11							
晚休							

7.3　培养批判性思维

放眼高校，缺乏问题意识和独立思考能力成为大学生的普遍问题。不少高校人士已经意识到，正是批判性思维（思辨能力）的缺失，导致中国学生的墨守成规，学习能力和学习效果大打折扣。值得一提的是，批判性思维传入国内被解读为"否定一切"的思维方法，或被看作是论证逻辑、技巧，以至于这一叫法并不为部分教师所认同，但无论称其为什么，其独立思考、推陈出新、严密审慎、敢于竞争和自主解决问题能力的内涵是相同的。

笔者在企业工作10年，从事职业教育17年，现在感觉无论是做企业还是做教育，一个人的批判性思维（思辨能力）决定着他在职场上的修为与成就。对于中国学生批判性思维缺失，是否有弥补余地？进入大学后，教师该如何引导？不同学科该如何对待？这些是笔者非常关注的问题，也应当是学生在学习这一章应该深入思考的问题，对此，笔者引用《中国科学报》对三位专家的采访来就这些疑问展开探讨，并和同学们一起学习，这三位专家如下。

童明：加州大学洛杉矶分校英语系教授、该校杰出教授。

董毓：麦克马斯特大学哲学博士、华中科技大学客座教授。

谷振诣：中国青年政治学院中国语言文学系教授。

（1）缺少批判性思维（思辨能力），可能会带来哪些影响？

童明：思辨能力是在教育过程中逐渐培养的，思辨能力在教育中缺失，意味着教育出了问题。一个民族的思辨能力萎缩，则意味着民族活力、民族精神的弱化，这是严重的危机。

思辨能力首先表现为能看出问题，提出问题。美国的大学教学生这样的常识：如果你觉得某个论点的前提有问题，不要盲从。不盲从，课堂是活跃的思辨过程。思辨教育是国外大学的核心内容，将提高思辨作为通识课的基本要求，也渗透到专业课的各项内容，理工科、文科都一样。

中国学生和美国学生比，资质不相上下。但我们从小接受的应试教育，使得学生的思辨能力相对薄弱，不善于发现问题、提出问题。思辨就是创新。不重视培养学生的思辨能力，整个社会的创新能力就会弱化。

董毓：缺乏批判性思维，影响是全面、深刻、持久的。具体来说，缺乏批判性思维的第一大影响，就是中国学生没有自主学习和创造新知的能力。他们无法独立、深入地进行学术分析、推理、辨别、判断和探究活动。如今，要获取知识还得远赴重洋去当西方学者，而这个"当学生"的大趋势百年来没有变的一大原因，就是我们没有把知识的"渔网"——批判性思维拿过来。第二大影响是判断、决策和行动的非理性。这在今天触目皆是，比如舆论和网络中的各种虚假和受骗的言论浪潮。这种非理性的表现又反过来成为社会戾气横流的原因。第三大影响是在提出、分析和解决问题上。所谓高分低能，在人生、职场和社会中的表现就是发现和解决问题的能力低。很多至关重要的技能，均根植于批判性思维的能力中，而我们的学生没有得到这方面的培养。

谷振诣：缺少批判性思维会带来许多不利影响，最不利的影响就是使人丧失创新能力，在各方面只停留在模仿、拼凑或"新瓶装旧酒"的水平上。第一，批判性思维强调独立思考，不独立思考就不能激发个体的思维活性，思维会僵化、死板。第二，批判性思维强调开放兼容，这意味着尊重多元意见，因此只尊重一元意见的思维是不会有创新成果的。第三，批判性思维强调理由和推理，欲使他人慎重看待自己的主张，就必须将它置于确凿的理由和严谨的推理之上，离开理由和推理，创新就会成为不切实际的幻想。第四，批判性思维追求的目标是做出最佳的选择或判断，通过对论证的分析和评估，得出有充分理由支持的判断。创新的成功是由一系列最佳判断逐步实现的，每做出一个有充分理由支持的判断，就向创新的成功迈近一步，每做出一个草率、缺乏确凿理由支持的判断，就向创新的失败迈近一步。

【小思考】

反思你自己是否具备良好的批判性思维？你在课堂中发现问题、提出问题的能力如何？你在小组活动中尊重多元意见的表现如何？提出自己观点时的说服力如何？你在日常的学习、生活与工作中，做出最佳选择或判断的能力如何？

【课堂训练】

（1）小组活动：评出每个小组批判性思维能力最强的一个同学，给出理由和典型事例。

（2）每个小组派代表在全班进行分享，大家共同学习。

（2）批判性思维（思辨能力）不足，是中国学生自小形成的短板。在您看来，进入大学后是否有可弥补的空间？应该怎么做？

童明：如果教育模式把学生的大脑裹缠起来，中小学应试教育的弊端就会在大学现形。真要改，就从中小学改起。而思辨教育能否成为大学的重点，取决于我们愿不愿意让大学生独立思考，培养他们成为成熟的思想者，进而成为有责任、有担当的公民。如果观念转变了，思辨就可能回归。

美国的大学要求学生选一些并非自己专业的课程，希望学生从其他专业中学会灵动的思辨。授课的方法也很灵活，美国的很多名校，比如哈佛，有时会请两个不同学科的教授（比如历史学和心理学）共同开一门大课，两位教授的争论、对话让学子们开阔眼界。我国也可以如此。国内大学（甚至高中）可以设逻辑课，也可以让学生选修一些非专业课。通识课应该加入思辨训练的内容，由不同专业的老师从自己专业的角度传授思辨的方法。

董毓：批判性思维分技能和习性两大方面。习性是指具有批判性思维的精神和愿意运用批判性思维的个人品质和倾向，包括求真、公正、反思和开放几大方面，它们是良好运用批判性思维技能的品德前提。

批判性思维应该从基础教育开始培养，尤其是习性，只能在基础教育阶段才能形成。大学阶段主要是学习技能，使学生在学术研究、决策和解决问题时，有一个强有力的方法可以遵循。所以，大学阶段应该专门开设强化批判性思维技能的课程，包括批判性思维的通用课程、批判性思维的阅读和写作课程等。

与此同时，将批判性思维的原理和教学法融入各专业课程的学习过程中，这样形成一个系统和有力的教育模式，尽可能地弥补学生的技能不足。

谷振诣：批判性思维所倡导的理性美德和思维技能需要一个人终身进行训练，因而在人生的任何阶段都有弥补或进步的空间。

理性美德包括理智的开放、兼容、谦逊、公正、客观、严谨等思维习性；思维技能包括分析、理解、评估和重构论证的技能，以及发现问题和解决问题的创造性思维技能。因此，大学教育应当首先从教育战略上重视批判性思维教育；其次，将批判性思维的方法和技术融入学科教学，改变只注重传授知识而忽视能力训练的传统教学方式。

【小思考】

（1）你准备如何提升自己的批判性思维？

（2）你对老师的教学有什么意见和建议？

（3）教师在引导、培养学生批判性思维（思辨能力）上，应该发挥怎样的作用？教师自身应该完成怎样的改造？

童明：授人以鱼，不如授人以渔。教师教学生，不是让他们死记固定的答案（更何况你的答案可能有问题），而是要教他们怎样提出问题，怎样分辨、分析、求证、归纳、评价、争论等。因此，教师在讲解一个文本或理论时，是展开一个思辨的过程，这是身体力行地实践思辨。

在美国的课堂里，学生可以举手提问，教师的讲授转入讨论。教师授课不但讲所然，也要讲所以然。除此之外，各种专业都在课堂上做"报告"（presentation）的练习；学生领取作业之后，准备好提纲和材料，就一个问题提出观点，展示给其他同学并引起讨论。

有独立思想、讨论活跃的课堂才是好课堂。在西方，老师的权威靠的是学术思辨的能力，大家都尊重思辨过程。学术面前谁说得有理听谁的。如果大学里没有民主平等的思想，其他地方就更不可能做到。

董毓：推行批判性思维教育，教师是第一关键。

我们一贯要求，作为一个具有批判性思维的教师，不管是教批判性思维通用课程还是用批判性思维方法教专业课程，应该是"苏格拉底、教练和认知活动主持人的三位一体"，这代表一个深刻的转变。

批判性思维教学法不仅仅是教学技巧的运用，它更代表着对认知和教育的根本观念的变化。

教育的各方具有认知的平等性，学生作为未来认知的主体，应该成为教育活动（学习认知活动）的主体。为此，教师要经历文化、职业和形象的自我转化——从45分钟满堂高声"布道"的"神父"，转化成为一个谦虚、鼓励和配合的新型教师。这意味着教师要学做批判性思维的模范——理性和开放，要以身作则，以自己为例子来展示、影响和激励，让学员自我发展、开放和迎接挑战。

谷振诣：教师应当将培养学生的批判性思维视为教育和教学的核心目标之一，实现这个目标的关键是教师的自我改造，需要完成以下三个转变：角色转变，从教授转变为教练，也就是从知识传授者转变为能力训练者；观念转变，从真理性知识观转变为工具性知识观，也就是将教师掌握的知识变成训练学生能力的资源；教学方法转变，从知识讲解加题海战术向案例分析和讨论式教学转变，也就是从知识讲解员和习题评阅人转变为讨论主持人和发言评论者。

这三个转变提高了对师生掌握知识的要求，只有愿意完成这三个转变的教师才能掌握和运用批判性思维训练的方法和技术，在改造自己思维品质的同时，将之应用到培养学生的教育教学中去。

【课堂训练】

每个小组做一次老师，自选一个主题，以提升学生批判性思维为教学目标，在课下进行集体备课后，在课堂上每个小组讲课 15 分钟。是一个人讲还是多个人讲，由小组自己决定。

（4）不同学科所需要的批判性思维（思辨能力）是否一样？

童明：所有的学科或专业都需要思辨。思辨的方法多样却有共性、普遍性。而且，正因为人文学科和自然学科的方法有所不同，其相互影响、相互渗透才形成更宽阔灵动的研究方法。

正如尼采所说：有必要从艺术的角度看科学，从生命的角度看艺术。如果仅仅按专业来研习思辨，会使专业的方法论固化，限制了创造性。

董毓：除了一些一般性的原则，比如实证理性、多样化开放等要求，批判性思维的许多原则、方法、标准甚至概念都会因学科而变化。

比如批判性思维阅读，针对文学艺术的作品和针对信息和科学研究论文，就有明显不同。对前者的阅读需要从探究和实证的原则下，采取多角度对文本中情景、情节、人物等分析和推理；对后者的阅读，就需要辨认和评价论证或解释，判定论断的合理性。

再比如科学的脊柱就是批判性思维，它必须通过猜想与反驳来发展认知。那么，想象和构造假说、推导预言、构造检验等就是科学的批判性思维能力主体。而在工程实践中，批判性思维表现在理解和分析各种问题、收集必要和多面的信息等。

谷振诣：如果我们以有待检验的眼光看待各学科的知识，那就存在贯通各学科的批判性思维，因为批判性思维崇尚理性和客观的标准，这些标准在各学科中通用；如果我们承认各学科都是推理、论证的体系，那就存在共同的评估推理和论证好坏的技术；如果我们承认各学科都是思维的产品，那就存在创造产品时对思维品质的共同要求，比如清晰、一致、相关、充分、可靠等。

布鲁克菲尔德将焦点对准假设，认为存在贯通不同学科、贯通学科知识与日常生活的批判性思维，那就是揭示和查验左右我们思维与决定我们行动的假设。

批判性思维要求我们查验自己和他人所持有的假设，评估与假设相关的证据的准确性和可靠性，从多个角度审视我们的观念和行动。一个能批判地思考的人更有资格采取明智的行动，也就是以证据为基础的、更有可能达到预期效果的行动。

【小思考】

请从你所在的学校中，选出一个你相对熟悉且不同于你自己所属专业的专业，看看两个专业所需要的批判性思维是否相同？文科、理科和商科的思维是否可以互相交融？

（5）如何借鉴西方的大学教育，强化学生的批判性思维（思辨能力）？

童明：思辨教育有规律可循，有传统也有发展。我们要向西方学习的地方很多。

西方人称大学为 university，因为大学给的是 universal education（全面的教育）。欧美的大学，文科学生要学一些科学；理工科学生也要学一些文科课程。大学有不同的专业，却不在专业之间设墙。学生愿意选什么课都可以。

英语里，知识结构不是 structure of knowledge，而是 constellation of knowledge。constellation，直译为星座。天空本没有星座，是人们把不相关的星星连起来，画出一个个星座。知识也没有一个固定的结构，因为每个人获取的知识不同，将这些知识关联起来的方式也不同。而欧美的大学教育制度，给学生形成自己知识结构（星座）的机会。

有改变现状的意志，可以一点一点去学习。亡羊补牢，犹未迟也。不过，改变一个习惯很难，困难不可低估。

董毓：西方大学教育一直以来的共识是：要以各种方法在各种学科中培养学生的批判性思维能力。这是一个系统的行为，有很多行政、教学、后勤和体制的保障。不过，培训教师的批判性思维能力和教学法是其中一个主要的抓手，因为只有教师能进行批判性思维的教学，才有学生的批判性思维学习。建议中国各个大学的教师培训中心，均以培训教师的批判性思维认知和教学法为长期不懈的主要目标。

谷振诣：西方的大学教育早已将批判性思维的习性和技能列入高等教育的培养目标，并将批判性思维的习性和技能细化为具体的指标，作为衡量各大学培养的本科生是否合格的检测标准。

当然，批判性思维的习性和技能同样是衡量一个人能否胜任教师职位的核心标准。我国的大学教育质量若要得到提升，培养出优秀的学生也要如此。考虑到我们的教育缺乏理性、逻辑和合作式批判的传统，可能更应当如此。

【小知识】

"批判性思维"教学法强调师生之间、学生之间平等地交换意见，鼓励学生提出问题，解决问题，而不是靠教师进行灌输，让学生死记硬背，进而激发学生对事物的浓厚兴趣和深入思考。它由于适应新技术革命的要求而受到普遍重视，已风行于美国。

【小思考】

如果老师进行教学改革，引入"批判性思维"教学法，你支持吗？你已经转变传统的应试教育的观念了吗？你做好准备了吗？

成功素质测试

你的学习能力如何？下面每一个问题都有 3 个相同的选项：A——经常，B——偶尔，C——从不。请实事求是地选择最符合你情况的答案，进行你的学习能力测试。

(1) 认为学习能力是可持续成功的保证。

(2) 认为活到老就应该学到老。

(3) 对任何新奇或自己从没有遇到的事情表现出很强的学习兴趣。

(4) 记下阅读中的不懂之处。

(5) 动笔解题之前，先有个设想，然后抓住要点解题。

(6) 对遇到的问题，能根据实际需要确定明确的学习目标。

(7) 为实现学习目标，能制订切实可行的学习计划。

(8) 对要完成的任务，能进行轻重缓急的正确编排。

(9) 对要完成的任务能在规定的时间内完成。

(10) 能正确认识适合自己个性的学习风格。

(11) 能选择适合自己的学习方法。

(12) 善于吸取别人的学习方法。

(13) 阅读中认为重要的或需要记住的地方，就划上线或做上记号。

(14) 做笔记时，把材料归纳成条文或图表，以便理解。

(15) 面临考试，能有条不紊地复习。

(16) 对已有的知识或信息，能敢于质疑，勇于探索。

(17) 能借助一定的资源、手段，如参考书、工具等，推进自己的学习。

(18) 重视学习的效果，不浪费时间。

(19) 能够对学习结果进行正确总结，查找问题的原因。

(20) 能正确分析影响自己学习的各种内外部因素。

(21) 查找到问题的原因，在下次学习时，能避免出现此类问题。

(22) 能够举一反三，触类旁通。

说明：

选项 A = 3 分，B = 2 分，C = 1 分，以上各题得分之和，为本次测试得分。其中，

32 分以下者学习能力比较弱，有待提高；33~55 分者具备一定的学习能力；56 分以上者具有很强的学习能力。

成功方法学习
从 3 个观察分析中学习

《大学生，让雇主倒追你》的作者徐强在书中写到，要想提升自己的学习能力可以从以下 3 个方面入手，对他们进行观察和分析。

第一、观察分析行为

当你发现一个人做得好的时候，观察他们的行为，然后像放录像的慢进一样，他们第一步做了什么，说了什么？对方有什么反应？分析完这个，很多时候，你已经能够学到不少了。

第二、观察分析作品

不少高手，都是有作品的。例如，360 的创始人周鸿祎做了一个讲座"周鸿祎谈产品：像怀胎一样怀产品，要厚着脸皮听批评"。听了之后，徐强觉得太震撼了。两小时左右的讲座，简直全是干货啊！于是他分析了一下，为什么有这样的感觉，总结出以下三点：

（1）讲座的整个内容，围绕一个清晰的主题：用户体验。

（2）这个主题本身，是一个影响商业成败的核心因素，而不是无足轻重的边角料。

（3）讲座中，围绕用户体验，周鸿祎举了大量大家熟悉的、身边的案例，让大家可以轻松理解。

于是徐强就模仿他的讲座风格，写了一篇文章"培训师如何拓展知识面：向家乐福大妈和骗子学习"。用各种案例，来说明一个观点：在生活中学习。此文章随后收到了很多好评。

第三、观察分析思维方式

高手和低手的最大差别，往往是在思维方式上。那么思维方式如何观察分析呢？看他们如何提问，是一种简单高效的方式。

在从事保时捷培训和咨询项目的时候，徐强陪同保时捷全球总部的项目负责人，拜访在中国的经销商。这位负责人非常具有领导力，和人沟通很亲切、很顺畅，做起事情来有原则、有方法。当他们讨论一些决策的时候，他常常最先问的问题就是："这个对于质量有什么影响？对于客户体验有什么影响？"提问会揭示一个人内心的关注点。

在微软和保时捷工作的经历里，徐强觉得他共事的那些很有领导力的人，总是会问"我们有什么做得不好的，如何改进"。但是和一般的公司打交道时，往往人们总会说"我们没什么问题呀，但市场环境差、客户很习难"。

成功案例借鉴

案 例 一

有这样一种说法，优秀的面试官不仅关注求职者已经具备的技能，更关注他的学习能力。那么面试官究竟如何考察抽象的"学习能力"？

考察方法：给一本几百页的书，一小时后，考察候选人的掌握状况。

1. 这会考察候选人快速建立知识框架的能力

以我的观点，超过90%的人，学习能力都很糟糕。因为他们忽略了建立自己的知识框架的重要性，人们往往更习惯于扎进细节里。

这个就像是盖房子，如果你搭好了框架，即使没有外墙、装修，我们也很容易分辨出来这就是一栋房子。而即使你把所有的砖头、水泥板、钢筋、涂料堆到一起，它们也不能叫作房子。

这么短的时间，一流的学习者会更关注于理解和建立整体的知识架构，一般的学习者会在几百页当中撞墙，攒砖头水泥。

2. 这会考察候选人抓重点的能力

一小时显然不可能看完所有的东西。工作的现实也是如此，我们往往缺乏足够的时间去学习。比如第二天要和客户谈一个自己都还没见过的产品，而你只有一个晚上的时间准备，大多数时候，还得让别人觉得你很专业。

知道学什么，甚至要比如何学更关键。

很多人会把自己喜欢看书，当作学习的例子。但是没压力的读点儿书，和在压力的情况下，快速地确定你的学习目标以及实现步骤，是两回事。一流的学习者，在看书的时候，常常会根据自己的重点和知识框架去决定自己的阅读；一般的学习者，常常是根据书籍的进度走。

3. 这会考察候选人，触类旁通的能力，以及相关知识积累的广度和深度

例如，你让一个人去看 iPhone 的开发书籍。尽管他从来没学过 iPhone 开发，但是通过一小时的阅读进行考察。你可以发现对方在技术领域的积累、思维方式以及触类旁通的能力。我们从来不是完全从头地去学习新的知识，而是通过与已有事物的关联，来建立自己的知识体系。这种触类旁通的能力，又是学习的关键技能。

资料来源：http://page.renren.com/699147795/note/924869088.

案 例 二

有一天，我看到一位同事在看一本书，题目是《管理的 18 个误区》。

我问他，你怎么看这本书，想升职啦？

他说："不是的，我只想看看，我们老板到底犯了其中的多少错误，引以为戒。"

我问："多少个呢？"

他说："17 个。"

好吧，我把那 17 个错误都看了一遍，还研究了一下，假设我是老板，如何避免类似的问题；如果避免不了，如何发现和控制。除此之外，从一个员工的角度，当老板犯这类错误时，我应该如何处理；还有，如何采取预防措施，避免他们出现大的问题。

鉴于理论联系实际，有活生生的现实案例，做得出色的和糟糕的都有……因此我学得很快。以至于到后来，我跟朋友们谈管理下属，或者管理老板，他们总是会有豁然开朗的感觉。

不少人喜欢埋怨上司，但是从来没有真正地去学到什么。他们自己做了别人的上司，媳妇熬成了婆，行为和以前自己埋怨的人，没有什么大的差别。

更恶劣的是，有些人会觉得：我以前都这么过来的呀，你凭什么不能接受。请避免成为这样的人。

资料来源：http://www.docin.com/p-955260827-f10.html.

案　例　三

提问是一项有技术含量的活，但很少有人善于提出高质量问题。

错误一：让高手给你扫盲

经常在大学生的公益讲座和培训中听到有人会问类似于"我很喜欢投资银行，投资银行到底是做什么"这样的问题。

虽然说开放讨论，但不是有一个叫作 Google 的扫盲大师吗？这类问题最大的缺陷，倒不是让人觉得你的无知（无知本身不是问题），而是让人觉得你对这个主题其实是缺乏兴趣的（真正有兴趣的人，会主动地寻求信息），你缺乏基本的学习意识。

当然，这可能是一种错判。但大多数时候，第一印象决定结果。很可能对方就失去了搭理你的热情，只会顺口回答几句。何况和高手交流的时间有限，你把他们当成免费搜索引擎用，是不是太浪费了。

一个比较好的问题，如我在调查××，但是我问了几位行业中人，并读了××书，发现他们对于××，看法都不一样。请问您是怎么看的？

让高手帮你解决挑战性的问题。

错误二：提出空洞的问题

比如，你遇到一家公司的 HR，上去就问："我该如何面试？"

那么 HR 很可能回答你：首先，阅读招聘简章，搞清楚公司需要什么；然后，简历要写得清晰，突出你的优势；最后，面试的时候要围绕雇主需求展开。记住，准备是关键。

你得到了一个正确但无用的回答，能怪别人吗？这是因为你的问题太空，人家的答案也只能跟着空。

把你的问题具体化。例如，你在求职什么类型的企业？你的优势和弱点是什么？你已经做了哪些调研工作？你遇到什么挑战？期望别人怎么帮你？具体的问题，才能引出具体的答案。

资料来源：http://www.360doc.com/content/13/0829/18/94524_310784641.shtml.

🌀 成功素质训练

训练一

燕春成功地应聘了一家大型外贸公司的总裁秘书。刚进入公司后，燕春感到非常兴奋，每一位同事都仪表得体、精神焕发、勤学苦干，她和他们之间的交流也很融洽。但一周之后，总裁办主任找她谈了一次话，明确肯定了燕春的文字处理能力和工作态度，但同时指出燕春很欠缺国际贸易和国际金融知识，致使无法及时满足客户的要求，如果这种状况不能很快得到改善，她可能试用期都过不了。燕春听完总裁办主任的谈话，顿时陷入了茫然之中。仔细想了想，还是感觉这家公司挺有发展前途的，自己也很喜欢这份工作，应该努力提高，改善这种对自己不利的局面。

请你帮助燕春走出困境：

（1）帮助她确定学习的目标和具体任务。

（2）帮助她制订一份行之有效的学习计划。

训练二

写出你未来一个月内需要完成的10件事，并根据轻重缓急的原则对它们进行分类，然后按照重要程度做出一份月工作学习计划。

训练三

参照下列计划模式，做一份追求卓越的训练计划。

（1）每天花费一点点时间来研究自己在哪些方面可以进步一点点，用什么方法可以进步一点点。

每天进步一点点的内容与方法是：_____。

（2）下定比任何人都努力的决心，抱着这种态度对待每天的学习和生活。

你的决心记录是：_____。

（3）树立无止境追求完美的学习观念，在学习和工作中养成这种习惯。

养成习惯的措施有：_____。

（4）选定一个竞争对手，研究他，并想方设法超越他。

超越的方案与措施是：＿＿＿＿＿＿＿＿＿＿＿＿＿＿＿。

（5）将自己的学习目标订出年计划、月计划和日计划，并努力实现计划。

你的月计划和日计划摘要是：＿＿＿＿＿＿＿＿＿＿＿＿＿＿＿。

训练四

两个同龄的年轻人同时受雇于一家饭店，并且拿同样的薪水，可是一段时间后，叫阿德的那个小伙子青云直上，而那个叫阿布的小伙子却仍在原地踏步。阿布很不满意老板的不公平待遇。终于有一天，他到老板那里发牢骚了。老板一边耐心地听着他的抱怨，一边在心里盘算着怎样向他解释清楚他和阿德之间的差别。

"阿布！"老板开口说话了，"你现在到集市上去看一下，看看今天早上有什么卖的"。

阿布从集市上回来向老板汇报说："今早集市上只有一个农民拉了一车土豆在卖。""有多少？"老板问。

阿布赶快又跑到集市上，然后回来告诉老板一共 40 袋土豆。"价格是多少？"阿布又第三次跑到集市上问来了价格。

"好吧，"老板对他说，"现在请你坐在这把椅子上一句话也不要说，看看阿德怎么说。"接着，老板把阿德叫来，让他也到集市上看看。

阿德很快就从集市上回来了。向老板汇报，到现在为止只有一个农民在卖土豆，一共 40 袋，价格是多少元；土豆的质量很不错，他带回来一个让老板看看。这个农民一个小时以后还会弄来几箱西红柿，据他看价格非常公道。昨天他们铺子的西红柿卖得很快，库存已经不多了，他想这么便宜的西红柿，老板肯定会进一些，所以他不仅带回来了几个西红柿做样品，而且把那个农民也带来了，他现在正在外面等回话呢。

此时老板转向阿布，说："现在你肯定会知道为什么阿德薪水比你高了吧！"

结合案例，与其他同学或朋友思考如下问题：

（1）阿布为什么得不到重用？

（2）学习的最终目的是什么？

（3）你如何看待阿德的学习效果？

（4）你从中学到了什么？

第8章
CHAPTER8

培养个人自信

🔆 名人名言

自信是走向成功的第一步，缺乏自信即是其失败的原因。

——莎士比亚

有自信心的人，可以化渺小为伟大，化平庸为神奇。

——萧伯纳

🔆 故事分享

20世纪60年代，一个混血男孩出生在美国夏威夷的檀香山，他的父亲是肯尼亚人，母亲来自美国的一个中产家庭。男孩长大后就读于夏威夷一家私立精英小学，因为肤色问题的困扰，他在班上少言寡语。每当老师提问时，他的双腿就开始不停颤抖，说话也变得吞吞吐吐。老师无奈地告诉男孩的母亲，这个孩子连自己都不相信，将来不会有什么出息了。

男孩的母亲并不认同老师的观点，她为男孩找了一份差事——课余时间在街区里挨家挨户征订报纸。在母亲的鼓励下，男孩勇敢地迈出了第一步。他敲开了邻居家的门，努力地与他们沟通，征订报纸出人意料的顺利，几个邻居都成了他忠实的订户。有了挣"第一桶金"的经历，男孩从此说话不再结巴了，他从一个街区走到另一个街区，自信地敲开一家又一家的大门，订单也与日俱增，他第一次享受到了成功的喜悦。

多年以后，男孩才知道，他童年时获得的"第一桶金"浸透了深深的母爱。原来，母亲早就安排好了，她自己出钱请邻居们订报纸，目的就是给儿子一份自信。成功的他握住母亲的手，任凭泪水肆意地奔流。正是童年那份宝贵的自信让他一步步地走下来，成为美国首位非洲裔总统。他就是贝拉克·侯赛因·奥巴马。

资料来源：http：//www.vccoo.com/v/61tn5c.

正如居里夫人所说："人应该有恒心，尤其要有自信心。"一个人没有自信就会自卑，看不到自己的优势；相反，一个人若有很强的自信，在他的面前几乎没有任何跨越不过的难关，因为他充分相信自己的能力，就会全身投入，使原本不可能的事变为可能。我们通常所说的自信就是自己信得过自己，自己看得起自己。别人看得起自己不如自己看得起自己。人们常常把自信比作发挥主观能动性的闸门，启动聪明才智的马达，这是很有道理的。

8.1　自信的三种理解

事实上我们对自信的理解是：自信是一种心态，是对自己能力的信任、非能力的信任和潜能力的信任。

1. 能力自信

自己能做的事，就相信自己能做，勇于将自己的能力体现出来，该出风头时就出风头，不惧人言。这种自信是保证将自己的能力正常而充分发挥的前提，是自信的第一个层次。如果你拥有这份自信，又没有任何外界影响，那么你所体现出来的就是做你能力范围之内的事。

2. 非能力自信

自己不能做的事，就是不能做，坦然处之，不会觉得自己不能做就低人一等，更不会影响自己对有能力事情的自信。你是围棋高手，就没有必要因为象棋不行而自卑。

人无完人，每个人都有自己不能做的事，而人又是社会的，总会有人对你的非能力之事做出这样或那样的评价，甚至是诋毁。这时人往往会受到打击，会由于自己非能力的不自信，而导致对自己能力的不自信。认为窝囊，什么事情都不行，要避免这种晕轮效应的发生。

【小案例】

小杨应聘来到某一企业负责产品的市场开拓工作，他相信自己对市场敏锐的感觉和自己的理论知识，但他缺乏这方面的工作经验。于是，很多人在他面前或背后说他可能做不好这件事，甚至一定会失败，因为他没有经验。而当这种议论更多地被他知道后，他没有因为怀疑、畏缩致使信心受到打击。他坦然地承认自己没有经验，不过他心想：一定要具备经验吗，不一定！一是营销最重要的一点是创新，不能经验主义，而他具备了创新的前提。二是虽然他没有经验，但他可以去学习经验，他相信经过一段的努力，他一定会胜任这项工作的。

如果一个人365天都做同样的事情，他相当于做了一项重复365次的事情，所以，如果你用心，用一天的时间就可以学会别人一年的知识。他山之石，可以攻玉，你在其他方面的经验，可以对现在的工作有独到的启发。因此，没有必要为没有经验而自卑。

对非能力自信，是对能力自信的保证，你如果既有了能力自信，也有了非能力自信，就能在外界的影响下充分展示自己的能力。

3. 潜能力自信

人的能力是有巨大潜力的，你本身具备的能力可能并未被你所认识，而往往会遇到身处困境的情况，对自己失去信心。有一些事，你可能没有能力做，但你必须做，这时候你必须相信自己能做到，这就是潜能力的自信，相信能做好自己必须做的事。人与人之间其实没有太大区别，只是有人敢做、有人敢说、有人敢想。别人做成的事你也能做，所以你要自信。

【小案例】

日本一家报纸曾报道了一件有趣的事：一名日本妇女趁幼儿熟睡之际外出购物，返家途中，在巷口与人闲聊，这时家中的幼儿醒来寻母，遂爬上阳台呼叫，不幸小孩一失足从阳台上坠落下来，但说时迟、那时快，其母飞奔至楼下，奇迹般地接住了自己的孩子。按道理说3岁幼儿体重约15kg，从5楼坠下，在重力的作用下，在将近到达地面时的重量绝非常人所能承受，况且这个人还是个纤弱的妇女。这件事在日本引起了轰动。后来新闻界还专门请来举重运动员和赛跑运动员做了一个模拟实验，结果都无法成功地接住也无法及时赶到出事地点。

资料来源：http://tieba.baidu.com/p/5134992791.

从上述的例子中，我们可以了解一个事实：人的潜能是无穷的。生活中不是"能不能"，而是"要不要"。你真正想要的是什么？放手去做，全力以赴，别管"能不能"。

相信自己有本事去做事，而心安理得、心平气和，这叫自信；相信自己确实没这方面的本事，而不去做此事，虽不做仍然心安理得，这也是自信。相信自己通过发挥潜能可以做到，这更是自信。所以做到自信要懂得自信的真正含义：有一个良好的心态；对能做的事情相信能够做好，对不能做的事情坦然处之或学习不能做的事；培养自信的习惯；对事情进行分析，找出事情获得成功的关键性因素，对非关键性因素，自己的非能力，要正确面对，要学会抓大放小。

8.2 自信的作用

8.2.1 自信会改变人的命运

作家三毛在初二的时候，数学成绩不好，老师不喜欢她。每到上数学课时她就紧张，每次上课就头昏脑涨，她特别怕老师的眼光。由于数学不好，经常遭到老师羞辱。后来出现了心理障碍，一想到上数学课就紧张，再到后来早上醒来一想到上学有数学课就昏倒了。

自信会改变人的命运。自尊自信能够给人以满足感，产生满意、快乐、积极的情绪，可以化渺小为伟大，化腐朽为神奇。

【小案例】

小李刚参加工作在车间实习的时候，跟随一名老师傅在车床上学习加工零件，"学得真快""干得好"是这位师傅对他用得最多的评语，很快他就可以单独加工一些零件了，并且没有出过废品。一次车间主任见他独自在加工零件，就走过来对他说："你自己行吗？师傅不在不要瞎干，出废品怎么办？"结果那天他果然出了好几件废品。

资料来源：http://iask.sina.com.cn/b/16457604.html.

在一次足球比赛中，靠点球决胜。一位一流的足球名将竟然把球踢出了门外，事后教练问他为什么会失败？他说他满脑子想的就是千万别踢出门。

8.2.2 自信影响一个人的能力

【小案例】

一位心理学家想知道人的心态对行为到底会产生什么样的影响。于是他做了一个实验。首先，他让七个人穿过一间黑暗的房子，在他的引导下，这七个人成功地穿了过去。然后，心理学家打开房内的一盏灯，在昏黄的灯光下，这些人看清了房子内的一切，都惊出了一身冷汗。这间房子的地面是一个大水池，水池里有几条大鳄鱼，水池上方搭着一座窄窄的小木桥，刚才他们就是从小木桥上走过来的。

心理学家问："现在你们当中还有谁愿意再次穿过这间房子呢？"没有人回答。过了很久，有三个大胆的站了出来，其中一个小心翼翼地走了过来，速度比第一次慢了许多；另一个颤巍巍地踏上小木桥，走到一半时，竟趴在小桥上爬了过去；第三个刚走几步就一下子趴下了，再也不敢向前移动半步。心理学家又打开房内的另外九盏灯，灯光把房里照得如同白昼。

这时，人们看见小木桥下安装有一张安全网，只是由于网线颜色极浅，他们刚才根本没有看见。"现在，谁愿意通过这座小木桥呢？"心理学家问道。这次有五个人站了出来。"你们为何不愿意呢？"心理学家问剩下的两个人。"这张安全网牢固吗？"这两个人异口同声地反问。

资料来源：https：//wenku.baidu.com/view/007e662c6bd97f192279e9aa.html.

自信能够让你战胜恐惧，很多失败的原因往往不是能力低下，而是自信不足，还没有上场，精神上首先败阵。

一个女孩长相不佳，因此对自己缺乏自信心，不爱打扮自己，整天邋邋遢遢的，做事也不求上进。心理学家为了改变她的心理状态，让大家每天都对这个女孩说"你真漂亮""你真能干""今天表现不错"等赞扬性的话语。经过一段时间的努力，人们惊奇地发现，女孩真的变漂亮了。其实，她的长相并没有变，而是精神状态发生了变化。她不再邋遢了，变得爱打扮、做事积极、爱表现自己了。怎么会发生这么大的变化？其根源正在于自信心。因为她对自己有了自信，所以使大家觉得她比以前漂亮了许多。

在许多成功者的身上，我们都可以看到超凡的自信心所起到的巨大作用。这些事业取得成功的人，在自信心的驱动下，敢于对自己提出更高的要求，并在失败的时候能看到希望，最终获得成功。

自信的建立是正向强化的结果，自信是竞争中的心理力量，积极的心理自我暗示产生自信意识，消极的心理自我暗示产生消极、自卑意识。

【小故事】

三只青蛙掉进鲜奶桶中。第一只青蛙说："这是命。"于是它盘起后腿，一动不动等待着死亡的降临。第二只青蛙说："这桶看来太深了，凭我的跳跃能力，是不可能跳出去了。今天死定了。"于是，它沉入桶底淹死了。第三只青蛙打量着四周说："真是不幸！但我的后腿还有劲，我要找到垫脚的东西，跳出这可怕的桶！"于是，这第三只青蛙一边划一边跳。慢慢地，鲜奶在它的搅拌下变成了奶油块。在奶油块的支撑下，这只青蛙奋力一跃，终于跳出了奶桶。

资料来源：http：//www.koolearn.com/shiti/st-1-812808.html.

8.2.3　自信是成功的基石

【小案例】

有一位将军领兵要在前方作战，将军胸有成竹充满信心，认为此战一定能够胜利，可是他的部下却不乐观，毫无必胜的把握。将军眼见大众士气低落，心想这怎么作战呢？于是有一天，将军集合所有将士，在一座寺庙前面，告诉他们："各位，我们今天就要上阵了，究竟打胜仗还是败仗？我们请求神明帮我们做决定。我这里有一元钱，把它丢到地下，如果正面朝上，表示神明指示此战必定胜利；如果反面朝上，就表示这场战争将会失败。"

听了这番话，部将与士兵虔诚祈祷磕头，求神明指示。将军将一元钱朝空中丢掷，结果，铜钱正面朝上，大家一看非常欢喜振奋，认为神明指示这场战争必定胜利。

后来，部队开到前方，每个士兵士气高昂，个个都信心十足，奋勇作战，果真打了胜仗。班师回朝后，有部将就对将军说，真感谢神明指示我们今天打了胜仗。那个将军才据实以告："不必感谢神明，其实应该感谢这一元钱。"他把身边的这一元钱掏出来给部将看，才发现原来铜钱的两面都是正面。

资料来源：https：//tieba. baidu. com/p/726287204？ red_tag = 1047876777.

自信非常重要，所谓自助人助，自助天助。自信是一个有志于缔造影响力的人最基本的素质，是获得成功的基石。

8.3 建立自信的途径

自信的人善于自我发掘，正确认识自己的强项和弱点，并且能够利用自己的优势面对环境。开放并敢于接受建议，不是自我封闭，善于自嘲、幽默活跃，善于表现自己。自我尊重，由于自尊而受到别人的尊重，又不会因为过于自尊而表现出拘谨。心胸坦然，能够与之直接沟通，善于沟通，不是拒人于千里之外。建立自信可从以下几方面着手。

8.3.1 积极正确地认识自我

积极的自我意识不是与生俱来的，而是在长期的积极的心理暗示中形成的，那么如何才能获取自我意识，又如何驾驭自我意识呢？积极的自我意识的获得必须以正确评价和分析自己为前提。一个人如果能找到自己的优点和缺点，他在学习或工作中就会产生自信心，这将使他不会踌躇或是等待。他事先就会知道他的努力将会带来什么结果。因此，他的学习或工作效率将比其他人高，成就也胜过其他人；其他人则必须摸索前进，因为他们无法了解自我。下面向大家介绍几种自我认知的方法。

1. 比较法：从我与人的关系认识自我

他人是反映自我的镜子，与他人交往，是个人获得自我认识的重要来源。我们先从家庭中的感情扩展到外面的友爱关系，进入社会又体验到人与人之间的利害关系。有自知之明的人能从这些关系中用心向别人学习，获得足够的经验，然后按照自己的需要去规划自己的前途。但是通过和人比较认识自己应该注意比较的参照系。

（1）跟别人比较的是行动前的条件，还是行动后的结果？大学生来大学学习，如果认为自己来自农村条件不如别人，开始就置自己于次等地位，自然影响心态和情结，而大学毕业后看行动后的成绩才有意义。

（2）跟人比较是看相对标准还是绝对标准？是可变的标准还是不可变的标准？经常有大学生认为自己不如他人。其实他们关注的可能是身材、家世等不能改变的条件，没有实际比较的意义。

（3）比较的对象是什么人？是与自己条件相类似的人，还是个人心目中的偶像或极不如己的人？所以，确立合理的参照体系和立足点对自我的认识尤为重要。

2. 经验法：从自己与事的关系认识自我

从自己与事的关系认识自我，即从自己做事的经验中了解自己。通过在自己所取得的成果、成就及经历的挫折、失败中学习，不经一事，不长一智。成败得失，其经验的价值也因人而异。对聪明又善用智慧的人来说，成功、失败的经验都可以促他再成功，因为他们了解自己，有坚强的人格特征，善于学习，因而可以避免再蹈失败的覆辙。对于某些性格比较脆弱的大学生而言，失败的经验更使其失败，这也是最常见的现象，因为他们不能从失败中吸取教训，改变策略追求成功，而且挫败后形成怕败心理，不敢面对现实，去应付困境或挑战，失去许多成功的良机。对一些自我狂大的人而言，成功反可能成为失败之源，他们可能会因成功而骄傲自大，以后做事便自不量力，往往遭失败的多。或成长过于顺利，又有家世帮忙，而一旦失去"保护伞"，便一蹶不振，不能支撑起独立的自我。因此一个大学生由成败经验中获得的自我意识也要细加分析和甄别。

3. 反省法：从我与己的关系中认识自我

古人曰："吾日三省吾身。"从我与己的关系中认识自我，看似容易实则困难。我们大概可以从以下几个"我"中去认识自己。

（1）自己眼中的我。个人实际观察到客观的我，包括身体、容貌、性别、年龄、职业、性格、气质、能力等。

（2）别人眼中的我。与别人交往时，由别人对你的态度、情感反映而觉知的我。不同关系的人对自己的反应和评价不同，它是个人从多数人对自己的反应中归纳出的评价。

（3）自己心中的我。也指自己对自己的期许，即理想我。

对于当代大学生而言，虽然有多个"我"可供认识自己，但形成统一的自我观念比较困难。因为现代社会的急剧变迁及多元价值的影响，大学生自我认识难以客观、全面。

【小训练】

（1）试着用以上三种方法对自己进行初步的认识和评价。

（2）你认为别人对自己的评价与自评结果大体一致吗？别人是高估你还是低估你呢？你自己是高估自己还是低估自己呢？原因是什么呢？

8.3.2　基本方法

1. 与众不同

【小案例】

一个年轻人的学习成绩挺好，毕业后却屡次碰壁，一直找不到理想的工作。他觉得自己怀才不遇，对社会感到非常失望。他为没有伯乐来赏识他这匹"千里马"而愤慨，甚至因此伤心绝望。怀着极度的痛苦，他来到大海边，打算就此结束自己的生命。正当他即将被海水淹没时，一位老人救起了他。老人问他为什么要走绝路，年轻人说："我得不到别人和社会的承认，没有人欣赏我，所以我觉得人生没有意义。"老人从脚下的沙滩上捡起一粒沙子，让年轻人看了看，随手扔在了地上。然后对青年人说："请你把我刚才扔在地上的那粒沙子捡起来。""这根本不可能！"青年人低头看了一下说。老人没有说话，从自己的口袋里掏出一颗晶莹剔透的珍珠，随手扔在了沙滩上。然后对青年人说："你能把这颗珍珠捡起来吗？""当然能！""那你就应该明白自己的境遇了吧？你要认识到，现在你自己还不是一颗珍珠，所以你不能苛求别人立即承认你。如果要别人承认，就要想办法使自己变成一颗珍珠才行。"年轻人低头沉思，半晌无语。

　　资料来源：http：//blog. sina. com. cn/s/blog_645d90a80100hdgy. html.

有的时候，你必须知道自己只是普通的沙粒，而不是价值连城的珍珠。你要出人头地，必须要有出类拔萃的资本才行。要使自己有别于海滩上的沙粒，就要使自己成为一颗珍珠。

有一个衣服破烂，满身补丁的男孩，跑到摩天大楼的工地向一个衣着华丽、口叼烟斗的建筑承包商请教："我该怎么做，长大后才会跟你一样有钱？"

这位高大强壮的建筑承包商看了小家伙一眼，回答说："我先给你讲一个三个掘沟人的故事。第一个人挂着铲子说，他将来一定要做老板。第二个人抱怨工作时间长，报酬低。第三个人只是低头挖沟。过了若干年。第一个人仍在挂着铲子；第二个人虚报工伤，找到借口退休；第三个人呢？他成了那家公司的老板。你明白这个故事的寓意吗？小伙子，去买件红衬衫，然后埋头苦干。"

小男孩满脸困惑，百思不解其中的道理，只好再请他说明。承包商指着那批正在脚手架上工作的建筑工人，对男孩说："看到那些人了吗？他们全都是我的工人。我无法记得他们每一个人的名字，甚至有些人，根本连脸孔都没印象。但是，你仔细瞧他们之中，只有那边那个晒得红红的家伙，穿一件红色衣服，我很快就注意到，他似乎比别人更卖力，做得更起劲。他每天总是比其他人早一点上工，工作时也比较拼命，而下工的时候，他总是最后一个下班。就因为他那件红衬衫，使他在这群工人中间特别突出。我现在就要过去找他，派他当我的监工。从今天开始，我相信他会更卖命，说不定很快就会成为我的副手。"

"小伙子，我也是这样爬上来的。我非常卖力工作，表现得比所有人更好。如果当初我跟大家一样穿上蓝色的工作服，那么可能就没有人会注意到我的表现了。所以，我天天穿红衬衫，同时加倍努力，不久，我就出头了。老板注意到我，升我当工头。后来我存够了钱，终于自己当了老板。"

2. 用激情来做事

离开了对生命、对生活、对工作学习、对自己周围一切的热爱，人便没有激情，更谈不上自信。因此，我们应该始终保持一颗乐观、充满热爱的心，保持不灭的激情，从而用自信、用激情成就自我，感染他人。

笔者为那些不能为工作而激动的人遗憾。这不仅仅是因为他永远不会满意，同时也是因为他永远不会获得任何有价值的东西。

【小案例】

张雨在宝洁实习刚一个星期，由于对这个行业简直就一无所知，几乎没有任何出色的业绩，仅仅售了几瓶洗浴液。看着旁边其他品牌的促销员，心中真不是滋味。学习经济管理四年，期间不知付出多少刻苦努力，只为将来能干出一番业绩来。可是刚开始工作，他就对自己的才智与能力打了一个折扣。其实他一点也不笨，营销的理论都知道，为什么在实际的销售中没有业绩呢？面对一天不如一天的现状，他开始想能不能继续胜任这份工作。

张雨找经理说了自己的想法，经理劝他要对自己充满信心，不要放弃，如果自己对自己都没有信心，那么别人对你还会有信心吗？他要求张雨再坚持一个星期，并且参加全体员工工作会议，会上每个人都讲自己在销售中遇到的实际情况，再说是如何考虑，如何解决的，你可以从中吸取经验和教训。经理的话使他感受到了一种自我激励的存在，没有人可以帮他，只有靠自己了。他终于找到了困扰他的主要问题：对自己的工作缺乏长久的激情，对自己也缺乏信心。

张雨发誓要在一个星期内改变现状，否则就辞职。这几天他干得十分轻松，每天都对自己说："今天是美好的，我一定要拿第一名。"付出总有回报，在第五天，他拿了第一名，他将这个好消息告诉了经理，经理鼓励他说："相信自己，继续努力。"这是十分平常的一件小事，可是对他来说却让他明白了自己是有能力有潜力的，只要坚持自己的信念，顽强拼搏，没有办不到的事。

资料来源：http://read.dangdang.com/content_1043871.

激情对每个人来说都是十分重要的，我们干任何事情只有信心是不够的，还要用足够的激情来改变自己的心情。对每个顾客都应该用 12 分的努力去对待，让我们自身的状态达到最佳，从而去感染周围的人。

3. 解放自我

【小故事】

20 世纪初，有个爱尔兰家庭要移民美洲。他们非常穷困，于是辛苦工作，省吃俭用 3 年，终于有钱买了去美洲的船票。当他们被带到甲板下睡觉的地方时，全家人以为整个旅程中他们都得待在甲板下，而他们也确实这么做了，仅吃着自己带上船的少量面包和饼干充饥。一天又一天，他们以充满嫉妒的眼光看着头等舱的旅客在甲板上吃着奢华的大餐。最后，当船快要停靠爱丽丝岛的时候，这家中一个小孩生病了。做父亲的找到服务人员说："先生，求求你，能不能赏我一些剩菜剩饭，好给我的小孩吃？"服务人员回答说："为什么这么问，这些餐点你们都可以吃啊。""是吗？"这人回答说，"你的意思是说，整个航程里我们都可以吃得很好？""当然！"服务人员以惊讶的口吻说，"整个航程里，这些餐点也供应给你和你的家人，你的船票只是决定你睡觉的地方，并没有决定你的用餐地点。"遗憾的是，当这家人知道他们还有这样机会时，他们已经到站了，要下船了。

资料来源：https://tieba.baidu.com/p/4800620481? red_tag = 1344376955.

这个故事告诉我们一个道理：要克服不良思维习惯。这家人因为一直很穷，所以到了别人面前产生了严重的自卑感，以为不可能同别人处于同样的待遇水准上。所以，要改变命运先改变思维。不要自我设限，不要自我封闭，不要凭想当然办事，你头脑中的不可能是你自己想出来的不可能。伟人之所以伟大，是因为我们跪着，如果我们站起来，我们同样是伟大的人。

桌子上面有各种食物，无论你品尝的是什么滋味，都是你自己选择的结果。过去的属于过去，过去不等于现在，你现在正在走向一个崭新的明天，不要用过去的习惯来束缚现在的思维，你现在的选择正为明天打基础。要善于沟通，沟通的前提条件是自信，孔子说："知之为知之，不知为不知，是知也。"我们每个人都有一张相同的船票，当我们同样来到这个世界时，我们已经上船，当我们离开这个世界时，我们就是下船。人生只有一次机会，仅仅一次，因此，充分利用机会，享受生命。

充分利用所拥有的东西的效用，在拥有"船票"时，应充分了解这个用金钱交换得到的通行证有何作用，能为自己在哪些方面带来服务。当然也许把这张船票可以带来的服务写在其背后，这一家人就可以看到，也就不会出现在故事中的尴尬情况。但是，这一家人若是不识字的话，这种方法也就失去其作用。还有关键的一点，这一家人面对的只有一次机会，当他们意识到船票的作用时，已经到达了目的地。如果他们还有下一次机会，就不会有类似的事情发生。但是，在人生中很多事情往往只有一次机会，一旦错过，再无后悔可言，只能面对残酷的现实，所以这个故事可以警醒我们把握一次机会，充满自信，抓住今天。

4. 相信自己的价值

思想比锁链和监狱更能够限制人，因此，解放思想才能够真正解放人。要大胆，不要捆住自己的手脚。成功和走运的人一般都是大胆的，最胆小怕事的人往往是最不走运和难以成功的。幸运可能会使人产生勇气，反过来勇气也会帮助你得到好运。所以大胆些，会有强大力量帮助你。大胆不等于莽撞，这是有勇无谋。而那些强大力量就是我们自身所具有的潜力：精力、技能、判断力、创造力，以及由此而散发出的个人魅力，使得你能够通过这个魅力吸引和凝聚到你意料之外的资源。

【小案例】

在一次讨论会上，一位著名的演说家没讲一句开场白，手里却高举着一张20美元的钞票。面对会议室里的200个人，他问："谁要这20美元？"一只只手举了起来。他接着说："打算把这20美元送给你们中的一位，但在这之前，请准许我做一件事。"他说着将钞票揉成一团，然后问："谁还要。"仍有人举起手来。

他又说："那么，假如我这样做又会怎么样呢？"他把钞票扔到地上，又踏上一只脚，并且用脚碾它。然后他拾起钞票，钞票已变得又脏又皱。"现在谁还要？"还是有人举起手来。

"朋友们，你们已经上了一堂很有意义的课。无论我如何对待那张钞票，你们还是想要它，因为它并没贬值。它依旧值20美元。"

资料来源：http://www.360doc.com/content/13/0706/21/2036792_298118816.shtml.

人生路上，我们会无数次被自己的决定或碰到的逆境击倒、欺凌甚至碾得粉身碎骨。我们觉得自己似乎一文不值。但无论发生什么，或将要发生什么，我们永远不会丧失价值，生命的价值取决于我们本身！每个人是独特的——永远不要忘记这一点！

5. 发掘自我

【小案例】

从前，在非洲，有一个农场主，一心想要发财致富。一天傍晚，一位珠宝商前来借宿。农场主对珠宝商提出了一个藏在他心里几十年的问题："世界上什么东西最值钱?"珠宝商回答道："钻石最值钱!"农场主又问："那么在什么地方能够找到钻石呢?"珠宝商说："这就难说了。有可能在很远的地方,也有可能在你我身边。我听说非洲中部的丛林里蕴藏着钻石矿。"第二天,珠宝商离开了农场,四处收购他的珠宝去了。农场主却激动得一宿未合眼,并马上做出决定:将农场以低廉价格卖给一位年轻的农民,就匆匆上路,去寻找远方的宝藏了。

第二年,那位珠宝商又路过农场,晚餐后,年轻的农场主和珠宝商在客厅里闲聊,突然,珠宝商望着书桌上的一个石块两眼发亮,并郑重其事地问农民这块石头是哪里发现的,农民说:"就在农场的小溪边发现的,有什么不对吗?"珠宝商非常惊奇地说:"这不是一块普通的石头,这是一块天然钻石!"随后,他们在同样地方又发现了一些天然钻石。后来经勘测发现,整个农场的地下蕴藏着一个巨大的钻石矿。而那位去远方寻找宝藏的老农场主却一去不返,听说他成了一名乞丐,最后跳进尼罗河里了。

资料来源:http://www.doc88.com/p-085655833743.html.

一个抛弃农场寻找钻石的人的故事,告诉了我们这样一个道理:老农场主的失败根源在于对自身的资源缺乏充分的了解,因而也就失去了树立自信的前提。我们每个人身上都有巨大的潜力等待我们去开发,敢问路在何方? 路在脚下。不要追求虚无缥缈的东西,好高骛远,不着边际。最可贵的宝藏往往不在远方,而就在我们身边,这也是我们树立自信的客观基石。我们每个人身上都有巨大的潜力等待我们去开发,去利用。

戴高乐说:"眼睛所看着的地方,就是你会到达的地方,唯有伟大的人才能成就伟大的事,他们之所以伟大,是因为决心要做出伟大的事。"

6. 表现自己的独特

【小案例】

达尔文当年决定放弃行医时,遭到父亲的斥责:"你放着正经事不干,整天只管打猎、捉狗拿耗子的。"达尔文在自传上透露:"小时候,所有的老师和长辈都认为我资质平庸,我与聪明是沾不上边的。"沃特·迪士尼当年被报社主编以缺乏创意为理由开除,他建立迪士尼乐园前也曾破产了好几次。爱因斯坦4岁才会说话,7岁才会认字。老师给他的评语是:"反应迟钝,不合群,满脑袋不切实际的幻想。"他曾遭到退学的命运。牛顿在小学的成绩一团糟,曾被老师和同学称为"呆子"。

资料来源:https://wenku.baidu.com/view/3a498a1e312b3169a451a4e4.html.

这些人类的精英,因为坚持走自己的路,为人类的进步构造了阶梯。

俄国作家契诃夫说："有大狗，也有小狗。小狗不该因为大狗的存在而心慌意乱。所有的狗都应当叫，就让他们各自用自己的声音叫好了。"

7. 认真敬业

如何自信地行动？做好自己的本职工作，在自己的领域内成为专家，做名副其实而不是徒有虚名的专家。如果你是政府官员，你掌握的权力是对国家资源的调配，就要充分利用手中的资源来促进国家的进步；如果你的知识不足，就要利用专家的智慧弥补自己知识的不足，多听专家的建议，这样你才能够为人民的利益去行政。做老师就要给人以智慧的启迪，对学生的时间和未来负责任。做研究你就要认真去研究，不要在研究期间看到别人赚钱眼红，为眼前的小利而损坏长远的研究能力，这种做法会使你不仅没有现在，也没有未来。

一首小诗启示了我们基本的做人的道理：

> 如果你不能成为山顶上的一棵松，
> 就做一棵小树生长在山谷中，
> 但必须是小溪边最好的一棵小树。
> 如果你不能成为一棵小树，就做灌木一丛；
> 如果你不能为一丛灌木，就做一片草地，
> 让公路上也有几分欢娱。
> 如果我们不能都做船长，我们就做海员。
> 如果你不能做一条公路，就做一条小径。
> 如果你不能做太阳，就做一颗星星。
> 不能凭大小来断定你的输赢，
> 但不论做什么你都要做最好的一名。

所以，没有伟大的事情，只有需要满怀爱心去做的细微事情。没有什么伟大的人，只有伟大的挑战，而必须面对的只是你我一样的人。如果你洗盘子，你就好好洗。如果你扫马路，你就认真地扫。如果你作画写诗，你就认真地做，你没准儿就会成为齐白石、莎士比亚。

伟大的事情并不是伟人把它做伟大的，而是平凡的人把事情努力做到最好，让它成就了那份伟大。

【小案例】

广东三水寿险公司这样塑造员工的思想：第一，人们买的不是产品，而是我。做事之前先做人，做人做不好，就没人跟你共事，没人跟你共事你就无事可做，因此做事之前先做人。企业造产品之前先造人，员工要有良好的精神面貌，那么公司

的产品相信也不会有问题。第二，既然敷衍也要付出，何不全力以赴？每一个经历都是一笔财富，你今天坐在这里学习是宝贵的事情，你这一段时间无聊，憋得发慌，这是最宝贵的，因为无聊最使人痛苦，所以你以后绝不会用无聊打发时间。所以任何一个环节，你只要投入了就要全力以赴。

资料来源：http：//doc.mbalib.com/view/1421916a1d6b5a88711a79de79cc3e7a.html.

爱默生在他那篇《论自信》的散文里说："在每一个人的教育过程中，他一定会在某个时期发现，虽然广大的宇宙间充满了好的东西，可是除非他耕作那一块给他耕作的土地，否则他绝得不到好收成。"

8. 有责任感

笔者去好莱坞的迪士尼乐园参观时，正逢下雨，笔者希望赶紧找到水世界的海盗船去看热闹和避雨。笔者看到三个穿迪士尼工作服的人走到了自己跟前，就向其中一个人问："水世界在哪里？"他停下来，耐心地讲了路线："向前走，左转弯，再右转弯，再直行，再转弯……"笔者听糊涂了，告诉他自己没有听懂。他微笑着说："你跟我来。"笔者跟着他转了几个弯后，他向前指着说："看见那个箭头了吗？直行过去就是了。"笔者千恩万谢。

这是 1999 年冬天的事情了，迪士尼的娱乐节目笔者已经记不太清楚了，但是这名员工对笔者的态度让笔者记忆犹新。迪士尼的娱乐节目给观众带来享受，迪士尼的员工也要给观众带来愉快。如果你在迪士尼工作，就要认真遵守迪士尼的工作准则认真做事，否则就不能加盟这个组织。他们的做事准则是：上班是上台，工作是演出，员工是演员。

迪士尼的节目和员工存在的目的是给全世界的人带来快乐。如果做不到这一点，你最好早点离开这家公司。而如果你做到了这一点，就会如鱼得水，一帆风顺。要做到这一点，就要学会换位思考：站在顾客、企业的角度去思考，而不仅仅从自己的角度思考。

9. 没有经过努力就不要放弃

2001 年 5 月 20 日，一个叫乔治·赫伯特的人把一把斧子卖给了时任美国总统小布什，因此得到了美国布鲁金斯学会送的金靴子，上面写着"最伟大的推销员"。布鲁金斯学会创建于 1972 年，这个奖励已经空缺了 26 年。1975 年，一个人因为把微型录音机卖给尼克松而获奖。乔治·赫伯特给小布什写了封信，说："总统先生，我很荣幸参观了你家的植物园，那个植物园真是别具匠心，是一个非常好的去处。遗憾的是，一些桑菊树已经枯死了，大煞风景。我知道您特别需要一把斧子把它们砍掉。不过现在出售的斧子不是太大就是太小，不是太快就是太钝。我家有一把老斧头，是爷爷留给我的，特别适合砍掉那样的桑菊树。如果你喜欢，我就把它 15 美元卖给你。"小布什回信寄来了 15 美元，造就了一个伟大的推销员。

8.3.3　利用积极心理暗示建立自信

1. "反正"与"毕竟"是丧失斗志的忌语

当工作或读书不顺利的时候，一般人常会说"反正""毕竟"或"总之"之类的话。例如，"反正我认为不行，毕竟是不行的""总之，我是无能为力了""我毕竟比不上他"，诸如此类，正是一种被拒绝的心境加以正常化的典型。因为这些话已经说出了口，使得本来可以做好的事，也做不好了。一开口就说"反正""毕竟""没办法"或"不得已"的话，这表示要放弃努力，或停止思考的意思。所以，当这些话说完之后，也等于自己的缺点被正常化了，迫使自己再也无法向前踏出一步，而被囿于一个小壳子里。如果你刚好被困于无益的自卑感里，那你得立刻从平时的谈话或文章中，取消"反正"与"毕竟"等令人丧气的两大忌语。纵使这两句忌语浮现在你的脑海里，你也要避免实际去应用它，这样才能增进你的自信。

2. 培植自信，使用肯定式的表现法最具功效

最近，一位水果商谈起生意上的趣事。因为有些水果，很难从外表去判断它是不是很甜，所以，有些客人就问老板："这个西瓜到底甜不甜呀？""你的橘子甜吗？"在这种情况下，如果水果商用暧昧不明的语气回答说："大概很甜吧！"或"我想不会酸吧！"那么十个客人中定有七八个掉头就走。但是，如果改用肯定的语气表示："如果我这里的西瓜不甜，哪里还能买到甜西瓜呢？""我这里绝对不卖不甜的西瓜！"奇怪的是，这些西瓜就能很顺利地脱手。这虽然是商场上的推销手腕，事实上，如果运用心理学上的原理，想在自己的内心里培植自信，首先就得用肯定的方式，这是一个先决条件。只要说"一定不会酸"，而不说"大概不会酸吧"。运用肯定的语气，无疑是获取成功的第一步。

3. 如用肯定的语气可以消除自卑感

有些女人面对着镜子，当她看到自己的身材或肤色时，忍不住产生某种幸福的感受。相反地，有些女人却被自卑感所困扰。虽然肤色都很黑黝，但自信的女人会以为："我的皮肤呈小麦色，几乎可跟黑发相媲美。"她内心一定暗喜不已。可是，一个缺乏自信的女人却因此痛苦不堪地呻吟起来："怎么搞的，我的肤色这么黑。"两个人的心情完全不同。有的女人看见镜子就丧失信心，甚而在一气之下，把镜子摔破。由此可见，一些判断的标准是非常主观而又含糊的现象。只要认为漂亮，看起来就觉得很漂亮，如果认为讨厌，看来看去都觉得不顺眼。尤其，关于自卑感的

情况，也常常会受到语言的影响，所以说，否定意味的语言，对于一个人的心理健康有百害而无一利。

4. 克服自卑感的诀窍是把"我"想成"我们"

我们经常会碰到这种例子，即使是内向的女性在初次生孩子后，其性格也会马上变得很开朗。女人之所以会前后判若两人，最主要的原因是，她那种过分强烈的自我意识部分被孩子分散了，另一个原因是生下孩子以后，她才感受到一种"复数意识"的存在。本来，在尚未生产以前的漫长岁月里，她内心只有"我"的观念，但在这片刻之间，她无意识中就改变为"我们"。

这种情况在心理学里叫作扩散效果，如将"我们"代替"我"时，是把"我"这个"一"的分子比重看轻了。例如一想到"我的头脑很差劲"，心里难免会有自卑感，但若改为"我们的头脑都很差劲"时，那么头脑差劲这种自卑感的压力就会减轻下来。在这种情况下，无疑把自己的自卑感，扩散到"同伴"之间，这就使自己苦恼的孤独感，被吹到九霄云外了。

5. 只要一想到"天无绝人之路"就能减轻不安

因为某种原因而遭遇失败，就会变得心灰意懒，这是人之常情。同样地，大家因为碰到一次失败就以为是到处走不通，而陷入无路可走的心理状态里。这完全是由于失败的体验，跟挫折感息息相关，而挫折感极容易引起人类的感情反应和各种退行现象。所谓退行现象就是指一个人的行为反应跟年龄相反，退化到小孩子的状态。这时候，由于他对环境的反应缺乏柔软性，故对一切状况都不能做出适当的判断。如果要想使自己免于陷入退行现象里，可以试试这样一种诀窍，那就是碰到失败的时候，不妨常常自言自语："此处不留人，自有留人处。""A 谈不成，可以找 B 谈。"当然，可以商谈的对象不只限于 B，还有 C、D、E 等，只要一想到可以商谈的对象比比皆是，那就会心安理得，而没有悲观的必要。如果考不取学校，也不妨回想下面所说的："此校考不取，还有其他学校可以考。"反正学校又不止一所，何况进学校也不是唯一的生存之道，只要一想到此，内心就有了商谈的可能性，而且心情也会开朗起来。

6. 哀莫大于心死，先要振奋自己

广州有个大专毕业生，当他看到广州大学城有 30 多万学生，每个宿舍 4 个人，且必有一个纯净水水桶时，突发灵感创作了一份"水桶广告在大学城的策划方案"，并以此作为自己去广告公司求职的敲门砖。面试时，一位广告公司的老总看完这份报告，打量他半天，说了一句让他意想不到的话："你以为是载体就可以做广告吗？厕所也是一个每人每天都看到的载体呀？"这样一个问题让这个刚刚走上社会且踌躇

满志的大学生感到莫大的屈辱，但他还是迅速冷静下来，镇定地对这位老总说："你可以不尊重我的方案，但你不可以将大学城 30 万人所用的水桶与厕所相提并论，我的方案再无价值，总比那些满大街派传单造成大量污染和浪费要好吧!"从客观上说，这样面试的一个开场对他非常不利，但他本人却没有因此而颓丧，而是振奋自己，不卑不亢。而有些人即使在客观上还不至于绝望，但在主观上就已经软弱下来，结果变得任人摆布。

现代的年轻人似乎都有这种倾向，而且似乎愈来愈强。事实上，人生不能这样简单地就可以表示绝望的，在某种情况下，必须要坚持到底才对。拿破仑·希尔认为，凡事不能先行畏怯，心里失去信心，无异于拆除了主观的心理界限，倘若斗志与意欲都丧失，那就无可救药了。可以高兴地告诉大家，前面所讲的这位大专生以自己的自信、坚定和智慧最终博得了这位广告公司老总的青睐。

7. 把时限用语从脑海中消除，斗志就会源源而来

我们到处都可以碰见"截止"或"时间到了"等限制用语。由于限制时间，可使人在工作或读书方面进行更顺利。但是，倘若一个人的意识被限制得太严格，会令人对于眼前目标的集中力削弱下来，陷入不安的境地。故把这种现象称为限制时间用语的自缚作用，如何避免陷入这种境地，最要紧的是脑海里不许出现"截止"之类的字眼。把物理的界限从脑海中驱逐出去，就能把自己的目标放在明确的射程以内，从此可以产生不少意料不到的可能性。

成功素质测试

下列这些问题可以帮助你了解真正的自我，从而发现自己的闪光点，同时也发现自己需要改进的地方。

(1) 你是否经常抱怨"心情不好"，如果有的话，原因是什么?

(2) 你是否特别会吹毛求疵，小题大做?

(3) 你是否经常在工作中犯错误，其原因是什么?

(4) 你说话是否尖刻无礼?

(5) 你是否故意避免和任何人结识? 如果是的话，为什么?

(6) 你是否经常为消化不良而苦恼，为什么?

(7) 你是否觉得生活忙碌无用?

(8) 你喜欢自己的职业吗?

(9) 你是否经常自怨、自艾、自怜，为什么?

(10) 你是否嫉妒那些超越你的人?

(11) 你大部分时间都在想些什么? 相信失败还是成功?

（12）你的年纪越大，你的信心是逐渐增加还是逐渐丧失？

（13）你是否能从所犯错误中获得宝贵的教训？

（14）你是否允许某些亲戚或朋友为你担心？如果是的话，为什么？

（15）你是否有时候高兴万分，有时候却一落千丈？

（16）谁对你最具启发性的影响？原因何在？

（17）你是否容忍本来你能够避免的消极或沮丧性的影响？

（18）你是否对你个人的外表毫不在乎？如果是，那是什么时候的事？为什么？

（19）你是否学会了如何"排除你的烦恼"，使自己忙得没有时间去理会这些烦恼？

（20）如果你让其他人代你思考，是否会认为自己是"无用的懦夫"？

（21）有多少本来可以避免的烦恼困扰着你？为什么你会容忍它们？

（22）你是否借着酒、药物或香烟来镇静你的紧张情绪？如果是的话，为什么不改用意志的力量来平静你的紧张情绪？

（23）是否有任何人经常对你责骂或抱怨？如果有的话，是什么原因？

（24）你是否拥有一项明确的目标？

（25）你的目标是什么，又打算如何来实现？

（26）你是否有任何方法能够保护你自己不受其他人的消极影响？

（27）你是否懂得利用自我暗示，使你的情绪变得积极？

（28）你最珍视的是什么？是你的世袭财产，还是你控制自己思想的特权？

（29）你是否很容易受别人的影响，而违背自己的判断？

（30）今天是否为你的知识或意识状态的宝库增添了任何有价值的东西？

（31）你是否敢面对令你不愉快的环境，还是回避这种现实？

（32）你是否会去分析你所犯的错误与遭到的失败，从中获得教训？或你认为这不是你的责任？

（33）能够举出你最严重的三个弱点吗？你打算采取什么行动去克服这些弱点？

（34）你是否会鼓励其他人带着他们烦恼来求取你的同情？

（35）你能否从你日常的经验中挑选出你的个人成就和有帮助的教训，并总结它们的影响？

（36）你的存在是否会对其他人产生积极的影响？

（37）别人的什么习惯最令你感到苦恼？

（38）你是否允许自己受其他人的影响？

（39）你是否已学会如何进入一种使你能够保护自己精神意识的状态，而不受所有沮丧情绪的影响？

（40）你的职业是否能使你产生信心与希望？

（41）你是否觉得自己拥有足够的精神力量，使你的意识不受到所有恐惧的威胁？

（42）你的信仰是否能帮助你维持你的积极意识？

（43）你是否觉得你有责任分担别人的忧愁？如果是的话，为什么？

（44）如果你相信"物以类聚"这句话，你是否能分析一下你所结交的朋友，而对自己增加更深的了解？

（45）你能否看得出来，和你最亲近的人之间存在着什么样的关系？你是否有过任何不愉快的经历？

（46）你有这种情况吗：你自认为最要好的朋友，实际上是你最可怕的敌人，因为他对你的意识产生了消极的影响？

（47）你根据什么判断谁对你最有帮助，谁对你最有破坏性？

（48）你所亲近的人，在精神上是优于你还是不及你？

（49）在每天24小时中，你有多少时间是在从事工作、睡觉、游戏与娱乐或获取有用的知识还是在浪费光阴？

（50）在你所认识的人中，什么人最鼓励你，什么人最让你担心，什么人最打击你？

（51）你最烦恼的是什么？你为什么愿意忍受这些烦恼？

（52）在别人主动地向你提供建议时，你是否不假思索地加以接受，而不分析他们的动机是什么？

（53）你最希望获得的是什么？你是否打算得到它？你是否愿意把其他所有欲望都安排在它之下？你每天花多少时间为实现这个欲望而努力？

（54）你是否经常改变主意？若是，为什么？

（55）你做任何事，是否有始有终？

（56）你是否容易对别人的事业或职业、头衔、学位或财富留下深刻的印象？

（57）你是否容易受到其他人对你的想法或说法的影响？

（58）你是否会因为别人的社会或经济地位而迎合他们？

（59）你认为谁是世界上最伟大的？这个人在哪一方面比较优秀？

（60）你花了多少时间来研究及回答上述问题？

如果你已经真诚地回答了上述全部问题，你已经比绝大多数人更为了解，并应用积极自我暗示的方法来发扬优点、抛弃缺点，从而建立积极的自我意识。

资料来源：http：//www. doc88.com/p-7126385720640. html.

成功方法学习
提高自信的6个小方法

1. 发现自己的优点
花一个小时去发掘自己的优点，然后逐点用笔记下来。如，个人专长所在，已做过什么有益有建设性的事，过去什么人如何称赞过自己，家人朋友对自己的关怀，受过的教育，等等。你一定会发现自己许多优点，从而知道自己原来还不差。

2. 找出榜样人物

在认识或不认识的人中，找一个你最羡慕、最敬仰，希望自己可以成为他（她）那样的人做你的人生楷模。这人是司马迁、居里夫人，还是你的姨妈？不管是谁，他们一定有值得模仿之处，他们也一定用过功，受过挫折，付出过代价，那么目前自己的一时失败，又算得了什么呢？

3. 肯定自己的能力

每天找出三件自己做成功的事。不要把"成功"看成登上月球那么大的事，成功可以是顺利跟医生约了治疗时间，上班交通一路畅顺，处理的文件没出一次错，等等。日常生活工作都可以有"成功"与"挫折"之分，一日至少顺利地做了三件事，又怎能说"一事无成""一无是处"呢？知道能把事情做好，等于对自己的能力的肯定，可振作你的精神。

4. 计算已做妥的事

计算自己做妥的事而不是检讨自己还有多少件事没有做。人还没做的事永远多过已做妥的事，如果老想着这个没做，那个没做，便会愈想愈沮丧，会觉得自己能力低、无效率，大为失意。但如果把已做妥的工作列出来，可是长长的一张单子啊，能力还真挺高呢！能这样想，自信心立刻就会大增。

5. 培养某方面兴趣

在自己的优点、专长、兴趣中，找一种（刚刚开始时，一种就够了）来加以特别培养、发展，使之成为自己的强项。虽然还不是专家，但在小圈子中，一提到某件事，大家都公认非你莫属了。专长不必太困难，如弹钢琴、气功治病那么高深莫测，可以简单至做蛋糕、剪头发、游泳、看星星、记电影的中英文名称……什么都可以，有了专长，就有机会做主角，做主角，自然神采飞扬！

6. 发挥自己的外在美

发挥自己的外在美，所谓人靠衣装。衣，固然指衣着，也指打扮，可以不必名牌，但一定要不落伍，要整洁、光鲜、顺眼、出众、大方。尤其在自知情绪低落时，更要穿得鲜艳亮丽些，还得加上化妆及新剪的头发，这样不但自己的坏心情会因打扮而分散了注意力，表情也会生动活泼些。

成功案例借鉴

这里有两个案例，很能说明自信对于胜败的重要作用。

尼克松是我们极为熟悉的美国总统，但就是这样一个大人物，却因为一个缺乏自信的错误而毁掉了自己的政治前程。

1972 年，尼克松竞选连任。由于他在第一任期内政绩斐然，所以大多数政治评论家都预测尼克松将以绝对优势获得胜利。然而，尼克松本人却很不自信，他走不出过去几次失败的心理阴影，极度担心再次出现失败。在这种潜意识的驱使下，他鬼使神差地干出了后悔终生的蠢事。他指派手下的人潜入竞选对手总部的水门饭店，在对手的办公室里安装了窃听器。事发之后，他又连连阻止调查，推卸责任，在选举胜利后不久便被迫辞职。本来稳操胜券的尼克松，因缺乏自信而导致惨败。

小泽征尔是世界著名的交响乐指挥家。在一次世界优秀指挥家大赛的决赛中，他按照评委会给的乐谱指挥演奏，敏锐地发现了不和谐的声音。起初，他以为是乐队演奏出了错误，就停下来重新演奏，但还是不对。他觉得是乐谱有问题。这时，在场的作曲家和评委会的权威人士坚持说乐谱绝对没有问题，是他错了。面对一大批音乐大师和权威人士，他思考再三，最后斩钉截铁地大声说："不！一定是乐谱错了！"话音刚落，评委席上的评委们立即站起来，报以热烈的掌声，祝贺他大赛夺魁。

原来，这是评委们精心设计的"圈套"，以此来检验指挥家在发现乐谱错误并遭到权威人士"否定"的情况下，能否坚持自己的正确主张。前两位参加决赛的指挥家虽然也发现了错误，但终因随声附和权威们的意见而被淘汰。小泽征尔却因充满自信而摘取了世界指挥家大赛的桂冠。

尼克松败于自信的故事和小泽征尔胜于自信的故事，对我们的工作和人生都是很有启示的。中科院著名心理学家王极盛教授说："信心是人成功的精神支柱，对智力的发挥起调节作用。"

案例分析：https://zhidao.baidu.com/question/266614705303107245.html.

成功素质训练

以下训练会对你建立自信心有很大帮助。

1. 挑前面的位子坐

你是否注意到，无论在教堂或教室的各种聚会中，后面的座位是怎么先被坐满的吗？大部分占据后排座位的人，都希望自己不要"太显眼"。而他们怕受人注目的原因就是缺乏信心。坐在前面能建立信心。把它当作一个规则试试看，从现在开始就尽量往前坐。当然，坐前面会比较显眼，但要记住，有关成功的一切都是显眼的。

2. 练习正视别人

一个人的眼神可以透露出许多有关他的信息。某人不正视你的时候，你会直觉地问自己："他想要隐藏什么呢？他怕什么呢？他会对我不利吗？"不正视别人通常意味着：在你旁边我感到很自卑；我感到不如你；我怕你。躲避别人的眼神意味着：

我有罪恶感；我做了或想到了我不希望你知道的事；我怕一接触你的眼神，你就会看穿我。这都是一些不好的信息。正视别人等于告诉他：我很诚实，而且光明正大。我相信我告诉你的话是真的，毫不心虚。要让你的眼睛为你工作，就是要让你的眼神专注别人，这不但能给你信心，也能为你赢得别人的信任。

3. 把你走路的速度加快 25%

当大卫·史华兹还是少年时，到镇中心去是很大的乐趣。在办完所有的差事坐进汽车后，母亲常常会说："大卫，我们坐一会儿，看看过路行人。"母亲是位绝妙的观察行家。她会说："看那个家伙，你认为他正受到什么困扰呢？"或者"你认为那边的女士要去做什么呢？"再或者"看看那个人，他似乎有点迷惘。"观察人们走路实在是一种乐趣。这比看电影便宜得多，也更有启发性。许多心理学家将懒散的姿势、缓慢的步伐跟对自己、对工作以及对别人的不愉快的感受联系在一起。但是心理学家也告诉我们，借着改变姿势与速度，可以改变心理状态。你若仔细观察就会发现，身体的动作是心灵活动的结果。那些遭受打击、被排斥的人，走路都拖拖拉拉，完全没有自信心。普通人有"普通人"走路的模样，做出"我并不怎么以自己为荣"的表白。另一种人则表现出超凡的信心，走起路来比一般人快，像跑。他们的步伐告诉整个世界："我要到一个重要的地方，去做很重要的事情，更重要的是，我会在 15 分钟内成功。"使用这种"走快 25%"的技术，抬头挺胸走快一点儿，你就会感到自信心在滋长。

4. 练习当众发言

拿破仑·希尔指出，有很多思维敏锐、天资高的人，却无法发挥他们的长处参与讨论。并不是他们不想参与，而只是因为他们缺少信心。在会议中沉默寡言的人都认为："我的意见可能没有价值，如果说出来，别人可能会觉得很愚蠢，我最好什么也不说。而且，其他人可能都比我懂得多，我并不想让他们知道我是这么无知。"这些人常常会对自己许下很渺茫的诺言："等下一次再发言。"可是他们很清楚自己是无法实现这个诺言的。每次这些沉默寡言的人不发言时，他就又中了一次缺乏信心的毒素了，他会愈来愈丧失自信。从积极的角度来看，如果尽量发言，就会增加信心，下次也更容易发言。所以，要多发言，这是信心的"维生素"。不论是参加什么性质的会议，每次都要主动发言，也许是评论，也许是建议或提问题，都不要有例外。而且，不要最后才发言，要做破冰船，第一个打破沉默，也不要担心你会显得很愚蠢。不会的，因为总会有人同意你的见解。所以不要再对自己说："我怀疑我是否敢说出来。"用心获得会议主席的注意，好让你有机会发言。

5. 咧嘴大笑

大部分人都知道笑能给自己很实际的推动力，它是医治信心不足的良药。但是仍有许多人不相信这一套，因为在他们恐惧时，从不试着笑一下。真正的笑不但能治愈自己的不良情绪，还能马上化解别人的敌对情绪。如果你真诚地向一个人展颜微笑，他实在无法再对你生气。拿破仑·希尔讲了一个自己的亲身经历："有一天，我的车停在十字路口的红灯前，突然'砰'的一声，原来是后面那辆车的驾驶员的脚滑开刹车，他的车撞了我车后的保险杆。我从后视镜看到他下车，也跟着下车，准备痛骂他一顿。但是很幸运，我还来不及发作，他就走过来对我笑，并以最诚挚的语调对我说，'朋友，我实在不是有意的'。他的笑容和真诚的说明把我融化了。我只有低声说，'没关系，这种事经常发生'。转眼间，我的敌意变成了友善。"咧嘴大笑，你会觉得美好的日子又来了。但是要笑得"大"，半笑不笑是没有什么用的，要露齿大笑才能见功效。我们常听到："是的，但是当我害怕或愤怒时，就是不想笑。"当然，这时任何人都笑不出来。窍门就在于你强迫自己说："我要开始笑了。"然后，笑。要控制、运用笑的能力。

6. 怯场时，不妨道出真情

内观法是研究心理学的主要方法之一，这是实验心理学之祖威廉·华特所提出的观点。此法就是很冷静地观察自己内心的情况，而后毫无隐瞒地抖出观察结果。如能模仿这种方法，把时时刻刻都在变化的心理秘密，毫不隐瞒地用言语表达出来，那就没有产生烦恼的余力了。例如初次到某一个陌生的地方，内心难免会疑惧万分，这时候，不妨将此不安的情绪，清楚地用语言表达出来："我几乎愣住了，我的心忐忑地跳个不停，甚至两眼也发黑，舌尖凝固，喉咙干渴得不能说话。"这样一来，不但可将内心的紧张驱除殆尽，而且也能使心情得到意外的平静。不妨再举一个很实在的例子。有一个位居美国第五名的推销员，当他还不熟悉这行工作时，有一次，他竟独自会见美国的汽车大王。结果，他真是胆怯得很，在情不自禁之下，他只好老实地说出来了："很惭愧，我刚看见你时，我害怕得连话也说不出来。"结果，这样反而驱除了恐惧感，这要归功于坦白的效果。

第9章
CHAPTER9

学会有效沟通

名人名言

一个人的成功15%取决于他的专业知识，而85%来自他的沟通能力和综合素质。

——戴尔·卡耐基

最好的想法，最有创见的建议，最优秀的计划，无不是通过沟通来实现的。

——斯蒂芬·罗宾斯

故事分享

小张和小王都是某公司职员。小张爱较真，每当发现小王的计划书中有可疑的地方时便刨根问底，询问相关的一些数据说明和理论依据。但是在小王看来，这并不是在探讨，而是在逼问。于是小王委婉地表达了自己的感受，小张也立即声明绝没有逼问的意思。只是再次讨论时，小张的嗓门又如从前一般渐渐大起来，口气越发理直气壮起来。日积月累，小王和其他同事已经非常不满，于是不再与小张讨论任何问题，小张和小王所在的团队的工作也因此受到了很大影响。半年后，小张被公司辞退。理由是小张不善于倾听他人意见，特立独行，无法与集体融合。看来小张在团队的作用已变得多余，甚至成为绊脚石。

小张自己深感委屈，认为自己出于好心，热心帮助他人，只是想把公司方案做得更加完善，却想不通自己为何总会给别人不好的感觉。

资料来源：http：//www.docin.com/p-877732588.html.

这个故事告诉我们：信息沟通不只是人与人之间传达信息的过程，也是交流情感的过程。信息沟通具有重要意义，从小处说它能避免人们交往中的误会，从大处说它关系到一个组织的生存和发展。

9.1　认识什么是沟通

9.1.1　沟通

沟通是信息、思想与感情的传递并达到相互了解和理解的过程。沟通是一种信息的传递，是一种思想的传播，是价值观的碰撞。其目的就在于通过与他人交流来影响他人的观点、感受和价值观。

沟通的内容很多，开拓市场、服务客户需要沟通；组织生产、控制质量需要沟通；上传下达、令行禁止需要沟通；发现问题、解决问题更需要沟通。沟通每天都在进行，沟通的对象无所不在。工作上与上司需要沟通、与同事需要沟通、与下属需要沟通、与客户需要沟通、与媒体需要沟通、与政府部门需要沟通；学习上与老师需要沟通、与同学需要沟通；生活上与父母需要沟通、与朋友需要沟通。

在广州招聘会现场，有些毕业生排了数小时的队，却在数分钟内被淘汰出局。究竟是什么原因？从调查的结果来看，沟通能力差是最主要的原因之一。在调查中，有52%的用人单位认为大学生在现场招聘中沟通能力不足。

只有与人良好的沟通，才能为他人所理解；只有与人良好的沟通，才能得到必要的信息；只有与人良好的沟通，才能获得他人的鼎力相助，正所谓"能此者大道坦然，不能此者孤帆片舟"。

9.1.2　沟通的分类

1. 根据沟通所处环境的不同，可分为人际沟通和管理中的沟通

管理中的沟通又被称为组织沟通。人际沟通是指我们与亲朋好友、同事、领导之间的个人之间的沟通，人际沟通一般是以口头沟通结合体态语言沟通为主，书面沟通为辅。

在组织里，沟通对象的选择可以概括为两个要点：第一条是按照指挥链沟通。在组织当中的沟通，按指挥链条，与上下级沟通，可以越级申诉，但不能越级汇报。第二条就是和当事人沟通。简单说就是，谁的问题找谁，我和你之间有了矛盾、有了冲突，我和你之间沟通。这两条，就是组织沟通的原则，也是它不同于人际沟通的特点。组织沟通是以规范的书面沟通或文字沟通为主，以口头沟通和非语言沟通为辅。组织沟通中的规范性不仅表现在使用组织内可共同理解的格式、符号等，也表现在沟通的程序，甚至沟通的时间和具体情景

的具体规定方面。

【小资料】

企业中有两个数字很直观地反映了沟通在企业里面的重要性，就是两个70%。

第一个70%是指企业的管理者，实际上70%的时间用在沟通上。开会、谈判、谈话、做报告是最常见的沟通形式，撰写报告实际上是一种书面沟通的方式，对外各种拜访、约见也都是沟通的表现形式，所以说有70%的时间花在沟通上。

第二个70%是指企业中70%的问题是由于沟通障碍引起的。例如企业常见的效率低下的问题，实际上往往是有了问题、有了事情后，大家没有沟通或不懂得沟通所引起的。另外，是企业里面执行力差、领导力不高的问题，归根到底，都与沟通能力的欠缺有关。

2. 根据沟通途径的异同，可分为正式沟通与非正式沟通

正式沟通是指通过正式的组织程序所进行的沟通。它是组织沟通的一种主要形式，一般与组织结构网络和层次相一致。正式沟通根据信息的流向，又可分为自上而下的沟通、自下而上的沟通、横向沟通和斜向沟通，它们分别又是组织内部纵向协调和横向协调的重要手段。

非正式沟通是指正式制定的规章制度和正式程序以外的各种沟通渠道。非正式沟通一般有四种方式：单线式是通过一长串的人把信息传递给最终的接受者；流言式是某人积极主动地寻找和告诉别人信息；偶然式是一个不规则的过程，信息的某发送者在这个过程中随机地把信息传递给别人，然后这些接受者又按同一方式告诉别人；集束式是某发送者把信息告诉经过选择的人，此人又依次把信息转告其他经过选择的人。

【小案例】

日本公司经理十分注重鼓励工人参加由工厂组织的社团活动。这种社团均为非正式组织。例如丰田汽车公司大力号召职工参加本公司的运动会和文化教育会。橄榄球、排球、垒球、游泳、滑雪等项目约有1 000名会员；围棋、日本象棋、纸牌、吹奏乐团、吟诗等约有1 800名会员。此外，还经常举办综合运动会、游泳大会、夏令营、成人仪式等活动，平均每月有一次活动。公司认为这些活动不仅可以使职工的身心愉快，寻求自己的快乐，而且可以加深人与人之间的关系。而正是非正式组织的沟通促进了正式组织的管理与发展。

资料来源：http://www.doc88.com/p-7784211545470.html.

3. 根据信息载体的异同，可分为语言沟通和非语言沟通

【小案例】

小王是新上任的经理助理，平时工作积极主动，效率高，很受上司的器重。一天早晨小王刚上班，电话铃就响了。为了抓紧时间，她边接电话，边整理有关文件。这时，有位姓李的员工来找小王，他看见小王正忙着，就站在桌前等着。只见小王一个电话接着一个电话。最后，他终于等到可以与她说话了，小王头也不抬地问他有什么事，并且一脸的严肃。然而，当他正要回答时，小王又突然想到了什么事，与同室的小张交代了几句……这时的老李已是忍无可忍了，他发怒道："难道你们这些领导就是这样对待下属的吗？"说完，他愤然离去……

资料来源：https：//wenku. baidu. com/view/2a8d846b192e45361066f5f1. html.

语言沟通包括口头语言沟通和书面语言沟通。非语言沟通指抛开自然语言，以人自身所呈现的静态及动态的信息符号与副语言来进行信息传递的表述系统，它包括仪表、服饰、动作、神情，还包括目光、发型、肌肤、体态、音质、音色等非语言信息作为沟通媒介进行的信息传递。美国传播学家艾伯特·梅拉比安曾提出一个公式：信息的全部表达 = 7% 语调 + 38% 声音 + 55% 肢体语言。

【小案例】

阿维安卡 52 航班的坠落

1990 年 1 月 25 日晚 7 点 40 分，阿维安卡 52 航班准备在纽约肯尼迪机场降落。按理说降落只需半个小时，而机上油量可维持近 29 个小时飞行，不会有什么问题，但问题就是发生了：9 点 34 分，耗尽燃料的飞机坠毁于长岛，机上 73 名人员全部遇难。

调查人员调查了飞机座中的黑匣子并与地面管理人员交谈之后，发现导致这一悲剧的原因，竟是沟通障碍。起初，飞行员只说"燃料不足"，这是他们常说的一句话，没被交通管理人员重视。一位管理员说："如果飞行员表明情况十分危急，那么所有的规则程序都可以不顾，我们会尽可能以最快的速度引导其降落的。遗憾的是，52 航班的飞行员从未说过'情况紧急'。"所以，机场管理人员一直未能理解飞行员的语调，飞行员也没向管理员传递出燃料紧急的严重信号，其语调是冷静而职业化的。

沟通障碍是导致这一悲剧的原因，我们要重视沟通。

资料来源：http：//blog. sina. com. cn/s/blog_5fc38cd60101foft. html.

非语言信息往往比言语更能打动人。如表 9-1 所示，肢体语言的行为含义。因此，如果你是接受者，你必须确保你发出的非语言信息能强化语言信息的作用。如

果你是接收者，你同样要密切注视对方的非语言提示，从而全面理解对方的思想、情感。

表 9-1　肢体语言的行为含义

肢体语言表述	行为含义
手势	柔和的手势表示友好、商量，强硬的手势则意味着：我是对的，你必须听我的
脸部表情	微笑表示友善礼貌，皱眉表示怀疑和不满意
眼神	盯着看意味着不礼貌，但也可能表示兴趣，寻求支持
姿态	双臂环抱表示防御，开会时独坐一隅意味着傲慢或不感兴趣
声音	演说时抑扬顿挫表明热情，突然停顿是为了造成悬念，吸引注意力

9.2　沟通的功效与原则

9.2.1　沟通的功效

"做比说更重要"——这是迄今为止包括许多管理人员在内的大批职业人士的一致观点，在他们看来，沟通不过是一个耍嘴皮子的功夫，算不得真正的能力。然而，我们必须清醒地看到这样一个现实：当企业逐步开放走向市场和改革的前沿时，人与人之间、企业内部、企业内与企业外的沟通，正日益显示出它的巨大作用。时下越来越热的企业信息化，事实上也正是为了加强企业内外各方的交流与沟通。因为准备不充分而手忙脚乱，漏洞百出；因为不小心说错话而陷入尴尬的僵局；甚至因为处理不当而得罪和失去客户；等等。这些都是许多职场人士，特别是新进员工经常会遇到的疑虑和困惑。

1. 沟通是工作重要的内容

这是一张业务员一天的工作清单（见表 9-2），你可以看出他很多的工作时间是用来沟通的。

表 9-2　业务员一天的工作清单

时间	工作内容	是否需要与人沟通
9:00	和团队领导讨论就新产品拜访客户的具体事宜	是
9:30	思考分析客户心态及需求，拟定电话商谈内容及各个细节	否
10:15	给三个客户打电话，约定有关新产品推广的登门拜访时间	是
10:40	接听电话，给别人传口信	是
…	…	…

请再看一组惊人的数字。

在杰克 E. 赫尔伯特 1996 ~ 1998 年所做的研究报告中，人们发现，其工作时间的 70% 被用于沟通，其中 45% 被用于聆听。

另一项权威的统计表明，除去睡眠时间，人们80%以上的时间都用在传递或接受信息上。

所以在你的工作中，没有任何一件事情是可以完全不与他人打交道的。

2. 有效沟通可以提高工作效率

团队领导交给你一份十分重要的工作，可是因为缺乏有效的沟通，你就有可能不能如期完成，从而失去一个客户；你因为工作而需要得到一些必需的资料和工具，可是因为沟通不利就有可能不能尽快落实，导致耽误你的工作进度。由于沟通不利而导致的工作问题经常存在。如果员工之间彼此经常交流、相互沟通，将在很大程度上有益于整体的发展，最终取得更大的成果。

【小案例】

小米是公司新来的工程部职员。在新的项目实施方案里，她被分配到了一定的任务。项目经理在会议上安排好了各自的任务之后，就让大家分头去做。

一周之后，当经理要求大家把各自完成的工作予以汇总时，却发现小米的那一部分与整个目标出现了偏差。原来，由于没有及时沟通，小米只是按照自己的理解和想法去做，而经理则忽略了这一点，他以为小米应该已经明白了自己的要求。这个时候，离项目预算的时间已经不远了，经理决定改变工作方式，从原来的一周一次大型沟通调整为每天一次灵活的小型沟通，以加强大家之间的沟通与交流。这样一来，小米的偏差很快得以纠正，并且很快地适应和融入了这个团队之中。最后，大家发现，尽管小米一开始出现偏差而耽误了时间，但后来小米的项目进度却是他们之前所有项目当中最快的；而通过这种方式，小米的各项能力也获得了很大的提高。

资料来源：http://www.docin.com/p-1917852982.html.

3. 有效沟通可以实现资源共享

彼此之间的知识交流对于成功同样重要。如果人人都把自己的知识与他人分享，彼此互补，运用大家的知识使问题得到解决，那么那些缺乏经验的新手的能力会迅速提高，问题也会得到及时解决。对于企业来说，新进员工与老员工之间任何形式的合作，肯定都会存在一定的偏差，因为新进员工还缺少经验和一些必需的知识。如果能通过沟通让他们尽快熟悉和掌握这些知识和技能，他们一定能更好地配合团队的整体工作，从而大大加快工作的进展。

4. 有效沟通可以更好地表现自己

有效的交流沟通能使你充分表现自己各个方面的能力，如发动能力、任务分配能力、组织能力、解决问题和获取信息的能力等，都是以交流沟通能力为基础的。

如果你觉得目前的岗位不是很适合自己的发展，或是想得到一个更好的机会，你就必须在沟通中充分表现自己的能力和素质，赢得同事和上司的信任和好感，这样你的目标才能较快地实现。

【小案例】

兵在学校时是个颇为活跃的积极分子，学校里大大小小的比赛、各类文娱活动等他都会踊跃报名参加，聪明的天性加上兴趣和良好的锻炼，使得兵的能力得到了全面提高。可以说，毕业时的兵，是个全面发展、热情洋溢的小伙子。

兵毕业后进了一家公司从事销售工作，由于与他原来的专业不太对口，加上工作的强度较大，他渐渐忽略了自己的兴趣和特长，工作对他来说也日益失去了吸引力。兵不明白，原本热情开朗的自己怎么会变得越来越消极和没有活力？后来，兵偶然遇到了自己大学时的同学，通过与同学的交流，兵才突然醒悟到自己的失误。从这以后，兵一改以前的沉闷，在工作之余，他总是利用一切沟通的机会，不失时机地提出一些中肯的意见和建议，并且在不会引起什么非议和影响的情况下尽可能多地争取一些工作任务，尽管有时候这些工作并不属于他的职责范围。

渐渐地，同事们都认为兵是个多才多艺、热情洋溢的小伙子，团队领导也注意到了他的表现，并开始有意识地交给他一些难度较大的其他任务去做，兵通过这些工作也获得了更多的与团队领导交流的机会。不久，当公司进行人事调整时，兵如愿以偿地被提升到了一个更适合他发展的职位。

对个人来说，你与人们沟通得越充分，你就越有可能实现自己的目标。

5. 有效沟通创造良好工作氛围

如果每个员工都"消息灵通"，确切地知道下一步要做什么，并且掌握所有必要的信息，整个公司一定会处在一种井井有条的运作状态。

在这里，你的意见和建议很受欢迎，同事给你以帮助，在你身边没有疑惑的眼光，没有谣言的传播，你不必为你办事的方式担心。在这样的环境下，你的工作一定能事事顺利，得心应手。

9.2.2　六条经典沟通原则

（1）互相尊重。只有给予对方尊重才有沟通，若对方不尊重你时，你也要适当地请求对方的尊重，否则很难沟通。

（2）不批评、不责备、不抱怨、不攻击、不说教。批评、责备、抱怨、攻击都是沟通的刽子手，只会使事情恶化。

（3）讲出来。尤其是坦白地讲出你内心的感受、感情、痛苦、想法和期望，但绝对不是批评、责备、抱怨、攻击。

（4）不说不该说的话。如果说了不该说的话，往往要花费极大的代价来弥补，正是所谓"一言既出，驷马难追""病从口入，祸从口出"，甚至还可能造成无可弥补的终身遗憾！所以沟通不能够信口雌黄、口无遮拦；但是完全不说话，有时候也会变得更恶劣。绝不口出恶言，恶言伤人，就是不要"祸从口出"。

（5）理性沟通。理性地沟通，不理性不要沟通。不理性只有争执的份，不会有结果，更不可能有好结果，所以，这种沟通无济于事。情绪中不要沟通，尤其是不能够做决定。情绪中的沟通常常无好话，既理不清，也讲不明；而且在情绪中，很容易冲动而失去理性。如，吵得不可开交的夫妻、反目成仇的父母子女、对峙已久的上司下属，尤其是不能够在情绪中做出情绪性、冲动性的决定，这很容易让事情不可挽回，令人后悔。

（6）说"对不起"。说"对不起"，不代表我真的犯了什么天大错误，或做了伤天害理的事，而是一种软化剂，使事情终有"回旋"的余地，甚至还可以创造"天堂"。主动承担责任，承认"我错了"是沟通的解冻剂，可解冻、改善与转化沟通的问题。一句"我错了"勾销了多少人的新仇旧恨，化解了多少年打不开的死结，让人豁然开朗，放下武器，重新面对自己。

成功者都懂得人际沟通的技巧，成功者都非常珍视人际关系的能力。

9.3　有效沟通的基本方法

从第一天上班起，你无时无刻不在和别人进行着沟通，和同事、和上司、和客户，一句话，没有什么比沟通更重要的了。沟通，远远不止说话这么简单。你一定会经常遇到这样的情况：和同事为了一个合作项目争执了起来，弄得双方都很不开心，而实际上，你们只是为了探讨一个也许更有效的方法；没有很好地完成上司交代的工作，可你却觉得自己一肚子委屈，因为你感觉自己已经尽力了；接到一个客户的投诉电话，尽管你已经尽力克制自己不要发火，可愤怒的客户还是对你摔了听筒。为什么会出现这样的情况呢？道理其实很简单：你们没有很好地进行沟通。也就是说，在沟通的技巧和方法上，你还存在很大需要改进的地方。

9.3.1　围绕中心，条理分明

有位工程顾问，他的任务是劝说制造商降低生产成本。他发现，有时只需要两滴胶水就可以做好的事，而人们往往要用五滴乃至更多的胶水。这种浪费不仅导致工厂的生产费用增加，而且还需要工人们花费更多的时间来把多余的胶水擦掉。

　　同样的道理，谈话也往往会有多余之处，一个字就可以说明白的话偏偏要用上整整一打字。许多担任企业行政管理职位的人几乎都认为：在商业场合里，最让人头疼的就是说话不按条理的习惯。不知道有多少人的时光都因此而被销蚀一空——浪费在那些信口开河、多余无聊的话题中去了。

　　即使是最浅显的交流，你也必须保证有个可以收放的中心所在。为了帮助你更好地把握自己的每一次沟通，你可以按照信息的六要素，即人物、时间、地点、原因、目的、事件，来进行沟通的准备，它能很清晰地将你的表达条理化，并且始终紧扣中心。

【小案例】

　　下面是一则信息的条理化分解：

　　刘强先生是××公司的总经理，他想让张涛在北京开一家分公司。张涛具备很强的管理能力和丰富的实践经验。首先，找出信息的六要素。

　　目的：让张涛开一家北京分公司，并主管经营。

　　原因：这家分公司的成立是必然的，并且张涛是最佳人选。

　　开业时间：明年 10 月之前。

　　事件：三个月之后，将张涛从他目前的部门调出，投入全部精力筹划北京分公司的开业。

　　地点：北京。

　　参与人员：张涛和一些管理人员。

　　现在，有条理地列出这则信息的重要内容：

　　(1) 张涛将主管经营一家新开业的北京分公司。

　　(2) 经过讨论决定他是最佳人选。

　　(3) 新公司决定于明年 10 月 1 日开业。

　　(4) 张涛三个月后调离现在所在部门，专门负责筹划这项工作。

　　(5) 工作地点是北京。

　　(6) 这家新公司将得到行政管理的支持。

　　(7) 最后提问并征求大家的意见。

　　这则信息的最终表述是：

　　"张涛，你知道，明年年底公司将在北京开一家分公司。这是我们进军北方市场的第一步，因此能否一炮打响至关重要。考虑到你的能力和经验，所以我想让你从头到尾负责此事——从公司筹备到开业，再到经营。对公司来说，这是一件好事；对你个人来说，这也是个人发展的一个好机会。三个月后，你将开始着手这项工作，公司上下都会给你以大力支持。现在，谈谈你对此事的看法如何？"

采用言语沟通的方式，围绕一个中心，并且条理分明地传递一则信息。条理分明的表述，可以按照事情的发展顺序，也可以根据事物的逻辑关系。如果是比较特殊的事物，如一个实体，则可以预先设定一定的顺序，比如先××后××，从××到××等。在沟通的准备阶段，这些都可以通过确定信息的六要素和罗列主要内容来体现。尽量使自己的表述简洁并且清晰，不要涉及太过复杂的关系或事物，这将对你的工作开展带来很大的帮助。只有这样，他人才能清楚地理解你的需求，并且较为迅速地为你提供相关的信息和帮助。如果是与客户沟通，清晰简洁的表述将使你能尽快表明自己的观点和目的，从而冲淡紧张和不安的心理，同时也能给客户留下较好的第一印象。

9.3.2　注意语言的使用

1. 慎重使用专业术语

【小训练】

林是一家化妆品公司的推销员，在公司的新产品推广中，她负责向顾客推荐和介绍产品。为了让自己的解说更有说服力，她在活动前一天花了一整天的时间来准备，把有关这个产品的成分介绍、提炼方法等背得滚瓜烂熟。所以，当她面带微笑地站在展示柜台前时，她满心期待地相信自己一定能有出色的表现。林首先接待的几位顾客都是看起来很有修养和学识的白领女性，因此，当她熟练地说出那些有效成分的名词时，她们表现得很有兴趣，并且最终购买了试用装。林对自己的表现简直兴奋极了。后来，当林试着用同样的语言向一位看起来像是普通打工妹的姑娘介绍时，姑娘却皱起了眉头连声说道："我从来没用过这个产品，也从没听说过它，我是不会用自己不熟悉的化妆品的。""可是，它所含的这种××成分确实十分有效啊！"林还想继续努力来说服她，可是这位姑娘却马上抽身而去了。林愣住了，她不明白，为什么打动了那些白领的话此刻却会失灵呢？

你能说出林不能明白的道理吗？为什么同样的话在面对不同的沟通对象时结果会大相径庭呢？如果你是林，你应该怎样向这位打工妹介绍？

其实，林只是没有明白，她在介绍产品时使用了大量的专业术语和名词，那些受过高等教育的白领自然能够理解和接受，对她们来说，这样的表达反而更具说服力；而那位普通打工妹，则因为从来没听过这些名词而无法理解，甚至会认为林是在利用她的无知而哄骗自己，这样一来，林的推销结果自然只能是失败了。

我们的建议是，林应该避开这些专业名词和术语，从侧面入手来介绍。比如，可以先询问这位姑娘以前都使用过哪些产品，效果怎样，尔后可以抓住其不太满意之处，用浅显的语言来介绍自身产品的使用效果，这样就有可能消除其排斥心理而达到推销效果。

沟通是要更清楚地让对方了解你的意见，虽然专业术语能正确地表达一个定义完整的概念，但前提是你沟通的对象也能明确地知道专业术语的含义，否则你传达给对方的是不完整、无法让人充分了解的信息。

试想一下，你是一名刚参加工作的公司销售人员，为了推广一种全新的清洁产品，你必须深入到那些零售商店当中去了解情况，你的沟通对象是那些也许受教育程度不是太高的小老板。如果你满嘴"有效成分""创新配方"之类的话，他们会被你的话语弄得满头迷雾，在这种情况下，他们还能心平气和、热情坦诚地向你提供有效信息吗？

因此，在沟通中，专业术语的使用一定要因人而异，弄清楚你的沟通对象是否和你是同行，或者对你将要表达的内容是否能毫无障碍地理解，这样你才能决定自己的表达是否应该采用专业术语，以及要用到一个什么层次。

2. 多用积极语言

【小案例】

一位华侨老太太游武夷山时，不小心把自己心爱的长裙划破，顿时游兴大减，山路也不愿走了。陪同她的女导游见状，和颜悦色地说道："你看，这是武夷山对你有情呢！它不想让你匆匆离去，想让你多看它几眼呢！"老太太听了，立即转忧为喜，站起来兴致勃勃地继续登山了。

资料来源：http://www.doc88.com/p-919950768277.html.

任何事物都有它积极的一面，用积极的语言来劝导和说服，可以让一件不愉快或是消极的事情也变得颇具喜剧色彩。

中国有句古话叫"良药苦口利于病，忠言逆耳利于行"，意在告诫人们要听得进批评；但事实上，从人的本性上来说，没有一个人是真正能毫无心理芥蒂地接受他人的批评的。即使像唐太宗那样以严格要求自己，善于纳谏而流芳于世的明君，也有难以平心静气而发怒的时候。

在喝难以下咽的中药时，许多人会借助于一小块糖来冲淡其苦涩；同样道理，在所有不得不提出批评或指责时，如果我们能采用一种更巧妙的表达方式，让忠言在"利于行"的同时还能够"顺耳"，这样的沟通效果不是会更好吗？

用积极语言来侧面含蓄地表达你的批评意思，可以有效化解批评时的尴尬与抵触情绪。即使对方知道这是一枚"苦果"，但因为包裹了一层"糖衣"，他也会更乐意吞下去。

下面的词语或句子是你应该尽量避免的：

你不得不……

你应该……

你得……

你必须……

我们把一些你经常会在不经意中用到的不太妥当的表达形式列了出来，并且向你提供了一些比较可行的形式（见表9-3），你可以根据具体的情况加以选择使用。

表9-3　应该避免的和比较可行的语言表达形式

应该避免的	比较可行的
你的错误/问题/毛病/缺陷	你的反馈/对此的关切
当然……	……比较合适
我跟你说……	也许我可以建议……
你肯定弄错了……	也许，你可能有些误会……允许我澄清一下……
我叫你马上……	我明天下午会找你一下……
你为什么不……	这里面的原因恐怕是……

如果要对别人表示你的安慰和同情，你也要注意使用积极的语言。

假设你是个新进员工，去探望生病住院的团队领导。这本该是个很好的增进了解的机会，可是如果你一见面就说："唉！你这样身体强壮的人怎么会生病呢？真是太糟糕了！"之类的话，相信不但不会增进团队领导对你的好感，反而可能因此招致他的厌恶。

因此，在你与他人的沟通中，请尽量用建议性的话语来代替批评性的话语，用积极语言代替消极评论，这样既可以避免可能给对方造成的负面影响，同时又能达到给自己传送信息的目的。

9.3.3　避免将个人意见权威化

【小案例】

伟上大学时曾担任学生会主席，由于他能力出众，口才也很好，只要是他提出的意见和建议一般都能很快被采纳和实施，于是伟逐渐形成了一种颇为自负的心理，总以为只要是自己的意见和想法，没有得不到认可的。

毕业后伟进了一家中外合资的公司做销售，他的才能在这里似乎又一次找到了发挥的场所，对工作十分热情投入的伟，每次在销售会议上都会慷慨陈词，提出一个又一个的意见，"我觉得应该要这样……""我想这肯定是因为……""这件事情必须……"这样的话是他用得最多的，并且每次他都要"据理力争"，直到同事自动退出争论为止。

　　渐渐地，很多时候伟再提出意见时，同事们很少和他争执了。伟刚开始还以为是自己的意见正在被大家更普遍地接受的缘故，可是后来当伟发现自己的热情似乎不再像以前那样能打动别人时，他感到自己正在受到某种孤立。

　　伟开始不安起来，他不明白：喜欢提意见也会有错吗？

　　资料来源：https：//wenku.baidu.com/view/89348809f12d2af90242e6d7.html.

　　喜欢提意见并没有错，应该注意的是提意见的态度和方式。

　　伟因为在提出意见时表现得太过固执和强硬，无形中将个人的意见权威化了。而在一个团队里面，合作和统一才是最根本的，个人的意见只能作为参考，要尽量避免将个人意见权威化，因此，伟的这种"权威"作风势必导致同事的不满。

　　在面对很多事情时，人们的看法和意见很难完全一致；在团队中，任何个人的意见都只能作为一种参考来加以选择，否则这个整体将难以有效地完成既定的任务。

　　将个人意见权威化的直接后果将是导致互相产生隔膜或怨气，即使对方勉强接受了你的意见，心里也会不服气，容易埋下矛盾的种子。如果是面对客户，那么你很有可能会因此失去这个客户的忠诚。

　　另外，你绝对不能保证自己的想法总是正确的。所以，在沟通中，多听取对方的意见，征询他人的看法和建议，将有助于你找到最合适、最有效的解决问题的方式和途径。

　　对于新进员工来说，请一定要记住这一点，没有什么比喜欢把自己的意见权威化更可怕的事情了。因为那会意味着你不够谦虚，妄尊自大，不能很好地融入并配合整个团队——尽管你可能并不想这样做。

9.3.4　和沟通对象尽量保持一致

　　当和我们相似的人在一起时，我们会感觉最为舒适。当他人的行为和我们迥然不同时，我们就非常难以适应他们的风格。因此，在调整节奏时，聆听者既要关注说话人的说话内容，也要关注他当时的行为举止，然后有意识地努力做到更像说话人，如果对方觉察到了这些相似点就会感到放松。当然，运用这一技巧，并不意味着去操纵他人。在沟通中，你可以按照下面任何一种方式，把自己调整到和沟通对象尽量保持一致。

　　（1）使你的语速和说话人一致，并根据需要加快或放慢。

　　（2）改变你的音量以求与对方的一致。

　　（3）留意并使用和对方一样的话语用词。

　　最后强调你的调整要自然、真诚，要表现出希望建立默契的态度。当然，如果你太刻意模仿，则会被误解为戏弄，那么我们所试图建立的默契也就不复存在。因此，你必须把握好这个调整的过程。

9.3.5　身体语言比口头语言更可信

【小案例】

刘明被提升为一家广告公司的副总，但员工们认为他经常情绪不佳，因为他总是一脸严肃。他自己也很纳闷，因为他的家人总是会问他："你出什么事了？"直到他在镜头前进行了实验录像，才明白别人的看法。他这个人，即使是心里高兴，表面上也不会流露出来。令人吃惊的是，当他尝试夸大微笑的表情时，看起来并不夸张，反而显露出他的兴奋和热情。

1. 保持微笑并适时点头

自信亲切的微笑能让你在沟通中更具魅力和感染力，从而更容易打动对方。微笑，我们可以说它是"最廉价的礼物"，它可以有效地消除彼此间的隔膜；适当地点头则能吸引别人和你继续谈话，因为你的表现会让他更有信心，而你也可以获得更多、更有效的反馈信息。

通常，点头代表着两层意思：

第一，表示你听懂了对方的意思。

第二，表示你赞同对方的观点或说法。

因此，在沟通中，如果你能始终保持微笑并适时点头，就能使整个沟通的气氛更轻松、更愉悦，同时也能更有效地对整个沟通进行调控，使交流更深入、更细致。

2. 身体适度前倾

如果你仔细观察，就会发现在沟通中，身体微微前倾的人，往往更能给人以真诚和谦逊的感觉，而这一点，往往可以激发对方更大的热情来回应。因为，没有几个人会拒绝人们诚恳的请教，这对他们来说，本身就是一种满足。

在沟通中，有意识地注意将身体前倾，这一点对于新进员工来说尤为重要——它能传达出你的虚心与诚恳，从而使对方更能接受和认可你，并且乐意给你更多的指点和帮助。

3. 保持真诚有效的目光交流

在沟通中，适当地和对方目光接触并进行交流，能拉近双方在心灵上的距离，使沟通在一种更融洽、更宽容的状态下进行；否则，如果你眼睛一直盯着其他地方，对方会感觉自己被你忽略，或者你是在借此来表示对他的不屑与轻慢，这样，沟通就很容易陷入尴尬的僵局之中。

下面是一些忽视或没有很好地运用目光交流的例子。

业务员张然习惯盯着聆听者的下部脸颊。他给人的印象是迟钝呆板、难以接近，但他自己却毫无察觉。

马丽已经是一家公司的人事经理了。可她与别人面谈的时候，经常一边谈着话，问着问题，一边却望着窗外，一副冷漠孤傲的样子。

林华是个很棒的专业培训师，她特别擅长以动人故事和个人轶事来打动听众。但是，她说话时，凝视听众的时间大约只有半秒钟，这样就削弱了她的个人感染力。尽管她觉得自己善于运用目光交流，但是有些听众却感觉不到她是在跟他们交流。

真诚地凝视对方，这是沟通中一条非常有效的目光法则。与个人沟通时，正常的目光交流应当是 5~15 秒；与群体沟通时，时间就应该是 4~5 秒。如果你能把这个作为一种习惯，当你在沟通中感到压力时，你就能不假思索地保持自信的眼神。

作为新进员工，你可能对在沟通中凝视对方还有些不太自然，但是，如果你试着用自己的真诚来对待对方，并且将这种真诚尽可能地体现在你的眼神里，你会发现，原本的那份陌生和不自然在不知不觉间已经被消融掉了。

4. 不要双手抱在胸前

双手抱在胸前，会给人一种傲慢和受排斥的感觉。因为人与人之间的交流，最被看重和讲究的就是坦诚，只有建立在坦诚的基础上，才能使沟通趋向深入和实质；而双手抱在胸前，从表面上看就是封闭了自己的心扉，因此很容易被人认为是有意识的排斥和拒绝。

所以，在沟通中，最好不要双手抱在胸前，如果你无意识地这样做了，也要立刻向对方表示自己的歉意。让沟通在信任和友好的气氛中进行，这种"近距离"的交流会更富有成效。

9.3.6 学会认真聆听

【小案例】

曾经有个小国的使臣到中国来，进贡了 3 个一模一样的金人，巧夺天工，把皇帝高兴坏了。可是这小国同时出一道题目：这 3 个金人哪个最有价值？

皇帝想了许多的办法，请来珠宝匠检查，称重量，看做工，都是一模一样的。怎么办？使者还等着回去汇报呢。

最后，有一位退位的老大臣说他有办法。

皇帝将使者请到大殿，老臣胸有成竹地拿着 3 根稻草，插入第 1 个金人的耳朵里，这稻草从另一边耳朵出来了。第 2 个金人的稻草从嘴巴里直接掉出来，而第 3 个金人，稻草进去后掉进了肚子，什么响动也没有。老臣说：第 3 个金人最有价值！使者默默无语，答案正确。

这个故事告诉我们，最有价值的人，不一定是最能说的人。老天给我们两只耳朵、一个嘴巴，本来就是让我们多听少说的。善于倾听，才是沟通能力强的人最基本的素质。

1. 选择：听取信息

从身边无穷无尽的声响中，我们选择所要听取的内容。这些内容从短时记忆到长时记忆不等，其中短时记忆只能"临时贮存"来自五官的信号。为了防止我们接收太多的刺激，短时记忆容量有限，而且容易中断。如果听到的信息不被大脑认知和选择处理，很快就会被去除，不被记住。从某种意义上来说，人类也是按预定程序工作的。我们对于所要聆听内容的选择是基于兴趣和需要做出的。

李明喜欢投资股票和债券，他总是对这方面的信息"竖起耳朵"；

张莉总是注意关于消费者权益的讨论；

刘强时刻关注他所喜欢的足球队的比赛成绩。

我们选择所要聆听的内容，常常是基于我们过去的选择。当这些信息有趣或者重要的时候，我们则会给予注意。

通常，我们选择去聆听，是因为：该信息重要；我们有兴趣；我们过去听过这类信息；我们喜欢或尊敬说话的人；等等。

有时，即使在我们选择去聆听的时候，生气、困惑、悲伤或敌意都可以充作"情感耳塞"。我们倾向于聆听所期望或想听到的内容。

也许我们在多数情况下都不能精确地解释所听到的内容。聆听是一个复杂的过程。说话者向聆听者发出的信息，既有语言的，也有非语言的。

非语言提示或称身体语言，是指说话者通过手势、脸部表情、目光和姿势等所传递的信息。好的聆听者知道通过耳朵、眼睛、内心、头脑和直觉这 5 个渠道来解释说话者的非语言反馈、非语言提示，加上语调，印证或否认语言信息。

当对说话者意图不肯定时，好的聆听者会要求对方重复或阐释："你说的是否是这个意思……""我是这样理解你的……对吗？""我不敢肯定是否明白了你的意思，可以说得更具体一些吗？"

2. 全面：评估信息

好的聆听者在形成自己的观点以前，一定要确保自己已经获得了所需要的关键信息。他们不会基于偏见或一知半解来妄下结论，他们可能会赞同或反对说话者。

优秀的聆听者并不意味着自动盲从说话人。好的聆听者在权衡、分析所有的证据之后，才会做出最后的决定，或者做出书面或口头判断。

当我们基于所有可以得到的信息来做出决定时，我们就会做出认真公正的评估；当我们机械地思考或者草率地下结论时，我们的评估就会遇到问题。我们在聆听他人说话时，必须心境平和而不是心存偏见。我们是在评估还是在做主观的价值判断？这是我们必须时刻提醒自己的一点。

3. 积极：回应信息

回应对于沟通的成功是非常关键的，聆听者正是通过语言或非语言的反馈告知说话人他所听到的内容和所听到的方式。好的聆听者会积极地给说话人提供反馈以完成这个沟通的过程。

好的聆听者有强烈的愿望去达成共识。富有信心的回应可以告知说话人：一是信息被听到了；二是信息被理解了；三是信息得到了恰当的评估。

当知道有人聆听时，人们会表现得最为出色。

你是否经常看到或亲身经历下面几种情况：找借口回避某位同事，只因为不想听他闲聊浪费时间；开会或讨论时找借口避开那些人们认为无聊的发言者。其实，这种消极躲避的办法并不能解决根本的问题。相反，通过期望他人优秀，给这样的人以机会，让他们发表有见解的观点，我们就可以帮助他们获得成功。

作为人类，我们每个人都永远迫切地需要被人聆听，被人理解，当我们暂时抛开自我的需要，真正地聆听他人说话时，人们会很自然地放下伪装，更自然、更富有逻辑地对我们说话。

期望在我们的生活当中扮演着强有力的角色，作为聆听者，你可以通过以下技巧来帮助说话人：提问、表现出兴趣、表示关心、给予注意。

9.3.7 恰当使用自己的肢体语言

恰当地使用自己的肢体语言，要求我们做到以下几点：

（1）经常自省自己的肢体语言。自省的目的是我们检验自己以往使用肢体语言是否有效、是否自然、是否使人产生过误解。了解了这些，有助于我们随时对自己的肢体语言进行调节，使它有效地为我们的交往服务。不善于自省的人，经常会产生问题。如，有的性格开朗的女孩，她们在和异性交往中总是表现得很亲近，总是令人想入非非。而实际上，女孩根本就没有什么特别的意思。这时女孩应该自省，自己是否总是使人产生误解，如果是，则应注意检点自己的行为。如果不注意自省，可能会使人误解。

（2）有意识地运用肢体语言。我们可能会注意到，那些比较著名的演说家、政治家，都很善于运用富有个人特色的肢体语言。这些有特色的肢体语言并不是与生俱来的，都是经常有意识地运用的结果。五种最具影响的建立融洽关系的非语言行为是：微笑、触摸、肯定地点头、即时行为、目光注视。

（3）注意肢体语言的使用情境。如在严肃庄重的场合勾肩搭背给人不协调的感觉。

（4）注意自己的角色与肢体语言相称。肢体语言的使用一定要注意与自己的角色以及生活情境相适应。某名牌大学的一个毕业生，到一家公司去求职。在面试时，这位自我感觉良好的大学生一进门就坐在沙发上，跷起二郎腿，还不时地摇动。如果在家里，这是个再平常不过的姿势，而在面试的情境中，则很不合适。结果，负责面试的人连半个问题也没有问，只是客气地说："回去等消息吧。"最终的结果可想而知，他失去了一个很好的工作机会。

（5）注意语言与非语言要一致。初学者在演讲时，往往出现语言与非语言不一致或不同步的现象，令人感觉滑稽可笑。

（6）改掉不良的肢体语言习惯。改变不良的肢体语言的意义，是消除无助于沟通反而使沟通效率下降的不良的肢体语言习惯。有人在与人谈话时，常有梳理头发、打响指等习惯，有的人还有掏耳朵、挖鼻孔的小动作，这些都会给人家留下不好的印象，有时会让人觉得很不礼貌。同时，这些无意义的肢体语言会分散对方的注意力，影响沟通的效果。

【课堂活动一】

1. 目的

增强学生素质与修养，为日后工作需要打下基础。

2. 操作程序

材料准备：一些 A4 白纸。

参加人数：主持人 1 名，参加人数 10～30 人。

游戏做法：

（1）将 A4 纸发下去。主持人说："来，每两人共分一张 A4 的白纸，每个人一半。"

主持人的话讲到这里就不讲了，猜猜看，会发生什么事？有的人就把这张纸"哗"地撕开了，有的是横着撕，有的是竖着撕。主持人如果提出质问："我说要撕开吗？"大家就会笑起来。这就是沟通不良。主持人只说这一句话，马上就出现不同的结果。

重新分发 A4 纸，主持人说："现在，每两人共分一张 A4 的白纸，每个人一半。"这一次就一个人都没有撕了。

接下来主持人做个示范，并说："这样子撕，现在每个人半张。"

于是大家全部都照主持人那样，"哗"地将纸撕开。

（2）主持人说："将半张纸分成一样的大小4条。"

马上就会出现两种方法，有的这样分，有的那样分，不是4条瘦的，就是4条胖的，又不一样。主持人说："我要4条瘦的。"于是胖的纸条统统丢掉。把纸发下去再分，这回每个人都是4条瘦的了。

（3）主持人说："将每一条放在另一条的中间。"

结果全场至少出现了五六种叠放的样子，有的像"米"字，有的像"井"字，有的统统叠放在一起，总之，各式各样的都有。

此游戏说明，话只要一不讲清楚，大家就马上按照自己的想法去做了。做这个游戏，可测验大家是否沟通顺畅。所谓沟通的过程，就是一个人要在信息发出来时开始编码，这叫作用一种方法讲给别人听。然后，经过一个渠道以后，到另外一个耳朵里面开始解码，即人家的话我是否听得懂。

【课堂活动二】

回 旋 沟 通

1. 目的

（1）彼此交换信息，了解他人的想法、感受与经验。

（2）自由表达自己的感受、情绪。

（3）用开放的态度接纳不同的观念。

2. 时间：30分钟

3. 活动过程

（1）学生每12人一组并围成圆圈，每组1至2报数，数1的人向圈内走一步站在内圈，再向后转，与外圈者一对一，面对面。

（2）老师说出题目1，内圈先讲，外圈学员听，两分钟后，换外圈学员讲，内圈听，也是两分钟。

（3）老师换第2个题目，此时内圈的人向左移一个位子，外圈人不动，以同样方式进行。如此进行完6个题目，让学员有机会与不同的人沟通。

4. 规则

（1）讲述者必须用第一人称来表述自己的观点。

（2）倾听者不得打断或反驳。

（3）交谈双方不得将话题岔开。

5. 总结

（1）内外圈成员分享活动后的感受。

（2）内外圈成员分别推选出对方的最佳倾听者，并说明为什么？

（3）内外圈成员推选对方最佳发言者。

（4）内外圈成员归纳活动的意义。

6. 准备题目

（1）如果医生告诉你，只剩下半年的生命，你将如何安排这半年的生活？

（2）假如你有 100 万元，你将如何使用？

（3）假如你是教育部长，你最想做的是什么？

（4）假如你是市长，最想为市民做什么？

（5）假如你有机会环游世界一周，会如何计划你的旅程？

（6）假如你能回到 10 年前，你会如何安排这 10 年？

9.4 提高个人沟通能力

尽管沟通是通过口头或书面等方式进行的，但并不简单地等于语言能力和写作能力，它更多的是一种心态。首先，你的心态是否愿意和敢于与别人沟通，如果你愿意，那么你必须付出真诚，没有真诚，信息就会失真，沟通将无效，也不会有人愿意与你沟通。其次，你必须自信主动地与人沟通。当别人看不起你时，你一定要看得起自己，当别人很看得起你时，你一定要知道自己是谁，学会谦虚。

9.4.1 提高沟通能力的一般步骤

所谓提高沟通能力，无非是两方面：一是提高理解别人的能力，二是增加别人理解自己的可能性。那么究竟怎样才能提高自己的沟通能力呢？下面是提高沟通能力的一般步骤。

1. 开列沟通情境和沟通对象清单

这一步非常简单。闭上眼睛想一想，你都在哪些情境中与人沟通，比如学校、家庭、工作单位、聚会以及日常的各种与人打交道的情境。再想一想，你都需要与哪些人沟通，比如朋友、沟通范围和对象，以便全面地提高自己的沟通能力。

2. 评价自己的沟通状况

在这一步里，问自己如下问题：

对哪些情境的沟通感到愉快？

对哪些情境的沟通感到有心理压力？

最愿意与谁沟通？

最不喜欢与谁沟通？

是否经常与多数人保持愉快的沟通？

是否常感到自己的意思没有说清楚？

是否常误解别人，事后才发觉自己错了？

是否与朋友保持经常性联系？

是否经常懒得给人写信或打电话？

客观、认真地回答上述问题，有助于了解自己在哪些情境中、与哪些人的沟通状况较为理想，在哪些情境中、与哪些人的沟通需要着力改善。

3. 评价自己的沟通方式

在这一步中，主要问自己如下三个问题：

通常情况下，自己是主动与别人沟通还是被动沟通？

在与别人沟通时，自己的注意力是否集中？

在表达自己的意图时，信息是否充分？

主动沟通者与被动沟通者的沟通状况往往有明显差异。研究表明，主动沟通者更容易与别人建立并维持广泛的人际关系，更可能在人际交往中获得成功。

沟通时保持高度的注意力，有助于了解对方的心理状态，并能够较好地根据反馈来调节自己的沟通过程。没有人喜欢自己的谈话对象总是左顾右盼、心不在焉。

在表达自己的意图时，一定要注意使自己被人充分理解。沟通时的言语、动作等信息如果不充分，则不能明确地表达自己的意思；如果信息过多，出现冗余，也会引起信息接收方的不舒服。最常见的例子就是，你一不小心踩了别人的脚，那么说对不起就足以表达你的歉意，如果你还继续说："我实在不是有意的，别人挤了我一下，我又不知怎的就站不稳了……"这样啰唆反倒令人反感。因此，信息充分而又无冗余是最佳的沟通方式。

4. 制订、执行沟通计划

通过前几个步骤，你一定能够发现自己在哪些方面存在不足，从而确定在哪些方面重点改进。例如，沟通范围狭窄，则需要扩大沟通范围；忽略了与友人的联系，则需要写信、打电话；沟通主动性不够，则需要积极主动地与人沟通。把这些制成一个循序渐进的沟通计划，然后把自己的计划付诸行动，体现在具体的生活小事中。例如，觉得自己的沟通范围狭窄，主动性不够，你可以规定自己每周与两个素不相识的人打招呼，具体如问路、说说天气等。不必害羞，没有人会取笑你的主动，相反，对方可能还会在欣赏你的勇气呢！在制订和执行计划时，要注意小步子的原则，即不要对自己提出太高的要求，以免实现不了，反而挫伤自己的积极性。小步子实现并巩固之后，再对自己提出更高的要求。

5. 对计划进行监督

这一步至关重要。一旦监督不力，可能会功亏一篑。最好是自己对自己进行监督，例如用日记、图表记载自己的发展状况，并评价与分析自己的感受。计划的执行需要信心，要坚信自己能够成功。记住：一个人能够做的，比他已经做的和相信自己能够做的要多得多。

9.4.2 人际沟通 10 大技巧

1. 记住别人的名字

记住别人的名字，是你走近他们的钥匙，你记得越快，那扇门开得越早。想一想你大概认识多少人，你能叫出多少人的名字。有人能过目不忘、耳熟能详。每星期需要花多少时间去建立你的人际关系，要定时、定期、定点地去建立。俗话说：近朱者赤，近墨者黑。你想成为什么样的人，一定要花时间去沟通。这些朋友为你提供学习的榜样，为你提供帮助，也为你提供机遇。

2. 时常微笑

微笑是疲倦者的休息，沮丧者的白天，悲伤者的阳光，大自然的最佳营养。10个微笑的理由：①微笑比紧缩双眉要好看；②令别人心情愉悦；③令自己的日子过得更有滋有味；④有助结交新朋友；⑤表示友善；⑥留给别人良好的印象；⑦送给别人微笑，别人也自然报以你微笑；⑧令你看起来更有自信和魅力；⑨令别人减少忧虑；⑩一个微笑可能随时帮你展开一段终生的情谊。德国著名生理学家隆涅在92岁时，获得了国家颁发的荣誉奖章。在颁奖大会上，他发表了一次极富感染力的演说："我发现，出席今天会议的人都希望永远年轻，既然如此，对我们来说，最重要的就是节省自己的精力，使自己延缓衰老，青春永驻，也只有这样，才能在科学上取得更多的成就。而我的研究表明，一个人皱一下眉头需要牵动30块肌肉，但笑一下则只需牵动13块肌肉，可见笑一下所消耗的能量要比皱一下眉头省得多。再说，皱眉头是在紧缩肌肉，而笑是在舒展肌肉，两者的功能是如此不同。既然如此，我亲爱的同行，笑吧！"如图9-1所示，大家可以进行微笑练习。

你是喜欢笑脸常开的人还是喜欢板着面孔、面无表情的人呢？相信大部分的人都会选择前者，既是如此，你就要充分利用微笑这一武器帮助自己。在现实生活中，微笑是调节各种矛盾的润滑剂。微笑就如同阳光，它能给别人带来温暖，使他们对你产生心理上的相容性。早晨上班时，在开始一天工作的早晨，你微笑着向上司或同事道一声"早上好"，温和的情谊和真挚的笑脸必将使大家心中充满了点点滴滴的感动，一个好印象的种子就在一个微笑间埋入了大家的心底。

①把手举到脸前

②把手指放在嘴角并向脸的上方轻轻上提

③一边上提，一边使嘴充满笑意

④双手按箭头方向做"拉"的动作，一边想象笑的形象，一边使嘴笑起来

⑤手张开举在眼前，手掌向上提，并且两手展开

⑥随着手掌上提，打开，眼睛一下子睁大

图9-1　微笑练习

3. 学会聆听

有句话说得好，"我不同意你的意见，但我誓死捍卫你说话的权利"。顾客的心理你需要倾听、了解，上司意图你需要倾听、了解，下属的想法你需要倾听、了解，政府部门的弦外之音你需要倾听、了解。只有倾听你才会发现别人身上优点，反思自身缺点，只有倾听你才会了解和理解对方的心理，你才会影响和改变一个人。积极倾听要求你能站在说话者立场上，运用对方的思维架构去理解信息。积极倾听的原则包括以下四个方面：专心、移情、客观、完整。移情就是要求你应该倾听内容而不迅速加以价值评判。完整则要求听者对发送者传递的信息有一个完整的了解，既获得传递的内容，又获得发送者的言下之意，既注意其语言信息，又关注其非语言子信息。

【小案例】

美国知名主持人林克莱特一天访问一名小朋友，问他说："你长大后想要当什么呀?"小朋友天真地回答:"嗯……我要当飞机的驾驶员!"林克莱特接着问:"如果有一天,你的飞机在太平洋上空飞行,这时所有引擎都熄火了,你会怎么办?"小朋友想了想:"我会先告诉坐在飞机上的人绑好安全带,然后我挂上我的降落伞跳出去。"当在现场的观众笑的东倒西歪时,林克莱特继续注视着这个孩子,想看他是不是自作聪明的家伙。没想到,接着孩子的两行热泪夺眶而出,这才使林克莱特发觉这孩子的悲悯之情远非笔墨所能形容。于是林克莱特问他说:"为什么要这么做?"小孩的答案透露出一个孩子真挚的想法:"我要去拿燃料,我还要回来!"

资料来源:http://www.360doc.com/content/13/0829/16/2036792_310745742.shtml.

你听到别人说话时,你真的听懂他说的意思吗?如果不懂,就请听别人说完吧!这就是"听的艺术",听话不要听一半,不要把自己的意思,投射到别人所说的话上头。聆听时,可以边聆听边做记录,聆听全部信息,表现出有兴趣聆听,不要轻易下结论,即使不同意,也不要立即打断对方,鼓励他人表达自己。要适应讲话者的风格,眼耳手并用,善于发掘言外之意。先寻求理解他人,再被他人理解。

4. 真诚地赞美别人

一个人成熟的标志是:懂得欣赏和鼓励别人。不要认为赞美就是溜须拍马,要善于发现别人身上优点,不嫉妒别人的优点。用人之长,他就是人才;用人之短,他就是蠢材。真诚的赞美是发现对方的优点并赞美之,真诚的赞美是发自内心的,真诚的赞美是无本的投资。真诚是一种修养、态度、境界,不是让你挖掘不存在的东西,而是突现优点,帮助人们发现、肯定、弘扬优点。

沟通的黄金定律是:你想怎样被对待,你就怎样对待别人!沟通的白金定律是:以别人喜欢的方式去对待他们!

5. 多谈对方感兴趣的事情

很多人在和陌生人聊天的时候,经常会自己一个人在那津津有味地说着自己感兴趣的话题,也没有顾虑到对方是否愿意听,是否也感兴趣。和陌生人沟通有很多小技巧,最关键的就是要找到自己同陌生人之间的共同点。那么,怎样才能找到自己同陌生人之间的共同点呢?

(1) 察言观色,寻找共同点。一个人的心理状态,精神追求,生活爱好等,都或多或少地要在他们的表情、服饰、谈吐、举止等方面有所表现,只要你善于观察,就会发现你们的共同点。当然,这察言观色发现的东西,还要同自己的情趣爱好相结合,自己对此也有兴趣,才有可能打破沉寂的气氛。否则,即使发现了共同点,也还会无话可讲,或讲一两句就"卡壳"了。

(2) 以话试探,侦察共同点。遇到陌生人,为了打破这沉默的局面,开口讲话是首要的。有人以招呼开场，询问对方籍贯、身份，从中获取信息；有人通过听说话口音、言辞，侦察对方情况；有的以动作开场，边帮对方做某些急需帮助的事，边以话试探，打开口语交际的局面。一个女孩见到某男士时的开场白是："好多年前就看见你在河海打球了，那时就觉得你好眼熟啊。"从河海到打球，对对方来说都是熟悉的。两个人发现对方共同点后谈得很投机。这种融洽的效果看上去是偶然的，实际上也是有其必然原因的："火力侦察"，发现共同点，让感觉更近一层。

（3）听人介绍，猜度共同点。通过第三人的介绍，大胆猜测两个人的共同点。让彼此不熟悉的两个人顿生熟悉感。某次活动中，我和阿华的朋友有一次简短的交流。当我正想询问他的相关情况的时候，对方主动表态了："我是阿华的朋友……"这句话突然让我们之间的距离拉近了。我们的话题自然在阿华的身上停留了很久，因为这就是我们之间共同感兴趣并且有话可说的地方。之后的话题，我们也谈得很顺利，他非常真诚地谈了自己对活动的体会。这当中重要的是在听介绍时要仔细地分析对方，发现共同点后再在交谈中延伸，不断地发现新的共同关心的话题。

（4）揣摩谈话，探索共同点。为了发现陌生人跟自己的共同点，可以在需要交际的人同别人谈话时留心分析、揣摩，也可以在对方和自己交谈时揣摩对方的话语，从中发现共同点。可见细心揣摩对方的谈话，确实是可以通过找出双方的共同点，使陌生的路人变为熟人，甚至发展成为朋友的。

（5）步步深入，挖掘共同点。发现共同点是不太难的，但这只能是谈话的初级阶段所需要的。随着交谈内容的深入，共同点会越来越多。为了使交谈更有益于对方，必须一步步地挖掘深一层的共同点，才能如愿以偿。

6. 学会使用万能语

万能语多数是礼貌语言，能表达出一个人的修养。在日常说话的时候，经常用到的礼貌用语有：①是的；②你早，你好，早上好，晚上好；③请多指教，请多关照；④非常抱歉；⑤不好意思；⑥谢谢！太感谢你啦！⑦哪里哪里，不敢当，不敢当！⑧请——。可以说，无论在什么场合下，平易近人、简明方便的"万能语"都是派得上用场的。它既让人感到对方很懂礼貌，又富有伸缩性，亦可表达事情的终结。"万能语"在会话中还能给人以灵活的感觉。既然这种不必劳神费心就能说来的语言有着这许多好处，那又何乐而不为呢？

7. 热心帮助别人

关心别人从小事做起，主动发现别人的需求，及时雪中送炭，对人伸出援助之手。有时一个鼓励的眼神、一句轻轻的问候，也能让别人感受到温暖，让世界充满爱。以助人为乐的人是最受欢迎的人，同样，大家也会在你需要时伸出援助之手。

8. 体谅别人的感受

信息发送者必须充分考虑接受者的心理特征和知识背景等状况，据此调整自己的谈话方式、措辞或服饰仪态。譬如，在车间与一线工人沟通，如果你西装革履，且又咬文嚼字，会对沟通的双方造成心理上的障碍。

批评要像春雨一样，既滋润枝叶，又不伤根系。批评人的时候要注意对方感受，选择对方能接受的语言批评。

方式一："小刘，你接电话的方式真是太唐突了，你需要从现在开始接受职业化的训练。"

方式二："小刘，我正在关注你在电话中与顾客的交谈方式，想和你讨论一下。我注意到你讲话的速度相当快，因而，我担心对一些顾客来说，可能很难理解你所表达的，毕竟你比顾客更了解、更熟悉情况。"

【小案例】

英国著名的维多利亚女王，与其丈夫相亲相爱，感情深厚。但是维多利亚女王乃是一国之王，成天忙于公务，出入于社交场合，而她的丈夫阿尔伯特却和她相反，对政治不太关心，对社交活动也没有多大的兴趣，因此两人有时也闹些别扭。有一天，维多利亚女王去参加社交活动，而阿尔伯特却没有去，已是夜深了，女王才回到寝宫，只见房门紧闭着。女王走上前去敲门。

房内，阿尔伯特问："谁？"

女王回答："我是女王。"

门没有开，女王再次敲门。

房内阿尔伯特问："谁呀？"

女王回答："维多利亚。"

门还是没开。女王徘徊了半晌，又上前敲门。

房内的阿尔伯特仍然是问："谁呀？"

女王温柔地回答："你的妻子。"

这时，门开了，丈夫阿尔伯特伸出热情的双手把女王拉了进去。

资料来源：https://www.douban.com/note/156764365/.

9. 尊重别人的意见

当罗斯福在白宫的时候，他曾承认如果他每天有75%的时候是对的，那是到达他最高程度的标准了。如果这最高的标准，是20世纪一位最受人注意的人希望的，你我又该如何呢？如果你能确定，在你一整天55%的时候是对的，你可以到华尔街，一天赚进上百万美元。你可以用神态、声调，或是手势，告诉一个人他错了，就像我们用话一样的有效……而如果你告诉他错了，你以为他会感激你？不，永远不会！因为你对他的智力、判断、自信、自尊，都直接地给予了打击，他不但不会改变他的意志，而且还想向你反击。如果你运用柏拉图、康德的逻辑来跟他理论，他还是不会改变自己的意志，因为你已伤了他的自尊。你千万别这样说："你不承认自己有错，我证明来给你看。"你这话，等于是说："我比你聪明，我要用事实来纠正你的错误。"那是一种挑战，会引起对方的反感，不需要等你再开口，他已准备接受你的挑战了。假如你准备告诉别人他们有错误时，请你把鲁滨孙教授所写的一段文章读一遍。他是这样写的："我们有时发现自己会在毫无抵抗和阻力中，改变自己的意念。可是，如果有人告诉我们所犯的错误，我们却会感到懊恼和怀恨。我们不会去注意一种意念养成，可是当有人要抹去我们那股意念时，我们对这份意念突然坚实而固执起来。并非是我们对那份意念有强烈的偏爱，而是我们自尊受到了损伤。"

如果你要纠正某人的错误，就不应该直率地告诉他；而要运用一种非常巧妙的方法，才不会伤害对方的自尊心。就像吉士爵士向他儿子说的："我们要比人家聪明，可是你却不能告诉他，你比他聪明。"有这样一个例子：S君是纽约一位年轻的律师，最近在美国最高法院辩护一件重要案子，这桩案件牵涉到一笔巨额的金钱和一项重要的法律问题。在辩护过程中，一位法官向S君说："海军法的申诉期限是6年，是不是？"S君沉默了一下，目注法官片刻，然后立即说："法官阁下，海军法中并没有这样限制的条文。"S君在讲习班中，叙述当时的情形，说："当我说出这话后，整个法庭顿时沉寂下来，而这间屋子里的气温，似乎就在刹那间降到了零度。我是对的，法官是错了，我告诉了他。可是，他是不是会对我友善？不，我相信我有法律的根据，而且我也知道那次讲的比以前都好。但是我并没有说服那位法官，我犯了大错，我直接告诉一位极有学问而著名的人物——你错了。"如果有人说了一句你认为错误的话，你知道他是说错了。若是用下面的口气来说，似乎比较好一些："好吧，让我们来探讨一下……可是我有另外一种看法；当然也许是不对的，因为我也经常把事情弄错，如果我错了，我愿意改正过来……现在让我们看看究竟是怎么一回事？"

所以，如果你要获得人们对你的同意，那就要尊重别人的意见，永远别指责对方是错的。

10. 把荣誉留给别人

把荣誉留给别人，把快乐留给自己。有时候，我们不能斤斤计较，需要淡泊名利，尽量把荣誉留给最需要的人。

⦿**职场链接**

　　一家著名的公司在面试员工的过程中，经常会让十个应聘者在一个空荡的会议室里一起做一个小游戏，很多应聘者在这个时候都感到不知所措。在一起做游戏的时候主考官就在旁边看，他不在乎你说的是什么，也不在乎你说的是否正确，他是看你这三种行为是否都出现，并且这三种行为是有一定比例出现的。如果一个人要表现自己，他的话会非常多，始终在喋喋不休地说，可想而知，这个人将是第一个被请出考场或者淘汰的人；如果你坐在那儿只是听，不说也不问，那么也将很快被淘汰；只有在游戏的过程中你说你听，同时你会问，这样就意味着你具备一个良好的沟通技巧。

　　所以说当我们每一个人在沟通的时候，一定要养成一个良好的沟通习惯：说、听、问三种行为都要出现，并且这三者之间的比例要协调。如果具备了这些，你就具备了一个进行良好沟通的基本条件。

　　资料来源：http://www.docin.com/p-948320631-f2.html.

【**小训练**】

　　在会议沟通中，统计你的沟通中三种行为"说、听、问"所占比例，如表9-4所示。

表9-4　沟通中三种行为"说、听、问"所占比例表

会议沟通	沟通中3种行为		
	说/%	听/%	问/%
接到通知			
会议当中			
会议结束			

根据沟通中三种行为的比例总结存在的问题：

　　参考答案

　　接到会议通知，你作为会议的参加者一定要多问，了解会议的内容，从而决定你可以带哪些材料以帮助会议取得成功。会议当中，三种行为的比例应根据会议内容以及你对内容的理解程度来安排。会议结束后，留意大家的反馈情况，以及商议结果、公司如何实施等，所以要多听多问。

9.5　提高电话沟通能力

9.5.1　与客户电话沟通

　　客户满意度的高低很多时候在于我们的服务人员与客户的沟通是否到位。比如

服务人员上门维修时，你如果能做到一见面就创造一个良好的沟通氛围（如一个微笑或一句友好的开场白）的话，客户就会觉得很亲切，不会觉得服务人员态度生硬，满意度自会提高。服务工作就是重视每一个客户，全身心的投入才能做好。

在接听客户的咨询电话时，服务人员解释了一两遍客户还弄不清楚，服务人员往往就会产生烦躁情绪，就会问客户：“我讲了这么多，你听明白了没有？”这时很多客户就会怕你认为他很笨而不敢再问，但如果你问：“哦，不知道我解释的还算清楚吗？”那客户就会感到很轻松乐于继续提出问题，从而达到良好的沟通效果。

在与处于愤怒状态中的客户沟通时，婉转地指出客户的不礼貌也很重要。例如，客户的宽带刚修了两天又出现了同样的问题，客户非常生气，甚至满口脏话，这时应等客户情绪稍微稳定一点，把客户引导到实际问题的解决上，从而更好地做好服务工作。

作为一个服务人员，内部的有效沟通也很重要，平常大家总不免遇到各种各样的技术难题或棘手客户，建立内部的良好沟通将有助于我们技术水平和解决问题能力的提高。

9.5.2　客户电话沟通技巧

当你坐在座席开始接听客户来电时，你的语言应该从“生活随意型”转到“专业型”。你在家中，在朋友面前可以不需经过考虑而随心所欲地表现出个人的性格特点。而在工作中就必须养成合适的修辞、择语与发音的习惯，以及表达的逻辑性。咬字的清晰度与用词的准确度应该媲美于播音员。作为电话销售人员，你面对的是每一个各不相同的来电者，他们的个性、心境、期望值也各不相同，你既要有个性化的表达方式与沟通技巧，又必须掌握许多有共性的表达方式与沟通技巧。

1. 铃声不过三

现代工作人员业务繁忙，桌上往往会有两三部电话，听到电话铃声，应准确迅速地拿起听筒，接听电话，以长途电话为优先，最好在三声之内接听。电话铃声响一声大约三秒，若长时间无人接电话，或让对方久等是很不礼貌的，对方在等待时心里会十分急躁，你的单位会给他留下不好的印象。即便电话离自己很远，听到电话铃声后，附近没有其他人，我们应该用最快的速度拿起听筒，这样的态度是每个人都应该拥有的，这样的习惯是每个办公室工作人员都应该养成的。如果电话铃响了五声才拿起话筒，应该先向对方道歉，若电话响了许久，接起电话只是“喂”了一声，对方会十分不满，也会给对方留下恶劣的印象。

2. 良好的心情

打电话时我们要保持良好的心情，这样即使对方看不见你，但是从欢快的语调中也会被你感染，给对方留下极佳的印象，由于面部表情会影响声音的变化，所以即使在电话中，也要抱着"对方看着我"的心态去应对，给对方留下美好与快乐。

3. 自信

作为电话销售人员一定要自信，说话时不要吞吞吐吐，尽量不用"可能、大概"之类模棱两可的词。如果客户觉得你信心不足，他势必也很难相信你说的话。说话时自信、果断，敢于给客户承诺，可以有效地增加客户对你的信任程度，成功的概率相应地就会增大。讲话尽可能简洁、清晰，要注意你是在用电话和别人交流，没有人愿意拿着电话听你讲很长时间。不要啰唆，先把你想说的要点想清楚，整理好自己的思路，用简洁、清晰的话来表达清楚自己的观点，不要说一些无关紧要的话。在较短的时间里给客户一个清晰的概念，会使客户感到愉快，留下一个好印象。

4. 声音亲切清晰且有感染力

当你打电话给某单位时，若一接通，就能听到对方亲切、优美的招呼声，心里一定会很愉快，使双方对话能顺利展开，同时对该单位也有了较好的印象。在电话中只要稍微注意一下自己的行为就会给对方留下完全不同的印象。因此要记住，接电话时，应有"我代表单位形象"的意识。

打电话过程中绝对不能吸烟、喝茶、吃零食，即使是懒散的姿势对方也能够"听"得出来。如果你打电话的时候，弯着腰躺在椅子上，对方听你的声音就是懒散、无精打采的；若坐姿端正、身体挺直，所发出的声音也会亲切悦耳，充满活力。因此打电话时，即使看不见对方，也要当作对方就在眼前，尽可能注意自己的姿势。

在电话销售中很重要的一点就是你的声音，通过增强声音的感染力来对客户产生影响，这会对你的工作有很大的帮助，在声音方面要注意以下五点：

（1）热情。一定要注意自己讲话是否有热情。想一下，跟客户在电话里交流时，如果你板着脸不笑，讲起话来也很难有热情，所以这种热情程度跟你的肢体语言有很大的关系。你要尽可能地增加你的面部表情的丰富性，如果你希望靠热情来影响对方，你的面部表情就一定要丰富起来，要微笑。同时要注意以下两点：①自我调节。有时电话打多了感觉很疲倦，精神状态也会相应地越来越差，这就需要自我调节一下。在你精神状态不佳时打电话，一定要注意自己是在笑还是板着脸讲话。你的精神状态客户虽然看不见但是可以感受到，如果你自己没有注意到，就很有可能因此而失去一次机会。如果电话室内有面镜子就不一样了，一旦看到镜子中的你在板着脸与客户通话，你就可以及时地提醒自己笑一笑，以增加自己的热诚度。②不要热情过度。太热情了也不好，因为凡事都应有个度。人是有差别的，有的人喜欢跟热情的人交流，有的人却不喜欢跟太热情的人打交道，这是跟人的性格有关的。无论怎样，对于不是很熟悉的客户，不要在电话里表现得太过热情，太过热情了反而可能让对方觉得有点儿假。

（2）语速。在增强声音的感染力方面还有一个很重要的因素就是讲话的语速。如果语速太快，对方可能还没有听明白你在说什么，你说的话却已经结束了，这势必会影响你说话的效果。当然也不能太慢，你讲话太慢，假如对方是性子急的人就肯定受不了。所以打电话时的讲话语速要正常，就像面对面地交流时一样。

（3）音量。你讲话的音量也很重要，声音既不能太小也不能太大，这是因为：①打电话时说话的声音太小了容易使对方听不清或听不明白，甚至会因听不太清话音而误解了你的本意；②太大的声音对于人脑的听觉神经来说也是一种特殊的噪声，它会严重地扰乱人的正常情绪，使人心烦意乱、烦躁不安；③你自己不太注意时音量会变小一些，小声地说话会给客户一种不是很自信的感觉，但是声音太大的话又显得对客户不太礼貌，所以应尽量要保持音量正常。如果你自己把握不好可以请自己的同事帮忙，先打个电话给同事，让他帮你听听，你的声音大小是否合适，然后进行调整。

（4）发音的清晰度。声音要温雅有礼，恳切清晰。嘴与话筒间，应保持适当距离，适度控制音量，以免听不清楚、发生误会。清晰的发音可以很好地充分表达自己的专业性。此外，清晰跟语速有一定的关系，如果语速较慢相对就会清晰一些。这里需要强调的是，宁可语速慢一些，讲话时多费一些时间，也要保持声音的清晰。

（5）善于运用停顿。在讲话的过程中一定要善于运用停顿。讲一段，你就应稍微停顿一下，不要一直不停地说下去，直到谈话结束。如果你讲的时间很长，你就不知道客户是否在听，也不知道客户听了你说的话后究竟有什么样的反应。适当的停顿一下就可以更有效地吸引客户的注意力。客户示意你继续说，就能反映出他是在认真地听你说话。停顿还有另一个好处，就是客户可能有问题要问你，你停顿下来，他才能借你停顿的机会向你提出问题。在一问一答互动的过程中自然更能加深对你讲话的印象。

5. 记录简洁完备

随时牢记 5W1H 技巧，所谓 5W1H 是指：①when（何时）；②who（何人）；③where（何地）；④what（何事）；⑤why（为什么）；⑥how（如何进行）。在工作中这些资料都是十分重要的。对打、接电话具有相同的重要性。电话记录既要简洁又要完备，有赖于 5W1H 技巧。我们首先应确认对方身份、了解对方来电的目的，如自己无法处理，也应认真记录下来，委婉地探求对方来电目的，就可不误事而且赢得对方的好感。

6. 措辞积极而有逻辑

跟客户交流时，措辞是很重要的，因为你的专业程度的高低就体现在措辞上。如果客户问一个问题，你回答问题时非常有逻辑性，给客户一种很清晰的逻辑思维，就会自然地展现出你的专业化程度。所以在讲话时，要运用一些像"第一、第二"这样的词语。讲话时一定要用积极的措辞。怎样才能做到措辞积极呢？例如，你在某个行业里只有过一个客户的经验，于是直接告诉客户，在这个行业里你只曾有过一个客户，显然这会对客户造成消极的影响，认为你经验不足。如果你换个积极的措辞，说在这个行业里面已经有过一个客户了，给客户的感觉就是你已经有过经验了，就会对客户产生积极的影响。下面举一些例子，这其中的语言运用虽然要表达的意思差不多，但由于表达的方式不一样而使客户产生不同的感觉。

（1）选择积极的用词与方式。在保持一个积极的态度时，沟通用语也应当尽量选择体现正面意思的词。例如，要感谢客户在电话中的等候，常用的说法是"很抱歉让你久等了"。这"抱歉久等"实际上在潜意识中强化了对方"久等"这个感觉。比较正面的表达可以是"非常感谢您的耐心等待"。又例如，你想给客户以信心，于是说"这并不比上次那个问题差"。按照我们上面的思路，你应当换一种说法："这次比上次的情况好。"即使是客户这次真的有些麻烦，你也不必说"你的问题确实严重"，换一种说法不更好吗？如"这种情况有点不同往常"。

（2）善用"我"代替"你"。有些专家建议，在下列的例子中尽量用"我"代替"你"，前者常会使人感到有根手指指向对方。

- 习惯用语：你的名字叫什么？
- 专业表达：请问，我可以知道你的名字吗？
- 习惯用语：你必须……
- 专业表达：我们要为你那样做，这是我们需要的。
- 习惯用语：你错了，不是那样的！
- 专业表达：对不起我没说清楚，但我想……
- 习惯用语：如果你需要我的帮助，你必须……
- 专业表达：我愿意帮助你，但首先我需要……
- 习惯用语：听着，那没有坏，所有系统都是那样工作的。
- 专业表达：那表明系统是正常工作的。让我们一起来看看到底哪儿存在问题。
- 习惯用语：你没有弄明白，这次听好了。
- 专业表达：也许我说得不够清楚，请允许我再解释一遍。

（3）在客户面前维护企业的形象。如果有客户一个电话转到你这里，抱怨他在前一个部门所受的待遇，你已经不止一次听到这类抱怨了。为了表示对客户的理解，你应当说什么呢？"你说得不错，这个部门表现很差劲"，可以这样说吗？适当的表达方式是"我完全理解您的苦衷"。如果客户的要求公司没法满足，你可以这样表达："对不起，我们暂时还没有解决方案。"尽量避免很不客气地手一摊（当然对方看不见）："我没办法。"当你有可能替客户想一些办法时，与其说"我试试看吧"，不如更积极些"我一定尽力而为"。语言表达技巧也是一门大学问，有些用语可以由公司统一规范，但更多的是销售人员自己对表达技巧的熟练掌握和娴熟运用，这样能体现出最佳的个人与企业形象。

7. 建立融洽的关系

在电话中与客户建立融洽关系是非常重要的。当你的开场白讲完以后，客户为什么会愿意继续跟你交谈呢？在很大程度上是因为你跟他建立了融洽的关系。跟客户建立融洽的关系有两个方面是非常重要的。

（1）适应客户的声音特性。要去适应客户的性格，很多人没有这样的意识。有人声音非常大，有人声音很一般，有人非常果断、干脆，而有人讲起话来却是软绵绵的，一个人的声音跟他的性格有很大的关系，所以在接通电话以后，你可以通过声音来判断出客户的性格。归纳起来，客户的性格可以分成四种：老鹰、孔雀、鸽子和猫头鹰。他们每个人的性格特征是非常明显的，对于不同类型的人你要满足他们不同的情感需求。

客户往往总是用理性来分析，但却又总用感情来做决策。所以作为电话销售人员来说，对于不同类型的客户，你要满足他们不同的情感需求。要注意，假如客户在电话里讲话的声音非常快，你也要把声音放快以适合他；如果客户讲话的速度很慢，你也要尽量地慢一点儿；如果客户是一个非常热情的人，像孔雀一样喜欢激情地展现自己，你也要把自己的热情尽情地表现出来；如果客户是一个非常冷漠的人，相对不太容易笑，你也要把自己的热情稍微降一降，以便尽可能地适应他，这是建立融洽关系的一个非常重要的因素。

（2）抱有同理心的倾听，建立亲和力是有效电话沟通的关键。对客户提出的问题应耐心倾听；表示意见时，应让他能适度地畅所欲言，除非不得已，否则不要插嘴。其间可以通过提问来探究对方的需求与问题。同理心就是要站在客户的立场，从客户的角度出发来考虑问题。表达同理心是非常重要的，表达同理心能让客户意识到你跟他是始终站在一起的，无形之中就有效地拉近了双方的距离。表达同理心的方法有以下几种：同意客户的需求是正确的；陈述该需求对其他人一样重要；表明你能体会到客户目前的感受。

接到责难或批评性的电话时，应委婉解说，并向其表示歉意或谢意，不可与发话人争辩。

上班时间打来的电话几乎都与工作有关，公司的每个电话都十分重要，不可敷衍，即使对方要找的人不在，切忌粗率答复"他不在"即将电话挂断。接电话时也要尽可能问清事由，避免误事。对方在查询本部门其他单位电话号码时，应迅即查告，不能说不知道。电话交谈事项，应注意正确性，将事项完整地交代清楚，以增加对方认同，不可敷衍了事。

如遇需要查寻数据或查催案件，应先估计可能耗用时间之长短，若查阅或查催时间较长，最好不让对方久候，应改用另行回话之方式，并尽早回话。以电话索取资料时，应把握时效，尽快地寄达。

（3）赞美对方。赞美对方很像是沟通中的润滑剂。在电话中要善于把握住恰当的机会去赞美客户，这一点对建立融洽的关系是非常有帮助的。赞美对方有很多的方法，其中最容易切入的方法就是直接赞美对方，这是非常直接、有效的手段。例如，如果客户经常在电话里问："你们怎么知道我们公司的？"有些人就会实事求是地回答："是这样的，我是从黄页上查到你们公司的。"而有些头脑聪明、灵活的销售人员则会机智地回答说："王经理，你们这么大的一家公司谁不知道呀，在我们公司里面算是最重要的客户，早就存在我们的数据库里了，所以找到您是非常容易的事情。"这就是赞美对方的一个小技巧。

（4）找到并积极解决客户的问题。客户现阶段有哪些问题存在，要从和客户的交谈中了解到。某家集团公司从北京的集团总部一直到全国各地的分公司都有一个共识，就是电话销售将要成为它们主要的销售渠道。所以当你打电话给该公司时，你一定要提到："王主任，陈主任他们提到电话销售将会是你们这个行业的主要渠道，所以我打电话想跟您探讨一下。"这段话一针见血地提出了客户目前最关心的问题。所以通过这种方式也可以跟对方建立起非常融洽的关系。

8. 配合肢体语言

不要认为电话交流时肢体语言是没有作用的，当你与客户面对面地交流讲到"第一"的时候，一般要配合着一些手势，你的手势又会反过来影响你的声音，比如在合适的地方加上重音，在适当的地方再稍做停顿等。在电话交流时客户虽然看不见你的动作，但是你的动作却能有效地影响你的声音，客户是可以通过你的声音感受到的。肢体语言中最重要的就是一定要微笑。作为电话销售人员，有些人的笑容是非常灿烂的，非常容易看得到的，而有些人却不是，所以回到家里面时不妨抽出一些时间来对着镜子笑一笑，早上起床时也可以对着镜子笑一笑，逐渐养成自己的面部表情丰富一些。

销售人员天天坐着打电话会感到很累，而且坐着打电话的效果也没有站起来打电话的效果好，所以应鼓励他们打电话时来回走动。有些销售人员用很放松、很自然的声音去影响客户，这样会给客户留下一个深刻的好印象。

在不同的情况下，肢体语言要与想表达的感情结合起来。如果客户向你来投诉，客户家中发生火灾了，如果这时你笑得像朵花一样，显然跟客户的情绪没有达成配合，在这种情况下要恰当地体会客户的感情。如果跟客户聊得非常开心，你要把开心的肢体语言也同时表达出来；如果客户不开心，你要理解地表达出同理心。

9. 挂电话前的礼貌

要结束电话交谈时，一般应当由打电话的一方提出，然后彼此客气地道别，应有明确的结束语，说一声"谢谢、再见"，再轻轻挂上电话，不可只管自己讲完就挂断电话。

总之，勇于沟通、用心沟通、乐于沟通，将使我们的工作取得更大的进步。

成功素质测试

测试问题一

（1）我能根据不同对象的特点提供适当的建议或指导。

（2）当我劝告他人时，更注重帮助他们反思自身存在的问题。

（3）当我给他人提供反馈意见，甚至是逆耳的意见时，能坚持诚实的态度。

（4）当我与他人讨论问题时，始终能就事论事，而非针对个人。

（5）当我批评或指出他人的不足时，能以客观的标准和预先期望为基础。

（6）当我纠正某人的行为后，我们的关系常能得到加强。

（7）在我与他人沟通时，我会激发出对方的自我价值和自尊意识。

（8）即使我并不赞同，我也能对他人观点表现出诚挚的兴趣。

（9）我不会对比我权力小或拥有信息少的人表现出高人一等的姿态。

（10）在与自己有不同观点的人讨论时，我将努力找出双方的某些共同点。

（11）我的反馈是明确而直接指向问题关键的，避免泛泛而谈或含糊不清。

（12）我能以平等的方式与对方沟通，避免在交谈中让对方感到被动。

（13）我以"我认为"而不是"他们认为"的方式表示对自己的观点负责。

（14）讨论问题时，我通常更关注自己对问题的理解，而不是直接提建议。

（15）我有意识地与同事和朋友进行定期或不定期的、私人的会谈。

【评价标准】

非常不同意/不符合（1分）　　不同意/不符合（2分）

比较不同意/不符合（3分）　　比较同意/符合（4分）

同意/符合（5分）　　　　　　非常同意/非常符合（6分）

自我评价

如果你的总分是：

80~90分　你具有优秀的沟通技能；

70~79分　你略高于平均水平，有些地方尚需要提高；

70分以下　你需要严格地训练你的沟通技能。

选择得分最低的6项，作为技能学习提高的重点。

资料来源：https://www.wjx.cn/jq/2269941.aspx.

测试问题二

(1) 在说明自己的重要观点时，别人却不想听你说，你会（　　）

　　A. 马上气愤地走开

　　B. 不说完观点，但你可能很生气

　　C. 等等看有没有说的机会

　　D. 仔细分析对方不听的原因，找另一个方式去说

(2) 去了老同学的婚礼回来，你很高兴，而你的朋友对婚礼的情况很感兴趣，这时你会告诉他/她（　　）

　　A. 详细述说从你进门到离开时所看到的以及相关的细节

　　B. 说些自己认为重要的

　　C. 朋友问什么就答什么

　　D. 感觉很累，没什么好说的

(3) 你正在主持一个重要的会议，而你的一个下属却在玩他的手机并有声音影响会议现场，这时你会（　　）

　　A. 幽默地告诉下属不要玩手机

　　B. 严厉地叫下属不要玩手机

　　C. 装着没看见，任其发展

　　D. 给那位下属难堪，让其下不了台

(4) 你正在跟老板汇报工作时，你的助理急匆匆跑过来说有一个重要客户的长途电话，这时你会（　　）

　　A. 说你在开会，稍后再回电话过来

　　B. 向老板请示后，去接电话

　　C. 说你不在，叫助理问对方有什么事

　　D. 不向老板请示，直接跑去接电话

(5) 去与一个重要的客人见面，你会（　　）

　　A. 像平时一样随便穿着

　　B. 只要穿着不要太糟就可以

　　C. 换一件自己认为很合适的衣服

　　D. 精心打扮一下

（6）你的一位下属已经连续两天下午请了事假，第三天上午快下班的时候，他又拿着请假条过来说下午要请事假，你会（　　）

　　A. 详细询问对方因何要请假，看原因而定

　　B. 告诉他今天下午有一个重要的会议，不能请假

　　C. 你很生气，什么都没说就批准

　　D. 你很生气，不理会他，不批假

（7）你刚应聘到一家公司就任部门经理，上班不久，你就了解到本公司中有几个同事想就任你的职位，老板不同意，才招了你，对这几位同事你会（　　）

　　A. 主动认识他们，了解他们的长处，争取成为朋友

　　B. 不理会这个问题，努力做好自己的工作

　　C. 暗中打听他们，了解他们是否具有与你进行竞争的实力

　　D. 暗中打听他们，并找机会为难他们

（8）与不同身份的人讲话，你会（　　）

　　A. 对身份低的人你会漫不经心地说话

　　B. 对身份高的人说话，你会紧张

　　C. 在不同的场合，你会用不同的态度与之讲话

　　D. 不管是什么场合，你都用一样的态度讲话

（9）你在听别人讲话时，你总会（　　）

　　A. 对别人的讲话表示兴趣，记住所讲的要点

　　B. 请对方说出问题的重点

　　C. 对方讲些没必要的话时，你会立即打断他

　　D. 对方不知所云时，你会立即打断他

（10）在与人沟通时，你认为比较重要的是，应该了解对方（　　）

　　A. 经济情况，社会地位

　　B. 个人修养，能力水平

　　C. 个人习惯，家庭背景

　　D. 价值观念，心理特征

【评分方法】

　　题号为 1，5，8，10 者，选 A 得 1 分、B 得 2 分、C 得 3 分、D 得 4 分；其余题号选 A 得 4 分、B 得 3 分、C 得 2 分、D 得 1 分；将 10 道测验题的得分加起来，就是你的总分。

　　结果分析

　　如果你的总分为 10~20 分，因为你经常不能很好表达自己的思想和感情，所以

你也经常不被人所了解。许多事情本来是可以很好解决，正是你采取了不适合的方式，所以有时把事情弄得越来越糟糕。但是，只要你学会控制好自己的情绪，改掉一些不良的习惯，你随时可能获得他人理解和支持。

如果你的总分为 21～30 分，你懂得一定社交礼仪，尊重他人。你能通过控制自己的情绪来表达自己，并能达到一定的沟通效果。但是，你缺乏高超的沟通技巧和主动性，许多事件只要你继续努力一点儿，你就可以大功告成。

如果你的总分为 31～40 分，你很稳重，是控制自己情绪的高手，所以，他人一般不会轻易知道你的底细。你能不动声色地表达自己，有很高的沟通技巧和人际交往能力。只要你能明确意识到自己性格的不足，并努力优化之，定能取得更好的成绩。

我的弱点在于：

我的优势在于：

资料来源：http://www.doc88.com/p-803981720149.html.

成功方法学习
针对不同对象的沟通方法

向上沟通

（1）尽量不要给上司出问答题，要出选择题；

（2）准备对策（至少两个以上答案）；

（3）优劣对比＋可能后果。

向下沟通

（1）了解状况（瓶颈）＋要求反思；

（2）提供方法＋紧盯过程；

（3）接受意见＋共谋对策＋给予尝试机会。

水平沟通

（1）主动＋体谅＋谦让；

（2）自己先提供协助＋再要求对方配合；

（3）分析利弊＋双赢结果。

成功案例借鉴
案 例 一

小许很得一位教委领导的欣赏。这位领导是教师出身，人也很随和，他与小许并未谋面，但他赞许小许的才华，便约请小许与他聊聊。小许在领导面前并没有得意忘形、忘乎所以，而是言谈举止都严谨得体，很有分寸，注意距离，领导虽性情开朗，多次表示小许随意些，但还是对小许的举动发自内心的高兴。

资料来源：https：//wenku.baidu.com/view/56e059b81a37f111f1855b88.html.

案　例　二

一个人回到故乡，发现30年前的一家食品杂货店还在营业，店主仍然是从前那位。一天，他和店主闲谈，问："现在城里到处是购物中心和超级市场，你这家小店怎么能和人家竞争而不被淘汰？"店主说："没关系，在我有生之年，这店一定能开下去，而且一定生意兴隆。因为我这里还有一种几乎绝迹的服务。""什么服务？""客人买东西，常说物价上涨或世风不正等。多数店家太太太忙，哪有工夫去听客人谈论？但我却不然，我就爱听客人说东道西，发发牢骚。所以，许多顾客还是愿意到我这里来买东西。"

资料来源：http：//mooc.chaoxing.com/nodedetailcontroller/visitnodedetail？knowledgeId=3293048.

成功素质训练

练习一：让你的表达更完美

（1）我很想帮你这个忙，但是我现在实在太忙了，我恐怕暂时还做不到。

不妥的原因_____

更好的表达_____

（2）你这套新西装真是太有型了，但是袖口这里如果能再讲究一点儿就更好了。

不妥的原因_____

更好的表达_____

（3）我很赞成你的这个提法，但是我不同意你的最后一句话。

不妥的原因_____

更好的表达_____

（4）你的工作热情是大家有目共睹的，但是我觉得你应该更细致一点儿。

不妥的原因_____

更好的表达_____

（5）这件事确实对你有些不公平，但是既然这是公司的规定，我也没有办法帮你。

不妥的原因_____

更好的表达_____

不妥的原因：不恰当地运用了"但是"一词，使意思落到了后一层上，容易引起误解，导致原本希望表达的好意或善意走样，使对方心理上难以接受，不能达到很好的沟通效果。

更好的表达：

（1）我现在实在太忙了，恐怕暂时还抽不出时间；如果你能稍微等一下就好了，我想我会尽快抽出时间来的——因为我确实希望自己能对你有所帮助。

（2）你的眼光真是不错！这套新的西装整体看起来非常有型，如果袖口这里稍微再细致一点儿，那简直就是完美无缺了！

（3）尽管我不太同意你的最后一句话，但我非常赞成你的这个提法。

（4）你的工作热情确实是大家有目共睹的；如果你在对待工作方面更细致一点儿的话，我想你会做得更出色的。

（5）虽然这是公司的规定，我没办法可以帮你，但这确实对你有些不公平，我很能够理解你此刻的心情。

【小结】很多时候，你只要把自己的表达顺序稍微调整一下，就可以获得令人惊喜的沟通效果！

练习二：让你的表达更"顺耳"

认真思考一下，怎样变换词语的运用，使你的态度显得更积极，更容易被人接受，而不是那么咄咄逼人呢？对照积极语言运用的原则，完成表9-5的练习。

表9-5　转换表达方式练习

需要改进的语言	更积极有效的表达形式
你在预算报告中所犯的错误必须立即加以补救	
你与同事之间的问题已经影响到了工作	
让我告诉你这件事你应该怎样处理	
在这件事上你大错特错	
你为什么不早点儿告诉我这件事的真相呢？	
不要再说了，我很快把它做完了就是了	

【小结】遣词用字的恰当不仅能清楚确切地表达我们的意思，让人更容易理解和接受，而且从长远来看，也能减少误会，增加良好印象，使你与同事及其他人更好地相处和合作。

培养合作能力

✸ 名人名言

天时不如地利，地利不如人和。

——孟子

团队中的每一个人都是既能够满足特定需要而又不与其他角色重复的人。

——贝尔宾

✸ 故事分享

小张和小李原是某中等职业学校公关专业的同班同学，由于两人志趣相投且都热爱学习，成绩优异，毕业后被推荐到同一家食品公司公关部工作。由于专业对口，学以致用，再加上两人互相支持、互相帮助，他们成功地组织策划了几次宣传活动，使公关部经理非常满意。然而好景不长，公司里传言经理要从小张和小李之间选一位做经理助理，那可是个好差事，既能加薪，又有表现的机会，说不定还会继续升职呢。小张和小李表面上佯装不知，但两人都有了心事，他们不再像以前那样无话不谈了。转眼中秋节到了，为了配合公司月饼的销售，公关部要组织一次销售宣传活动，任务又落在了小李和小张身上。这一次，他们在心里较上了劲，市场调查分头进行，策划方案分头写，没有互相研究、交流，彼此提防对方，互相保密，最后策划方案均没有被批准，经理对他们的表现也产生了不满，并当面批评了他俩的不合作态度，经理助理的事也就不了了之了。

资料来源：https：//wenku.baidu.com/view/e9b568bd0508763231121270.html.

随着社会生产力的发展，科技日新月异，社会生活中充满着竞争，同时也充满着合作。合作与竞争虽然在形式上是对立的，但在现实生活中却是相伴相随的。竞争中常常包含着合作，合作中也常常包含着竞争。正如林格伦所说："竞争确实是我们生活的一部分，即使我们试图将它逐出学校之外，也是办不到的。"因此"学校不得不教育孩子去竞争，因为这是个竞争的世界"。但林格伦也认为，过度的竞争带来的常常是两败俱伤，而合作往往会带来双赢。

10.1　融入合作的团队

30 年前，当沃尔玛、丰田、通用食品等公司把团队列入它们的生产过程中时，曾轰动一时，因为当时没有几家公司这样做。现在，情况截然相反了，不采用团队方式的企业可能成为新闻热点了，惠普公司、摩托罗拉公司、苹果电脑公司等企业，团队方式都是它们的主要运作形式，软件大王微软公司在美国以特殊的团队精神著称。而像 Windows 这样的产品的研发，是经过 3 000 名开发工程师和测试人员，写出了 5 000 万行代码完成的，若没有高度统一的团队精神，没有全部参与者的默契与分工合作，这项工程根本不可能完成的。事实上，团队无处不在。"人以群居，物以类聚"，如果将组织看作是一个完整的人体，团队便是构成人体的各类系统，如消化系统、循环系统等，个人则是组织或团队的最基本的细胞。任何个人都不是孤立的，人总是生活在社会组织或群体中，并以组织和团队的身份和他人交往，在交往过程中，形成了类型各异、规模不同的各式各样的团队。若想成为一个管理者，团队管理是必修的一课，而融入团队则是你的第一步。

10.1.1　跨越陌生的障碍

加入一个新的团队对任何一个人来讲都不如在一个熟悉的环境中从容、自在。如果这个团队是一个新成立的团队，大家彼此都感陌生，这种情况还好，因为大家都在同一个心理平台上，容易走出相识、相知的第一步。但如果你是一个新成员，加入一个已经存在时间较长的团队，这时对很多大学生来讲，就会感到有些困难。下面我们就以你作为新进员工为例，教你如何跨越这陌生的障碍。

1. 是什么让你感到陌生

许多新进员工在刚上班的一段时间里，总会有一些紧张或不安，而这种不安很大程度上是因为对企业以及要加入的团队的一切都还比较陌生，从而产生种种担忧，担心自己这里做不好那里又不行。

（1）上班第一天：对环境的陌生。"我那家公司真是太偏僻了，周围又那么嘈杂，我老是无法安下心来工作。""我们的办公室简直是个狭窄的小鸽笼，它让我感到胸闷得厉害，我从来没在这种地方呆过。"也许你还从未到过这个地方，对你来说，这里的一切都是那么陌生和不太协调；也许你还从未到过这种布局和气氛如此紧张的环境；也许你还不习惯一整天都待在一方小空间里忙个不停……总之，在这种"陌生"的环境中，你感觉心理上难以放松，你总是难以集中精力，以至无法轻松自如地与人沟通。

（2）闲聊的尴尬：对制度的陌生。阿明上班第一天，同一团队的一个同事非常热心地跟他打招呼，并很有兴致地试图跟他聊上一阵。这个同事和阿明一样是做业务的，由于阿明还不太清楚公司的有关规定，他不知道该不该跟他谈这么多，也不知道哪些内容是他们的谈话不该涉及的，于是在整个谈话过程中他一直在琢磨这些问题，甚至在揣测他为什么要跟自己说话。

可以想象，阿明在这个谈话中的表现实在有些糟糕，他老是心不在焉地低声应答着"是啊、哦"之类的短语，眼睛则若有所思地盯着地面或是别的地方。终于，这位同事受不了阿明的冷落而突然强烈地表示出他的不满："你到底有没有在听我说话？"而后他转身就走，留下在那里发愣的阿明。

因为对公司的规章制度还缺乏了解，阿明在沟通中处处顾虑，反而使自己极度失礼而招致了同事的不满。你还不清楚公司究竟有哪些制度规定，特别是和你的工作本身密切相关的内容。当然，你很清楚地知道，这肯定不会像你读书时的学生守则那样简单。于是，你格外小心谨慎，这当然也导致了你在与人相处时一些不必要的担忧和顾虑，从而使你无法轻松和顺畅融入这个团队。

（3）一个糟糕透顶的电话：对工作的陌生。敏在上班时接到了一个电话，这个电话是客户打来的，他刚买了公司的一台小型食品机，可是现在这台机子不能正常工作了，他希望公司能用最快的速度帮他解决这个问题，因为他每天都要用它来做一家人的早餐。

"请你告诉我，这到底是怎么回事？我刚刚把它搬回家才三天！"

"这个……我想……可能是……对不起，我无法跟你讲得很清楚，因为我刚刚上班，我还不太熟悉这个产品。"

"那么，你什么时候能帮我修好它？我希望最好能帮我换一台新的！"

"这样啊……要不，你先等一下，我要先查一下资料才能答复你，因为我还不知道这个产品的维修是怎么一回事……"

"够了！"电话那头的顾客突然打断了敏的话，"我只想请你告诉我，我什么时候能得到一台新的能做早餐的食品机？"

"可是先生，我真的不能就这样回答你，我还需要请教一下我们团队领导，要不，你先留个电话……"

但没等敏说完，顾客已经愤怒地挂上了电话。

对工作的陌生，使身为客户服务人员的敏与客户的沟通陷入了僵局。你从来没有接触过这项工作，你还没有足够的经验来帮助你更好地完成它，甚至你还不太清楚你的工作的确切内容和程序，还不会使用堆放在你桌上的那些各式各样的先进工具。所以，你还显得有些笨拙和力不从心。而这些，都极有可能导致你在最初融入一个团队时出现工作的偏差和失误。

（4）角落里的抱怨：对人的陌生。"天知道，我与他们说话时有多难受，我不知道他们下一句话要说什么，我该怎么应答。有时候，我甚至情愿闭上嘴。""我从来没想过，原来工作后加入一个团队这么难，当初我们上大学时融入一个宿舍、一个班级觉得挺容易的，现在为什么会这样？"你从来没有见过你的这些同事、上司和客户，对你来说，要在很短的时间之内熟悉这么多的人，了解他们各自的性格特点及工作风格等，确实是件难度很大的事情。你必须一步一步慢慢地来。

2. 融化陌生的三部曲

（1）绽放你的微笑。许多著名人物在接触陌生人时，总是微笑着打趣或批评自己而使对方愉悦起来。试着绽放你的微笑吧，这不仅会让对方感觉到你的友善而对你的心理给予更多的体谅，而且能使你自己较快地缓和镇定下来，冲淡那种陌生的情绪。亲切的微笑往往让人想到迷人的鲜花。你可以试着想象，对方是你一个相知多年的老朋友，或是一个你可以信赖的亲人。这样，你在无形中便会逐渐放松自己，你会觉得对方能给你比较亲切的感觉，即使你并不是真的很了解对方，也能让你在轻松友善的气氛中慢慢融入一个团队。

（2）发挥你的勤勉。一旦你在刚加入团队时就涉及一些实质性的话题，例如团队的目标、团队的制度等，你就必须做到心中有数，才能处变不惊地应对自如。因此，你必须抓住一切机会，尽可能地熟悉团队的各种情况，理解各项规定，掌握必要的技能。大多数公司都会有一些员工手册之类的内部资料，还有公司的内刊、网站等，你可以利用各种零碎的时间来阅读和理解它们；而有关工作的技巧和方法等，你大可以来个"不耻下问"，虚心向所有可能教给你知识的善良的人请教。

（3）袒露你的真诚。每个人都喜欢和真诚的人相处，在一个关系密切的团队中更是如此。但真诚不只是品质的问题，很多时候是能力的问题。一个刚大学毕业新入职的员工，由于能力还不足以胜任目前的工作，所以缺乏自信，越是缺乏自信就越是想表现出很强的一面。这时就会出现在新团队成员面前吹嘘自己以前的业绩和自己的过人之处，或是在工作中出现不懂装懂的情况，而一旦出现错事被发现，就开始猛找借口和抱怨，不能坦然地承担责任，检讨错误，所有这一切表现出的都是不够真诚，这是团队新人的一大忌。其实只要态度诚恳，上司和同事对新人还是有足够的宽容度的，只要不是原则性的问题，一般都会得到原谅，但要记住，同样的错误不可以在工作中再次出现。

10.1.2　扮演好团队的角色

关于团队成员的角色，不同的研究者有不同的划分。剑桥产业培训研究部前主任贝尔宾（M. R. Belbin）及其同事，进行了一项关于团队职责的研究。在向众多来自世界各地的管理人员授课的过程中，贝尔宾观察到学员参与小组工作计划时的行为模式。这些学员的种族、文化背景各有不同，担当的职责各异。经过多年观察，贝尔宾发现在团队之中，队员的行为取决于他们在团队中扮演的角色，他们将团队成员的角色界定为以下 9 种。

1. 团队成员的 9 种角色

（1）主导者：处事冷静的领导。

（2）驱动者：精力充沛、意志坚强的领袖。

（3）创新者：团队的智囊。

（4）监察者：善于监察和评核团队的表现。

（5）执行者：团队的办事人员。

（6）协调者：协调各种关系。

（7）资源探寻者：善于向外界寻求资源。

（8）贯彻者：确保团队赶上工作进度。

（9）专业人士：专业知识、经验及技能的提供者。

上述每个角色对团队的有效合作均有帮助，但这些角色配合无法由个人独立扮演或达不到应有的效果。因此，要使工作团队发挥最佳的合作成效，必须根据需要完成的任务，妥善安排最适当的人员担当各种职责。

2. 9 种角色描述与解读

（1）主导者。你喜欢带领团队，采用民主的方式并希望所有人都会参与，但你亦知道何时需要重掌大权。达到团队目标是非常重要的，你会对工作列出优先次序并确定所有队员对自己的角色有非常清晰的认识。你是一个实际及能承受压力的人，在工作方面喜欢以正统的方法进行。

（2）驱动者。你喜欢支配团队的工作方式，希望队员依从你的指示，你做的决定是决断的及实际的，并会非常坚持自己的意见。你认为达到目标至为重要，因此对于队员的表现要求非常严谨，你不大有耐性，然而队员亦尊重你的积极性及魄力。

（3）创新者。你是个充满创意的人，时常喜欢提出新意见。由于非常自信有时候对人会欠缺交际手腕，如别人批评你的意见，你会显得不高兴，因此有时你会宁愿远离其他队员，避免发生冲突。

（4）监察者。你喜欢仔细分析意见，看看它们是否符合团队的目标及方向，你处事认真及精明，因此别人忽略的问题你亦看到。由于这样，别人会觉得你很挑剔，但你认为至少这样可避免犯错误。面对复杂资料时，你有能力明白个中意思，从而制定最好的决策。

（5）执行者。你是一个实际及非常有效率的人，能集中注意力，看清楚目标、工作及成效。对于一些前卫的意见不大感兴趣，你处事小心且果断，着重细节多于速度。当你进行一项工作时，最不喜欢的是要有很多临时的改动。

（6）协调者。你首要关心的是别人及他们的情绪，你很易看到别人的长处及短处。当别人不开心时，你会尝试去开解他们，你认为彼此不应存有竞争，一个团队应像一个快乐的家庭。你喜欢发掘别人的潜能，亦能够与沉默寡言的人展开沟通。

（7）资源探寻者。你很有求知欲，喜欢探索团队以外的事物及其他人的工作，你建立了很多联系，亦懂得善用其他人的长处。你需要很多变化，否则会觉得沉闷，有时你会过于冲动，你善于探索新方法并能说服及推动其他队员。

（8）贯彻者。你喜欢理想地完成工作，例如按时完成工作，否则你会变得忧虑。你会不断指出别人可改善的地方，令他们不会自满，因此你会较集中看错误及细节，亦由于这样，你会有时触怒别人，但却防止了他们变得不小心、太自满或懒惰。

（9）专业人士。你有专业或技术上的知识，能用简单易明的方法解释复杂概念，你鼓励其他人要客观地看事物。对于不明白你的人，有时你会显得不耐烦，对于别人的批评你会非常留意。整体来说，你是个有方向感并会为目标而奋斗的人，偶尔你会颇为固执。

3. 测试你的团队角色

你通常扮演那一种团队角色？请进行下列测试。这个测试能够帮助你认知自己和他人在团队中的角色。

测试说明：①本测试共由 9 组测试题组成，每组测试题有 9 个字母选项，共计 81 个字母选项；②每组测试题满分为 10 分，在做每组测试题时，可以根据每个字母选项和自己的符合程度给分，可以把 10 分只给一个字母选项，也可以根据符合程度把分数分散到各个字母，但是总和要等于 10 分。将打分填在"角色测试答题卡"上。

（1）我认为我最擅长做什么：

A. 我接受过专门训练，具备丰富的专业知识和工作经验。

B. 我善于跟各类人打交道。

C. 我点子特别多，喜欢出主意、想方案。

D. 我善于倾听各方意见。

E. 我做任何事情都胆大心细、有勇有谋。

F. 我擅长调动大家，有很强的号召力。

G. 我会绝对服从上级领导。

H. 我很快能够发现别人做事的不足之处。

I. 我善于发现新的机会和机遇，擅长打听各种信息。

（2）我的缺点是什么：

A. 我有些时候过分依靠指令行事，忽略周围的环境，缺乏灵活性。

B. 我有些教条主义，对没有把握的事情一般不敢贸然行事。

C. 别人常说我喜欢道听途说，见风就是雨。

D. 我对任何事情都持怀疑态度，容易忽略别人的长处。

E. 有时候为了完成某个事情我会很武断，不会听取别人的意见。

F. 我如果一分钟不说话就憋得难受。

G. 我有时会想事情过于投入，经常顾此失彼。

H. 我对缺乏挑战性的工作不感兴趣。

I. 我可能会花过长的时间倾听大家的意见。

（3）我的做事态度是：

A. 只要有人不知道，我就有责任告诉他。

B. 只要是决定了的事情，不管多么困难我一定会完成。

C. 我认为一切都应该从专业角度出发考虑问题。

D. 我的态度是"服从命令听指挥"。

E. 我认为"没有做不到，只有想不到"。

F. 我认为要做就做到最好。

G. 我认为没有调查就没有发言权。

H. 虽然我倾向于博采众长，但在必要时会果断决策。

I. 我认为"没有规矩不成方圆"。

（4）我的一般做法是：

A. 我会在各方意见的基础上权衡利弊，根据情况进行决策。

B. 我经常提醒自己和其他成员做事要细心。

C. 我会根据成员的特长来安排工作。

D. 我在执行任务时，完全按照规定的行为准则或操作手册执行。

E. 我经常主动和遇到的各种人打招呼、聊天。

F. 我总是热衷于打听最新的消息，寻找最新的想法，关注事情的最新进展。

G. 我总是以挑剔的眼光看别人有什么不足。

H. 接到上级指令后，我会立刻遵照执行。

I. 在讨论中，我总是会提出一些有创意的想法或建议。

（5）我的应急反应是：

A. 在遇到特别紧急的情况时，我会独自构想出摆脱困境的方法。

B. 在紧要关头，我会当机立断地做出决策。

C. 在紧要关头我会义无反顾地采取行动。

D. 在争论过程中，对方越厉害，我的口齿反而越伶俐。

E. 尽管事情非常急迫，我还是强调坚持原则，一切按规定行事。

F. 如果遇到自己无法处理的情况，我会去找这方面的其他专家询问处理办法。

G. 追求完美的性格使我不会因为任务紧急就不做任何准备而直接采取行动。

H. 紧急时刻我会调动一切资源来打探消息。

I. 事情紧急时，我会亲自冲锋陷阵。

（6）我给团队做的贡献是：

A. 我总能提供一些很有价值的资料或信息。

B. 我能够提供需要的行动方案，有时可能不止一套。

C. 我敢于指出别人的不足，能在工作中起监督作用。

D. 我能够完成一些一般人不能完成的任务和工作。

E. 我总是能比较准确地把握局面，是拿主意的关键角色。

F. 我会严格按照上级的指令完成任务。

G. 我能够带领大家完成任务。

H. 我能够处理那些技术性很高、需要经过特别训练才能完成的工作。

I. 我能够把各种消息传播出去。

（7）我给团队造成的负面影响是：

A. 当任务受到阻碍时，我可能会表现出不耐烦的情绪，大家可能觉得我很不近人情。

B. 有人会批评我鸡蛋里挑骨头，凡事总喜欢往坏处想。

C. 由于我总是追求完美，有时会因为准备时间过长而延迟事情的进程。

D. 我很容易对人和事失去兴趣并感到厌倦，总是需要别人来激励我。

E. 我喜欢独立行事，别人可能会觉得我不合群。

F. 由于我的想法过于复杂，难以清晰的表述，使大家无法完全理解，增加了实施的难度。

G. 有时我提的目标可能过高，让别人觉得有些强人所难。

H. 我有时会因为话说的太多，以至于说了一些不该说的话。

I. 我有时可能还没有理解指令的真正意图就急于行动，以至变成了盲目行动。

（8）我的满足感来自：

A. 只有我才能发现别人的不足。

B. 我的原则是"行动者最快乐!"。

C. 别人是从我这里得到消息的。

D. 我能够带领团队克服困难,实现事先设定的目标。

E. 我经常能得到第一手信息,接触到各种新东西、新想法。

F. 主意靠我来拿。

G. 只有我才能搞定那些复杂的、有技术含量的工作。

H. 我提出了许多建议和方案,提高了我的想象力和创造力。

I. 大家都说我干的活很漂亮。

(9) 我的厌恶感来自:

A. 我觉得只要把事情做完就行了,我讨厌一个环节一个环节地抠细节。

B. 我最讨厌让我去打听消息,或去一个陌生的地方了解情况。

C. 我最讨厌拿主意之类的事情。

D. 我平时最讨厌想那些令人头疼的问题,我不喜欢给别人出主意。

E. 一想到要做事情我就浑身不舒服。

F. 我最讨厌让我去挑别人的不足或毛病。

G. 我最讨厌和人打交道,尤其不喜欢和陌生人说话。

H. 我不想当头,尤其是还要带领"刺头"去实现那些很难实现的目标。

I. 一看到那些复杂的、需要技术性很强的工作,我就浑身难受。

角色测试答题卡

姓名: 　　　　　　　　　　　　　　　　　　　　　　　　　　　日期:

选项＼题号	1	2	3	4	5	6	7	8	9
A									
B									
C									
D									
E									
F									
G									
H									
I									
合计	10分	10分	10分	10分	10分	10分	10分	10分	10分

【注意】

(1) 每道题的得分之和必须为 10 分。

(2) 将"角色测试答题卡"的得分按照下面"角色分析表"(见表 10-1)的字母顺序重新填写,并进行分析。

表 10-1　角色分析表

姓名：　　　　　　　　　　　　　　　　　　　　　　　　　　　　　　日期：

角色测试	1	2	3	4	5	6	7	8	角色得分	9
创新者	C	G	E	I	A	B	F	H	创新者	D
资源探寻者	I	C	G	F	H	A	D	E	资源探寻者	B
主导者	D	I	H	A	B	E	G	F	主导者	C
驱动者	F	E	B	C	I	G	A	D	驱动者	H
监察者	H	D	I	G	E	C	B	A	监察者	F
协调者	B	F	A	E	D	I	H	C	协调者	G
执行者	G	A	D	H	C	F	I	B	协调者	E
贯彻者	E	H	F	B	G	D	C	I	贯彻者	A
专业人士	A	B	C	D	F	H	E	G	专业人士	I

【注意】

（1）在计算角色得分时，只计算第 1 题到第 8 题的得分。

（2）角色得分≥11 分，代表偏好此角色，角色得分≤5 分，代表不偏好此角色。

（3）第 9 题（负面的作用）得分越低，代表越符合此角色。

4. 在团队中发挥更大作用

　　并非所有的团队都有以上这 9 个角色，并非每个角色只有一个人，也并非每个人只扮演一个角色。而且每个角色都有对团队有利的一面，同时也有对团队不利的一面，因此我们要学会正确扮演自己的角色，并在团队中发挥更大的作用。

【小思考】

　　请思考一下你在团队中扮演过哪些角色？你认为有哪些地方还需要改进？请将你的想法填入下表中。

	你在团队中扮演了哪些角色？	有需要改进的地方吗？
1		
2		
3		

　　如果你来扮演原先团队中缺少的角色，团队会很容易接受你；如果来扮演原先

团队中已有的角色，很容易引起内部纷争。这时应该怎么办呢？

（1）及时调整自己的团队角色。团队工作有点儿像一场音乐会，水平再高的乐团也必须只能有一个指挥。尽管有的时候指挥也会犯错，但是，团队必定还是需要一个人来做指挥，这是职场的规则。我们往往认为如果音乐会成功，这个指挥就会赢得了全部的掌声，非常荣耀，可是你能体会到这其中需要他有过人的领导才能，还要承担的巨大的责任？年轻人走上工作，首先都有这样的想法：我要成为怎样怎样的人，我想成为团队的领袖或是重要角色。这些都是可以理解的，但是，现实工作中，无论哪个公司实际上需要的都是公司所需要的人，而不是那个我们理想中的自己——理想化的自己。所以，大多数年轻人都会有所失落，这时你要做的是调整好自己的角色，这种你所认为的"失落"并不是坏事，不是说明你没有前途了，而是表明你在未来可以比现在做得更好。你现在不是无所事事，你依然可以用自己富余出来的时间做一些业务提高或者充电的事情，艺多不压身，机会总是偏爱那些有准备的人，有朝一日你一定会在团队中找到理想的角色。

（2）充分发挥自己的作用。在团队中的作用越大，团队就越需要你，你就越容易被人所接受。

【小测试】

请按照下表几个问题对自己在团队（你目前所处的任何一个团队）中的作用做一个小测试吧！然后思考你扮演的角色是团队需要的角色吗？你在这个团队中充分发挥你的作用了吗？

工作能力方面	□ 我基本能完成自己的工作 □ 我能出色地完成自己的各项工作 □ 我能指导（帮助）别人完成他的工作
工作态度方面	□ 我喜欢的事会认真做好，不喜欢的事就随便应付 □ 不管喜不喜欢，我都会认真做好自己的每一件事
工作潜能方面	□ 我能及时发现团队中存在的问题 □ 我能正确分析团队中存在的问题 □ 我能及时处理团队中存在的问题

（3）协助他人完成任务。给别人以帮助，可以得到别人的认同；帮助别人的过程，也是锻炼自己的过程。发扬团队精神，协作是核心。按照系统论的观点，团队就是一个大系统，由若干成员组成，所有成员在系统内部都有固定的位置，这些位置互相衔接，互相渗透，共同构成一个动态的有机整体。假如成员间不能团结协作，团队的力量就很难合成一股劲。因此，每位团队成员都应学会包容、欣赏、尊重、帮助其他成员。互相欣赏、相互接纳才能在思想上产生共鸣，在行动上取得一致，

相互协助才能共同完成任务。而且也只有互相支持、互相尊重、互相配合、互相协助，才能使整个团队一条心，一股劲，成为一个攻无不克、战无不胜的坚强集体，其他成员也才能发挥自己最大的作用。

（4）在困难时刻敢于接受挑战。任何一项团队任务，在完成的过程中，总会遇到这样那样的难题，而越是在困难的时候，越容易反映出人的本质。这是考验人的时候，也是给人展现才能的时候。许多时候，人们并不是找不到解决问题的方法，而是缺乏面对挑战的勇气，因为害怕，往往会错过许多机会。当然真的要有效解决问题，渡过难关的智慧与才能也是必不可少的。

【小案例】

阿峰大学毕业后去了一家微波炉专卖店，他的目标就是成为店长，但当时他只能先从一名销售员做起。日子过得很快，他的销售技能不断增强，销售业绩也不断提高，但原来的店长做得好好的，他还是没有机会。这时的阿峰没有急于求成，他甚至相信"剩者为王"。于是他一方面做好自己在这个团队的分内工作，另一方面积极帮助同事和店长处理各种事情，他的积极、诚恳和能力获得了店中同事的认可，个人威信也逐步建立起来。就在这时该专卖店的总部为下属各单位下达了新一年的销售指标，当他们得知新的销售指标比去年高出30%时，许多人面对这一状况，都感到困难重重，难以实现，而原来的店长也在巨大的压力下选择了跳槽。这时总部的领导找到阿峰谈话，希望他能带领这个团队承担起这一重任。阿峰经过慎重考虑，决定迎接挑战。他接任店长后，以自己敏锐的眼光发现该专卖店销售中存在的两个主要问题：一是销售人员多年形成了一个销售习惯，只要来了顾客就本能地向他们推销特价和低价产品，因为这样他们会觉得成功率高；二题是销售人员将所有精力放在了现实顾客上，忽视或放弃了潜在顾客。正是这两个原因造成了顾客群不大、销售收入不高、利润不高的问题。问题找到后，阿峰带领团队全体成员采取有效措施，齐心协力，终于在年终超额完成了总部确定的销售任务。三年后阿峰被提拔为总公司的销售副总。

10.2 提高合作能力

10.2.1 合作前提

（1）互相信任。自然界里有一个很有趣的现象，一只小鸟在凶残的鳄鱼背上跳来跳去，如同在一根圆木上跳动一样，它还毫无顾忌地跳进鳄鱼的嘴里，啄食鳄鱼牙缝中残留的食物。鳄鱼则温顺地张着大嘴，任其在嘴里跳来跳去。这就是共生现象，在强弱不一、大小各异的动物之间，相互依存、相互信任。

（2）互相鼓励。合作成员们为完成任务而互相鼓舞，彼此可以用"我们风雨同舟""我们共命运"等语言互相鼓励；也可以用肢体语言表示鼓励，例如排球队员、足球队员进球后拥抱在一起，篮球队员进球成功时，其他队员打手势支持，等等。这样能很好地凝聚力量、鼓舞信心。

（3）互相帮助与支持。如果一个成员无法完成自己任务，从而阻碍总体任务完成，其他成员就帮助他克服困难，完成任务。合作成员通过多种方式支持对方的工作也会有助于合作。

（4）沟通顺畅。沟通顺畅能提高成员之间面对面沟通的机会，能减少误解与摩擦的产生，决策能得到坚决执行，建议与意见能得到及时反馈。

（5）贡献可以衡量。每个人都可以清楚看到别人做了什么，而且每位成员都对自己的行为负责。每位合作成员的贡献都可以衡量。

10.2.2 提高合作能力八步法

1. 明确合作目标

毛泽东说："我们都是来自五湖四海，为了一个共同的革命目标，走到一起来了。"正是无数的革命先烈围绕共同的革命目标战斗不止、奋斗不息，才有了新中国的成立。与人合作要任务明确，目标清晰。在共同目标之下，每人有自己的任务与目标。小溪汇入江海，个人融入团体。拧成一股绳，心往一处想，劲儿往一处使，围绕目标，形成团队合力。

2. 合理分配角色

在合作过程中，你可能会感觉自己的才华被压抑，大材小用了，例如你是有指挥能力的班干部，在合作中被安排做端茶倒水的服务工作，但是为了共同的合作目标，你必须接受这样的安排并认同你要扮演的角色。需要你扮演配角，就要接受这样的安排，需要你承担主要角色，就要挺身而出，担负责任。《西游记》中，为了取经，组织了一个团队，这个团队离不开孙悟空，也离不开唐僧、沙和尚与猪八戒，还有白龙马。每位都有自己的职责与任务，例如白龙马要背负唐僧，沙和尚要挑行李。沙和尚要无怨无悔地挑行李，不能因为自己曾做过天神而不明确职业角色。在合作过程中，要摆正自己的位置，避免角色错位。

3. 明确工作任务

合作计划最好以适宜的沟通方式，征求合作者的意见和建议，经过多次磨合可能大家才会明确自己的工作任务。工作任务要具体可行，一项很庞大的工作，可以做任务分解，分解成一项项具体任务。合作者要明确工作任务和承担的责任。最好用文字的形式确定每人的任务与责任，这样会更有利于工作的完成。

【小训练】

站　报　纸

将一张或几张大小相同的报纸展开铺在地上，根据情况不分组或分为不同的几个组，每组可有20名队员。组与组之间展开竞赛，组内各人可以互相搀扶，争取全部站到自己组的报纸上。可以放一只脚，也可以放两只脚，身体的其他部分必须悬空，不得接触地面与其他物体。

4. 激发工作热情

要学会激发自己与合作者的工作热情。工作时要激情澎湃，满腔热情，自我鼓励。如果你是合作过程的主导者，要以正面激励的方式控制合作团队，激发合作伙伴的热情。"良言一句三冬暖，恶语伤人十日寒"。多发现合作者的优点，多用赞扬语句，例如"今天做得太棒了"等语句；也可以用赞扬的非语言方式，例如鼓励的眼神、亲切的握手、热烈的掌声等来激励他人。

【小训练】

相 互 赞 扬

以小队为活动单位。大家围成一圈，最好异性相邻。从一个人开始，对右边的伙伴大声说一句赞扬的话，依次转下去。到了第一个人那里，再转回来，向左边的伙伴说一句赞扬的话。

赞扬的内容不做限制，包括相貌、气质、服饰、人品、能力、业绩、才干等，也可以赞扬与被赞扬者有关的事物，如家乡、所服务的公司、曾经就读的学校等。

不得重复别人已经说过的词句。这个要求必须严格遵守。一旦有人违反，一定要将活动重新再来一次。

5. 培养合作的信任感

（1）开诚布公。人们所不知道的和人们所知道的都可能导致不信任。如果你开诚布公，就可能带来信心和信任。因此，应该让人们充分了解信息，解释你做出某项决策的原因，对于现存问题则坦诚相告，并充分地展示与之相关的信息。

（2）公平。在进行决策或采取行动之前，先想想别人对决策或行动的客观性与公平性会有什么看法。在进行绩效评估时，应该客观公平、不偏不倚。在分配奖励时，应该注意其平等性。

（3）成为团队的一员，用言语和行动来支持你的工作团队。当团队或团队成员受到外来者攻击时，维护他们的利益，这样就会说明你对你的工作群体是忠诚的。

（4）表明你既是在为自己的利益而工作，也是在为别人的利益而工作。我们每个人都关心自己和自己利益，但是，如果别人认为你利用他们，利用你所在的组织为你个人的目标服务，而不是为你的团队、部门、组织利益服务，你的信誉就会受到损害。

（5）说出你的感觉。那些只是向员工传达冷冰冰的事实的组织管理人员与团队领导，容易遭到员工的冷漠和疏远。说出你的感觉，别人会认为你是真诚的、有人情味的，他们会借此了解你的为人，并更加尊敬你。

（6）表明指导你进行决策的基本价值观是一贯的。不信任来源于不知道自己面对的将是什么。花一定的时间来思考你的价值和信念，让它们在你的决策过程中起到指引作用。一旦你了解了自己的主要目的，你的行动相应地就会与目的一致，而你的一贯性也能够赢得信任。

（7）保密。你信任那些你可以相信和依赖的人。因此，如果别人告诉你一些秘密，他们必须确信你不会对别人谈论这些秘密，或者说，不泄露这些秘密。如果人们认为，你会把秘密透露给不可靠的人，他们就不会信任你。

（8）表现出你的才能。表现出你的技术和专业才能以及良好的商业意识，能引起别人的仰慕和尊敬。你应该特别注意培养和表现你的沟通、团队建设和人际交往技能等。

6. 抑制消极因素

在团队中可能会存在"不做事，却多事"的人，在团队中如果有"害群之马"存在，会严重伤害众人合作的积极性，甚至会使一个正常运转的团队变成一盘散沙。我们要从大局出发，最好消灭损害团队合作的现象，迫不得已只好限制影响合作的人行动，甚至将其清除出团队。在具体实施过程，巧妙地减少负面影响，可以采取限制其行动的办法，或者采取"冷处理"，置之不理，使多事的人感到无趣。

7. 遵守合作承诺

接受工作任务之后，就要积极行动，按照预定的时间表做事情，按时完成任务。工作要仔细认真，按照质量目标去完成任务，遵守合作的承诺。遇到意想不到的困难，想方设法克服困难，必要时，能够牺牲个人的利益，千方百计地履行承诺，通过行动，赢得他人信赖。与人合作，需要某种"傻子"精神，答应的事情，一定要履行承诺，做到最好。

8. 分享合作成果

要能够节制自己的欲望，在利益冲突面前，适当放弃自己的某些利益。在合作成果的分享中，避免平均主义，考虑合作的长远发展，使那些起关键作用的人得到激励，尽量实行"多劳多得，少劳少得"的分配制度。分享合作成果，容易产生矛盾冲突，有位学者将分享合作成果的困难归纳为"六同"现象：制订计划的时候大家"同心同德"，在工作过程中大家"同舟共济"，遇到难题大家"同甘共苦"，刚刚见到成绩则"同床异梦"，分配成果时"同室操戈"，最终结果是大家"同归于尽"。分享合作成果的关键是大家要控制欲望、按劳分配、不争（功）不抢（功）、互相谦让、知足常乐。

10.3　提高团队合作能力

团队是在特定的可操作范围内，为实现特定目标而共同合作的人的共同体。

团队不仅强调个人的工作成果，更强调团队的整体业绩。团队需要集体讨论、共同决策也需要信息共享和标准强化，更要得到实实在在的集体成果，这个集体成果超过成员个人业绩的总和，即团队大于各部分之和。团队的核心是共同奉献。这种共同奉献需要设立一个全体成员能够为之奋斗的目标。只有切实可行而又具有挑战意义的目标，才能激发团队的工作动力和奉献精神，为工作注入无穷无尽的能量。团队的精髓是共同承诺。共同承诺就是共同承担集体责任。没有这一承诺，团队如同一盘散沙。做出这一承诺，团队就会齐心协力，成为一个强有力的集体。

10.3.1　了解团队运作

团队合作是所有成功管理的根基。无论你是新手还是资深管理人，对你而言，管理好团队都是重要且具激励性的挑战。

（1）切记：每位成员都能为团队做出一些贡献。

（2）谨慎地设定团队目标，且认真严肃地对待它们。

（3）切记：成员间要彼此扶持。

（4）将长期目标打散成许多短期计划。

（5）为每个计划设定明确的期限。

（6）尽早决定何种形态的团队适合你的目标。

（7）努力与其他团队的成员建立强有力的紧密关系。

（8）找一位可提升团队工作士气的重量级人物。

（9）时时提醒团队成员：他们都是团队的一分子。

（10）将团队的注意力集中在固定可衡量的目标上。

（11）利用友谊的强大力量强化团队。

（12）选择领导者时要把握"用人唯才"原则。

（13）领导者需具备强烈的团队使命感。

（14）奖赏优异的表现，但绝不姑息错误。

（15）记住每位团队成员看事情的角度都不一样。

（16）征召团队成员时，应注重他们的成长潜能。

（17）密切注意团队成员缺少的相关经验。

（18）应使不适任的成员退出团队。

（19）找到能将人际关系处理得很好的人，并培养他们。

10.3.2　成立一支团队

成立一支团队是领导者的主要工作。确保你的团队有清楚明确的目的和足够达成目标的资源。要以开放和公正无私的态度对待团队成员。

（1）设定具挑战性的目标须根据期限来考量是否合理。

（2）设定目标时，考量个别成员的工作目标。

（3）定目标失败会危及整体计划的成功。

（4）坚持得到信息技术支持，它能为你提供确实需要的东西。

（5）对待团队外的顾问要如同对待团队成员一般。

（6）让团队的赞助者随时知道工作进展情形。

（7）除非你确定没有人能够胜任，否则应避免"事必躬亲"。

（8）不要委托不必要的工作，最好将其去除掉。

（9）赋予团队自己做决策的权力。

（10）鼓励团队成员正面积极的贡献。

（11）肯定、宣扬和庆祝团队的每次成功。

（12）找到易于让成员及团队了解每日工作进度的展现方式。

（13）鼓励成员之间建立工作上的伙伴关系。

（14）鼓励天生具有领导才能的人，并引导和培养他们的领导技巧。

（15）绝对不能没有解释就驳回团队的意见，与此相反，解释要坦白，理由要充分。

（16）确定团队和客户经常保持联系。

（17）以自信肯定的态度让团队知道谁当家，但要预防给人来势汹汹的感觉。

（18）想办法给新团队留下一个实时的好印象，但切忌操之过急。

（19）倘若你要求别人的建议，抱持的心态不能只是欢迎就行了，也要依循建议有所行动。

10.3.3　提升团队效率

团队要达到应有的效率，唯一的条件是每个成员都要学会集中力量。你必须了解团队的能力，以确保团队的成功。

(1) 协助团队找出方法以改变有碍任务推展的团体行为。

(2) 找出可建设性的利用冲突的方法。

(3) 记住要在工作中穿插安排娱乐调剂身心——这是每个人应得的福利。

(4) 如果计划出错，则一定要做全面性、公开化的分析。

(5) 如果你希望团队成员有问题时能毫不犹疑地找你谈，就要实施"开门政策"。

(6) 要求提出问题的人解决问题。

(7) 安排正式的和非正式的会面，讨论团队的工作进展。

(8) 使用不带感情只问事实的态度，是化解纷争的最好方法。

(9) 保持团队成员间的熟稔，以易于沟通。

(10) 设立交谊场所，让团队成员可做非正式的碰面交谈。

(11) 鼓励同事间自由的沟通活动。

(12) 建立最适合的通信科技系统，并经常更新。

(13) 实施会议主席轮流制，让每个人都有机会主持会议。

(14) 尽可能多地授权给团队成员。

(15) 事先于会前发出议程，预留时间给与会者准备。

(16) 培养所有对团队有益的关系。

(17) 努力保持团队内外关系的均衡与平稳。

(18) 确定所有相关人士都能听到、了解好消息。

(19) 倘有麻烦在团队关系中发酵、酝酿，要尽快处理。

(20) 安排团队与机构的其他部门进行社交联谊。

(21) 找出你与"大佬"保持联系的最佳通信科技。

(22) 要对你在团队或办公室外接触过的重要人士做联系记录。

(23) 谨慎分派角色以避免任务重复。

(24) 找寻建议中的精华，且绝不在公开场合批评任何建议。

(25) 一定要找有经验的人解决问题。

(26) 分析团队成员中每个人所扮演的角色。

(27) 脑力激发出的意见，就算不采用，亦不得轻视。否则，会打击人的积极性，创意的流动也会因此停止。

(28) 公平对待每个成员才能避免怨恨。

(29) 确定团队成员真正有错之前，都须视他们没有错。

(30) 告诉同事他们做得很好，这有助于激励团队士气。

(31) 尊重每一位成员，包括那些给你制造麻烦的人。

(32) 避免和团队成员有直接的冲突。

（33）记住采用对事不对人的处事态度。

（34）确定整个团队都能够从解决问题中学习经验。

（35）先选择完成一些规模大的、可快速达成及有成就感的任务，以激励成员再接再厉。

（36）确信团队成员皆了解团队中的其他角色。

（37）计算品质的成本之前，先计算失败的成本。

（38）针对每笔预算及每项团队行动计划，设定重大的改进目标。

10.3.4　为团队的发展努力

为团队设定新的、更高的挑战目标是团队工作中最令人兴奋的事情之一。可运用一些适当的技巧，推动团队向更大、更好的目标前进。

（1）告知团队每位成员，在设定的标准中有哪些评估的项目。

（2）确定所有改善措施及新订目标都持续进行着。

（3）在召开检讨会议前，传阅所有相关资料及数据。

（4）开检讨会时一定要避讳人身攻击。

（5）记住关系会随时间改变。

（6）避开低估或忽视坏消息的陷阱。

（7）每天结束时自问团队今天是否又向前跨出了一步。

（8）倾听受训者关于训练课程的回馈意见。

（9）找到有最好设备的最佳训练场所。

（10）聘请顾问设立公司内部的训练课程。

（11）利用异地培训时的用餐时间做非正式的计划。

（12）每位团队成员都必须参与设定目标的工作，以促进团队合作及达成共识。

（13）允许团队自行决定达成目标的方法，可激励团队努力工作。

（14）确定目标能激发团队的斗志，如果不行，请改变目标。

（15）一支没有"严峻"目标的团队，工作表现将不如接受过此类考验的团队。

（16）在设定奖励标准时，允许团队成员有发言权。

（17）避免使用名次表，因为落后的团队成员将会感到自尊心受创。

（18）指定某人监视市场上每一个相关变化。

（19）随时准备做改变，甚至计划的根本要素亦包含在改变的范围内。

（20）记住有某些人很害怕变革。

（21）寻找能推动改革的团队成员。

（22）每隔一段时间做一次生涯发展的评估。

（23）记住：鼓励团队成员就是在帮助团队。

（24）与团队同事就生涯规划达成一致意见，并给他们提供必要的协助。

（25）团队解散后仍旧要与团队成员保持联系，因为你可能还会与他们再次合作。

成功素质测试一

下面有五道题，你在它给出的答案中进行选择，然后根据你所选的情况对照解释。例如，你所有的答案都是 A，你的解释就是第一个。

（1）你如果在急匆匆地驾车赶去赴约，途中看见你秘书的车出了故障，停在路边，你是（　　）

    A. 毫不犹豫地下去帮忙修车

    B. 告诉他你有急事，不能停下来帮她修车，但一定帮他照修理工

    C. 装作没看见她，径直驶过去

（2）如果某位同事在你准备下班时，请求你留下来听他"倾吐苦水"，你是（　　）

    A. 立即同意

    B. 劝他等第二日再说

    C. 以夫人生病为理由拒绝他的请求

（3）如果某位同事因要去医院探望夫人，要求你替他去接一位乘夜班飞机来的大人物，你是（　　）

    A. 立即同意

    B. 找借口劝他另找别人帮忙

    C. 以汽车坏了为由拒绝

（4）如果某位同事的儿子想选择与你同样的专业，请你为他做些求职指导，你是（　　）

    A. 马上同意

    B. 答应他的请求，但同时声明你的意见可能已经过时，他最好再找些最新资料做参考

    C. 只答应谈几分钟

（5）你在某次会议上发表的演讲很精彩，会后几位同事都向你索取讲话纲要，你是（　　）

    A. 同意，并立即复印

    B. 同意，但并不十分重视

    C. 同意，但转眼却忘记

得分与解释

● 全部回答"A"：

你是一位极善良、极有爱心的人。但你要当心，千万别被低效率的人拖后腿，更不要被别有用心者利用。

● 大部分回答"A"：

你很善于合作，但并非失去个性。你认为礼尚往来是一种美德，但商业生活中亦不可缺。你慷慨助人，同样也希望别人同样回报你。

● 大部分回答"B"：

你是一位以自我为中心的人，不愿意为自己找麻烦，不想让自己的生活规律、工作秩序受到干扰。无疑，你在有困难时也很难得到别人的帮助。

● 大部分回答"C"：

你是一个名副其实的孤家寡人，必须马上培养与人合作能力。

资料来源：http：//tieba.baidu.com/p/123934924.

成功素质测试二

如表 10-2 所示，这是日本别府大学大石正隆教授汇总的"团队精神自我诊断表"，给出了 35 个项目，每个项目合格记 1 分，累计 31 分以上，算是理想情况，今后要继续下去；累计在 21~31 分，尚需努力；累计 20 分以下，团队精神明显不足，需研究如何提高团队精神的对策。

表 10-2　团队精神自我诊断表

项目	具体表现
有意义的目的	每个人是否都持有有意义的目的和达到此目的的决心
	其目的是否并非短视，而是符合各方面的强烈要求
	每个人都认识到该目的的重要性了吗
	每个人都能将该目的予以相同的表述吗
	成员个人的目的与团队的目的发生偏离时，能否进行正常修正
具体的目标	有无全员认可的业绩完成目标
	该目标是否明确、简洁和可测定
	该目标是否具有挑战性但同时又是现实的
	是否明确目标间的相对重要度及其优先顺序
	每个成员是否都对该目标作相同的具体表述
相互认识	每个人都能将关于自己的事同其他成员进行交流吗
	每个人都知道其他成员的成长、经历、人品与性格吗
	每个人都理解其他成员的职责、技艺和行为方式吗
	每个人都能感受到来自其他成员的正确评价与支持吗
	每个人都能认识与评价其他成员的贡献吗

（续）

项目	具体表现
明确路径	每个人都明确现实目标的路径吗
	该路径被全员所理解、认可吗
	每个人都理解自己在其中的职责与应做的事吗
	该路径能使全员的技艺得到活用并进一步提升吗
	在实现目标的过程中，能够不断地积累成功经验吗
士气与责任感	每个人都充满自信、干劲十足吗
	作为团队的一员，每个人都感到自豪与满足吗
	对于采取不理解态度与行动的成员，团队能够辨别其真意吗
	对于难办的问题，团队是否能够经常积极面对
	每个人是否都认识到：一个人的失败就是整个团队的失败
意见沟通	团队成员之间是否养成沟通意见的习惯
	每个人是否能袒露心怀，说出真话
	能否以简单明快的内容和多种传达手段，进行反复多次的信息交流
	日常是否出现气氛紧张或发生口角的局面
	当失言时是否能不辩解、不推卸责任而真挚地道歉
弹性对策	成员是否持有互补性的技艺或潜在的技艺
	每个人是否都能进行简单而频繁的联系
	每个人是否都能根据需要发挥各自不同的作用
	当发生什么事时，是否有成员跟踪处理
	是否不依靠上司的指示，自己也能做出决断与解决问题

成功方法学习

强化团队合作力的方法

欣赏，学会欣赏、懂得谦虚

三人行，必有我师。每一个人的身上都会有闪光点，都值得我们去挖掘并学习。要想成功地融入团队之中，善于发现每个工作伙伴的优点，是走进他们身边、走进他们之中的第一步。每个人都可能会觉得自己在某个方面比其他人强，但你更应该将自己的注意力放在他人的强项上。因为团队中的任何一位成员，都可能是某个领域的专家。因此，你必须保持足够的谦虚，这种压力会促使你在团队中不断进步，并真正看清自己的肤浅、缺憾和无知。适度的谦虚并不会让你失去自信，只会让你正视自己的短处，看到他人的长处，从而赢得众人的喜爱。欣赏同一个团队的每一个成员，就是在为团队增加助力；改掉自身的缺点，就是在消灭团队的弱点。

尊重，无论新人或旧人

尊重没有高低之分、地位之差和资历之别，尊重只是团队成员在交往时的一种平等的态度。平等待人，有礼有节，既尊重他人，又尽量保持自我个性，这是团队合作能力之一"尊重"的最高境界。尊重，意味着尊重他人的个性和人格，尊重他人的兴趣和爱好，尊重他人的感觉和需求，尊重他人的态度和意见，尊重他人的权利和义务，尊重他人的成就和发展。尊重，还意味着不要求别人做你自己不愿意做或没有做过的事情。当你不能加班时，就没有权力要求其他团队成员继续"作战"；尊重，还意味着尊重团队成员有跟你不一样的优先考虑，或许你喜欢工作到半夜，但其他团队成员也许有更好的事情可以做。

宽容，让心胸更宽广

雨果曾经说过，"世界上最宽阔的是海洋，比海洋更宽阔的是天空，而比天空更宽阔的则是人的心灵"。这句话无论何时何地都是适用的，即使是在角逐竞技的职场之上，宽容仍是能让你尽快融入团队之中的捷径。宽容是团队合作中最好的润滑剂，它能消除分歧和纷争，使团队成员能够互敬互重、彼此包容、和谐相处，从而安心工作，体会到合作的快乐。

试想一下，如果你冲别人大发雷霆，即使过错在对方，谁也不能保证他不以同样的态度来回敬你。这样一来，矛盾自然也就不可避免了。反之，你如果能够以宽容的胸襟包容同事的错误，驱散弥漫在你们之间的火药味，相信你们的合作关系将更上一层楼。团队成员间的相互宽容，是指容纳各自的差异性和独特性，以及适当程度的包容，但并不是指无限制地纵容，一个成功的团队，只会允许宽容存在，不会让纵容有机可乘。

信任，成功协作的基石

现代社会的发展，使职业分工越来越细，一个人单打独斗的时代已经成为过去，社会越来越需要集体的合作。个人的能力再强、工作做得再出色，也不能离开团队这个大的氛围。因此，团队成员只有相互信任、主动做事、乐于分享，才能共同成长，共达成功的彼岸。团队成员在承受压力和困惑时，要相互信赖，就像荡离了秋千的空中飞人一样，他必须知道在绳的另一端有人在抓着他；团队成员在面临危机与挑战时，也要相互信任，就像合作猎捕猛兽的猎人一样，必须不存私心，共同行动。否则，到最后，这个团队以及这个团队的成员只会一事无成、毫无建树。如果你不相信任何人，你也就不可能接纳任何人。根据团队交往的交互原则，你不信任别人，别人也就不会信任你；相反，你以坦诚友好的方式待人，对方也往往会以同样的方式待你。

沟通，敢于沟通、勤于沟通、善于沟通

从古至今，中国人一直将"少说话，多做事""沉默是金"奉为瑰宝，固执地认为埋头苦干才是事业走向辉煌的制胜法宝。这却忽略了一个人身在团队之中，良好的沟通是一种必备的能力。作为团队，成员间的沟通能力是保持团队有效沟通和旺

盛生命力的必要条件；作为个体，要想在团队中获得成功，沟通是最基本的要求。沟通是团队成员获得职位、有效管理、工作成功、事业有成的必备技能之一。持续的沟通，是使团队成员能够更好地发扬团队精神的最重要的能力。团队成员唯有从自身做起，秉持对话精神，有方法、层次地对同事发表意见并探讨问题，汇集经验和知识，才能凝聚团队共识，激发自身和团队的力量。

负责，自信地面对一切

负责，不仅意味着对错误负责，对自己负责，更意味着对团队负责、对团队成员负责，并将这种负责精神落实到每一个工作细节之中。任何有利团队荣誉、有损团队利益的事情，与每一个团队成员都是息息相关的，所有的人都拥有不可推卸的责任。一个对团队工作不负责任的人，往往是一个缺乏自信的人，也是一个无法体会快乐真谛的人。要知道，当你将责任推给他人时，实际上也是将自己的快乐和信息转移给了他人。

成功案例借鉴

案 例 一

尚学录是国外一家企业的业务员，他并没有什么学历和资金，但他有善于企划的能力。有一天，他接到从德国寄来的商品目录，其中有一种新开发上市的羊毛纺织机器。对于新机械他比别人内行，直觉告诉他这是一个良机。他立即详细调查了日本的羊毛纺织机器。他了解到应用这种新机器生产成本大约可降低2/3，而且生产效益可成倍增长。但是，他并没有向日本人推销这种机器，而是带着这项新产品的目录和经营纺织工厂的新构想，去找住在日本的一位韩裔富翁林伯熊先生。林先生对纺织业一窍不通，但在看了尚学录的企划说明之后，也感到这是一个不错的主意。林先生立即同意开一家纺织工厂，从德国进口四部机器，并请尚学录当总经理。尚学录从原来默默无闻的业务员，摇身一变成为大工厂的经营者。他的成功之道便是与成功者合作，借助成功者的力量来实现自己的梦想。这也是通向成功的一条捷径。

资料来源：http://www.315hyw.com/baike/84842.html.

案 例 二

比尔·盖茨，1973年进入哈佛大学法律系学习，19岁时退学，与同伴保罗·艾伦创办电脑公司，直到后来创办了微软公司，自任董事长、总裁兼首席执行官。杨致远和戴维·费罗同在斯坦福大学从事研究，两个人邂逅并结交成了最佳搭档，创办了闻名于世的雅虎网络公司。乔布斯发明"苹果"电脑，也是与人合作，创造出辉煌业绩的。创业中至少两人是忠诚搭档，共创大业成为一种"现象"。给予我们的启示是，当创业之初

"踩着地雷"向前走时，有个知音患难相伴，共同分享成功的风险和利益是明智之举。

资料来源：http://www.360doc.com/content/10/0929/08/3134631_57211114.shtml.

案 例 三

王志东告别方正后，准备移民新加坡，在办出国手续的空暇，他又做出一个全新的中文平台——中义之星1.0版。这个软件被他一位北大同学看到，立刻建议共创公司，王志东出技术，那位同学出资金。王志东一激动推掉签证，1992年4月，新天地电子信息研究所成立。

大家公推王志东出任法人代表，他坚持不干，中文之星本应申请为王志东专利，他却诚心诚意地登记为公司发明。王志东给自己的定位是副总经理兼总工程师，主管技术，那位同学出任总经理。

王志东的初衷是以软件开发为公司的主导产业，而其他人的思路则是把软件作为一面旗帜，借此融资炒股票和房地产。在实际运作中，中文之星软件一夜成名随即盈利，而房地产却没挣到钱。在调整公司发展方向时，王志东坚持以软件开发为主，与几位合作者发生分歧。

后来矛盾发展到了水火不相容的地步，1993年8月13日，王志东被迫递交一份辞职书，黯然离去，他什么也带不走，他把为之倾注大量心血的中文之星的源代码也交了出去。他为当初天真的想法付出了惨重代价。王志东感伤良久，他说："我找了一条最难走的路，当我重新站在起点，顾影自怜，身上已是一道道伤痕。"

王志东的教训在于他没有学会与人合作（包括没有选择好合作伙伴）。与人合作不是没有必要，而是必须会合作。合作得好，$1+1=2$ 或 $1+1>2$；合作不好，$1+1=0$ 或 $1+1<2$，就是这个道理。

资料来源：http://www.doc88.com/p-092209881863.html.

成功素质训练
合作能力训练小游戏

小游戏一　"地雷阵"

形式：集体参与，分为两个小组，每个小组为15人。

时间：40分钟。

材料：粉笔，"地雷"标志。

场地：室外。

程序：

（1）用粉笔画出一个"地雷阵"，如图10-1所示，是一个由方格构成的"I"字形的方阵，可以 6×10 格或 8×2 格等。

（2）各队需要突破敌人的"地雷阵"。同队的 15 个人一路纵队排在"地雷阵"的入口，穿越"地雷阵"只有一条正确的路线，否则便会"触雷"，但参加者并不知情。

（3）当第 1 个选手在阵中踏入错误的路线时，培训师就会吹响哨子，该选手即刻"牺牲"。退出"地雷阵"并排到队最后，第 2 个队员开始尝试……如此类推，直到所有队员都按照正确的路线通过"地雷阵"才算赢。

目的：

（1）感悟个人的力量与组织的力量。

（2）深刻感受团队的合作的重要性。

（3）培养团队成员的沟通能力。

（4）锻炼团队成员的协作能力与指挥能力。

（5）训练团队成员的开拓创新精神，在未知的环境下如何有效地达成组织目的。

规则：

开始入阵后，队员不得再提问题，不能用任何带有人类智慧的语言表达方式进行沟通，也不能在"地雷阵"中做任何记号或小提示，培训师可以根据学员的完成情况随机改变地雷的数目，以增加或降低难度。

活动中的辅导要诀：

（1）从游戏中，我们可以看出要想顺利通过雷区，团队成员间的互相信任、协调合作是完成任务的关键。每个人都有被地雷炸中的危险，但学员们都要勇于承担责任、勇往直前。只有试探出了地雷的所在，整个团队才能顺利前进。

（2）在游戏前，团队成员应该制订一个详细的通过计划。根据地雷阵的大小进行细致的分工，并对游戏时可能出现的状况进行预测。游戏中如果环境出现了变化，要及时地对计划进行相应的调整。

（3）在游戏中，应该选出一个领导来负责进行观察，记忆和指挥整个团队前进。这样就不会造成学员盲目进行的混乱局面。领导者要统筹规划，队员要进行分工合作，有计划、有组织地完成跨越地雷阵的任务。

（4）由于地雷比较多，经常会有学员踩到地雷。有些参与者可能会觉得太难而变得有些消极与沮丧。想要完成一个有难度的工作，保持良好的心态是非常重要的，做任何事情不能急躁，要善于倾听，冷静思考。

（5）在工作中常常会遇到一些困难与挫折，这时冷静地分析问题，解决问题的

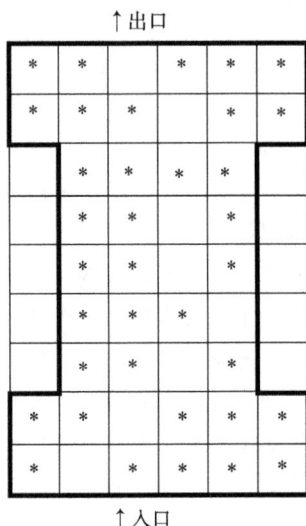

↑出口

↑入口

图 10-1　地雷阵

能力对于领导者以及员工来说非常重要，平时我们不仅要有意识地培养自己这方面能力，还要提升自己承受压力的能力。

小游戏二　解手网

形式：集体参与，分为 6～8 人的小组。

时间：30 分钟。

材料：无。

场地：室内/室外。

程序：

（1）这个游戏最好在小型团队中进行，如果你的团体规模较大，可以将它们分为若干个 6～8 人的小组，注每个小组站成一个小圆圈。

（2）每个小组的成员伸出自己的左手，握住正对着自己的人的右手，然后伸出右手抓住另一个成员的左手，他们的任务是不要放开任何人的手而拆开这个由交错的手臂组成的网。

规则：每个成员都不可以松开他们的手。

提示：

（1）解决这个游戏中的问题，依赖于人们的全局观、领导技能的运用及清楚的交流。关键是在一个圆圈形成前，团队成员相互靠近，使他们的手臂保持松弛，因此建议所有团队成员的穿着应当随便一些。

（2）如果只有一个小组，告诉他们要给他们计时，作为施加压力的一种方法。

（3）如果有几个小组，你可以告诉他们各个小组将相互竞争，看谁最先完成任务。

目的：

（1）让学员体会在解决问题时应采取哪些步骤。

（2）促进组织间的交流与协调、团队成员的相互合作。

（3）了解聆听在团体中的重要性。

（4）使组织中的成员意识到他们在组织中不是孤立的，是与其他人有着千丝万缕的联系的。

（5）学会处理复杂的人际关系。

小游戏三　鸡蛋从"天"而降

让鸡蛋掉到地上而不摔破，看起来是很不可思议的任务。但是经过巧妙改装和细心保护也是可以做到的。这个游戏就是要学生发挥自己的聪明才智，用给定的道具保护鸡蛋，使鸡蛋即使从高空落下也不会摔坏。

形式：将学生分成小组。

时间：60 分钟。

道具：每组鸡蛋 1 只，小气球 1 只，塑料袋 1 只，竹签 4 只，塑料匙和叉各 2 支，橡皮筋 6 条。

场地：3 层楼及楼下空地。

应用：①创新能力；②质量意识；③规范意识；④沟通能力；⑤团队合作精神。

操作规则和程序：

（1）教师把上述所说道具发给每组，然后让学员在 25 分钟之后到指定的 3 层楼的地点把鸡蛋丢下来，为了不使鸡蛋摔破，可以用所给的道具来设计保护伞。

（2）25 分钟之后，每组需留 1 位成员在 3 层楼高的地方投放鸡蛋，其他成员可以到楼下空地观赏及检查落下的鸡蛋是否完好。

（3）各组选派代表根据讨论话题进行小组总结发言（1 分钟）。

（4）根据鸡蛋完好的程度进行评分，教师进行点评。

讨论话题：

这个拓展训练带给我们什么思考？

培养创新能力

🜨 名人名言

创新是一个民族进步的灵魂，是一个国家兴旺发达的不竭动力，也是一个政党永葆生机的源泉。

——江泽民

不创新，就死亡。

——美国汽车大王艾柯卡

🜨 故事分享

德国有个叫伦格尔的小商贩，为了养家糊口，即使在寒冷的严冬，也得在街上行走叫卖。由于寒风凛冽、衣衫单薄，他常常想把手插在大衣的口袋里取暖。当时的大衣口袋都是方方正正的、水平式的。因为大衣的设计者和一般穿大衣的人都认为，大衣口袋是用来装东西的，必须是方形才方便适用。伦格尔则从"想把手插进口袋里取暖"的需求出发，感到有必要将方口袋改为斜口袋于是就设计了斜式口袋的大衣。经他和家人试穿以后。人们纷纷仿效，不久这种大衣便流行起来。伦格尔还为此申请了专利，得到了一笔酬金。后来斜式口袋的衣服风行欧洲和美洲，并由大衣推广到各式各样的上衣和下装。

伦格尔获得成功，是由于他在大衣的设计上恰当地变换了视角。从"装东西"的角度来看，方口袋是方便、适用的；而从取暖角度来看则不方便、不适用。由于伦格尔找到了"满足取暖需要"这一新的视角，从这一角度看，斜口袋更方便、更适用，于是他成功地设计出了新型的斜口袋大衣。

资料来源：http://www.wenku1.com/news/1A391897A311AC21.html.

21 世纪是一个知识经济的时代，知识经济的发展依靠新的发现、发明和创新，其中创新是其核心，创新的实现取决于人的创新精神、创新意识和创新能力。因此，时代向我们的教育提出了要求——培养出一大批具有创新意识和创新能力的创造型人才，使我们有能力参与日趋激烈的国际竞争，保证在竞争中立于不败之地。

11.1 认识创新能力

11.1.1 创新能力的含义

创新能力是人们通过对已经积累的知识和经验进行科学的加工和改造，从而产生新的知识、思想、概念、成果的能力，简而言之就是创造新事物、新观念的能力。它既是人人都应具有的，但又不是与生俱来的，而是经过后天的学习和实践锻炼得来的。

11.1.2 创新能力的来源

创新能力的大小受很多因素影响和制约。如图 11-1 所示，此为创新能力来源模式。

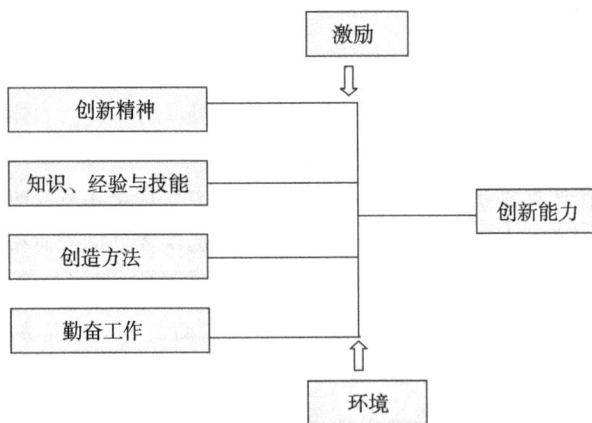

图 11-1 创新能力来源模式

（1）创新精神。创新精神是创新的灵魂。没有创新精神，就没有创新实践。创新精神主要体现在以下 3 个方面：①强烈的创新欲望，即人们出于事业心、责任感，或兴趣、好奇心等，产生出巨大的创新需要。②敢于创新的勇气。创新，在追求成功的同时，必然伴随着风险。只有"敢"字当头，勇于创新，创新行为才可能发生。③创新思想、创新观念。只有具备现代、科学的创新观念、创新思想，才会有正确、有效的创新活动。

（2）知识、经验与技能。人们所拥有的知识、经验与技能是创新的基础。创新就是对传统的突破，但不是在零起点飞跃的，而总是在过去知识、经验、技能基础上的飞跃。所以牛顿说自己是站在巨人的肩膀上才取得了成功。创新者的理论基础越扎实，经验越丰富，技能越高超，他就越有条件进行创新。

（3）创造方法。创造方法及指导创造方法的创造性思维则是创造力最直接、最重要的来源。管理者只有具有创造性思维，并能有效运用创造方法，才能卓有成效地开展创新活动。

（4）勤奋工作。华罗庚教授说："勤能补拙是良训，一分辛苦一分才。"成功需要卓有成效的创新，也依赖于勤奋工作。创新不是天上掉下来的，不是人们随意想象出来的，而是通过脚踏实地，辛勤工作，在艰苦的实践中完成的。爱因斯坦认为成功等于 1% 的天才加上 99% 的汗水。

以上 4 个方面来自创新者自身，是创造力的直接来源；以下两方面则来自外部的影响因素，具有促进创造力形成的作用。

（5）激励。激励能给创造者注入动力，会促使其勤奋工作，并间接地促进知识、经验、技能与创造方法的掌握。激励包括物质激励和精神鼓励，激励能激发人们的成就感和追求成功的欲望。激励越及时，越有利于将人们的激情推向高潮，就越能使其创造力连续有效地发挥出来，"雪中送炭"和"雨后送伞"的效果是不一样的。

（6）环境。环境是激发或抑制创新的重要条件，营造宽松而富有激励的环境会有效地促进创新。具体而言，包括放宽约束，鼓励自主决策，实行自我控制，制定宽松政策，允许犯错误，鼓励冒险精神，营造有利于创新的团体氛围等。

上述 6 个方面因素的综合作用，就会产生巨大的创新能力。

【小案例】

接 吻 青 蛙

美国的 3M 公司，鼓励每个人都成为"产品冠军"。公司鼓励每个人关心市场需求动态，成为关心新产品构思的人，让他们做一些家庭作业，以发现开发新产品的信息与知识、新产品的销售市场及可能的销售与利益状况等。如果新产品构思得到公司的支持，就将相应地建立一个新产品开发试验组，该组由 R&D 部门、生产部门、营销部门和法律部门等的代表组成。每组由"执行冠军"领导，他负责训练试验组，并且保护试验组免受官僚主义的干涉。如果一旦研制出"式样健全的产品"，试验组就一直工作下去，直到将产品成功地推向市场。有些开发组经过 3~4 次的努力，才使一个新产品构思最终获得成功；而在有些情况下，却十分顺利。3M 公司知道千万个新产品构思可能只能成功一两个。它的口号就是"为了发现王子，你必须与无数只青蛙接吻"。"接吻青蛙"经常意味着失败，但 3M 公司把失败和走进死胡同作为创新工作的一部分，其哲学是"如果你不想犯错误，那么什么也别干"。

资料来源：http://3y.uu456.com/bp_1cf3b01eyq0a6ri16zq7_5.html.

11.2 创新能力的培养

创新能力可以培养吗？答案是肯定的。事实证明，按适当方法进行训练，创新能力实际可以提高三倍以上。

11.2.1 创新基本过程

创意可能是偶然得之，也可能是通过"头脑风暴"等方法得到的。创新有多种过程，以下介绍最常规的步骤。

（1）发现和界定问题。首先是要明确你要解决的问题是什么。发现问题和界定问题是非常重要的开始，"不怕做不到，就怕想不到"。界定问题并不是限定思路，例如界定的问题是如何打开罐头，你就不要把思维限制在发明一个开罐器上，这样才有可能像发明了罐头拉条的工程师那样，从剥香蕉皮中得到启发。

（2）界定最佳结果并设想如何实现。第二步是想象你要获得的理想结果，然后组织你的1 000亿个活跃的脑神经细胞，架起现实与理想结果的桥梁。许多创新活动都是直接从未来的想象开始，而不是从解决问题入手。

（3）收集与处理信息。我们要收集大量的信息，帮助自己找到最好的新的解决方式，或者从别人解决类似问题的方法中找到思路，要站在"巨人的肩膀"上思考问题。如果你是一个不知满足的信息寻求者、提问者、读者、信息储存器，那么你会是一个伟大的思想生产者。

（4）打破模式。要创造性地解决问题，你必须开拓思路，打破现有模式，开辟新道路，探索新角度，寻找新突破，发现新联系。

（5）走出自己的领域。鲁班发明锯是受了植物的启发；柯达彩色胶卷的发明者曾是音乐家；圆珠笔发明者曾当过雕刻家、画家和记者；充气轮胎的发明者，原本是一个兽医。当我们走出自己的领域，利用别的领域的知识来解决问题时，新的创意就形成了。

（6）尝试各种各样的组合。各种各样的新组合可能有风险，你可以尝试把你喜欢的明星的各个器官组合，例如刘德华的鼻子、王力宏的眼睛、贝克汉姆的嘴，会得到一个全新的偶像，尽管你不一定喜欢，但有新的收获。再例如把皮鞋的鞋面和旅游鞋的鞋底组合，我们可以穿着皮鞋跑步和爬山。在组合中我们通过试错而有了新的创意。

（7）使用你所有的感官。投入你所有的注意力，使用你所有的想、说、写、画、做的能力，直到你的头脑浮想联翩，然后……

（8）放松、消化、酝酿。暂时放弃紧张的思考，让自己进入一种平和自然的新状态，或听音乐，或看画展，或散步，或游戏，或下棋，或喝酒，或洗澡，顺心随意。

（9）把问题带进睡眠。在临睡前，回想你的问题及其理想的解决方式，关掉你的意识过程，交给潜意识。

（10）灵感出现。经过了长时间的努力，百思未得的理想结果是，突然有一天，灵感会突然来临，"蓦然回首，那人却在，灯火阑珊处"。你要赶紧记录，再去检验和改进，最终成功。

11.2.2　创新能力培养要点

1. 要有敢于冒险的胆量

要想创新，难免会有风险。所谓风险，就是不确定性。如果前怕虎，后怕狼，总想着失败了怎么办，那就不可能有创新。其实，天下万事，行之，则难者亦易矣；不行，则易者亦难矣。

一位 8 岁的小女孩去教士家学刺绣，每当她走到教士家门口时，便会有一只凶猛的雄鹅朝她扑来，好几次还啄了她，女孩吓得号啕大哭，再不肯去学刺绣。她的母亲千方百计地劝她，但她说如果没有人给她做伴，她是再也不肯去学的。女孩的父亲于是找了根长棍子交给他 5 岁的儿子，对他说："你是个男子汉，去保护你姐姐。"并告诉他如果雄鹅来了，你就狠狠打它，它自然就会跑掉了。小男孩跟着姐姐来到教士家，刚推开门，那只凶猛的雄鹅便将脖子伸得长长的，发出可怕的叫声向他们冲过来，姐姐尖叫着转身就跑。小男孩也想跑，但想着自己是男子汉，要保护姐姐，于是闭上眼睛，拿长棍一阵乱打，雄鹅害怕了，大叫着跑开了。这个小男孩后来成了德国著名的电器发明家，他的名字叫西门子。他在 70 多年后《西门子自传》中说："因为童年的一点启示，而使我终身受用，不知不觉地给了我无数次的鼓励，遇到切身危险不要回避，要大胆迎上去，加以痛击。"

创新中风险和机遇并存，也许正是由于 999 次的创新失败，才可能有最终 1 次的创新成功。"不经历风雨，怎能见彩虹，没有人能随随便便成功"。创新要有敢于冒险的胆量。

2. 具有合作和学习精神

过去由于生产力水平低下，一个人也能完成创新；现代社会分工越来越精细，社会化程度越来越高，创新工作往往需要很多人一起合作，并在合作中相互学习。有一个不安于现状的农夫，想提高自己的玉米产量，四处打听，买来优质的玉米种子，果然大获丰收。邻人很羡慕，请求他能卖些种子给他，但这个农夫为了保全自己的优势，断然拒绝。不知为什么，从第二年开始，这个农夫的玉米收成差了，到了第三年，收成更是明显减少。最后这个农夫终于找到了原因：他的优质玉米，接受的却是邻人劣等玉米的花粉。如果缺乏合作和学习精神，一个人本事再大也很难成功。要想成为创新者，必须要有合作和学习精神。

3. 学会创造性思考

创新思维能力是创新能力中的核心能力。创新思维概括起来有以下几种。

（1）**形象思维**。它是指以具体的形象或图像为思维内容的思维形态，是人的一种本能思维，人一出生就无师自通地以形象思维方式考虑问题。形象思维内在的逻辑机制是形象观念间的类属关系。抽象思维是以一般的属性表现个别的事物，而形象思维则要通过独具个性的特殊形象来表现事物的本质。因此，形象观念作为形象思维逻辑的起点，其内涵就是蕴含在具体形象中的某类事物的本质。

形象思维是反映和认识世界的重要思维形式，是培养人、教育人的有力工具，在科学研究中，科学家除了使用抽象思维以外，也经常使用形象思维。在企业经营中，高度发达的形象思维，是企业家在激烈而又复杂的市场竞争中取胜的不可缺少的重要条件。高层管理者离开了形象信息，离开了形象思维，他所得到信息就可能只是间接的、过时的，甚至不确切的，因此也就难以做出正确的决策。其特性主要有：形象性、想象性、直接性、敏捷性、创造性、思维结果的可描述性、情感性等。

形象思维的方法如下：

1）模仿法。以某种模仿原型为参照，在此基础之上加以变化产生新事物的方法。很多发明创造都建立在对前人或自然界的模仿的基础上，如模仿鸟发明了飞机，模仿鱼发明了潜水艇，模仿蝙蝠发明了雷达。

2）想象法。在脑中抛开某事物的实际情况，而构成深刻反映该事物本质的简单化、理想化的形象。直接想象是现代科学研究中广泛运用的进行思想实验的主要手段。

3）组合法。从两种或两种以上事物或产品中抽取合适的要素重新组合，构成新的事物或新的产品的创造技法。常见的组合技法一般有同物组合、异物组合、主体附加组合、重组组合。

4）移植法。将一个领域中的原理、方法、结构、材料、用途等移植到另一个领域中去，从而产生新事物的方法。主要有原理移植、方法移植、功能移植、结构移植等类型。

（2）**逆向思维**。它是一种比较特殊的思维方式，它的思维取向总是与常人的思维取向相反，比如人弃我取，人进我退，人动我静，人刚我柔，等等。这个世界上不存在绝对的逆向思维模式，当一种公认的逆向思维模式被大多数人掌握并应用时，它也就变成了正向思维模式。

逆向思维并不是主张人们在思考时违逆常规，不受限制地胡思乱想，而是训练一种小概率思维模式，即在思维活动中关注小概率可能性的思维。逆向思维是发现问题、分析问题和解决问题的重要手段，有助于克服思维定式的局限性，是决策思维的重要方式。

逆向思维的特性为：①反向性。反向性是逆向思维的重要特点，也是逆向思维的出发点，逆向思维离开了它也就不存在了。②异常性。逆向思维总是采取特殊的方式来解决问题，这是它的异常性。③"悖论"。反向性和异常性的存在，使得逆向思维在实践中常给人"悖论"的特性。如牛顿物理学、相对论和量子力学，其中就包含了对立物共存和互相作用的逆向思维观念。

逆向思维的类别有：

1）反向思维。是指通常对普遍接受的信念或做法进行质疑，然后察看它的反面是什么。如果对立面是有道理的，那么就朝对立面方向进行。在如下情况下，可以进行反向思维，一是考虑要做某种相反的事情；二是考虑用其对立面来取某物；三是如果意识到别人是错的，而你是正确的，但你仍然认为对方错误的观点中也有值得肯定的地方。

2）雅努斯式思维。是指在人的大脑里构想或引入事物的正反两个方面，并使它们同时并存于大脑里，考虑它们之间的关系，相似之处、正与反、相互作用等，然后创造出新事物。这种双面思维相当艰难，因为它要求保持两个对立面并存在你的大脑中，是一种大脑技能。

3）黑格尔式思维。是指采取一种观念，容纳它的反面，然后试着把两者融合成第三种观念，即变成一种独立的新观念。这种辩证的过程需要三个连续的步骤：论题、反题以及合题。

逆向思维的方法如下：

1）怀疑法。指有一种敢于怀疑的精神，打破习惯。反过来想一下，这种精神越强烈越好。习惯性做法并不总是对的，对一切事物都报有怀疑之心是逆向思维所需要的。

2）对立互补法。指以把握思维对象的对立统一为目标。这要求人们在处理问题时既要看到事物之间的差异，也要看到事物之间因差异的存在而带来的互补性。

3）悖论法。指对一个概念、一个假设或一种学说，积极主动从正反两方面进行思考，以求找出其中的悖论之处。

4）批判法。指对言论、行为进行分辩、评断、剖析，以见正理。以批判法来进行逆向思维仍然需要以一般性的思维技能为基础，比如比较、分类、分析、综合、抽象和概括等。

5）反事实法。指在心理上对已经发生了的事件进行否定，并表征其原本可能出现而实际未出现的结果的心理活动，是人类意识的一个重要特征。主要有加法式、减法式、替代式三种类型。

（3）**灵感思维**。它本质上就是一种潜意识与显意识之间相互作用、相互贯通的理性思维认识的整体性创造过程。灵感思维作为高级复杂的创造性思维理性活动形式，它不是一种简单逻辑或非逻辑的单向思维运动，而是逻辑性与非逻辑性相统一的理性思维整体过程。

灵感思维有以下几个特点：

1）突发性和模糊性。由于是没有在显意识领域单纯地遵循常规逻辑过程所形成，所以灵感思维产生的程序、规则以及思维的要素与过程等都不被自我意识能清晰地意识到的，而是模糊不清、"只可意会不可言传"的。

2）独创性。独创性是定义灵感思维的必要特征，不具有独创性，就不能叫灵感思维。

3）非自觉性。其他的思维活动，都是一种自觉的思维活动，灵感思维的突出性，必然带来它的非自觉性。

4）意象性。在灵感思维活动过程中，潜意识领域或显意识领域总伴有思维意象运动的存在。没有意象的暗示与启迪就没有思维的顿悟。

5）思维高度灵活的互补综合性。它是灵感思维的重要特征，如潜意识与显意识的互补综合，逻辑与非逻辑的互补综合，抽象与形象的互补综合，等等。

灵感思维的方法如下：

1）久思而至。指思维主体在长期思考竟日不就的情况下，暂将课题搁置，转而进行与该研究无关的活动。恰好是在这个"不思索"的过程中，无意中找到答案或线索，完成久思未决的研究项目。

2）梦中惊成。梦是以被动的想象和意念表现出来的思维主体对客体现实的特殊反映，是大脑皮层整体抑制状态中，少数神经细胞兴奋进行随机活动而形成的戏剧性结果。并不是所有人的梦都具有创造性的内容。梦中惊成，同样只留给那些"有准备的科学头脑"。

3）自由遐想。科学上的自由遐想是研究者自觉放弃僵化保守的思维习惯，围绕科研主题，依照一定的随机程序对自身内存的大量信息进行自由组合与任意拼接。经过数次，乃至数月、数年的意境驰骋和间或的逻辑推理，完成一项或一系列课题的研究。

4）急中生智。利用此种方法的例子，在社会活动中数不胜数，即情急之中做出了一些行为，结果证明这种行为是正确的。

5）另辟新径。指思维主体在科学研究过程中，课题内容与兴奋中心都没有发生变化，但寻解定式却由于研究者灵机一动而转移到与原来解题思路相异的方向。

6）原型启示。指在触发因素与研究对象的构造或外形几乎完全一致的情况下，已经有充分准备的研究者一旦接触到这些事物，就能产生联想，直接从客观原型推导出新发明的设计构型。

7）触类旁通。指人们偶然从其他领域的既有事实中受到启发，进行类比、联想、辩证升华而获得成功。他山之石，可以攻玉。触类旁通往往需要思维主体具有更深刻的洞察能力，能把表面上看起来完全不相干的两件事情沟通起来，进行内在功能或机制上的类比分析。

8）豁然开朗。这种顿悟的诱因来自外界的思想点化。主要是通过语言表达的一些明示或隐喻获得。豁然开朗这种方法中的思想点化，一般来说要有这样几个条件：一是"有求"，二是"存心"，三是"善点"，四是"巧破"。

9）见微知著。指从别人不觉得稀奇的平常小事上，敏锐地发现新生事物的苗头，并且深究下去，直到做出一定创建为止。见微知著必须独具慧眼，也就是用眼睛看的同时，配合敏捷的思维。

10）巧遇新迹。指由灵感而得到的创新成果与预想目标不一致，属意外所得。许多研究者把这种意外所得看作是"天赐良机"，也有的称之为"正打歪着"或"歪打正着"。

（4）**逻辑思维**。它是指符合某种人为制定的思维规则和思维形式的思维方式，我们所说的逻辑思维主要指遵循传统形式逻辑规则的思维方式，常称它为"抽象思维"或"闭上眼睛的思维"。

逻辑思维是人脑的一种理性活动，思维主体把感性认识阶段获得的对于事物认识的信息材料抽象成概念，运用概念进行判断，并按一定逻辑关系进行推理，从而产生新的认识。其中，概念包含有内涵和外延。判断包括必须对事物有所断定，以及判断总有真假。推理的特征有两种：演绎推理的逻辑特征是如果前提真，那么结论一定真，此为必然性推理；非演绎推理的逻辑特征是虽然前提是真的，但不能保证结论是真的，此为或然性推理。逻辑思维具有规范、严密、确定和可重复的特点。

逻辑思维的方法如下：

1）定义。是揭示概念内涵的逻辑方式，用简洁的语词揭示概念反映的对象的特有属性和本质属性。定义的基本方法是"种差"加最邻近的"属"概念。定义的规则，一是定义概念与被定义概念的外延相同；二是定义不能用否定形式；三是定义不能用比喻；四是不能循环定义。

2）划分。是明确概念全部外延的逻辑方法，是将"属"概念按一定标准分为若干种概念。划分的逻辑规则，一是子项外延之和等于母项的外延；二是一个划分过程只能有一个标准；三是划分出的子项必须全部列出；四是划分必须按属种关系分层逐级进行，不可以越级。

（5）**发散思维**。它是指大脑在思维时呈现的一种扩散状态的思维模式。它表现为思维视野广阔，思维呈现出多维发散状。发散思维又称辐射思维、放射思维、扩散思维或求异思维。

发散思维的特性为：

1）流畅性。就是观念的自由发挥，在尽可能短的时间内生成并表达出尽可能多的思维观念以及较快地适应、消化新的思想观念。机智与流畅性密切相关。流畅性反映的是发散思维的速度和数量特征。

2）变通性。就是克服人们头脑中某种自己设置的僵化的思维框架，按照某一新的方向来思索问题的过程。变通性需要借助横向类比、跨域转化、触类旁通，使发散思维沿着不同的方面和方向扩散，表现出极其丰富的多样性和多面性。

3）独特性。指人们在发散思维中做出不同寻常的、异于他人的新奇反应的能力。独特性是发散思维的最高目标。

4）多感官性。指发散性思维不仅运用视觉思维和听觉思维，而且也充分利用其他感官接收信息并进行加工。发散思维还与情感有密切关系。如果思维者能够想办法激发兴趣，产生激情，把信息情绪化，赋予信息以感情色彩，就可以提高发散思维的速度与效果。

发散思维的方法如下：

1）一般方法。

材料发散法：以某个物品尽可能多的"材料"，以其为发散点，设想它的多种用途。

功能发散法：从某事物的功能出发，设想出获得该功能的各种可能性。

结构发散法：以某事物的结构为发散点，设想出利用该结构的各种可能性。

形态发散法：以事物的形态为发散点，设想出利用某种形态的各种可能性。

组合发散法：以某事物为发散点，尽可能多地把它与别的事物进行组合，形成新事物。

方法发散法：以某种方法为发散点，设想出利用方法的各种可能性。

因果发散法：以某个事物发展的结果为发散点，推测出造成该结果的各种原因，或者由原因推测出可能产生的各种结果。

2）假设推测法。假设的问题不论是任意选取的，还是有所限定的，所涉及的都应当是与事实相反的情况，是暂时不可能的或是现实不存在的事物对象和状态。由假设推测法得出的观念可能大多是不切实际的、荒谬的、不可行的，但这并不重要，重要的是有些观念在经过转换后，可以成为合理的、有用的思想。

3）集体发散思维。发散思维不仅需要用上我们自己的全部大脑，有时候还需要用上我们身边的无限资源，集思广益。集体发散思维可以采取不同的形式，比如我们常常戏称的"诸葛亮会"。

（6）**系统思维**。系统是一个概念，反映了人们对事物的一种认识论，即系统是由两个或两个以上的元素相结合的有机整体，系统的整体不等于其局部的简单相加。这一概念揭示了客观世界的某种本质属性，有无限丰富的内涵和外延，其内容就是系统论或系统学。系统论作为一种普遍的方法论是迄今为止人类所掌握的最高级思维模式。

系统思维是指以系统论为思维基本模式的思维形态，它不同于创造思维或形象思维等本能思维形态。系统思维能极大地简化人们对事物的认知，给我们带来整体观。

按照历史时期来划分，可以把系统思维方式的演变区分为四个不同的发展阶段：古代整体系统思维方式——近代机械系统思维方式——辩证系统思维方式——现代复杂系统思维方式。

系统思维的方法如下：

1）整体法。是在分析和处理问题的过程中，始终从整体来考虑，把整体放在第一位，而不是让任何部分的东西凌驾于整体之上。整体法要求把思考问题的方向对准全局和整体，从全局和整体出发。如果在应该运用整体思维进行思维的时候，不用整体思维法，那么无论是在宏观或是微观方面，都会受到损害。

2）结构法。是指进行系统思维时，注意系统内部结构的合理性。系统由各部分组成，部分与部分之间组合是否合理，对系统有很大影响。这就是系统中的结构问题。好的结构，是指组成系统的各部分间组织合理，是有机的联系。

3）要素法。每一个系统都由各种各样的因素构成，其中相对具有重要意义的因素称之为构成要素。要使整个系统正常运转并发挥最好的作用或处于最佳状态，必须对各要素考察周全，充分发挥各要素的作用。

4）功能法。是指为了使一个系统呈现出最佳态势，从大局出发来调整或是改变系统内部各部分的功能与作用。在此过程中，可能会使所有部分都向更好的方面改变，从而使系统状态更佳；也可能为了求得系统的全局利益，以降低系统某部分的功能为代价。

（7）**辩证思维**。它是指以变化发展的视角认识事物的思维方式，通常被认为是与逻辑思维相对立的一种思维方式。在逻辑思维中，事物一般是"非此即彼""非真即假"；在辩证思维中，事物可以在同一时间里"亦此亦彼""亦真亦假"，而无碍思维活动的正常进行。

辩证思维模式要求观察问题和分析问题时，以动态发展的眼光来看问题。

辩证思维是唯物辩证法在思维中的运用，唯物辩证法的范畴、观点、规律完全适用于辩证思维。辩证思维是客观辩证法在思维中的反映，联系、发展的观点也是辩证思维的基本观点。对立统一规律、质量互变规律和否定之否定规律是唯物辩证法的基本规律，也是辩证思维的基本规律，即对立统一思维法、质量互变思维法和否定之否定思维法。

辩证思维的方法如下：

1）联系。就是运用普遍联系的观点来考察思维对象的一种观点方法，是从空间上来考察思维对象的横向联系的一种观点。

2）发展。就是运用辩证思维的发展观来考察思维对象的一种观点方法，是从时间上来考察思维对象的过去、现在和将来的纵向发展过程的一种观点方式。

3）全面。就是运用全面的观点去考察思维对象的一种观点方法，从时空整体上全面地考察思维对象的横向联系和纵向发展过程。换言之，就是对思维对象做多方面、多角度、多侧面、多方位的考察的一种观点方法。

11.2.3 创新的常见形式

（1）大胆尝试改变外形。例如，尝试加倍，就像双层公共汽车；尝试减半，就像比基尼或超短裙；尝试扩张，就像集购物、饮食、娱乐于一身的大商场；尝试弄干，就像干花；尝试切开，就像汉堡包；尝试拉长，就像加长轿车。

（2）乐于寻找替代物。用小球替代了钢笔尖，于是圆珠笔诞生了；超市使用自选商品和手推车取代了售货员；玻璃幕墙替代了马赛克；纸袋替代了塑料袋。

（3）"不相关"元素的组合。索尼公司把耳机和收放机组合起来，发明了随身听；尼龙与紧身裤结合产生了连裤袜；米老鼠与旅游结合在一起成了迪士尼乐园。

（4）不断改进。计算机经过不断改进走进了千家万户；电视机从黑白变成彩色，从曲面变成直角平面，从模拟信号改成数字信号；白炽灯改成了日光灯，又改成节能装饰灯。

（5）冲破功能限制。蒸汽可以推动火车；塑料纸可以做成时装；小猪让它赛跑供游人观赏。类似这样的创造性思维，在我们的正规教育里，是很少被鼓励的。从开始进入学校的那一刻起，学生不断接受的暗示和教导就是：答案早就被找到了，成功就是学习那些有限甚至唯一的答案，从老师或课本上吸收，然后在考试时准确无误地重复。这样学生"进入学校时像问号，但离开时像句号"。

（6）新的组合。一个新想法是旧的成分的新的组合。"没有新的成分，只有新的组合。"这句话特别重要，它能够让你扫除所有对创造活动的神秘感，它告诉你，只要愿意，每个人都可以轻而易举地创造发明。英语是 26 个字母的不同组合，中文的基本笔画不超过 15 个，可它们组成的符号可描述客观主观的整个世界。所有的色彩都是由 3 种原色组合而成的。所有的音乐都是以未超过 12 种音调的方式构成的。所有的数字都是以 10 个符号构成的。神奇的电脑所有的逻辑运算只有两个成分：0和 1。

11.2.4　掌握创新的方法与技巧

1. 创新技法概述

创新的方法与技巧是在前人大量的创新实践活动过程中总结提炼出来的，是对创新活动规律的一种认识。掌握创新的方法与技巧，可以大量提升人的创新能力。

创新技法有 300 多种。创造学创始人奥斯本在《创造性想象》中提出"检核表法"，号称"创造技法之母"。其中有 9 种技巧：①有无别的用处；②能否模仿；③可否变动；④能否扩大增加；⑤能否缩小与舍去；⑥有无代用品；⑦能否重装与改装；⑧能否颠倒；⑨能否组合。

2. 发现问题的技法

（1）缺点发现法。这是指通过观察、体察或调查，努力发现现有事物的缺陷和不完善的地方。

原理：一切事物都不是十全十美的。俗话说，金无足赤，人无完人。

发明案例：折叠镰刀；带耳机的测电笔。

（2）希望点列举法。这是指根据人们生活的需要，对现有事物或不存在的事物，提出大胆的希望和想象。

原理：人类的欲望和想象是无止境的。

发明案例：高效率睡眠器；电子气味识别器；悠闲的衣裤；汪汪语言机。

（3）组合设想法。这是一种"把现有若干事物按其内在相关性重新结合成一种新事物"的思维技巧。

原理：综合就是创造。要注意组合不是简单的叠加，而是本着方便、增加功能、节约成本、产生新奇现象与功能为目的的结合。

发明案例：负氧离子台灯；双金属片；新型掌上电脑。

（4）头脑风暴法。要点是围绕某个主题，召开一次有准备的会议，7～10 人为好；在会上禁止评判，以便形成自由、和谐、无拘无束而有序的氛围；每个参与者认真、有序地发表意见，相互启发；产生更多更好的主意与设想，及时记录和整理。

原理：人的大脑要新鲜信息刺激，才能更好地思维，产生好主意。

（5）属性设问法。属性设问法如图 11-2 所示。

发明案例：温度显示杯；营养杯；纳米杯；握力器杯；双口杯；收音机杯等。

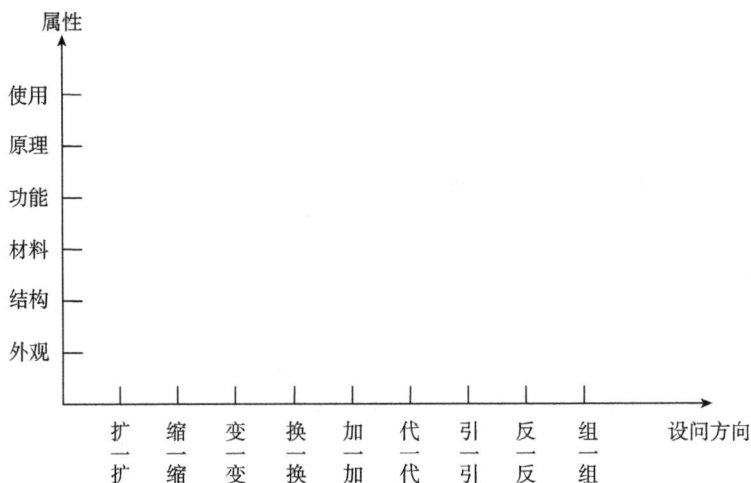

图 11-2　属性设问法

3. 解决问题的技法

（1）NM 法。NM 法为日本创造工程研究所所长中山正和所开发，其步骤如下。

KW：设定表现问题本质的关键词（抽出关键性概念）。

QA：通过联想，找出与 KW 有类似的事物（问题类比法）。

QB：对找出的事物进行实质性分析（问题的背景）。

QC："那件事对这个问题能不能利用呢?"（解决问题的想法）。

如，洗衣机的发明——发明出一种能洗衣服的机器。

KW：洗。

QA：棒槌洗，漂洗，搓洗，冲洗，刷洗。

QB：水与衣物之间有相对运动。

QC：用电动机带动水轮使水加速运动。

（2）类比发明法。类比发明法是通过比较两个事物之间的相似点，而推断出在未知方面也相似的思维方法。

（3）移植发明法。移植发明法是指将其他事物的原理、结构、方法、思路等属性迁移到此事物上来。如节能水壶、家用无菌除臭垃圾桶、距离报警器、失盗车辆寻呼器。

（4）发现发明法。这是指利用人类对自然界鲜为人知的新奇发现，迅速对成果进行应用而产生新的发明。如，当人们把铋、铅、锡等金属降至 –273℃时，发现了此时金属的电阻为零。人们将这种现象称作"超导现象"。超导现象的发现，激发了世界各国对超导材料的开发与应用研究。人们应用超导技术制造产生磁流体发电需要的巨大磁场的线圈，因其电阻为零，线圈上便能通过很强的电流。由于超导材料具有完全不容纳磁力线的特殊性质，因此可以用它制成悬浮在磁场中的旋转轴，这样，开发无摩擦的轴承便不再是一种幻想。如果能应用超导材料制成高压输电线，输电损失将从现在的 20% 以上降至接近零的水平，其产生的经济效益将是十分可观的。

11.3　企业管理中的创新

现代大学生在毕业后绝大多数是到企业就职，大学生应该学习和培养企业管理中的创新能力。企业管理中的创新主要包括以下内容。

11.3.1　目标创新

企业是在一定的环境下，从事经营活动的。当环境发生重大变化的时候，企业的生产方向、经营目标就要进行相应的调整。曾经有人做过这样一个实验，把六只蜜蜂和六只苍蝇装进一个玻璃瓶中。再将瓶子平放，让瓶子底朝着窗户，然后看到，蜜蜂不停地想在瓶底上找到出口，一直到它们力竭倒下或饿死；而苍蝇则会在不到两分钟之内，穿过另一端的瓶颈逃逸一空。原来，蜜蜂以为瓶子的出口必然在光线最明亮的地方，于是它们死盯住这个目标不放，无论怎样碰壁都不愿改变这个目标，结果导致自身的死亡。而苍蝇则不是这样，起初它们也会向有亮光目标飞，碰了壁就知道改变方向，经过不断的"试错"，最终就找到了出口，获得了自由。在企业经营管理中，如果环境发生了重大变化，企业的生产方向、经营目标有时就要进行相应的调整。

【小案例】

李嘉诚是排名世界巨富前25位的全球华人首富，李嘉诚仅有小学文化程度，但却取得了如此之大的成功，让世人羡慕不已。那么他成功的秘诀到底是什么呢？

李嘉诚出色地把握环境、改换经营目标的经营创新能力对他的成功起了决定作用。李嘉诚反应敏锐，处事果断；能进则进，不进则退。在20世纪50年代中期，欧美市场兴起了塑料花热，家家户户及办公大厦都以摆上几盆塑料制作的花朵、水果、草木为时髦。李嘉诚当机立断，丢下其他生意，全力以赴投资生产塑料花，他的"长江塑料厂"一举成为世界上最大的塑料花生产工厂，他也被誉为"塑料花大王"。

20世纪60年代初期，塑料花生产仍被看好，但李嘉诚预感到塑料花市场将由盛转衰，于是立即退出塑料花业，重操玩具业，使他避过了一场危机。20世纪60年代后期，香港经济起飞，地价开始跃升，李嘉诚迅速投资购买了大量土地。1977年5月，香港为兴建中区的地铁中环和金钟站地面建筑而举行了公开招标。各大财团为争夺这块黄金地段的兴建权展开了激烈的竞争。李嘉诚的主要竞争对手是英资怡和财团控制下的置地公司，因为它背靠香港政府，又有强大的财力后盾，素有"地产皇帝"之称。激烈竞争的结果是，李嘉诚的"长江实业"战胜了实力雄厚的"置地公司"，开了华资吞并英资的先河，被人称为"小蛇吞大象"。20世纪70年代后期，香港股市热得烫手，李嘉诚迅速投资入市，毫不手软。他首先瞄准的目标是英资怡和集团的"九龙仓"，悄悄地买入，果断地抛出，净赚5 900万港元。1978年李嘉诚又把目光瞄准了另一家老牌英资公司"青州英妮"，很快在股市上收购了"青州英妮"25%的股票，并出任该公司的董事。紧接着李嘉诚集中火力，对英资和记黄埔穷追不舍，在股市上大量吸纳和记黄埔的股票。1980年11月，通过不间断的努力，李嘉诚的资产就像吹气泡一样膨胀起来，成为香港首富。

资料来源：http://www.feijiu.net/toutiao/article/26393.html.

进入21世纪，我们所处的时代呈现如下发展特点：一是高速度，二是快节奏，三是多变化。这些特点对企业管理人员提出了高于以往任何时代的要求，其中最重要的一点就是：必须像李嘉诚一样，具有根据环境变化把握经营目标的能力。

11.3.2　技术创新

技术水平是反映企业实力的一个重要标志，企业要在市场竞争中处于主动地位，就必须顺应甚至引导社会技术进步的方向，不断进行技术创新。由于一定的技术都是通过一定的载体和利用这些载体来实现的，因此技术创新主要表现在要素创新、要素组合方法的创新以及产品创新三个方面。

【小案例】

只节省一滴焊接剂

有一位青年在美国的一家石油公司工作，他所做的工作很简单，就是巡视并确认石油罐有没有自动焊接好。石油罐在输送带上移动至旋转台上，焊接剂便自动滴下，沿着盖子回转一周，作业就算结束。

这位青年每天要重复几百次地注视着这种作业，厌烦极了。有一天他数了一下，焊接一个石油罐盖滴了39滴焊接剂。他想，如果焊接剂减少一两滴，是不是能节省点成本？于是他经过一番研究，终于研制出了"37滴型焊接机"。

但是，利用这种机器焊接出的石油罐，偶尔会漏油，并不理想。但他不灰心，又研制出"38滴型焊接机"。这次发明非常完美，公司对他的评价很高，不久便在生产中改用新的焊接方式。虽然每个石油罐只节省一滴焊接剂，但公司每年却因此带来5亿美元的利润。

这位青年，就是后来掌握全美石油业95%实权的石油大王——洛克菲勒。

资料来源：http://www.360doc.com/content/13/1126/15/2036792_332303692.shtml.

11.3.3 制度创新

制度是组织运行方式的原则规定，制度创新主要从社会经济角度来对企业系统中各成员间的正式关系进行调整和变革。制度创新主要包括产权制度的创新，经营制度的创新和管理制度的创新三个方面的内容。

我们来看一个制度创新的案例。埃克是美国一个大农场里拥有数亿美元资产的大老板。他在自己的农场里种了大片棉花，棉花开花该摘的时候他不得不雇许多工人来农场帮忙。有一天，埃克去农场巡视，看到一些工人偷懒，地上也乱扔着雪白的棉花，十分可惜。埃克急了，把工头找来，让他解雇偷懒的工人，工头答应了。过了一天，埃克又去农场巡视，发现情况依然如故，心里十分着急，因为如果不抓紧时间采摘棉花，雨水一来，棉花将会毁坏。但是他急工头不急，有时看见偷懒的工人也像没看见一样。这是为什么？埃克去请教一位善于管理的朋友，朋友告诉他："因为农场的棉花是你的而不是他们的。"埃克一下子明白了。他将工头召集起来宣布：采摘的棉花20%将分配给各位。于是情况不同了，再也没有偷懒的工人和乱扔的棉花了，有的工头自己也参加了劳动。通过制度创新，埃克成功解决了问题。

【小故事】

有七个人组成了一个小团体共同生活，其中每个人都是平凡而平等的，没有什么凶险祸害之心，但不免自私自利。他们想用非暴力的方式，通过制定制度来解决每天的吃饭问题：要分食一锅粥，但并没有称量用具和有刻度的容器。大家试验了不同的方法，发挥了聪明才智、多次博弈形成了日益完善的制度。大体说来主要有以下几种。

方法1：拟定一个人负责分粥事宜。很快大家就发现，这个人为自己分的粥最多，于是又换了一个人，总是主持分粥的人碗里的粥最多最好。由此我们可以看到，权力导致腐败，绝对的权力导致绝对腐败。

方法2：大家轮流主持分粥，每人一天。这样等于承认了个人有为自己多分粥的权力，同时给予了每个人为自己多分粥的机会。虽然看起来平等了，但是每个人在一周中只有一天吃得饱而且有剩余，其余六天都饥饿难挨。于是我们又可得到结论，绝对权力导致了资源浪费。

方法3：大家选举一个信得过的人主持分粥。开始这品德尚属上乘的人还能基本保证公平，但不久他就开始为自己和溜须拍马的人多分。不能放任其堕落和风气败坏，还得寻找新思路。

方法4：选举一个分粥委员会和一个监督委员会，形成监督和制约。公平基本上做到了，可是由于监督委员会常提出多种议案，分粥委员会又据理力争，等分粥完毕时，粥早就凉了。

方法 5：每个人轮流值日分粥，但是分粥的那个人要最后一个领粥。令人惊奇的是，在这个制度下，七只碗里的粥每次都是一样多，就像用科学仪器量过一样。每个主持分粥的人都认识到，如果七只碗里的粥不相同，他确定无疑将享有那份最少的。

资料来源：http://www.docin.com/p-946996775-f4.html.

同样是七个人，通过对制度的创新，而成功解决了问题。

11.3.4 组织结构创新

企业系统的正常运行，既要求具有符合企业及其环境特点的运行制度，又要求具有与之相应的运行载体，即合理的组织形式。不同的企业有不同的组织形式，同一企业在不同的时期，随着经营活动的变化，也要求组织的机构和结构不断调整。

现在全球生产价值链将可能代替现代企业制度，成为主导性的生产组织方式。原来由一个企业完成生产经营的所有功能，现在由多个企业来完成，一个产品的生产经营不再局限在一个企业之内，包括生产经营全过程的垂直一体化企业的界限也可能因此被打破。网络型组织结构已经成为发达国家和我国发达地区生产组织形式的主流。例如温州打火机行业的组织形式，打火机虽小，"五脏"俱全，一个简单的打火机由跳板、电子夹、电子汽箱和外壳等零部件组成，而复杂的打火机还包括销钉、弹簧、宝塔、密封圈、电热丝等零部件。在温州，生产打火机的企业有 500 多家，没有一家是成规模、可以自己生产全部零部件的企业，通过整机装配企业形成了一个个网络型组织结构，这种结构具有产权清晰、利益直接、分工精细、成本低廉等优势，所以占据了我国 90% 和世界 70% 的市场份额。这是组织结构的创新。

11.3.5 环境创新

环境创新不是指企业为适应外界变化而调整内部结构或活动，而是指通过企业积极的创新活动去改造环境，去引导环境朝着有利于企业经营的方向变化。就企业来说，环境创新的主要内容是市场创新，即通过企业的活动去引导消费，创造需求。

【小案例】

釜底抽薪赢得合作

1961 年，哈默石油公司在小小的奥克西钻出了加利福尼亚州第二大天然气田，这个气田价值 2 亿美元。几个月后，在附近的布伦特任德又钻出了一个蕴藏量非常丰富的天然气田。

哈默抑制不住内心的喜悦，急忙赶到太平洋煤气与电力公司，准备同这个公司签订为期20年的天然气出售合同。没想到太平洋公司说不需要哈默的天然气，因为他们最近已耗费巨资修建了一条从加拿大的艾伯塔到旧金山海湾区的天然气管道，大量的天然气可以通过管道从加拿大输来。哈默被当头泼了一盆冷水，一时不知所措。但他毕竟是从事经营的老企业家，很快就平静下来，想出了一条釜底抽薪的办法，来对付太平洋公司。

哈默立即前往洛杉矶市，因为洛杉矶市是太平洋公司最大的天然气买主。哈默绘声绘色地向市议会议员们说，他计划从拉思普到洛杉矶修筑一条天然气管道，比太平洋公司与其他投标人提供天然气的时间更短，洛杉矶市民可以在近期内就能用上他的价格便宜的天然气，议员们一听就动了心，准备接受哈默公司的计划而放弃太平洋公司的天然气。

太平洋公司知道这个消息后十分着急，马上找到哈默，表示愿意接受哈默的天然气。这时的哈默可神气了，他提出了一系列有利于自己的条件，太平洋公司不敢提出异议，只得乖乖同哈默签订了合同。

哈默正是通过自己的聪明才智和有效行动，使环境朝着有利于自己的方向转化的。

资料来源：http://3y.uu456.com/bp_9azki0b3w102ra61xnaz_1.html.

11.3.6 管理中的创新技法

面对棘手的管理问题，要熟练地运用一些创造性技法筹划管理方案。根据管理实践经验，有以下技法可供参考。

1. 寻异

寻异是指打破常规，突破思维定式，改变现状，求新寻异，以创造出全新的构想与事物。创新在本质上必须是一种变异，打破常规是创新的起点。在管理实践中要敢于对约定俗成和司空见惯的事物发问，寻求改进与创新，谋求出奇制胜。例如，玫琳凯化妆品公司在人员推销策略上进行创新。玫琳凯认为传统的挨家挨户推销的方式已经过时，她创造了一种小组展示的直销方式，把自己的销售员称为"美容顾问"，采用小组展示的方式推销产品。他们把这个展示小组称为"玫琳凯美容会"，每次邀请五六位顾客，由美容顾问现场指导女士如何保养皮肤，从而突破了传统的挨家挨户推销的方式，大获成功。

2. 综合

综合是指将各种要素或不同方案综合起来，而形成新的构想或事物。管理者面对下级提出的诸多备选方案，如无特别理想的方案，则可以将几种方案综合为一，取各自优点，去各自弊端。实现几种方案的综合，本身就具有创造成分。例如，面对两个下属各持一个互相对立的方案时，高明的管理者不是简单地肯定一个方案，否定另一个方案；而是将两方案优势互补，综合为一，从而提出一个吸收两方案优点、剔除两方案弊端的第三方案，并使两个下属都成为选中方案的提供者。在产品创新上，把多种功能综合起来，从而制造出新的产品，如收录机就是把收音机、录音机和电唱机的功能集中到一起而研制出来的。

3. 分解

面对有关方案，如认为整体方案弊端太大，则可将其科学分解，剔除不适当部分，只选择和应用其中部分内容。分解也是一种变动或创新。著名的希尔顿酒店创始于20世纪20年代。当初，创始人希尔顿在达拉斯商业街上漫步，发现这里竟然没有一家像样的酒店，萌生了建一家高级酒店的想法。希尔顿是一个创造力与行动力都很强的人，想到就去做。他很快就看中一块"风水宝地"。酒店属于典型的服务业，对这个产业，影响最大的因素就是位置，选择一个好的位置，即使初始投资较大，也会很快在后续的有利经营中收回。所以，希尔顿决心一定要买下这块"风水宝地"。这块地出让价格为30万美元，而他眼下可支付的资金仅仅5 000美元。况且，解决地皮之后，他还要筹集大量的建设资金。所以，表面上看，这个项目显然不可行。但他没有放弃，他把这个难题进行了分解。首先，他把30万的地皮费用分解到了每年每月。他对土地拥有人说："我租用你的土地，首期90年，每年给你3万美元，按月支付，90年共支付270万美元，一旦我支付不起，你可以拍卖酒店……"对方感到占了个大便宜。然后，在签订了土地租赁协议后，希尔顿马不停蹄，将自己开酒店的方案以及诱人的经营远景讲给投资商听，很快便与一个大投资商达成了协议，合股建设酒店，酒店如期建成。最后，酒店的经营效益超出先期预料，获得了巨大成功。从此，希尔顿走上了世界级酒店大王之路，一度跻身全球十大富豪之列。

4. 折中

折中，是指在几种意见对立，而又各有道理或各有弊端时，管理者一般不应简单地赞成其中一种意见，应在深入分析的基础上，对几种意见进行折中处理，从而使各方面都能接受。折中也是一种高难度的创新。当初西班牙要求引渡被英国拘留的智利前独裁者皮诺切特时，遭到智利政府的坚决反对，英国政府处于两难境地。结果，英国内政大臣斯特劳以由专家小组鉴定皮诺切特身体已不适宜审判为由，从人道主义角度决定不让西班牙引渡，从而缓解了冲突，解决了这一危机。

5. 换元

换元或称替代，是指用等效目标进行替代，以寻求新的构想或方案。换元，可以是一种方案行不通时，用另一种方案进行替代；也可以对原方案中某些要素或环节进行替代。有时还要进行多轮替代，直至满足目标要求时为止。换元是创新的重要手段。换元就是根据事物多种构成因素的特点，变换其中某一要素，以打开新思路与新途径。在自然科学领域，一项科学实验，常常变换不同的材料和数据反复进行。在社会科学领域，这种方式的应用也是很普遍的，如文学创作中人物、情节、语句的变换，管理中的人员调整。

6. 重组

重组，是指按照新的思路，将原有的要素进行重新组合，就可能获得有价值的新事物。凯斯勒的创意法反映了这一道理。凯斯勒提出了"二旧换一新"的构想。所谓"二旧换一新"是指一个新的构想通常可以出自两个相互抵触的想法的再生组合，即将两个相当普通的，可以是相反或对立的概念或想法、情况、事件组合在一起，使"二旧"换成"一新"，产生一个全新的构想。劳温堡作为珍品德国啤酒，第一次在美国市场上市时就运用"二旧换一新"的思路设计广告。劳温堡的价格昂贵、品质优良。其提出的广告构想是："当他们喝光劳温堡时，就相当于享用了香槟酒。"在美国消费者心中香槟酒是高品质的，而啤酒是大众消费品。这句广告词，将本属于大众消费品的啤酒同高品质的香槟酒这两个看来明显不同档次酒的概念组合到一起，获得一个全新的概念与认识。它虽没有说劳温堡是一种最高品质的啤酒，但却表达出"劳温堡是一种最高品质的啤酒"的概念。这一构想采用了与正常思考反其道而行之的方法，即不说啤酒是可以代替香槟的选择，却明显地提示饮用劳温堡啤酒有饮用香槟的感受。这一构想将两个不相关的甚至互相抵触（香槟酒是高档的、啤酒是低档的）的概念经过结合，产生了另一个更使人注目的概念。

7. 逆寻

逆寻即运用逆向思维，在原有解决问题思路的相反方向上寻求解决方案。逆向思维打破原有的思维惯性，从原有思路的相反方向突破，以寻求全新的解决问题的思路与方案。英国一家乡间旅馆，地处荒凉地带，没有公路，不通汽车；没有电，不通电话。这家旅馆应该说不具备旅馆的有利条件。但旅馆的经营者却运用逆向思维，从相反的方向上提出经营战略，在《泰晤士报》上登出如下广告："这家旅馆没有公路，不通汽车；没有电，不通电话……这里什么都没有，你不必担心汽车的噪声和污染，不必担心有人打电话找你，你尽可以不受任何干扰地在这里休息。"这对那些饱受现代污染和电话干扰，一心想寻觅幽静之处彻底放松、休息的老板们，真是个理想之所。结果这家旅店门庭若市，生意兴隆。

【课堂训练】

1. 目的

通过设计广告词（也可以包括广告场景）来体验创新。

2. 操作程序

（1）每人为你感兴趣的事物设计广告语，例如沙湾姜埋奶等。

（2）小组选出最优秀的广告语。

（3）在班上展示成果。

（4）享受创新的愉悦。

成功素质测试

创造性人才在企业中越来越重要，这类人才能够创造性地完成工作，不会为困难所吓倒，不会因为条件不具备而放弃努力。在寻找创新、开发、管理方面的人才时，必须考虑人才的创新能力。

测试题 1　创新思维测试

下面是 10 个题目，如果符合你的情况，则回答"是"，不符合则回答"否"，拿不准则回答"不确定"。

（1）你认为那些使用古怪和生僻词语的作家，纯粹是为了炫耀。

（2）无论什么问题，要让你产生兴趣，总比让别人产生兴趣要困难得多。

（3）对那些经常做没把握事情的人，你不看好他们。

（4）你常常凭直觉来判断问题的正确与错误。

（5）你善于分析问题，但不擅长对分析结果进行综合、提炼。

（6）你审美能力较强。

（7）你的兴趣在于不断提出新的建议，而不在于说服别人去接受这些建议。

（8）你喜欢那些一门心思埋头苦干的人。

（9）你不喜欢提那些显得无知的问题。

（10）你做事总是有的放矢，不盲目行事。

【评分标准】

评分标准见表 11-1。

表 11-1　评分标准

题目序号	1	2	3	4	5	6	7	8	9	10
"是"评分	−1	0	0	4	−1	3	2	0	0	0
"不确定"评分	0	1	1	0	0	0	1	1	1	1
"否"评分	2	4	2	−2	2	−1	0	2	3	2

（1）得分 22 分以上，则说明被测试者有较高的创造思维能力，适合从事环境较为自由，没有太多约束，对创新性有较高要求的职位，如美编、装潢设计师、工程

设计师、软件编程人员等。

（2）得分 21～11 分，则说明被测试者善于在创造性与习惯做法之间找出均衡，具有一定的创新意识，适合从事管理工作，也适合从事其他许多与人打交道的工作，如市场营销等。

（3）得分 10 分以下，则说明被测试者缺乏创新思维能力，属于循规蹈矩的人，做人总是有板有眼、一丝不苟，适合从事对纪律性要求较高的职位，如会计、质量监督员等职位。

测试题 2　创造力测试

下面是 20 个问题，如符合你的情况，则在（　）里打上"√"，不符合的则打"×"。

（1）听别人说话时，你总能专心倾听。　　　　　　　　　　　　　　　（　）
（2）完成了上级布置的某项工作，你总有一种兴奋感。　　　　　　　（　）
（3）观察事物向来很精细。　　　　　　　　　　　　　　　　　　　（　）
（4）你在说话以及写文章时经常采用类比的方法。　　　　　　　　　（　）
（5）你总能全神贯注地读书、书写或者绘画。　　　　　　　　　　　（　）
（6）你从来不迷信权威。　　　　　　　　　　　　　　　　　　　　（　）
（7）对事物的各种原因喜欢寻根问底。　　　　　　　　　　　　　　（　）
（8）平时喜欢学习或琢磨问题。　　　　　　　　　　　　　　　　　（　）
（9）经常思考事物的新答案和新结果。　　　　　　　　　　　　　　（　）
（10）能够经常从别人的谈话中发现问题。　　　　　　　　　　　　（　）
（11）从事带有创造性的工作时，经常忘记时间的推移。　　　　　　（　）
（12）能够主动发现问题，以及和问题有关的各种联系。　　　　　　（　）
（13）总是对周围的事物保持好奇心。　　　　　　　　　　　　　　（　）
（14）能够经常预测事情的结果，并正确地验证这一结果。　　　　　（　）
（15）总是有些新设想在脑子里涌现。　　　　　　　　　　　　　　（　）
（16）有很敏感的观察力和提出问题的能力。　　　　　　　　　　　（　）
（17）遇到困难和挫折时，从不气馁。　　　　　　　　　　　　　　（　）
（18）在工作遇上困难时，常能采用自己独特的方法去解决。　　　　（　）
（19）在问题解决过程中找到新发现时，你总会感到十分兴奋。　　　（　）
（20）遇到问题，能从多方面多途径探索解决它的可能性。　　　　　（　）

评价：

如果 20 道题答案都是打"√"的，则证明创造力很强；如果 16 道题答案是打"√"的，则证明创造力良好；如果有 10～13 题答案是打"√"的，则证明创造力一般；如果低于 10 道题答案是打"√"的，则证明创造力较差，需要培训。

测试题3　工作创意测试

下面是10个题目，请在括号中的备选答案中选择一个。

（1）你在接到任务时，是否会问一大堆关于如何完成任务的问题？（肯定0分，否定1分）

（2）你在完成任务过程中，是否不善于思考，而习惯于找他人帮忙，或者不断来问别人有关完成任务的问题？（肯定0分，否定1分）

（3）在任务完成得不好时，你是否会找出一大堆理由来证明任务太难？（肯定0分，否定1分）

（4）对待多数人认为很难的任务，你是否有勇气和信心主动承担？（肯定1分，否定0分）

（5）当别人说不可能时，你是否就放弃？（肯定0分，否定1分）

（6）你完成任务的方法是否与他人不一样？（肯定1分，否定0分）

（7）在你完成任务时，领导针对任务问一些相关的信息，你是否总能回答上来？（肯定1分，否定0分）

（8）你是否能够立即行动，并且工作质量总能让领导满意？（肯定1分，否定0分）

（9）工作完成得好与不好，你是否很在意？（肯定1分，否定0分）

（10）对于做好了的工作，你能否很有条理地分析成功的原因和不足？（肯定1分，否定0分）

评价：

如果受测试者能够得10分，就很棒了；能够得7分以上，则过得去；如果低于7分，就不尽人意了；如果低于5分，受测试者工作创意能力比较差，需要培训学习，但通过训练，肯定会进步。

资料来源：https：//wenku.baidu.com/view/ae2313b819e8b8f67c1cb9fc.html.

成功方法学习

15个经典创新思维训练方法

1．三三两两讨论法

此法可归纳为每两人或三人自由成组，在三分钟限时内，就讨论的主题，互相交流及分享意见。三分钟后，再回到团体中做汇报。

2．脑力激荡法

脑力激荡法是最为人所熟悉的创意思维策略，该方法由奥斯本早于1937年所倡导，此法强调集体思考的方法，着重互相激发思考，鼓励参加者于指定时间内，构想出大量的意见，并从中引发新颖的构思。脑力激荡法虽然主要以团体方式进行，但也可于个人思考问题和探索解决方法时，运用此法激发思考。该法的基本原理是：只专心提出构想而不加以评价；不局限思考的空间，鼓励想出越多主意越好。

此后的改良式脑力激荡法是指运用脑力激荡法的精神或原则，在团体中激发参加者的创意。

3. 六六讨论法

六六讨论法是以脑力激荡法作基础的团体式讨论法。方法是将大团体分为六人一组，只进行六分钟的小组讨论，每人一分钟，然后再回到大团体中分享及做最终的评估。

4. 心智图法

心智图法是一种刺激思维及帮助整合思想与信息的思考方法，也可说是一种观念图像化的思考策略。此法主要采用图志式的概念，以线条、图形、符号、颜色、文字、数字等各样方式，将意念和信息快速地以上述各种方式摘要下来，成为一幅心智图（mind map）。结构上，具备开放性及系统性的特点，让使用者能自由地激发扩散性思维，发挥联想力，又能有层次地将各类想法组织起来，以刺激大脑做出各方面的反应，从而得以发挥全脑思考的多元化功能。

5. 曼陀罗法

曼陀罗法是一种有助扩散性思维的思考策略，利用一幅像九官格图，将主题写在中央，然后把由主题所引发的各种想法或联想写在其余的八个圈内，此法也可配合"六何法"，从多方面进行思考。

6. 分合法

戈登于 1961 年在《分合法：创造能力的发展》（*Synetics：the development of creativity*）一书中指出的一套团体问题解决的方法。此法主要是将原不相同亦无关联的元素加以整合，产生新的意念/面貌。分合法利用模拟与隐喻的作用，协助思考者分析问题以产生各种不同的观点。

7. 逆向思考法

逆向思考法是可获得创造性构想的一种思考方法，此技法可分为七类，有兴趣你可进一步查找资料学习，如能充分加以运用，创造性就可加倍提高了。

8. 属性列举法

属性列举法是由克劳福德于 1954 年提倡的一种著名的创意思维策略。此法强调使用者在创造的过程中观察和分析事物或问题的特性、属性，然后针对每项特性、属性提出改良或改变的构想。

9. 希望点列举法

希望点列举法是一种不断地提出"希望""怎样才能更好"等的理想和愿望，进而探求解决问题和改善对策的技法。

10. 优点列举法

这是一种逐一列出事物优点的方法，进而探求解决问题和改善对策。

11. 缺点列举法

这是一种不断针对一项事物，检讨此一事物的各种缺点及缺漏，并进而探求解决问题和改善对策的技法。

12. 检核表法

检核表法是在考虑某一个问题时，先制成一览表，对每项检核方向逐一进行检查，以避免有所遗漏。此法可用来训练员工思考周密，及有助于构想出新的想法。

13. 七何检讨法

七何检讨法是"六何检讨法"的延伸，此法的优点为提示讨论者从不同的层面去思考和解决问题。所谓5W是指：为何（why）、何事（what）、何人（who）、何时（when）、何地（where）；2H指：如何（how）、何价（how much）。

14. 目录法

比较正统的名称是"强制关联法"，意指在考虑解决某一个问题时，一边翻阅资料性的目录，一边强迫性地把在眼前出现的信息和正在思考的主题联系起来，从中得到构想。

15. 创意解难法

美国学者帕内斯提出的"创意解难"（creative problem solving）的教学模式，是发展自奥斯本所倡导的脑力激荡法及其他思考策略。此模式重点在于解决问题的过程中，问题解决者应以有系统、有步骤的方法，找出解决问题的方案。

资料来源：http：//www. linquan. info/archives/119. html.

成功案例借鉴

案　例　一

麦当劳快餐店的发迹和崛起，是由于其管理者曾就经营管理的策略成功进行过要素变换。1937年，麦当劳兄弟二人在美国加利福尼亚州开办了一家路边餐馆，不久他们发现，许多汽车司机为了赶时间，常常不愿意下车进饭馆吃饭，而是将汽车停在路边，匆匆到食品店买上一些面包、火腿肠，然后拿到车上去吃，甚至一边开车一边吃。兄弟二人发现这一情况后，以生意人的精明眼光，决定开办一项别出心裁的新业务：将面包、火腿肠、三明治等食品，由餐馆服务员直接送到路边停靠的汽车上，司机们既可以不用下车，也可以买后想什么时候吃就什么时候吃。这种为汽车司机提供极大方便的以"快"为特色的便民服务方式，一经推出便一炮打响，生意迅速红火起来。

　　开办这样的路边餐馆，不需要多少资金和人力，显然"轻而易举"。见到麦当劳兄弟生意兴隆，效仿者不断增多。在激烈竞争中，兄弟二人的餐馆大受影响，业务日益萎缩。这时麦当劳兄弟冷静地进行了分析总结。他们想到，开办路边餐馆为什么生意一下子就红火起来呢？其主要原因在于适应了顾客所需要的"快"。那何不在继续保持和进一步发扬"快"的特点的基础上，将路边小餐馆的经营形式变换为有较大厅堂的大众化餐厅，这样既能保持原来所独创的"快餐"优势，又能防止大批仿效者参与竞争。

　　麦当劳兄弟所开办的麦当劳快餐店，为了突出和加强"快餐"的特色，设计和采取了一系列措施：如将原有的 25 个食物品种减少为 9 个；将原来使用瓷盘、瓷杯改为纸杯、纸袋；设计和使用了厨房自动生产流水线；改进了厨房与厅堂许多设备的设置，使之更加符合顾客快速取货的需要。由于大大提高了快速服务的工作效率，显著改进了厅堂的陈设与环境，同时许多食品事先就已准备好，无须顾客花时间等候，这些特点与优点使麦当劳快餐店正式营业后，生意很快便火爆得令人惊奇，以至麦当劳兄弟不得不雇了保安人员来维持秩序。正是因为有了如此骄人的成绩，所以才引来了后来的比麦当劳兄弟更精明、更富有食品经营经验的雷·克罗克将麦当劳餐厅买下，并使其最终成为全球最大的快餐业巨头。

　　资料来源：https://max.book118.com/html/2015/0812/23211618.shtm.

案　例　二

　　加拿大一家超市别出心裁，设置了一个大水池，养了许多鱼。凡想购买鱼的顾客，均可持钓鱼竿去钓鱼。钓到之后再称量购买。这种做法将购物与休闲娱乐有机结合，招来大批顾客，不但卖鱼的生意火红，而且带动了整个商场的繁荣。

　　美国一家食品公司为了推销其有特色的面包，在底特律市竖立了一个 80 米高、100 米长的巨型面包广告牌。这一面包模型不但特别高大，而且更加特别之处在于行人走近时会闻到浓郁的面包香味，从而引起当地居民的极大兴趣与关注，使这家食品公司的面包销售额增加了两倍多。

　　资料来源：https://max.book118.com/html/2015/0812/23211618.shtm.

案　例　三

　　浙江省临安市是山核桃的主产地，近年来通过推广"山核桃丰产稳产综合栽培技术"，山核桃种植面积和平均年产量分别占全国的 60% 和 70%。但消费者普遍反映"山核桃好吃，壳难咬"。为解决这一难题，临安市农业龙头企业东林绿色食品有限公司想出一妙招，即在山核桃深加工的基础上，将其适度砸碎，消费者只需用手掰开就可食用。这种手剥山核桃一经面世，立即受到了消费者欢迎，而加工 1 公斤手剥山核桃，比普通山核桃可增值9元，仅此一项，临安市就增收3000余万元。

资料来源：http：//www.docin.com/p-25227746.html.

案 例 四

上海宝钢集团以每吨低于120美元的低价购进了在"9·11"事件中轰然倒塌的美国世界贸易中心的废旧钢材。宝钢是国内唯一参加收购世贸大楼废钢的企业，也是全世界最早一批收购者。早在"9·11"事件后不久，宝钢即看中了用日本精钢制造的世贸大楼废墟的回收利用价值，利用业务关系迅速与美方进行接洽，讨论收购事宜。由于动手较早，当时参加收购的企业不多，双方顺利成交。此后随着印度、韩国等纷纷加入收购，美方采用了招标的方式进行交易，这批钢材的市场价格迅速被炒高。据悉，宝钢除了按计划将大部分废钢回炉炼钢外，还准备将其中的一部分保留下来，用以制作工艺品或纪念品。

资料来源：http：//zhangchao821226.blog.sohu.com/158553084.html.

案 例 五

佛罗里达州的一位农民买了一块土地，但这块土地贫瘠得让所有庄稼都无法获得好的收成。正郁闷的时候，他突然发现这块土地的草堆中藏着许多响尾蛇，于是他灵机一动，将土地上的庄稼除掉，然后大量养殖响尾蛇，并且在各大媒体上做宣传广告，吸引了众多人来参观，后来他又买了几块土地，发展起一个"响尾蛇农庄"，生意也就随着发展起来了。后来一位记者问他如此成功的原因是什么，这位农民答道："上天给我一块贫瘠之地是无法改变的事实，但是我能用自己的思维去改变方向，从而改变人生！"

资料来源：https：//zhidao.baidu.com/question/554804265510879772.html.

🌀 成功素质训练

这是一个思维游戏，以测试大家的创新思维素质。游戏的规则是，请同学们在纸上快速写出联想到的词汇，比如大海——鱼——渔船——天空……现在给出的第一个词汇是"电"，请大家由此快速展开联想，在三分钟内联想到的词汇越多越好。

下面给出一个训练案例的分析，供大家进一步学习。

针对上边的训练，思维教练让五位学员把自己的答案写在黑板上。

（1）电——电话——电视——电线——电灯——电冰箱——食品——鸡蛋……

（2）电——闪电——雷鸣——暴雨——彩虹——太阳——宇宙——外星人……

（3）电——能源——石油——战争——伊拉克——美国——科技——强大……

（4）电——危险——机遇——成功——能力——艺术——自然——规律……

（5）电——风筝——节日——情人——红豆——袁隆平——荣誉——军人……

思维教练指着黑板上五位学员的联想词组问道："你们点评一下，上述五个答案哪个属于思维跳跃度比较大的，哪个是思维跳跃度比较小的？"学员们经过一番讨论争执，很快得出了比较统一的意见，第五位同学的思维跳跃度最大，第一位同学的思维跳跃度最小。

"大家说得不错"，思维教练用粉笔在黑板上把第一和第五个联想词组特别框画出来："第一个联想词组词与词之间的联想难度最小，基本上所有的人都能理解。而第五个联想词组中词与词之间的联想难度比较大，作为旁观者需要思考一下才能弄清楚它们之间是如何联想在一起的。比如电——风筝这两个词是如何联想在一起的一般人很难想到。"

"我想请刚才写出这组联想词的学员起来为大家解释一下。"思维教练鼓掌欢迎道。一位戴着眼镜的女中学生不好意思地站起来道："由'电'联想到'风筝'是想到一个故事，当年科学家富兰克林从事电学的研究，他在家里做了大量实验，研究了两种电荷的性能，说明了电的来源和在物质中存在的现象。在 18 世纪以前，人们还不能正确地认识雷电到底是什么。当时人们普遍相信雷电是上帝发怒的说法。一些不信上帝的有识之士曾试图解释雷电的成因，但都未获成功，学术界比较流行的是认为雷电是'气体爆炸'的观点。在一次试验中，富兰克林的妻子丽德不小心碰到了莱顿瓶，一团电火闪过，丽德被击中倒地，面色惨白，足足在家躺了一个星期才恢复健康。这虽然是试验中的一起意外事件，但思维敏捷的富兰克林却由此而想到了空中的雷电。他经过反复思考，断定雷电也是一种放电现象，它和在实验室中产生的电在本质上是一样的。于是，他写了一篇名叫《论天空闪电和我们的电气相同》的论文，并送给了英国皇家学会。但富兰克林的伟大设想竟遭到了许多人的嘲笑，有人甚至嗤笑他是'想把上帝和雷电分家的狂人'。

富兰克林决心用事实来证明一切。有一天，阴云密布，电闪雷鸣，一场暴风雨就要来临了。富兰克林和他的儿子威廉一道，带着上面装有一个金属杆的风筝来到一个空旷地带。富兰克林高举起风筝，他的儿子则拉着风筝线飞跑。由于风大，风筝很快就被放上高空。刹那间，雷电交加，大雨倾盆。富兰克林和他的儿子一道拉着风筝线，父子俩焦急地期待着，此时，刚好一道闪电从风筝上掠过，富兰克林用手靠近风筝上的铁丝，立即掠过一种恐怖的麻木感。他抑制不住内心的激动，大声呼喊：'威廉，我被电击了！'随后，他又将风筝线上的电引入莱顿瓶中。回到家里以后，富兰克林用雷电进行了各种电学实验，证明了天上的雷电与人工摩擦产生的电具有完全相同的性质。风筝实验的成功使富兰克林在全世界科学界的名声大振。英国皇家学会给他送来了金质奖章，聘请他担任皇家学会的会员。"

在学员们的热烈掌声中，女孩结束了她的联想故事。"这个故事讲得很精彩。"思维教练夸赞道："跳跃联想是创新思维的翅膀，富兰克林之所以能由实验室中的电流联想到天空中的雷电，突破当时人们的传统观念，大胆地预测两者是相同的，靠的就是天才的跳跃联想。"

"现在让我们回到刚才的话题，这位同学是如何由电想到风筝的呢？通过她的讲述我们了解到实际上她的完整思维过程是：电——富兰克林——实验——风筝。只是她在表述的时候思维快速跳跃省去了其中的两步，直接由电联想风筝。这种大跨度跳跃式的思维方式不仅思维速度快，而且更容易激发大脑中的灵感。有鉴于此，在培养创新思维时，我们需要特别强化训练跳跃联想的能力，使大脑突破习惯思维的窠臼，在远离常识、常规之外发现闪光的创意。"

"教练，我们怎样才能提高思维的联想跨度呢？"

"关于跳跃联想的训练比较复杂，思维向哪里跳，如何跳，怎么样才算大跳跃，怎么样算是小跳跃等要结合具体问题来讨论。在这里我教给大家两种简单的跳跃联想训练方法：一是自由联想训练，即随便找一个词汇起头，在规定的时间内快速联想，就像刚才我们做的思维游戏一样，要求想到的词组概念越多越好，这是训练思维联想的速度；二是强制联想训练，即随机找两个不相关的事物，要求尽可能多地想出它们之间的相关联系或相同点，比如，大海——羽毛球有什么联系，有哪些相同点，等等。这种训练可以帮助我们提高大脑思维的跨度。"

思维教练最后总结道："对于一般人来讲，如果能按照这两种方法坚持训练一个月就基本上可以达到提高思维速度和跳跃性的目的，为创新思维打下坚实的基础。当然，如果想进一步提升，还需要学习掌握一些专业的思维工具来辅助思考，因为专业的思维工具像撑杆一样可以帮助我们的思维达到凭本能无法企及的高度。"

资料来源：http://3y.uu456.com/bp_2dw2b65es147ty60k26i_1.html.

提高解决问题的能力

🎡 名人名言

人的价值在于解决问题的能力。

——佚名

解决问题的能力已经逐渐成为职场中最核心的能力。

——佚名

🎡 故事分享

萨拉向我诉说她最近的遭遇：她在一家公司工作了三年，最近却因公司裁员被赶走，裁她的原因是解决问题能力太差。

我仔细问萨拉她因为做错什么事情被领导认定为解决问题能力差？ 萨拉说主要是上个月去政府递交材料的事情。

领导让她去市政府递交一份申报材料，当她急急匆匆赶到地点时，接收材料的负责人不在办公室，她就拿着材料返回公司汇报领导了。

领导看到她没有成功递交材料火冒三丈，质问她为什么不提前打电话确认一下负责人是否在办公室；质问她为什么不让办公室其他人代交；质问她为什么不动动脑子解决一点儿实际问题？

最终领导给接收材料负责人打了电话，确认可以让办公室其他人接收之后，领导亲自把材料送去了。

听到萨拉这样的诉说，我觉得裁员裁到她真的是理所应当的事情，但是我不能直接这样打击她，只能安慰她解决问题的能力是有方法锻炼的。

资料来源：http://www.maigoo.com/zq/381230.html.

解决问题的能力已经成为职场中最核心的能力之一，如果不能很好地解决问题，作为职场人将很难在职场立足以及获得晋升。那么，什么是解决问题的能力？又如何快速提升呢？

12.1 认识解决问题的能力

如果有人问你：你有解决问题的能力吗？相信没有人会回答：没有。我当然有解决问题的能力，否则我怎能在职场上工作？

不错，人人都有解决问题的能力，但解决问题的能力之间是有差距的。有些人有经验、才智、信心和毅力，他们可以解决一些似乎不可能实现的事情。但有些人尽管有经验和才智，却往往只能看着事情发生或改变，却茫然不知所措。

在你的职业生涯中，每日都会遭遇大大小小的问题，如何出色地解决这些问题，培养解决问题的能力，是你职业生涯取得成功的关键因素之一。

那么，什么是解决问题的能力呢？

12.1.1 解决问题的能力定义

解决问题的能力是从所有职业活动的工作能力中抽象出来，具有普遍适应性和可迁移性的一种核心能力。它是指能够准确地把握事物发生问题的关键，查找原因，利用有效资源，提出解决问题的意见或方案，正确决策并付诸实施，进行调整和改进，使问题得到圆满解决的能力。它是从事各种职业活动都需要的一种方法能力。

该定义强调了以下几个方面：

（1）从"所有职业活动的工作能力中抽象出来"。这说明解决问题的能力涵盖了所有职业的活动，是任何职业活动所必须具备的，具有普遍性和重要性。

（2）强调"职业活动"。就是说，解决问题的能力是和职业活动紧密结合在一起的，是不能脱离具体的职业活动单独存在的，是从事任何职业活动所必须具有的能力。这就要求，提升或培养解决问题的能力不能离开具体的职业活动，应该坚持在工作实践中或具体的工作任务中来培养。

（3）强调了它的"抽象性""普遍性"和"可迁移性"。具体而言，解决问题的能力的"抽象性"是指这种能力是从诸多职业活动与职业实践中抽象出来的，同时又适用于诸多的职业活动与职业实践。解决问题的能力的"普遍性"是指这项能力可以应用到工作和生活的方方面面，学好这项能力可以用来解决方方面面的问题。解决问题的能力的"可迁移性"是指在某一个具体领域、解决某一类问题的过程中所形成的解决问题的能力，可以迁移到其他的领域、其他的方面。

（4）强调了解决问题的能力是"从事各种职业活动都需要的一种方法能力"。也就是明确了它的实践性，是对解决问题的能力在工作和生活中重要性的一种肯定。

🌐 职场链接

　　一个人掌握何种技能取决于他的兴趣、工作需要及聪明程度，也取决于他所能支配的资源以及制定的个人发展目标。但是，由于经济发展前景不确定，掌握对你的事业有所帮助的技能显得尤为重要。其中是否具备解决问题的能力最为雇主关注。每天，我们都要在生活和工作中解决一些综合性的问题。那些能够发现问题、解决问题并迅速做出有效决断的人在商业经营、管理咨询、公共管理、科学、医药和工程等领域越来越受重视。

12.1.2　问题的类型

　　在日常的工作或生活中，你经常会遇到各种各样的问题，如人的问题、工作本身的问题、学习的问题、个人存在的问题、家庭问题、组织问题等，对这些问题的正确归类是你寻找有效解决途径的前提。在日常工作或生活中你经常会遇到的问题可以分为以下几类。

1. 长期问题和短期问题

　　有些问题的解决需要一定的时间，持续期往往在一年以上，对于这些问题，我们一般称为长期问题。长期问题是你面对的比较困难或比较有挑战性的问题，对你未来的发展至关重要，需要你持续不断地提升自己，逐步加以解决。而有些问题，是你日常生活中经常遇到的问题，持续期不长，只要及时处理就能保证正常的工作和生活，对你长期目标的实现影响不大，称为短期问题。

2. 大问题和小问题

　　并不是所有的问题都具有相同的地位，那些对整个工作影响巨大，事关全局的问题我们称为大问题。相反，那些琐碎的问题，对全局影响不大的问题我们称为小问题。正确区分问题的大小，有利于你抓住主要问题，有的放矢。

3. 紧迫性和重要性的问题

　　通常大问题比小问题重要，但如果小问题非常迫切，且是你必须马上解决的，此时它就变得非常重要和紧急了。正确区分问题的紧急程度和重要程度，划分出优先顺序，对你解决问题和制定决策非常重要。只要优先处理了那些最具紧迫性和重要性的问题，其他小问题也可能就迎刃而解了。

【小思考】

　　想想你下一周的工作或学习安排，看看有哪些事情因为亟待解决而变得重要起来？有哪些事情不是太重要同时又是小问题？

12.1.3 培养解决问题能力的意义

【小案例】

一位经理正在与他的销售主管通电话，对方说自己打篮球腿受伤了，两周之内没有办法来上班。此时，公司的生产主管冲进来说生产线出问题停止运转了。本来他还要去参加一个关于产品质量监控的会议，现在也只好往后推，赶紧去协调生产线的问题。这时又来了一位劳动局的官员，声称收到公司前雇员的投诉，前来进行调查。同时，一位客户打电话来说他们供应的零部件要提价并且还要推迟两天供货。"反正也没有什么生产了，生产线停了就停了吧！"这位经理沮丧地想。看来这位经理难以完成本月的计划目标了，谁让他遇到了这么多的问题呢？

在现实生活中，无论是你的工作、学习或者生活，你都会遇到各种各样的问题，学会处理问题是一个人立世和成事的根本，一切成功者都是处理问题的高手，善于处理问题是一个人综合素质的集中体现。

有些人害怕问题的产生，躲避问题，不敢面对，结果导致问题越酿越大，以致很难解决。其实我们应该感谢问题，正是有那么多问题的出现，我们才能在解决问题的过程中提高能力，促进发展。

在市场经济条件下，企业对人才的需求越来越趋于理性，越来越强调"实用人才观"。企业衡量人才的一个重要标准就是解决问题的能力。你能够解决别人不能解决的问题，并能为公司创造财富，你就是所有公司都青睐的人才，你就会日益受到公司的重视，发展的平台也会越来越宽阔，成功对你而言仅是时间的长短问题。

当然，如果你能够很好地处理家庭产生的问题，你的家庭将会变得融洽和睦。同样，如果你能处理好与他人的问题，你的人际关系也会变得越来越好。

因此，学会处理问题可以改善你的社会环境、生存环境，甚至心理环境，是你取得成功的关键要素之一。

12.2 分析问题与查找问题

12.2.1 确定问题时存在的误区

如果没有对问题的正确分析，就不可能找到问题的症结所在，也不可能形成对问题解决的对策，更别提解决问题的计划或行动步骤了。提高解决问题的能力首先应该从分析问题入手,查找问题产生的根本原因,找出症结所在。解决问题首先要能准确地确定问题,在实际工作中人们经常存在以下两个误区:一是混淆问题与现象的区别,缺乏洞悉问题本质的思维;二是混淆问题与目标的区别,缺乏目标导向的思维。

1. 混淆问题与现象的区别,缺乏洞悉问题本质的思维

比如公司人员离职率突然增大,如何降低人员离职率? 如果没有搞清楚离职率增大的本质原因,就盲目给出"提高人员工资"的措施方案,相信一定难以说服老板,也不能有效解决问题。

"人员离职率突然增大"只是表面现象,根本不是问题本质。要想降低人员离职率,必须要抽丝剥茧,一步步分析引起人员离职率突然增大的本质原因在哪里:是内部原因还是外部原因? 人的问题还是公司的问题? 是薪资结构还是企业文化的问题? 唯有这样一步步假设论证才能找到问题的最本质原因,才能制订一针见血的解决方案。

2. 混淆问题与目标的区别,缺乏目标导向的思维

本章开篇的案例中萨拉就是混淆了问题与目标的区别。萨拉错误地认为只有把申报材料送到指定负责人手里才是目标,其实真正的目标是"在截止时间内把申报材料送到相关部门",如果萨拉心中以这个为目标,那么相信当她看到负责人不在办公室时,就会想办法把材料送到部门其他人员那里,而不是直接拿着材料打道回府被领导批评。

【小案例】

一个工人去五金店买钻头,店里的销售员给他拿了很多种类型的钻头,并且分别介绍每个钻头的功能和特点,讲了半天工人说这些我都不想要。

这时候老板来了,只问了一个问题就给他选好了钻头:"您好,请问您要钻的孔是什么形状? 多大尺寸的?"关注孔而不是钻头,却最终快速解决问题,这就是典型的目标导向思维。

12.2.2　走出误区的基本方法

对付"混淆问题与现象""混淆问题与目标"两大误区,最好的方法就是 3W(what/why/how) 法。

一是 what:界定问题,搞清楚问题到底是什么?

二是 why:分析问题,结构化分析问题的本质原因是什么?

三是 how:解决问题,应用目标导向思维怎么解决?

比如被董事长问"为什么一年都没有开单?"

应用 3W 法:

（1）what："一年没有开单"是现象，董事长问的问题应该是"怎样把产品卖出去"。

（2）why：产品卖不出去的原因可以分为公司内部原因和外部原因。假设是公司内部原因，那么要分清是公司品牌知名度低，还是销售员能力不行，还是产品竞争力不够。分析原因的过程是最复杂却是解决问题最有效的途径，因为找到了本质原因，问题就迎刃而解。

（3）how：假设通过结构化一步步分析的具体原因是：公司产品线太多，现有团队人员不能很好地支撑所有产品线，导致产品核心竞争力差、客户满意度低，那么解决方法就是明确品牌定位，优化现有产品线，提升用户体验感，提升产品核心竞争力。

大家不难发现，3W 法里最重要的是前面两个 W，一个是界定问题，一个是分析问题，这两步做好了，解决方案自然就有了。

解决问题的能力已经逐渐成为职场中最核心的能力，唯有灵活自如、遇到任何问题都能解决的人，才能成为职场中的多面手。

12.2.3　确定解决问题的目标

找到问题的真正原因之后，你可能需要思考对策来解决这个问题，但在解决之前你还必须要明确问题解决后应该达到一种什么样的结果或状态，即明确要达到的目标。如某问题是"某人的出勤记录不佳"，解决此问题的目标可以是"下个月准时到岗不缺勤"。目标是行动的向导，只有确定了解决问题要达到的目标，你才能有正确的对策和行动。

确定解决问题要达到的目标需要遵守 SMART 原则，即尽可能使你的目标具体、量化、有时间限制、能实现且和你的实际相吻合。

【小案例】

美国在 20 世纪五六十年代，提出阿波罗登月计划。要全面实现这个计划，美国遇到了很多大大小小的问题，但他们并没有妥协，在 1961 年提出了解决这些问题的目标——10 年内把人送上月球并安全返回地面。这个目标状态的描述清晰、明确、具体，并有时间范围和可以检验的指标。8 年以后，美国把人送上月球并安全返回地面，完成了问题的解决。

12.3　寻求解决问题的方案

你已经发现了问题，并通过分析找到了问题的症结所在，也知道问题解决后应该达到什么样的状态，接下来你就必须要积极寻找解决问题的各种方案。

寻求解决问题的方案是最难的一步，也是最需要创造力的一个环节。你提出的解决方案的数量和质量，将直接影响着问题解决的最终效果。

在寻找方案的过程中，要敢于大胆地想象，逆向思维，发挥创造性，积极寻找解决问题的各种方案。创造学家阿雷克斯 F. 奥斯本说：“人类会因累积的学习和经验，告诉自己这也不能做，那也不能做，让拒绝尝试变成自己的习惯，那正是创造力最大的致命伤。”

如何才能寻找到解决问题的各种方案呢？有几种方法你不能不考虑。

12.3.1　三个臭皮匠，顶个诸葛亮

当寻找解决问题方案的时候，你经常会因自身经验、思维、能力等方面的限制使你无法提出更多、更好、更新的方案建议，你可以请你的朋友、家人、同事或老师一起来探讨。三个臭皮匠，顶个诸葛亮，依靠大家的智慧，集思广益，共同思考，就会在一定程度上避免个人的思维局限与不足，这对寻找解决问题的各种方案非常具有意义。

积极寻找别人的帮助，要具有开阔的胸怀，能够认识到自己的不足，接受别人的意见，学会倾听，共同决策。只有这样，才能真正做到“三个臭皮匠，顶个诸葛亮”的效果。

职场链接

俗话说“三个臭皮匠，顶个诸葛亮”。一个人的能力是有限的，一个人的智慧也是有限的，因此越来越多的公司开始重视团队精神的培育，发挥团队的整体作用，努力挖掘每一名员工的潜能，做到集思广益。在当前的职场中，是否具有团队合作意识和合作精神，已经成为公司选择人才的一个基本标准。

【小思考】
想一想你曾经让别人帮你解决问题的一些情形，他们对你的帮助有多大？

12.3.2　头脑风暴法

在寻找解决问题方案的时候，头脑风暴法是一种非常有效的思维激励法，它可以让大家从不同的角度，对问题的解决方案提出设想。这种方法由于时间上的限制造成紧张的气氛，使参加者头脑处于高度兴奋的状态，有利于激发出创造性，它是寻求解决问题方案的有效方法。

1. 头脑风暴法的步骤

（1）召集一定数量的人（最好 10 人以上，但并不是越多越好，这取决于问题的性质）在一个房间里开会。

（2）指定某个人在活动挂图或活页纸上记录各种提到的解决方案。

（3）确定要解决的问题。

（4）要求参加者迅速根据个人认识提出解决方案。

（5）写下各种解决方案。

（6）事后分析这些方案哪些才是真正有用的解决方案。

整个过程可以控制在 40 分钟左右，其中头脑风暴的时间不需要太长，20～30 分钟就可以了，如果拖得太长，效果会不太好。

2. 头脑风暴法的原则

（1）暂不评价原则。在讨论期间，不要对别人提出的任何设想进行肯定或否定的评价，避免"这根本行不通""真是异想天开""你怎么这样低水平地想问题"等消极评价，事后再对各种方案进行仔细的评价。

（2）自由发挥原则。要让参与者不受任何条件的束缚，自由发挥，越与众不同越好。要注意保持会议的活跃、热情、自由的气氛，避免跑题而浪费时间。

（3）数量至上原则。参与者提出的方案数量越多越好，不要限制，让他们尽情发挥，牡蛎越多，发现珍珠的机会就越多。

（4）综合改进原则。鼓励参与者综合、借鉴他人的观点，补充、完善自己的观点，并在此基础上提出新的设想。

（5）参与者多样化原则。在头脑风暴法的过程中，不仅需要参与者具有不同的认识、不同的能力，而且还需要参与者来自不同的领域。大家从不同的角度思考问题，有利于提出有效的解决方案。

【小思考】

和几个朋友一起，用头脑风暴法来探讨一下回形针有什么样的用途？

12.3.3 逻辑思维法

在寻找解决问题方案的时候，清晰的逻辑思维十分重要。它借助于概念、判断、推理等思维形式，以分析、综合、比较、抽象、概括和具体化作为思维的基本过程，来把握问题的本质，探询有效的解决办法。逻辑思维方法主要有归纳和演绎、分析和综合以及从具体到抽象。

在解决问题的时候，你可以对问题产生的现象、特点进行归纳，也可以从问题产生的最终结果向前逐层分析，或者从各个环节入手进行分析，再加以综合，从具体到抽象，从个别到一般，来查找问题产生的根本原因，寻求最佳的解决方案。

【小案例】

小李发现家里的狗特别喜欢吃纸，每次吃纸都把房间搞得到处都是纸屑，他想解决这个问题，但不知用什么样的方法才能起效？小李开始思索起来：

这条狗吃什么纸呢？是不是所有的纸它都吃？

如果它只吃某些纸，这些纸和其他的纸有什么区别？

狗有没有吃其他非常奇怪的东西？这些东西和纸有共同点吗？

这条狗吃的纸其他狗会不会吃？

如果其他狗不吃，它和其他的狗有什么区别？

如果其他的狗也吃，它们之间有什么共同点？

小李通过对所有得出的信息进行归纳、分析、综合，最后发现原来狗喜欢吃的纸仅仅是包装过食物的纸，食物留下的气味或盐分导致狗喜欢吃这些纸。小李由此找到了解决问题的几个方案，就是每次都要处理好包装过食物的纸，不要乱放乱扔；看好这条狗；喂饱它，并及时补充它的盐分等。

【小训练】

小明和小强都是张老师的学生，张老师的生日是 M 月 N 日，2 人都知道张老师的生日是下列 4 组中的一天，张老师把 M 值告诉了小明，把 N 值告诉了小强，张老师问他们知道他的生日是哪一天吗？

3 月 4 日；3 月 5 日；3 月 8 日

6 月 4 日；6 月 7 日

9 月 1 日；9 月 5 日

12 月 1 日；12 月 2 日；12 月 8 日

小明说"如果我不知道的话，小强肯定也不知道。"

小强说"本来我也不知道，但是现在我知道了。"

小明说"哦，那我也知道了。"

你能根据以上对话用逻辑思维推断出张老师的生日是哪一天吗？

12.3.4　水平思考法

水平思考法是由爱德华·德·布诺发明的，这种方法试图通过采用非传统的或表面上不合逻辑的方式来探索各种解决问题的方案。这种方法最大的特点就是"非常规"，它采用各种意想不到的思路，另辟新径，出其不意，用创造性思维思考问题，打破常规思考的方式，往往能够找出许多富有新意的方案。

很多人在日常的学习、工作或生活中已经习惯了系统的思考方式，形成了思维定式，从而影响了水平思考的发挥。但如果要发挥创造性思维，寻找解决问题的非常规方法，就必须要打破你的思维定式，从另一个你从没有涉及的角度去思考问题。

【小案例】

罗伯特最近组织了一个关于减少工作中安全事故的水平思考会议。他走到黑板前写下了"elephant"（大象）这个词，他告诉每一个参会者用与此相关的词语或概念进行思考。很快大家提出了下面的想法：

"……象鼻，大象用象鼻保护自己。人们平时用什么保护自己？人们穿游泳裤游泳，运动裤是特制的服装。所以对于某些工作，穿着合适的服装和佩戴个人保护设备是很重要的。"（象鼻和男运动裤的英语皆为 trunk。）

"……重，大象很重，重意味着庞大，庞大的物体导致事故。它们占用很大的地方，难以搬运，你移动它们时得弯着腰……它们掉下来会砸伤人。我们需要一些关于固定工作设备、人工搬运、装车和抬升的规章制度。"

"……大象不喜欢老鼠。老鼠在地面上乱窜，就像在你脚下摆放的物品、乱丢的设备容易使人绊倒。所以需要制定一些规则。"

这是一件非常令人惊奇的事，信手拈来一个词，可以引发一连串的相关思考，既调动了参与者的兴趣和积极性，也有利于想出各种有效方案。

【小思考】

一个男人住在大楼第 10 层，每天他乘电梯到 1 层上班。当他下班回来时，乘电梯到 8 层，然后走楼梯到 10 层自己的公寓。他痛恨走路，但又为什么不直接乘电梯到 10 层呢？

12.4　选择最佳解决方案

爱德文·路易斯·科里说过："溺死不是因为落入水中，而是因为待在水里不动。"既然你已经寻找到了各种解决问题的方案，你就不能无限期地推迟决定。通常你耽搁的时间越长，问题就会变得越糟，所以必须及时、果断、科学地进行决策，选择一个最佳的方案。

最佳并不意味着这个方案在逻辑上或理论上是最好的，而是意味着在现实的应用中是最恰当、最有效的。当然有很多方案只有实施了之后才知道是好或是坏，但现实不可能让我们对每个方案都进行尝试，所以依靠科学的决策标准对方案进行评价，可以避免你做出错误的选择。

【小案例】

有一个厨房清洁用具生产厂家经过调研，发现很多人抱怨在使用水槽洗菜时，没有一个可以顺手扔垃圾的地方。对这个问题，这个厂家认为只要在旁边放个垃圾盒子就可以解决。于是，他们没有经过科学的论证就设计出了一种新式水槽，在两个水槽之间设置了一个垃圾盒子。但实际使用之后，很多顾客抱怨这个垃圾盒子造成水槽的容量减少，而扔垃圾与之相比显得并不那么重要。很明显，这个解决方案在理论上来说是最好的，但缺乏有效的决策标准，对问题的解决方案考虑不周，不仅不能有效地解决问题，甚至还造成了新的问题。

选择最佳方案的过程也就是决策的过程。依靠科学的决策标准对方案进行评价时，需要注意有些目标是必须要满足的，而有些目标希望最后能够满足，但是也可以没有的。究竟哪些是必须要满足的目标？哪些是最好能满足的目标？这主要取决于问题解决者个人，这是因为从某种意义上来说，这种必须的目标和非必须的目标没有客观上的指标可以验证，它需要解决问题者根据实际情况具体判断和仔细分析。

解决方案的选择过程就是一系列权衡的过程，很难有一个方案可以满足所有的决策目的，但最起码要满足你必须的目的，否则，看似完美的方案也应该立即排除。

最常用的决策标准就是 FSA 标准，即可行性（feasibility）、适用性（suitability）、可接受性（acceptability）。在选择方案的时候，你不妨借助于 FSA 标准对各种方案进行评价，来决定最佳的方案。当然，你也不必完全依照 FSA 标准，只要其中的某项标准或某几项标准能够满足你必须的要求就可以了。

12.4.1　方案的可行性标准

在进行方案评价的时候，最基本的判断标准就是看该方案是否可行。方案的可行性主要包含两层含义：首先是指该方案是否能够解决问题，是否能实现解决问题所设定的目标；其次是该方案的执行是否经济合理。如果耗费太多的资源，成本太高，方案就可能无法继续执行下去。同样，如果你认为这个方案无法解决问题，该方案也就没有必要被采纳。这两种情况是在评价方案时，首先要注意的标准。方案是否具有可行性可以通过两种方法来界定。

1. 成本效益分析法

成本效益分析法是通过比较方案所导致的全部成本和产生的效益来评估方案是否可行的一种方法，该方法属于一种经济决策方法。只有当方案所导致的所有成本之和小于所产生的效益时，该方案才是可行的。当然，如果所有的备选方案效益都大于成本，那么所有的方案从理论上都是可行的，最佳的方案就是成本最低、效益最高的方案。

成本效益分析法需要找出每一种方案所导致的全部成本和产生的全部收益，并进行具体的量化，才能进行有效地比较。但现实当中，很多成本或很多收益你无法进行量化，如社会效益你无法做具体的量化，这可能会影响到你最终的决定，你可以尝试使用数值表示（如打分法）来进行评价，如 10 分制打分，1 表示低成本或低效益，10 表示高成本或高效益。

成本效益分析法的步骤如下：

第一，创建图表，两栏的标题分别是"成本"和"效益"。每一个备选方案都画一张图表。

第二，考虑每个解决方案所导致的全部成本和产生的效益，可以使用头脑风暴法，并把结果写在图表里。成本和效益的表示可以是货币单位，也可以用打分制表示，无论哪种表示方法都应该统一。

第三，比较成本和效益。

第四，选择一个效益最高、成本最低的方案。

【小案例】

小杨准备给自己买台笔记本电脑，他已经选择了华硕和 IBM 两个品牌，但不知哪个更符合他的要求，于是他打算采用成本效益分析法进行评价。IBM 笔记本电脑成本效益分析如表 12-1 所示，华硕笔记本电脑成本效益分析如表 12-2 所示。由于有一些项目无法用货币单位表示，他决定用 5 分制来进行评价，其中 5 代表最高的成本或效益；1 代表最低的成本或效益。具体如下：

表 12-1 IBM 笔记本电脑成本效益分析表

成本指标	分数	效益指标	分数
硬件	5	性能	5
软件	4	物有所值	4
保险	3	效率——速度和硬盘大小	5
售后服务	2	用户界面是否友好	4
健康与安全	2	可靠性	3
技术支持	2	设计	4
培训	3	兼容性和灵活性	4
总计	21	总计	29

表 12-2 华硕笔记本电脑成本效益分析表

成本指标	分数	效益指标	分数
硬件	4	性能	3
软件	3	物有所值	3
保险	2	效率——速度和硬盘大小	3
售后服务	2	用户界面是否友好	4
健康与安全	2	可靠性	3
技术支持	2	设计	2
培训	2	兼容性和灵活性	2
总计	17	总计	20

很明显，根据评价结果，小杨选择了购买 IBM 笔记本电脑，因为这个方案得到的净收益是最大的。

2. 风险评估法

每种方案都存在风险，有的方案风险太大，即使该方案是成本最低、效益最高的方案你也可能不会选择它。因此，对各种方案进行风险评估是衡量方案是否可行的另一个方法。一般而言，人类是趋利避害、害怕风险的，在对方案进行了成本效益分析之后，再对方案进行风险评价，有利于选择出真正切实可行的方案。

当然，每一个问题解决者个人对风险的偏好程度不同，影响着他对方案的最终选择。有的人喜欢风险，他可能会倾向选择高风险的方案；有的人害怕风险，他就会倾向选择保守的方案。

如何评价方案所产生的风险呢？你需要考虑两个因素：可能性与严重性。可能性就是风险发生的机会，严重性则是如果它发生的话可能产生的影响。你可以用高、中、低几个不同的水平来对严重性和可能性进行评价，也可以用分值进行评价，如"5"表示最有可能发生或后果最严重，"1"表示最不可能发生或后果最轻微，把两个因素的分值相乘，就得到了该项风险的影响程度，把所有风险的影响程度进行加总就可以衡量出某个方案总体风险的大小。

当把所有的方案都进行风险评估之后，再结合成本效益分析的结果，你会很容易衡量出各个方案可行性的大小了。

【小思考】

你受公司的指派到火车站接一个刚到本市的客户，你事先和他说好在出口处等。你不认识要接待的这个客户，因此你们打算用手机保持联系。但是，在火车到站前15分钟，你突然发现你的手机被偷了。你这时有几种方案可以选择：一是在出站口举牌子接人，但你们并不认识，车站人很多，对方可能会看不到你的牌子，严重的是如果对方不知道你的手机被偷了，他可能会打你的手机，如果小偷恰好是个诈骗犯，他很可能会利用这次机会；二是你选择到公共电话处打电话给公司去打听对方的电话号码，但你不确定会花多长时间，有可能你会错过火车进站。两种方案都有风险，究竟那个方案风险更大呢？请你进行思考。

12.4.2　方案的适用性标准

方案的适用性标准指的是该方案是否符合你的实际，太高的方案超出了你的实际，你无法完成，太低的方案价值不大，又浪费你的资源。在衡量方案的时候，一定要和你的实际状况相结合，方案的选择既不能太高也不能太低。

一个组织，在一定的时期内，所面临的人、财、物等资源是有限的，它的管理能力与管理水平、应对内外部环境的能力等又是一定的，这就决定了它处理问题的水平也是一定的。在衡量方案的时候，必须要全方位考虑这些实际的因素，必须保证方案要适合组织的实际需要和能力。否则，方案的执行效果肯定会大打折扣。同样，对问题解决者个人而言，在一定时期内，他的能力、知识、技能、经验等也是一定的，方案的选择必须要考虑能否和这些实际相符合，只有和实际相符合的方案才能够解决你所面对的问题。

方案的适用性标准主要侧重问题解决者的实际状况，而可行性评价主要侧重于方案本身。

【小思考】

思考一下你最近解决的问题中有哪些方案对你来说是不切实际的？

12.4.3　方案的可接受性标准

方案能否被利益相关者接受将直接影响到方案的执行效果，方案一旦不被大多数人接受，他们会千方百计地阻碍方案的实施，问题的解决就会大受影响，甚至无法实现。与方案的选择、执行及所要解决的问题相关的所有人群都可以称为利益相关者。一个方案要想得到所有利益相关者的接受是比较难以实现的，因为不可能同时让所有人都满意。只要能够得到绝大多数人的赞同，符合绝大多数人的利益，方案就应该被采纳。

方案如果是可行的、适用的，同时风险又是可以承担的，但得不到绝大多数利益相关者的赞同，你选择放弃将是很可惜的。怎样做呢？你可以采取措施去影响他们，说服他们，或许可以得到转机，让大多数人接受。方案要想得到绝大多数人的赞同，最好的办法让他们一起参与方案的制订与选择，尊重每个利益相关者的意见表达，吸取他们的精华，用团队的形式进行决策。

当然，如果时间非常紧迫，无法听取或综合考虑所有利益相关者的意见，你要做的就是及时决策，快速推进。

职场链接

职场的复杂性已经成为每一个职业人都要面对的问题。很多人在解决问题的时候不得不考虑上司、同事、下属、客户的意见，然后努力寻找一个让所有人都满意的最佳解决方案，但最后往往发现，再好的方案都会遭到某些人的反对或阻挠，要不领导喜欢但下属反对，要不客户满意但领导反对。总之，要想找到一个所有人都满意的方案是不可能的，因此职业人都在小心翼翼地维持着各方面的平衡，尽力做好利益之间的分配。

12.5　执行方案解决问题

一旦你选择了最佳的解决方案，你必须及时地把它付诸实施，使问题得到快速有效地解决。当然，要做到这一点，执行方案的过程就显得非常关键和重要。约翰·福斯特·杜勒斯曾经说过："怎样才算成功呢？一个决策成功与否不在于解决的问题有多难，而在于是否真正地把问题解决了。"很明显，这句话强调了决策的执行对问题解决的直接影响。

决策执行过程的有效性将直接影响着问题解决的最终效果，要想保证快速有效地解决问题，你必须要高度关注决策的执行。如何才能保证方案的有效执行呢？你需要从以下几个方面进行准备。

12.5.1　最大限度地赢取别人对你的支持

一个方案可能涉及包括资金、人员、场地、时间、设备或上级审批等诸多具体的因素，单靠个人根本无法及时有效地执行，因此，你必须最大限度地赢取别人对你的支持，获取你执行方案的各种资源。这些资源即包括有形的资源，如人、财、物；也包括无形的资源，如思想支持、文化支持等。只要你能够获得执行方案所需要的绝大多数的物质支持和精神支持，方案的执行就成功了一半。

如何赢得别人对你的支持？这主要取决于方案的执行是否对他们产生实际的利益。你必须能够清晰地向他们阐明方案的执行对他们利益的影响，以实际的利益争取增加他们对你的支持。当然你也可以利用你的人脉或影响力取得别人对你的支持，尽管对他们可能没有利益可言。

赢得别人对你的支持，还需要你具备良好的沟通和表达能力，有效地推销你的方案。特别是你的上司或关键性人物，你必须能够正确地向他们解释方案的利与弊、得与失，引起他们对你方案的兴趣或共鸣，获得他们的支持。

总之，准确把握对方案程度影响最大的关键人物，做好充分的准备，最大限度地去争取别人的实际支持，是有效执行决策的第一步。

【小案例】

两年前，由东北农业大学倡议，黑龙江省教育厅组织省内 10 所高等专科学校拉开了"村村大学生计划"的帷幕，旨在"在农民当中培养大学生"，为黑龙江省农村培养出带领群众致富的优秀人才。

"村村大学生计划"是有计划地在黑龙江农村的回村高中生中选拔一批人才，进入大学学习 2～3 年，为每村至少培养出一名农村致富带头人。这项计划得到了黑龙江省领导的重视，省教育厅迅速制订了具体方案，计划从 2004 年起每年招收 2 500 名左右高中毕业生进行定向培养，力争 5 年内实现村村有大学生的目标。

然而，两年后，当第一批特殊的农村大学生完成学业返乡后，却没有得到当地政府的相应支持，他们中的绝大多数人正在焦虑地等待着政府的安置。

哈尔滨市呼兰区李阳同学告诉记者，他所在的"农民大学生"班级有43人，现在除了几个人在外面临时打工外，大多数人都在家待业，没有相关部门对他们的就业进行关注。同在呼兰区的李洪涛告诉记者，区人事局的负责人说按照协议是不可以外出打工的，要求他在家等消息；而村领导说，村里没有接到任何上面有关的文件，不知如何安排。和李洪涛相似的同学还有很多，甚至很多乡根本不知道或不清楚"村村大学生计划"这个项目。

这个方案虽然得到了教育部门的支持，但却没有考虑到其他相关者的利益，没有主动去寻求相关政府部门的支持，导致执行的有效性大打折扣。

资料来源：http：//wenku. todgo. com/jihua/849039911369_p13. html.

12.5.2　制订一个明确可行的行动计划

一个好的方案，需要好的计划才能够达到最佳的效果，尤其对于比较复杂、系统的方案更是如此。制订一个明确、有效的行动计划是执行决策中最重要的一环，它对你解决问题的每项工作任务、工作方式、人员分配、花费的时间、所需要的资源和帮助都进行了具体、合理的安排，是问题得到顺利解决的可靠保证。

一个有效的行动计划应该包含最核心的内容，这些最核心的内容主要有：你要完成的目标是什么？派谁完成比较合适？用什么样的方式来完成？在什么时间内完成？在哪里完成？等等。明确了这几个关键的内容，方案的执行将会顺利和有效。

具体而言，制订一个明确可行的行动计划应该从以下几个方面入手。

1. 明确计划的目标

执行决策前，需要对要达到的目标清晰明了。目标包含两个方面：一是方案执行之后必须要达到的结果；二是方案执行完成的最后期限。你应该用几句话描述清楚问题解决的目标，使你解决问题的目标具有明确的概念，这有助于你制订计划时保持正确的方向。如3个月内实现每小时生产500个玩具的目标。

2. 进行任务分解，确定实现目标需要完成的步骤

马克·吐温说过："万事开头难。好的开头就是将复杂的、头绪繁多的任务分解为一系列小的任务，然后从第一个任务干起。"

你可以采用工作分解结构法（WBS）对任务进行分解。这种方法就是用树型结构图或锯齿列表的形式，把项目的各项内容按其相关关系逐层进行分解，直到工作内容单一、便于进行成本核算与检查为止。最终形成的结构图可以让你很清楚你要完成的步骤有哪些，如图12-1所示。

3. 明确每一个任务需要哪些人员参与，需要哪些资源配合

任务已经得到分解，接下来你需要确定两个问题：一是派谁去完成最合适；二

是需要哪些资源给予配合。

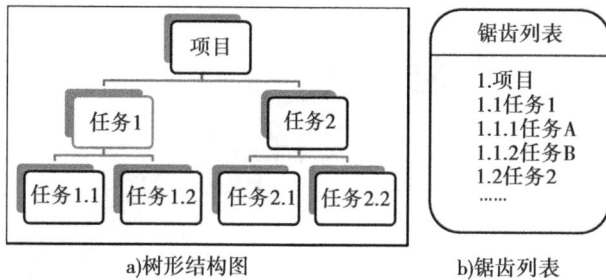

a)树形结构图　　　　　　　b)锯齿列表

图 12-1　结构图

　　派谁完成最合适呢？这其实是个人员选择的问题。很多人经常会因为选人失误而导致问题无法得到解决，你必须尽可能避免出现这样的现象。要做到这一点，你需要清楚了解每项任务的具体特点和要求，对相关人员的知识、技能、经验和能力有准确的把握，根据任务要求和人员素质选择最合适的人员，实现人与工作任务的有效配合。当然，在选择人员的时候你需要注意有的人非常适合去做这项工作，但他不愿意去做，你最好不要勉强。

　　任务的完成可能需要一定的资源相配合，如资金、设备、场地等。你需要根据任务的要求，明确有哪些资源必不可少的，有哪些资源可有可无的，对于必不可少的资源你必须想尽办法给予支持，尽管可能你目前正好缺乏其中的一些资源。

4. 安排进度表

　　当所有的步骤、人员分配、资源供给确定下来后，你需要具体安排每一个步骤的实施时间。工作计划中如果没有时间的安排，所有的行动仅仅是"期望"而已，目标也不可能达到。

　　对任务进行进度安排，最有效的工具莫过于甘特图，如图 12-2 所示。其主要构成是将横坐标等分成时间单位（年、季、月、周、日、时等），表示时间的变化；纵坐标则记载方案各项工作或步骤。通常计划书中的甘特图，可以用虚线表示计划线，实线表示实施线（边进行边画），若两线有差异时需备注说明理由。

　　现在，计算机提供了绘制甘特图的工具，如 Microsoft Project。用计算机软件绘制甘特图，可以使制订计划的效率大大提高，对复杂的问题尤其适宜。

5. 研究潜在的问题，设计紧急应变方案

　　在解决问题的时候，我们经常因为突发事项而手忙脚乱。研究潜在问题最好的办法，就是根据解决问题的每一个步骤，确定有可能出现的问题。你可以多和别人进行沟通与协商，他们也许可以帮助你发现你没有考虑到的问题。

年/月	2008年9月				2008年10月				2008年11月			
日	3	10	17	24	1	8	15	26	5	14	20	27
准备工作	■	■										
收集资料		■	■	■								
理论探讨				■	■							
个案访谈					■	■						
综合访谈结果						■	■	■				
处理资料								■	■			
整理研究报告									■	■		
写总结报告												■

图 12-2　甘特图

接着，你需要针对这些潜在的问题设计预防措施。如果你能预见到问题的出现，并采取了严密的措施，大部分情况下你都能避免意想不到的事情出现。当然，任何计划都不是天衣无缝的，你需要确定一个紧急方案，以应对意外出现的情况。

【小案例】

针对最近员工士气下降的问题，小黄准备组织一次职业生涯规划的培训。她提前三周邀请了一位培训专家，然后提前两周预订了场地，提前一周向全体员工发了培训通知。培训前一天，培训专家把培训内容传给小黄看，小黄发现这些内容和她的设想有点不同，专家准备的培训内容面向的是新员工，而小黄希望本次培训的对象是老员工，所以她希望专家更换培训内容，但专家说时间太仓促，他难以保证内容更改后的培训效果。其实，在职场上我们经常会遇到一些类似小黄的突发事情，导致我们无法及时地解决问题，这就需要你关注预防方案的设计了。

资料来源：http://www.doc88.com/p-0562613684476.html.

【小思考】

请思考一下最近你解决某个问题的时候，有哪些事情是你事先没有预见到的？

6. 确定监控系统

制订计划的最后一个环节，是确定你的监控系统。由谁来监督整个计划的执行？用哪些方法和工具进行监控？如果没有监控系统，计划的进行有可能会失去控制，最终无法解决问题。

因此，你必须在计划中明确每一个阶段的监控点、监控方式和监控工具，以确保每一个参与人清楚地了解监控内容，正确使用监控工具或方法进行检查，以确保计划的顺利执行。

【小训练】

你们团队打算组织一次泰国旅游，请为这个活动制订一个详细的计划。

12.5.3　积极的实施你的计划

当你已经制订了详细的行动计划以后，你就要及时地将计划付诸实施，确保问题的有效解决。

当然，执行解决问题的计划并不是一件容易的事情，中间要付出大量的精力，主要包括：

（1）你必须要让所有的参与者了解问题解决的目标并得到他们的认可。

（2）你必须统一协调，推动计划的顺利进行。

（3）你必须严格按照规定的时间进度完成任务。

（4）你必须能够提供相应的资源给予支持。

（5）你必须能够预测可能发生的情况，采取预防措施避免它的出现。

（6）你必须能够有效地调动参与者的积极性。

（7）你必须进行及时的监督和控制，防止计划的执行偏离目标的方向。

（8）你还需要根据外部环境的变化及时调整你的计划，等等。

12.6　进行总结和反馈

每个人在工作、生活和学习中都会遇到各种各样的问题，但并非每一个人都可以处理得恰到好处。事实上，无论是你自己的问题还是他人的问题，在解决后，你都可能回想一下，整个解决的过程做得"好"或是"不好"，自己对这个结果是否满意等。当然，也有些人根本连想也不会想一下。

提升你解决问题的能力，不仅要关注方案的制订、选择与执行，还需要你能够用一种分析性的思维来评价问题解决得成功与否，并逐步形成一种思维习惯，无论遇到什么样的问题，你都能处变不惊，理清问题的头绪，选择出最佳的方案并有效实施，且能及时评价解决问题的结果，获得解决问题的技能和经验，实现能力的迁移。

对问题进行总结和反馈，是我们解决问题中的一个重要方面，它可以让你知道你的解决方案是否切实有效、问题是否得到圆满解决、有哪些经验和教训能够借鉴，进而提升你解决问题的能力。

你可以从以下两个方面对问题进行总结和反馈。

1. 对问题解决的效果进行总结和反馈

对于一些简单的问题，你很容易就知道是否得到了解决，以及解决的效果。但对于复杂的问题，你很难一眼看出它是否得到了解决及解决的效果，这就需要你采取一定的方法对问题进行深入的分析与总结，从而确定问题是否得到了解决及解决的效果。

一般而言，要确定问题是否得到解决及解决的效果，你可以将解决问题之后的目标状态与方案实施前的状态进行对比，看是否有显著差异，这些差异是否符合你事先确定的目标或指标，从而评估出问题解决的程度。你可以用"问题基本得到了解决""问题得到了圆满的解决""问题仍然没有得到很好的解决"等结论性意见衡量你问题解决的效果。

【小思考】

第一医院的产妇死亡率为1%，第二医院的产妇死亡率却高达11%，为此，第二医院决定要解决产妇死亡率高这个问题，把产妇死亡率的目标控制在1.2%左右。经过一段时间的努力，第二医院的产妇死亡率下降不少，达到了4%。请问第二医院解决问题的效果如何？它应该继续做些什么？

2. 对解决问题的方案以及方案的实施过程进行总结和反馈

解决方案的实施之后，除了要对问题是否得到了解决及解决的效果如何进行总结和反馈之外，还需要对实施的方案以及实施方案的过程进行总结和评价，查找在解决问题的过程中各个步骤的成功与不足，总结经验和教训，书写总结报告。

对方案的执行过程进行评价最好在每一个阶段结束时进行，即根据每一个阶段的发展，仔细检查原定计划的执行情况，查找方案中是否存在错误或者考虑不周的情况，这些情况是否影响到问题的最终解决，应该如何应对，等等。

通过对方案实施过程的评价，你可以了解到：方案是否真正、彻底地解决了问题；方案实施的后果是否都考虑到了；方案本身有没有错误；是否讨论过这个方案的利与弊；方案是否有可以改进的地方；这个方案是否合理、安全和可靠；等等。这将有助于你进行正确的总结和反馈。

【小案例】

小李是某造纸厂污水处理工程师，最近造纸厂排放的污水致使渔民养的鱼都死了。这件事情引起了当地环保部门的重视，责令他们停产整顿。领导很生气，造纸厂刚刚花巨资引进先进的污水处理设备，按理说不应该这样。领导对小李下了最后通牒，两天之内必须找出真正的原因。小李非常苦闷，问题出在哪里呢？他带领几个工程师严格地检查了一遍全套设备，没有发现问题，但是，事实摆在眼前，是设备有问题啊！没办法，小李不吃不喝，围绕设备转了无数次，对每一细节仔仔细细进行了检查，结果发现原来是主设备的一个不起眼的螺丝松了。

【小思考】

针对自己曾经解决过的一个问题，思考一下你是否进行过总结和反馈？得到过什么经验和教训？

通过以上两方面的总结和反馈，你可以全面系统地了解到解决问题的整个过程中哪些是应该肯定的，哪些是应该纠正和避免的，从成功中吸取经验，从失败中吸取教训，以便下一步更好地进行实践。

对经验和教训的总结不能只停留在口头上，还应该书写总结报告，指出成绩和缺点，总结经验和教训，用文字的方式记录整个问题的解决过程，为今后的问题解决提供指导。

【小故事】

东汉时期的著名医学家张仲景曾经经历过这样一件事：有一次，他看到一个上吊的人似乎断气了，大家都认为这人死了。但张仲景想："这个人会不会憋昏过去了，上次小猪掉进水里憋了气，我就用一些办法救活了它，那这个人也有可能用同样的方法救活啊。"于是张仲景采用救活小猪的方法救活了这个人。

这个故事说明，对现有的"问题解决"的经验和方法进行总结，可以提升我们解决问题的能力，扩展我们经验的使用领域，应用获得的解决问题的方法去解决工作和生活中出现的类似问题。因此，我们要不断地积累解决各种问题的经验和方法，主动推动能力的迁移，增强自己解决问题的能力。

成功素质测试

解决问题能力的大小，决定着你工作、学习或生活的质量，一个善于解决问题的人，能够游刃有余地处理好所面对的各种问题。那么，你解决问题的能力如何呢？请进行以下的测试。

（1）你身边的一个朋友要过生日，你会（　　）

    A. 对此毫无兴趣

    B. 假装不知道，这样就不需要送礼物

    C. 只给自己最重要的朋友送礼物或祝福

    D. 常常精心准备，搜集一些比较新颖的礼物送给他（她）

（2）你和朋友在逛街的时候，遇到一个小孩缠着你买朵玫瑰花，你会（　　）

    A. 不予理睬，继续逛街

    B. 严词呵斥，让小孩走开

    C. 询问朋友是否需要，再决定是否购买

D. 同小孩进行攀谈，了解小孩的基本情况，思考这种现象的缘由

（3）你看到两个中年妇女在街头吵架，你会（　　　）

　　A. 已经司空见惯，没有兴趣，赶紧走开做其他事情

　　B. 驻足观赏，感觉很有意思

　　C. 进行观察，通过她们吵架的语言了解她们吵架的根本原因

　　D. 不仅关注两人吵架的根本原因，而且也能结合观看者的反应全面认识这种现象

（4）你在工作中遇到了一个问题，这个问题你无法解决，你会（　　　）

　　A. 直接选择放弃

　　B. 找其他人去完成，自己脱身

　　C. 认真思考一下，看有没有其他方案可以代替，如有可以考虑考虑

　　D. 积极寻求各种资源支持，坚信自己有能力解决

（5）你的手机在公交车上被偷了，你会选择（　　　）

　　A. 自认倒霉，算了

　　B. 大声询问"有没有人看到我的手机"，以引起注意

　　C. 主动寻求身边乘客的帮助，看他们是否注意到自己的手机被偷

　　D. 立即向司机、乘客请求帮助，详细地向他们说明自己手机的牌子、款式、价格、发现被偷的时间等信息，并报警

（6）假如你是团队的领导，你们打算搞一次旅游活动，你会（　　　）

　　A. 自己直接决定去什么地方旅游

　　B. 自己决定旅游的地方，并告诉成员知道

　　C. 自己提出旅游的地方，让大家一起进行探讨

　　D. 把所有成员聚集到一起，共同探讨旅游的地方和旅游的时间

（7）你把工作的一项任务派给一个人去完成，结果他没有完成，你会（　　　）

　　A. 大发雷霆，对他进行批评

　　B. 觉得自己选人失误，对自己很气愤

　　C. 让他说明原因，进行反思

　　D. 和他一起分析任务没有完成的原因，共同探讨解决问题的办法

（8）当你和同事或朋友就某一问题产生完全不同的看法时，你（　　　）

　　A. 完全停止和对方的交往

　　B. 服从对方的看法

　　C. 请其他人帮忙分析

　　D. 暂时回避，求同存异

（9）你的家庭成员经常为琐事争吵，你会（　　　）

A. 选择逃避，减少回家的次数

B. 告诉他们，再吵你就永远不回家了

C. 全力支持其中的某一个人

D. 发挥你的能力进行调解，并使他们改善关系

(10) 当领导否定了你提出的正确方案时，你会（　　）

　A. 同其大闹一场

　B. 消极对待应该完成的工作

　C. 向更高的一级汇报，希望得到他们的信任

　D. 工作上一如既往，找机会再作解释

(11) 当你因业绩突出而遭其他人嫉恨时，你会（　　）

　A. 同不友好的人闹翻天

　B. 工作不再冒尖，以免得罪人

　C. 一如既往，顺其自然

　D. 工作如常，同时注意自省

(12) 同事或朋友丢了东西，有人怀疑与你有关，你会（　　）

　A. 无所谓，身正不怕影斜

　B. 自己也到处去说对方的坏话

　C. 找人对质，暴跳如雷

　D. 逐个找人询问事情的前因后果，预见可能发生的事情，想好对策

说明：

选择答案 A = 1 分，B = 2 分，C = 3 分，D = 4 分。各题的分数之和为本次测试得分。

如果得分在 20 分以下，说明你解决问题的能力较差。

如果得分在 21～35 分之间，说明你解决问题的能力中等，有时会稍有迟疑。

如果得分在 36 分以上，说明你解决问题的能力很强。

资料来源：https://max.book118.com/html/2015/0722/21595882.shtm.

成功方法学习

培养孩子解决问题的能力

大学生解决问题的能力不强，很大程度上是由于小时候没有受过很好的训练。看看这个培养孩子解决问题的能力的训练方法，是否同样对我们大学生有所帮助呢？

当孩子因为生活中的小问题、小麻烦而烦闷哭闹时，家长是该置之不理，还是直接帮孩子解决问题？实际上，孩子需要的是独立面对问题的勇气、正确看待问题

的态度和解决问题的好办法。

遇到事情时可以先问孩子 8 个问题，听听他的想法。往往问不到几个问题，事情就已经很清楚并得到解决了，家长不妨一试。

第 1 个问题是："事情的经过是？"

这个问题看起来不起眼，但是非常重要。许多成人碰到突发状况时，会习惯性地太快下判断：

"一定是你先打他，他才会打你。"

"一定是你做错事，老师才会处罚你。"

如果我们不让孩子从他的角度说说事情的经过，很可能就会冤枉孩子。况且，让孩子有机会说话，即使真的是他的错，他也会因为有机会为自己辩解而比较甘心认错。

第 2 个问题是："你现在的感受是？"

事情经过是客观事实，当事人心里受到的冲击纯然是主观的感受，无所谓是非对错。很多时候，我们只是需要把自己的感受说出来而已。一旦说出来，哭一哭，骂一骂，心情就会好多了。当一个人还有情绪的时候，别人说什么他都会听不进去。要等到他心情平静下来，才可能冷静思考。所以如果我们希望孩子能够听得进去我们的意见，我们就需要先同理他的感情，让他的情绪有个出口。

第 3 个问题："你想要怎样？"

这时不管孩子说出什么惊人之语，先不要急着教训他，而是冷静地接着问他第 4 个问题："那你觉得有些什么办法？"

在这个阶段，不妨跟孩子一起做脑力激荡，想各种点子，合理的、不合理的、荒唐的、可笑的、恶心的、幼稚的……脑力激荡的重点就是允许任何看似无稽的想法。这时候不论听到什么，都暂时不要做批评或判断。

待孩子想不出其他点子后问第 5 个问题："这些方法的后果会怎样？"让孩子自己一一检视，每个方法的后果会是什么。你可能会很讶异地发现，大部分的孩子都明白事情的后果。如果他的认知有差距，这时候就可以跟他好好讨论，让他明白现实真相。这是一个很好的亲子沟通机会，但是要避免说教，只要陈述事实就可以了。

然后问他第 6 个问题："你决定怎么做？"孩子一定会选择对自己最有利的状况，如果他了解后果，通常会做出最合理、最明智的选择。即使他的抉择不是成人期望的结果，也要尊重孩子的决定。成人一定要言而有信，不能先问他怎么决定，然后又告诉他不可以这么决定。这样子，他以后再也不敢信任你了。何况，就算他选择错误，他也可以从这个错误中学到更珍贵难忘的教训。

接着问第 7 个问题："你希望我做什么？"并且表示支持。

等到事情过去之后，问他最后第 8 个问题："结果怎样？有没有如你所料？"或是"下次碰见相似的情形，你会怎么选择?"让他有机会检视自己的判断。

如此练习几次，孩子就会养成自己解决问题的习惯，逐渐形成能力。

资料来源：http：//www. 360doc. com/content/17/0304/13/36059061_633881852. shtml.

成功案例借鉴
格局，是一种解决问题的能力

什么是格局? 格局就是一种独特的解决问题的视角、思维与能力。

说格局这个事情的缘起，是前几天修车时，碰到一个朋友。这个朋友去修车，他发现修车的人告诉他很多他不懂的东西。修车行之前给他修过车，基本上能做到童叟无欺。这次修车，接待他的小伙子给了他一些建议，他审视了一下觉得有道理，就扔下车走了。他直接把车子给了小伙子，让小伙子根据车辆情况决定如何修理。

小伙子在修门的时候，发现了电瓶的问题；修电瓶的时候，发现灯有问题……我这个朋友简单问了一下，就告诉小伙子，那些小毛病只要他都负责修好就可以了。基本上，我这个朋友把车辆交给修理人员后就不管了，他选择信任这个修车人。他的太太认为，很多小问题不必要修，他太容易轻信别人。但是他自己说这不是一种轻信，这是一种选择。他选择相信给他修车的人，这样比较轻松。他说，相比一些小钱，车辆安全是大事情，更何况他之前也验证过一些事情，觉得修车人可信。

这种相信的选择，让我这个朋友得到一个比较轻松的过程，不必劳心费神。虽然太太的选择可能会省一些钱，但那好像是一种更花费精力的方法。他觉得他的精力节省下来，实际上可以做更多的事情，而且即使他去参与可能也是枉费力气。所以，他不认为自己的选择是错误的。

当这个朋友跟我说这件事情的时候，正好我也在修车，也在经历各种不信任导致的各种不安，有种怎么都觉被骗的感觉。两者相较，我想到一个词，就是"格局"。

我这个朋友的格局，很大程度上不是因为他有钱，他跟你我一样也只是一个上班族，但是他在处理这些问题上用这种思考方法，让我感觉到非同寻常。这是一种超越当下的思考以应对生活，将复杂的问题简单化地进行处理。

格局并不是一种虚无缥缈、高高在上的东西。格局，就是在真正的实际工作当中，去解决问题的能力体现。解决问题的能力高，才是一种大的格局。比如这个朋友在商业交易中，按照自己可以承担的价格，选择相信而不是质疑，省却了很多烦琐的不信任产生的焦虑，这就是一种格局。格局大的体现就是，只针对问题解决的成本考虑，而不是这个问题给我带来什么感受。

我们在讨论一个人格局小的时候，通常会用"斤斤计较"这个词。斤斤计较是一种什么状态? 是一种在与人相处的过程中，算计的都是自己的眼前利益，围绕的都是自己的感受的状态。在这种情况下，人们处理问题的核心都是自己的感受欲望要得到即时满足。

这跟有多少钱无关，跟读了多少书也不太相关。这是一种思维，让我们在处理问题时，一而再再而三地沉浸在自己的世界中。这样久了，就形成了狭隘的格局，养成了斤斤计较的性格。

处理问题有高下之分。有的人处理问题的格局很大，他们通过对这些问题更长远的分析，提出解决问题的方案，不是简单地就事论事，而是从更大的角度去思考。处理问题的方式有很多种，甚至没有对错之分，但是在社会的评价系统里，这种就形成了社会评价的"格局"。

别人讲一个故事，"龟兔赛跑"，想说明的主题是坚持耐力的作用，狭隘格局的人看到的只是乌龟怎么能和兔子在一起跑；别人买一个车，只是享受这个车带来的便利和奢华，狭隘格局的人看到的只是油耗，还附带猜测别人买车的钱来路不正；别人做一个事业，想要实现一个领域的颠覆，狭隘格局的人看到的可能只是这个人的花边新闻。大格局，就是在更高层面上解决问题的一种方式，格局更多的来自人们在不同的维度上处理问题的能力。

资料来源：http：//www.vccoo.com/v/18vsm5？source＝rss.

成功素质训练

训练一

如果你作为干事参加的社团经常开会，每次开会也解决不了多少实质问题，占用了你很多宝贵的时间，还让你心生厌倦，请你先确定问题、分析问题，看看最终如何解决问题。

训练二

找几个朋友，一起用头脑风暴法来探讨一下面对中心城市居高不下的房价，自己大学毕业后到底是应该留在大城市，还是选择中小城市，抑或乡村？

训练三

（1）列出你在学习、生活或工作中遇到的三件最头疼的问题。可以是发生在你自己身上的，也可以是你身边的人遇到的。

（2）将你的问题和小组成员分享。

（3）简单地对问题进行分类，如哪些是正在发生的问题，哪些是将来可能发生的问题？还有潜在的问题吗？

（4）共同讨论，给出行之有效的解决问题的方法。

提高就业能力

🎡 名人名言

铁饭碗的真正含义不是在一个地方吃一辈子饭，而是一辈子到哪儿都有饭吃。

——佚名

常挪的树长不大。

——谚语

🎡 故事分享

美国麦当劳总公司正式进入中国台湾市场之前，它需要在当地先培训一批高级干部，于是进行公开招聘。由于要求的标准颇高，许多初出茅庐的青年企业家都未能通过。经过一再筛选，一位名叫韩定国的某公司经理脱颖而出。最后一轮面试前，麦当劳总裁和韩定国夫妇谈了三次，并问了一个出人意料的问题："如果我们要你先去洗厕所，你会愿意吗？"没想到韩定国还未及开口，一旁的韩太太便随意答道："那没什么大不了的，我们家的厕所一向都是他洗的。"总裁大喜，免去了最后的面试，当场拍板录用了韩定国。后来韩定国才知道，麦当劳训练员工的第一堂课就是从洗厕所开始的，因为服务业的基本原理是"非以役人，乃役于人"，只有先从卑微的工作做起，才有可能了解以客为尊的道理。韩定国后来之所以能成为知名的企业家，就是因为一开始就从卑微的地方做起，干别人不愿意干的事情。

资料来源：http://tieba.baidu.com/p/3702558398.

低不一定就是低人一等。对于许多选择就业岗位的人来说，首要的不是瞄准令人羡慕的岗位，而是一开始就树立好正常的就业观念。如果干什么都挑三拣四，或者以为选准一个岗位就可一劳永逸，那你就有可能是真正的低人一等。现代社会昂首阔步、趾高气扬的人比比皆是，然而有资格骄傲却不骄傲的人才是真正的高贵。有了前期的职业规划和成功素质训练，再加上良好的求职心态，接下来就是要寻找职位机遇了。

13.1　寻找职业机遇

在寻找职业机遇前，首先要想清楚自己的职业需求，否则即使机遇真的来了，也未必能把握住。

13.1.1　完成求职需求调查

首先进行求职需求调查，请各位同学据实填写（见表13-1），并对自己目前的求职准备情况进行简要评估，最后交由老师或组长汇总数据。

（1）通过求职需求调查，了解同学们自身的求职意向、困惑和需求，找出共性问题，如知识欠缺、经验不足、求职意向不明确等，进行有针对性的指导。

（2）通过求职准备度评估，同学们可以对自己目前的求职准备情况进行自评，明确在求职准备阶段需要完成的各项工作目标以及自己与目标之间的差异。

（3）求职准备度评估的得分如果超过70分，说明你的职业准备做得不错；若是低于40分，说明你的职业准备做得不够充分。

13.1.2　获取招聘职位信息

你可以通过下列渠道，得到职位空缺信息。

（1）互联网。大部分求职网页都设有搜寻工具，方便使用者查阅资料。部分公司亦会于自己的官方网站刊登职位空缺。将自己的履历表投递上网，除了给自己多一个被发掘的机会外，更可以展示自己的互联网技术。

（2）街面上张贴的职位空缺广告，部分工厂、超级市场等企业均会张贴招聘广告。

（3）有关部门组织的大型招聘会。

（4）人才交流中心定期招聘。

（5）学校就业中心组织的招聘会。

（6）职业介绍所等中介机构。

（7）亲友介绍，可拜托亲友代为留意及介绍。

（8）毛遂自荐，于销售业、银行业、广告业、酒店业及饮食业，效果尤为显著。

下面，我们列出了8份招聘启事，包括招聘职位的工作职责和任职要求，供你了解用人单位招聘职位的信息。

表 13-1 求职需求情况调查表

个人信息					
姓名		性别		入学年份	
年龄		学院		所学专业	
职业目标					

求职需求调查

1. 你在求职上的困惑有哪些？

2. 希望今后在哪些方面得到更具体的帮助和指导？

求职准备度评估（分值为 1～10 分，1 为最不符合，10 为最符合）

序号	内容	分值
1	清楚自己的职业兴趣	
2	清楚自己能够胜任的工作类型	
3	明确自己将要申请的职位、企业、行业	
4	盘点过自己的优势资源并有效应用过	
5	清楚获得用人信息、招聘信息的各种渠道	
6	了解用人单位的招聘流程、渠道和用人条件	
7	掌握简历撰写的技巧并准备好简历	
8	知道一般用人单位面试的流程及常用方式，并知道如何应对	
9	知道目标用人单位的笔试方式和重点内容	
10	知道求职过程会有挫折和风险，并掌握调整心态的方法	

招聘职位1：售后技术支持工程师

工作职责：

（1）负责服务器、存储器、Avaya语音设备等的现场安装与调试；

（2）为客户提供专业的存储、语音技术支持服务和技术培训；

（3）负责对客户提出的异议进行解答和记录，并反馈给公司有关部门。

任职要求：

（1）专科及以上学历，计算机科学与技术、软件工程、通信工程、信息管理与信息系统等相关专业毕业；

（2）了解数据库软件、中间件软件或主机设备等相关知识，了解软硬件设备调试、安装与维护；

（3）具有较好的团队合作和沟通能力；

（4）具有CCNP认证以及大型网络项目工作经验者优先。

招聘职位2：市场专员

工作职责：

（1）根据业务需求，推广公司微信公众号，传播公司信息和有价值、有高度传播性的内容；

（2）对微信进行内容的编写、发布、维护、管理、互动，提高影响力和关注度；

（3）跟踪微信推广效果，分析数据并反馈，总结微信推广经验；

（4）协助各部门定期策划并执行营销活动，配合公司的整体宣传和品牌推广。

任职要求：

（1）有一定的美术、文字功底，会用简单制图工具，熟悉网络文化；

（2）爱好微信营销，不断对微信应用有深入的探索，对销售具有深刻认知。

招聘职位3：行政专员

工作职责：

（1）参与制定公司行政管理制度，完善行政办公管理体系；

（2）负责车辆调配、管理和正常使用；

（3）负责公司各类制度、通知的撰写与活动的组织与协调；

（4）负责固定资产的配置、盘点及维护；

（5）负责公司物品采购、总务及后勤服务工作；

（6）负责办公用品的登记及发放工作，并对办公成本费用加以控制；

（7）完成领导交办的其他事项。

任职要求：

（1）专科以上学历，具有人事或行政相关经验者优先；

（2）工作细心谨慎、积极热情，具备良好的沟通和分析能力；

（3）有原则性，责任心强，具有团队协作精神和服务意识；

（4）能够熟练使用 Word、Excel、PPT 等办公软件。

招聘职位 4：客户服务代表

工作职责：

（1）主要处理购物平台买卖过程中的交易纠纷，协助交易双方解决疑难或维权问题；

（2）负责客户满意度调查，制定相关制度和考核方案，并进行指标追踪；

（3）能够将客户需求和问题转化为公司的产品和服务，举一反三地处理同类事务；

（4）参与制定内部服务流程和系统产品优化等。

任职要求：

（1）大专及以上学历，具有 1 年以上工作经验；

（2）普通话标准，沟通流利，反应迅速，乐于与人沟通；

（3）能抓住对方表述的关键内容进行思考和判断，给予良好回应；

（4）乐观积极，能承受忙碌和繁重的工作，并具有较强的心理承受能力；

（5）具有服务经验者优先。

招聘职位 5：会计

工作职责：

（1）按照公司政策及合同约定，与供应商核对账目、审核付款；

（2）每月出具成本数据分析及控制方案；

（3）负责往来款项的确认与计量，对应收账款做出正确分析；

（4）对会计科目进行月度余额分析，对差异部分及时查找、分析原因并提供数据报告；

（5）完成月度财务结算、会计核算，上报财务执行情况，为管理层提供数据分析报告；

（6）正确处理好财务监管的原则性和财务服务的灵活性，维持与相关部门良好的工作关系；

（7）做好相关成本资料、会计凭证、账册、报表的整理、归档工作，做好成本数据库的建立、查询与更新工作，并就职责范围中的问题提出工作建议。

任职要求：

（1）大专以上学历，会计、金融、财务管理类专业，通过大学英语四级；

（2）有 1 年以上财会工作经验；

（3）熟悉国家会计准则，能够熟练使用办公软件及用友财务软件；

（4）具有良好的学习能力、独立的工作能力和财务分析能力；

（5）工作细致，原则性强，具有良好的沟通能力及团队合作精神。

招聘职位6：销售代表

工作职责：

（1）利用公司提供的客户资源，通过电话、拜访等形式，挖掘有意向发布互联网广告的中小企业；

（2）分析行业客户的互联网消费习惯，制定行之有效的销售策略；

（3）根据客户需求，及时对互联网广告营销方案做出相应的调整，参与商务洽谈及签订销售合同；

（4）与相关部门进行密切合作，确保客户需求能够在后期实施的过程中得到满足。

任职要求：

（1）大专及以上学历，专业不限；

（2）热爱互联网行业，敢于挑战高薪；

（3）思维敏锐，具有吃苦耐劳的精神，有强烈的团队协作意识；

（4）有电话销售、网络产品销售经验者优先考虑。

招聘职位7：软件工程师

工作职责：

（1）负责公司软件产品的设计与开发（主要转对电气类软件开发），并对公司已有的软件产品进行不断完善、整合、调优；

（2）负责项目的实施维护，协助各项目解决技术和管理问题；

（3）编写需求书和各类技术文档。

任职要求：

（1）能够熟练使用C#、C、C＋＋等语言，能够独立开发程序；

（2）熟悉规范的软件开发流程，具有一定的项目实践经验；

（3）责任心强，热爱软件开发工作，并计划长期从事该行业；

（4）全日制电气类、机械类、计算机类大专以上学历，具有实际软件开发项目经验者优先，对电气方向有一定了解者可放宽专业要求；

（5）具备优秀的团队合作意识、组织能力以及良好的精神状态。

招聘职位8：管理培训生

培养计划：

第一阶段：基层轮岗实习18个月。入职并经过1个月的集中培训，前往北京、上海、江苏、浙江、湖北5家分行之一，重点在个人金融、公司金融、国际金融、风险投资和财务管理等关键岗位实习；

第二阶段：海外实务轮训3~5个月。赴海外参加国际一流金融企业专项培训，了解国际先进银行的经营理念、业务特点、战略管理、发展趋势；初步确定个人发展路径，并到海外银行个人银行、商业信贷、风险控制、财务管理等岗位，重点学习产品、渠道、市场、风险管理和企业策略、管理工具等；

第三阶段：总行项目实践12个月。根据管理培训生培养与考核情况，结合个人专长、业务特点和职业发展志向，安排到总行各业务部门，参与业务管理、市场拓展、项目开发、综合经营等工作实践，提高业务处理和管理能力。

任职要求：

（1）2016年应届毕业生，会计、金融、财务管理类专业；

（2）具有较强的综合分析、判断和逻辑思维能力，有团队合作精神，具有较强的决策、管理潜质；

（3）愿意到基层任职，接受系统内调动；

（4）优秀学生干部、高等级奖学金获得者优先。

13.1.3 分析招聘信息

（1）通过资料分析法，对每份招聘启事中的文字进行逐行提取，分析用人单位明确提出的招聘要求，从中提炼出用人单位到底需要从事这个职位的人具备什么样的能力。

（2）除会计、软件工程师外，其他职位都需要总结和提取6条能力，并按照重要程度从大到小进行排序。

（3）在小组内部进行分析讨论，归纳出一致的意见（提炼出3项最重要的能力），再到班级进行分享。

注意：在进行能力提取时，要注意尊重客观事实，不要主观臆断用人单位的招聘要求。

在表13-2中，我们列出了战略决策、组织管理、执行监控、沟通影响、变革成长5种常见的职业能力，并细化了维度，供大家参考。

表13-2 职业能力举例

战略决策	组织管理	执行监控	沟通影响	变革成长
战略理解与执行	培养下属	责任心	影响说服	抗压能力
客户导向	团队建设	积极主动	人际关系经营	灵活应变
结果导向	授权管理	诚信正直	沟通能力	自信心
分析判断	任务分配	严谨细致	亲和力	自我提升
决策能力	绩效管理	情绪控制	感召力	学习能力
	规划安排	自主独立	协调能力	创新能力
	成本管理	问题解决	激励他人	社会适应
	团队合作	信息收集		职业稳定性

【课堂训练】

以下列出的是"图书编辑"这个职位需要具备的工作能力。

(1) 创造力。策划专题、出版物内容，构思情节等。

(2) 沟通。听懂客户表达的意思，理解要点，提出恰当问题，合理表达自己的想法，对出版物内容进行多方探讨。

(3) 阅读理解。理解文章的句子和段落，如一段新闻的启示、一篇文章的要义。

(4) 写作。对出版物进行修改、整理、润色，增加可读性。

(5) 逻辑推理。能敏锐地找到问题所在并做出分析，合理安排版面等。

(6) 时间管理。根据选题，制定日程表。

(7) 人际交往。与作者建立良好的关系，培养自己的写作团队。

(8) 抗压能力。出版物按时发行，多方沟通催稿。

请思考：

(1) 企业看重的工作能力与你的想法一致吗？

(2) 请将下面所列出的招聘职位与工作能力要求（最核心的工作能力）进行连线。

核心能力	招聘职位
人际关系经营	客服人员
情绪控制	心理咨询师
沟通能力	酒店前台
亲和力	项目助理
团队精神	大客户销售

(3) 请根据前面列出的 8 份招聘简章，分析用人单位对于应聘者的能力要求有哪些，总结归纳出 6 条，按照重要程度进行排序，填在下面对应的横线上，并在小组内进行讨论。

招聘职位 1：售后技术支持工程师

_____

_____

招聘职位 2：市场专员

_____

_____

招聘职位 3：行政专员

_____

_____

招聘职位 4：客户服务代表

_____

_____

招聘职位 5：会计

_____

_____

招聘职位 6：销售代表

_____

_____

招聘职位 7：软件工程师

_____

_____

招聘职位 8：管理培训生

_____

_____

13.1.4 职业定位

1. 行业定位

在进行行业定位时，你可以搜索以下信息：行业概况、发展史、发展趋势、知名企业、行业薪酬、核心岗位、校招职位、面试经验……

你可以从以下渠道搜集行业信息：数据库、行业白皮书、管理咨询公司网站、行业年会资料、师兄师姐、专业课老师、就业指导老师、相关人士访谈、实习……或者直接从百度中搜索关键词"××行业发展状况或发展趋势"，得到相关资讯。

在表 13-3 中列举了六大行业在人才招聘方面的需求重点，仅供参考。

表 13-3　六大行业的人才需求重点

行业类别	人才需求重点
房地产行业	专业能力、求职意愿 要求：抗压能力、组织协调能力、逻辑分析能力、沟通表达能力、应变能力
机械制造行业	专业能力、求职动机、工作适应性、个人素质 要求：学习能力、团队合作能力、沟通表达能力、逻辑思维能力
计算机及互联网行业	专业能力、求职意愿、求职动机 要求：学习创新能力、团队协作能力、逻辑思维能力、沟通表达能力
金融行业	举止仪表、专业能力、人格品质、发展潜力和职业稳定性 要求：抗压能力、逻辑思维能力、沟通表达能力、组织协调能力

(续)

行业类别	人才需求重点
消费品行业	与企业文化的匹配度 要求：服务意识、解决问题的能力、灵活应变能力、积极勤奋
生物制药行业	专业匹配度、形象气质 能力要求：学习能力、沟通能力、灵活应变能力

数据来源：北森云计算公司。

2. 目标公司定位

在进行目标公司定位时，你可以收集以下信息：公司概况、组织架构、企业文化、公司性质、地域差异、组织规模、行业地位及竞争情况、薪酬福利水平、核心岗位、校招职位、职业发展、内部员工声音……

你可以从以下渠道搜集公司信息：公司网站、权威杂志、管理咨询公司、相关人士访谈、专题讲座、企业校园宣讲、师兄师姐、专业课老师、就业指导老师、任课老师、实习……

此外，我们还可以通过雇主调查，搜集本土化的招聘信息。

请你借助本校或本专业往届毕业生的就业数据，分析用人单位对于人才素质和能力的要求，他们关注学生具备怎样的技能？有哪些共性和差异的地方？

雇主调查问卷

尊敬的领导：

为了深入研究我校大学生群体的就业情况以及用人单位的招聘要求，恳请您在百忙之中抽空填写此份雇主调查问卷，为我们的就业指导工作提供宝贵的信息，谢谢您的支持！

××××学校就业指导中心

××年××月××日

（1）贵单位属于以下哪种性质？

　　A. 国有企业　　　　　B. 民营或私营企业　　　C. 三资企业

　　D. 机关事业单位　　　　　　　　　　　　　　E. 其他_____

（2）贵单位在招聘毕业生时更多考虑的是：

　　A. 综合素质　　　　　B. 知识技能　　　　　　C. 学校名气或专业

　　D. 实践经验或工作经验　　　　　　　　　　　E. 其他_____

（3）贵单位需求量最大的学科或专业是：

　　A. 理工类　　　　　　B. 工科类　　　　　　　C. 会计金融类

　　D. 管理类　　　　　　E. 法学类　　　　　　　F. 文史类

　　G. 其他_____

（4）贵单位在招聘时注重学校名气或学历高低吗？

　　A. 是　　　　　　　　B. 否

（5）贵单位在招聘时，在同等条件下优先招录：

　　A. 男生　　　　　　　B. 女生　　　　　　　C. 不考虑性别差异

（6）贵单位在招聘时，是否考虑学生的家庭背景或社会关系？

　　A. 是　　　　　　　　B. 否

（7）贵单位在招聘时，是否愿意接受身有残疾或疾病的优秀毕业生？

　　A. 愿意　　　　　　　B. 不愿意

（8）贵单位在面试时，主要考核学生的哪些方面？（可多选）

　　A. 专业知识　　　　　B. 仪表举止　　　　　C. 应变能力

　　D. 语言表达能力　　　E. 心理素质　　　　　F. 其他_____

（9）贵单位招聘人才的主要渠道是：

　　A. 人才市场　　　　　B. 网上招聘　　　　　C. 校园招聘

　　D. 报纸杂志　　　　　E. 其他_____

（10）贵单位对本校就业指导服务工作满意吗？

　　A. 非常满意　　　　　B. 满意　　　　　　　C. 一般

　　D. 不满意　　　　　　E. 非常不满意

（11）您对现阶段高校毕业生的看法有哪些？（可多选）

　　A. 踏实肯干　　　　　B. 实际操作水平较差　　C. 要求太高

　　D. 怕吃苦不愿意从基层干起　　　　　　　　　E. 其他_____

（12）您认为用人单位招不到理想大学生的主要原因在于：（可多选）

　　A. 大学生综合素质低　　　　　　　　B. 大学生就业目标过于集中

　　C. 就业供求信息不对称　　　　　　　D. 高校专业设置脱离市场

　　E. 其他_____

（13）您认为大学生最需要在哪些方面提高？（可多选）

　　A. 综合素质　　　　　B. 专业知识　　　　　C. 职业道德

　　D. 心理素质　　　　　E. 实践经验　　　　　F. 其他_____

（14）贵单位的所在地是_____

（15）贵单位拒绝什么样的大学毕业生？

_____

_____

　　表 13-4 列出了某校雇主调查表中"雇主看重的工作能力"的排序结果，仅供参考。

表 13-4 雇主看重的工作能力

序号	最重要的能力	次重要的能力
1	专业能力	创新能力
2	创新能力	团队协作能力
3	团队协作能力	专业能力
4	解决问题的能力	动手实践能力
5	自学能力	人际沟通能力
6	动手实践能力	解决问题的能力
7	执行力	执行力
8	运用计算机的能力	外语能力
9	人际沟通能力	自学能力
10	领导力	运用计算机的能力

3. 职位定位

你可以根据"PLACE"法则，收集以下职位信息。

P——position（职位）：工作性质、内容。

L——location（地点）：工作环境、地点。

A——advancement（发展）：未来发展前景、职业发展通路。

C——condition of employment（工作待遇）：收入或薪资范围、福利、休假、相关职业和就业机会、工作时间和生活形态。

E——entry requirement（任职要求）：所需个人的资格、经验和能力、组织文化和规范。

你可以从以下渠道搜集职位信息：实习（影子实习）、相关人士访谈、网站、论坛、贴吧、师兄师姐、专业课老师、就业指导老师、面试本身、成为客户……

此外，你也可以通过生涯人物访谈了解职位信息。表 13-5 列出了你在进行生涯人物访谈时可以基于职位的"PLACE 法则"就以下问题进行提问，在收集到这些重要的职业信息后和自己做比较，考虑如何使自己的工作能力与职位相匹配。

表 13-5 关于职位的 PLACE 法则

做什么	职位描述	一个标准的一天是这样度过的？
	工作重点	工作重点是什么？如何评估？
凭什么	能力要求	优秀从业者都有什么能力、才干、资源？
	收入进阶	薪酬与收入如何进阶？
收益和风险	关系	与谁合作？向谁汇报？
	成就和挑战	这份工作的成就和挑战是什么？
往哪儿发展	晋升通道	未来的晋升通道是什么？
	未来发展	该职位未来三年的发展方向是什么？

13.1.5　注意事项

求职绝非易事。求职时你除了将会面临激烈的竞争和意想不到的障碍外，还有可能面对各种五花八门的职场陷阱。因此，你应该在保证自己人身和财产安全的前提下，走好求职的每一步。

1. 选择正规的招聘或实习网站

一定要登陆正规的招聘网站，这样才能从根源上防止网络诈骗。正规的招聘网站都会仔细验证招聘单位的真实性，要求招聘方提供单位营业执照、办理职员的身份证件以及加盖公章的单位证明等，以防虚假信息的发布。一定要警惕那些"职业中介""职业介绍所"，主动出击帮你推荐工作的中介大多不可信。

2. 注意个人信息的保密

在登记电子简历时，虽然需要保证资料的真实性，但也要注意对某些资料的保密，如家庭电话与手机不能同时添加至简历中，不要随意将自己的生活照、艺术照发到网上，照片最好选用标准证件照。

3. 核实招聘或实习信息的来源

招聘或实习信息的来源是否真实，可以通过观察它是否来自官方网站进行判断。不要去非官方的钓鱼网站，也要小心所谓的"中介"。

怎么才能找到官方网站呢？

现在各大搜索引擎基本上都提供了一个标注"官网"的功能，搜索结果后会提示"官网"或"official site"，点击进去后一般都是正确的官网。可通过对比，观察实习信息是否来自官网。

怎么判断信息是否来自官网？

举例：

http://ec. europa. eu /stages/index_en. htm

http:// europa. eu /

看主域名是否和官网一样。上面列出的两个网址中，加框部分的就是主域名，加黑部分为二级域名，二级域名需要在主域名之下。从域名来看，这两个网址来源于同一个站点，所以应该是官网信息。要注意：主域名必须和官网一模一样，如果错了一个字母，如 europe. eu 或 europe. edu 都有可能是伪装的钓鱼网站。

4. 警惕招聘或实习陷阱

（1）收费陷阱。若面试非常简单，对于学历、工作经验等几乎没有要求，并轻松许以高薪等承诺，然后收取各种保证金、培训费。如果遇到这样的招聘，你一定要留神，特别是让你交钱，你的第一反应就应该是"No"，应该保持一个怀疑的心态，可以向亲朋好友求助，帮你分析情况。

（2）试用期陷阱。有些招聘单位仅在试用期聘用新人，一过试用期就以各种理由辞退，或者非法延长试用期。因此，面对这样的招聘时，不要轻信用人单位的口头承诺，任何试用期的要求和考核应该形成白纸黑字的书面材料。同时，可以考察用人单位的人员流失情况，如果人人怨声载道、抱怨不断，你就应该尽早离开。

（3）智力陷阱。在求职过程中，还有些招聘单位以考核为借口，占有求职者的劳动成果，如在招聘时，要求应聘者翻译复杂的文章，策划公关文案，设计程序等。如果遇到招聘情形中有此类嫌疑的，最好事先与公司约定好策划或创意的劳动版权问题，声明你的创意或者策划不得随意使用。

（4）粉饰岗位。有些招聘单位在招聘简章上把职位写成"市场总监""保险事业部经理"，其实做的只是"业务员""保险代理员"等职位。因此，你在求职时，应该先搞清楚职业的具体内容，仔细询问工作细节。注意：头衔好听，却不强调工作经验的职位，多数存在陷阱。

（5）外地上岗陷阱。有些以高薪、高待遇吸引求职者外地上岗的职位，可能存在被骗钱或被骗做传销等风险。对外地企业或外地分公司的高薪招聘，无论其待遇多好，都要保持清醒的头脑和高度的警惕，不要轻信口头许诺，应及时到劳动保障部门咨询。

5. 发觉被骗，一定及时报案

一旦发觉上当受骗，就要及时向招聘单位所在地的人事局、劳动局监察大队或公安局派出所报案，寻求法律保护。

但是，由于劳务诈骗往往涉及公安、工商、劳动、人事等部门，求职者应该根据情况选择最有效的投诉部门。若被投诉对象为合法机构，可以找劳动部门；若求职受骗情况特别严重、诈骗金额大，可以到公安部门进行报案。

13.2 准备求职材料

在获得了求职信息后，接下来就是要通过分析招聘简章，提取用人单位对于应聘者知识、技能、素质等岗位胜任能力要求以及其他有用的工作信息；根据用人单位岗位胜任能力要求，收集并整理个人信息目录；基于个人信息目录以及偏好，制作一份个人简历；课堂上老师还需要站在 HR 的视角对同学们的简历进行筛选，选出5 个候选人，并注明筛选理由；最后是分享简历筛选方法及心得，并在此基础上修改自己的简历。

13.2.1　分析招聘信息

1. 公司简介

M 公司创办于 2005 年，是全球"时尚休闲生活优品消费"领域的开创者。公司奉行"简约、自然、富质感"的生活哲学和"回归自然，还原产品本质"的品牌主张，以每 7 天上一批新款、走低价新锐路线、定位快时尚休闲百货连锁的品牌核心优势，赢得消费者的青睐和热捧，在时尚消费前沿市场中先后刮起"生活优品消费"之风。目前，M 公司在亚洲地区正式营业店铺达 1300 多家，平均每月开店 40～60 家，门店遍布包括美国、意大利佛罗伦萨、迪拜、新加坡等在内的 156 个国家和城市。随着 M 公司迅速发展以及品牌影响力的不断扩大，M 公司需要更多人才的加入，因此决定面向大专院校招聘合适的大学应届生。

2. 招聘岗位名称

零售门店储备店长。

3. 工作职责

（1）负责店铺商品管理，包括陈列、出入库核对、盘点等工作；

（2）根据店铺管理制度及服务准则对导购进行指导，并监督导购的工作业绩和表现；

（3）有效收集和管理客户数据，与客户保持良好关系。

（4）处理店铺内各类突发事件，确保店铺管理工作有序进行；

（5）协助上级领导制定店铺销售目标，并完成店铺销售目标；

（6）上级领导交办的其他事宜。

4. 任职要求

（1）中专及以上学历毕业，连锁管理专业、市场营销、工商企业管理等相关专业毕业；

（2）具有 1 年以上大型日用品、商超店铺运营管理工作经验；

（3）具有良好的沟通、领导和协调能力，亲和力强，能承受较大的工作压力；

（4）具有较强的商业意识和触觉，能有效促进店铺销售及提供高标准的客户服务；

（5）能接受全国外派。

在对用人单位的招聘简章或工作说明书进行系统性分析时，注意遵循以下两个原则：一是逐行提取招聘信息；二是尊重客观事实，重视用人单位明确提出的岗位胜任能力要求。

13.2.2 制作个人简历

在认真分析过招聘信息后，你需要深入回顾过往的学习、工作经历。回忆你在学校里曾经做过什么，学习过哪些课程，参加过哪些培训，取得了哪些成绩，有哪些值得纪念的兼职经历，以及你在学习之余参加过哪些社会实践或志愿者活动，或者参加过哪些社团或协会活动。在此基础上，准备撰写你的个人简历。

（1）简历就是对个人情况的简要说明，贵在真实，绝对不能造假。你可以通过文字修饰、信息合理组合等方式进行适度包装，让 HR 能够迅速提取你本身具备的学识和技能。

（2）简历是面试的敲门砖，我们希望通过简历展示个人能力，从而获得一个面试的机会。因此简历应该以展示工作技能为核心，要针对求职目标客观、具体地编写，用事例和数据来证明。

（3）简历的长度：最好压缩为一张 A4 纸，但是也需要具体问题具体分析。

（4）简历的基本要素：个人基本信息（照片可以是半身正装职业照，也可以在经济条件允许的情况下找专业摄影师拍摄）、应聘职位、教育及培训背景、工作经历（实习兼职、社团活动、校园活动、公益活动、社区工作、社会活动等）、获奖情况（三好学生、国家奖学金、挑战杯、省赛获奖或者其他你认为很重要的事情）、职业技能（技能应该分类撰写，着重强调用人单位特别看重的技能，尽量用事实或数据证明）、特长评价（突出亮点、强调特色经历）。

（5）选择合适的简历模板，最好不要使用边框以及表格式的简历。

（6）利用简历检查表对简历进行修改完善。

写完个人简历，需要检查下列要点，进行反复修改。

内容要点：

（1）完成简历后，你是否邀请对你比较了解的人阅读过这份简历？他（她）是否也认为这份简历真实地反映了你的情况？

（2）简历上的求职目标是否明确（包括职位、行业及工作地点要求等）？

（3）你是否给你的才能和成就排好了先后次序，简历上有没有把你认为最重要的才能和成就放在最前面？

（4）简历上所列的才能和成就与你要应聘的职位是否相关？是否都没有超过4行？

（5）你所描述的成就是否能体现你的才能？

（6）你有没有避免简历上出现不恰当的性格特点及特质方面的描述？

（7）你有没有避免使用行话、陈词滥调、口头语、不常用的缩写、夸张的修辞？

（8）简历上有没有出现与职业无关的信息，比如婚姻状况、爱好、宗教信仰、个人兴趣等。

（9）你有没有把所获奖励、证书等能体现你在其他方面的才华与荣誉的信息写进去？

（10）简历上是否提到招聘单位或许会感兴趣的信息，比如外语能力、职业兴趣、参与活动等。

（11）你的简历有没有清楚地回答下面 6 个问题：

- 你是谁？你住在哪里？我们如何联系你？
- 你想要找什么样的工作？
- 你能为企业带来什么？你有什么才能和经验？
- 你的工作经历是什么样的？取得过什么成就？
- 你有什么学位以及其他证书？是在哪儿取得的？
- 你还有其他与这份工作有关的重要信息吗？

（12）在检查这份简历时，你自己是否能够摸着胸口保证，"这就是我，别人也这么觉得"？

结构要点：

（1）你的简历是否使用了简单的布局？图表、边框、艺术字都是画蛇添足，它们不一定能很好地转化到其他格式的文字处理软件上，甚至不能转化到同一种软件的其他版本上。

（2）描述自己的才能和成就时，你有没有使用小黑点和小段落？才能和成就是不是都限定在 3~5 条？

（3）所有的句子都简洁、切中要点吗？

（4）不了解你的人读完这份简历也能知道你在说什么吗？

（5）能不能保证每个句子只表达一个中心意思？

外观要点：

（1）简历有没有超过两页纸？

（2）你有没有使用 Serif 字体（如 Times Roman）和宋体，字号在 12 号左右，不小于 11 号？

（3）简历的上下左右有没有分别保留一定的页边距？

（4）简历的段落用的是单倍行距吗？

（5）粗体字是不是只被用于标题，如每个版块的小标题、企业名称、职位头衔？

（6）有没有避免使用斜体字？斜体字在扫描后是不清晰的，而且转换到其他版本的文字处理软件上，斜体字可能会走样。

（7）你有没有过多地使用英文大写？因为这样读者会很难阅读。

其他:

(1) 如果你要邮寄你的简历,那么请选用优质、光滑的高级书写纸,纸张上的字迹不要污浊或是模糊不清。

(2) 对于比较正式的简历投递,你除了要邮寄你的简历外,还应该随信附上你的求职信以及推荐信。在对折求职信之前,把简历放在求职信的下面,推荐信放在最后,折叠在一起。

(3) 创建电子版的简历时,请注意不要使用文字处理软件的最新文本格式,因为很难预料公司是否会有这么快的软件更新速度。

记住,只需要让两三个了解你的人检查你的简历即可,不要找太多人。在看简历时,让他们关注简历的内容而非模板。

【课堂训练】

简 历 甄 选

此训练的目的是希望你能够站在招聘人员和用人单位的角度亲身感受一下他们是如何开展工作的,他们是如何在众多应聘者简历中挑选出企业需要的人才。他们喜欢什么样的简历,什么是最能够打动他们的地方?大学毕业生写简历容易进入哪些误区?相信这种体验将会帮助你对自己的简历进行诊断。

在拿到多份求职简历后,你可以参照以下标准对简历进行筛选:

(1) 应聘职位与招聘职位不符;

(2) 定位不明确、求职意向模糊的简历;

(3) 基本条件不符合招聘职位的硬性要求;

(4) 求职者提出的待遇要求难以满足;

(5) 简历中提及的工作经历和经验与职位所要求的工作内容不符;

(6) 简历中存在不诚信及自相矛盾的地方,如抄袭别人的简历,岗位与职责出现明显矛盾,工作时间出现重合等;

(7) 简历中使用过多浮夸的词汇,没有列举明确的数据或例证;

(8) 错别字多,思维混乱,没有逻辑性。

小组活动:

(1) 推荐5份最合适的简历。在小组讨论中,向大家介绍你的推荐理由,并对大家推荐的简历进行点评,最后形成小组共同的推荐结果。

(2) 分享心得。在小组讨论中,分享你站在招聘人员的角度进行简历筛选的原则、方法及心得。

(3) 同伴互评与自评。对小组所有成员的简历进行点评,对自己的简历进行自评，然后在此基础上对自己的简历进行修改。

13.2.3　案例点评

1. 如何在简历中用数字证明自己的能力

简历上的获奖情况、学习成绩、社会活动、社团经历，是展现毕业生能力的重要内容。毕业生都注意到了这一点，在这几个部分浓墨重彩。但是，一条条内容的罗列未必会给招聘人员一个直观的印象。简历中经常出现：

"曾获得班级一等奖学金两次，班级二等奖学金三次。"

"担任校学生会××部部长，组织过多次大型活动，组织能力突出。"

[**点评**] 简历要用事实说话，事实要靠数字支持。招聘人员与求职者是完全陌生的。他们不可能了解毕业生学校的具体情况。从第一个例子看，班级一、二等奖学金很能突出毕业生的学习成绩，说明他在学习方面一直名列前茅。但是，学校不同、专业不同，奖学金的发放数量不一样，光写出几等奖学金，还是不能让招聘人员对你建立起直观认识，这个求职者到底处于什么水平。如果毕业生在一等奖学金后面标上获奖的概率，如一等奖学金（1/25），这就说明 25 个人中只有 1 个人能获得，那么一个班级一般 50 个人左右，这个求职者绝对是班级中的尖子。第二个例子中，虽然求职者强调有组织大型活动的经历，但是招聘人员看不出求职者到底组织过多少次活动，活动规模怎么样，当然也不清楚组织能力到底如何。如果改成"担任学校口才协会会长期间，曾组织校级演讲比赛两次，参赛人数达 300 人，是在校期间的第二大规模社团活动。任职期间，协会会员达到 100 人，成为全校第三大社团"，效果就大不一样了。

2. 如何在简历中进行自我评价

自我评价经常是毕业生简历上的最后一项内容。写还是不写，如何写，常常令很多毕业生把握不定。不写，他会觉得简历上的事实罗列缺少情感色彩，没有展示个性魅力；写，他又总觉得几句话难以全面描述自己的性格特点，说不清楚自己到底属于哪种人。几经琢磨，毕业生往往在简历的自我评价中出现这样的语句：

"本人性格开朗、稳重、有活力，待人热情、真诚；工作认真负责，细致踏实，对工作精益求精、积极主动，能吃苦耐劳，勇于承受压力，勇于创新；有很强的组织能力和团队协作精神，乐于助人，具有较强沟通、协作能力；意志坚强，具有较强的无私奉献精神。"

"本人个性外向活泼，沟通能力强，能与人和睦相处，好学谦逊，诚实正直，勤奋努力，认真负责，细心耐心，能在压力下工作，喜爱音乐、运动……"

[**点评**] 从简历上的自我评价上看，这个求职者简直就是一个"完人"，这也是

很多大学生简历上的通病。简历中最后一项对自己性格特点的描述几乎成了褒义词的堆砌，然而有些不符实际的描述，却往往弄巧成拙。

用人单位招聘时看重自我评价主要有两个目的：一是了解求职者的性格以及价值观是否与公司的企业文化相符合。比如一些公司倡导"环保与自然"，一些公司强调"工作即兴趣"，一些公司考察"是否能承受高压的工作环境"……从自我评价中，考察求职者的个性特点是否与企业文化相符。二是了解求职者的个性是否符合岗位要求。比如招聘会计，需要对方细心缜密，对数字敏感；招聘文员，需要认真负责，听从安排；招聘行政助理，需要按部就班，循规蹈矩；而从事一些研发、设计类的职位，则需要有创新意识，能在压力下工作。

因此，毕业生在进行自我评价时就要真实、客观地评价自己，最好结合职位要求，突出某个能胜任职位的优势。比如，一位内向学生这样评价自己："我来自农村，但父母教会了我吃苦耐劳的品质。"这比单纯抄袭别人的"活泼开朗"更符合自己的真实情况，因而也更具说服力。

3. 如何在简历中说明自己的工作成果

毕业生由于没有工作经历，求职资本除了专业学习以外基本上只剩下兴趣和态度。在毕业生简历上，往往会看到这样的语句：

"自幼向往记者职业，立志于从事新闻工作。"

"喜欢接受挑战，对市场营销工作感兴趣。"

［点评］这些话语透出毕业生只关注自我、自说自话的思维定式。兴趣、爱好是干好工作的前提之一，可是空口无凭，招聘人员喜欢看到毕业生兴趣、爱好的结果。比如，自幼立志从事新闻事业的人，在上大学期间是不是掌握了新闻专业基本知识，是不是有过新闻采写的基本训练，有没有在相关的媒体或者校园活动实习，有什么作品发表。没有结果的兴趣和态度，会被招聘人员当成没有相关素质、能力的表现。毕业生在平时的学习和工作中其实不乏类似事例，只是思维没有扭转过来，没有好好地搜集和准备。

4. 是否需要附上求职信或推荐信

大多数招聘人员不会去看求职信，除非你文笔特别好，能写得一手让人声泪俱下的文章，或是专门对该公司写一封有针对性的求职信，否则这种毫无针对性的求职信，有或者没有都无影响。而且一旦你的求职信中出现病句、错字、不合适的语句，又会影响招聘人员对你表达能力的质疑。还有一点需要特别说明，有针对性的求职信不是说写上某某公司的名称就行了，关键是信的内容要有针对性，那种换汤不换药的求职信无法打动招聘人员的心。

［点评］应届大学毕业生制作个人简历，一张 A4 纸的中文简历即可。若是应聘

和英语相关的职位，可以在中文简历后附上英文简历。学历和学位证书、获奖证书、推荐表等可以在面试后人力资源主管提出要求时再附上。

13.2.4 简历投放

要想让招聘方对你的简历更加感兴趣，能够把你的简历从茫茫的求职简历中挑选出来，需要有一定的投递技巧。以下简历投递的 7 个方法，也许能够帮助你提高简历投递的命中率。

1. 在行业招聘网站投递简历

行业招聘网站是按照用人单位的需求发布招聘职位的。专业对口的话，很容易找到合适的职位。例如，建筑工程专业的应届毕业生，到建筑工程类的网站上投简历；外贸类专业的应届毕业生，到外贸类的网站上投简历。这样会大大提高应聘成功的机会。

2. 写一个醒目的邮件标题

招聘人员每天浏览的简历数量庞大，只有标题新颖才能吸引他们的注意。假如只是以"个人简历"作为标题，肯定会被埋没在数以百计的简历洪流中。

邮件的标题最好写上自己的名字，这样能增加招聘人员的视觉冲击力，会让他们感觉这种投递方式比较特别。求职者善于自我推销，无形之中会增加招聘人员对求职者的好感。

对于以"简历.doc"为题的文件，这样的标题实在是不好区分，招聘人员看完简历后仍不知道这份简历是谁的。至少你在文件名上写个姓名，应聘某某职位，好让招聘人员进行分类整理。"简历.doc"的文件很容易被招聘人员遗忘，甚至被随手扔到回收站里。

3. 注意简历的投递格式

当通过各种求职网站投递简历时，最好点击"申请该职位"，通过该网站发送简历，这样做的好处是招聘人员能及时收到简历。如果通过其他邮件发送附件，很容易导致招聘人员不打开附件，或者把简历当作垃圾邮件删除。

4. 有的放矢地投递简历

在投递简历之前，先了解对方的岗位要求，尽量使用与对方岗位要求相类似的词语，以提升简历的吸引力。例如，有的公司要求必须注明薪资期望，那就需要在简历中填写薪资期望。这类公司可能对薪资方面有一个比较固定的范围，也是公司招聘人员出于慎重的考虑。因为有时会出现这样的情况，几轮面试下来，好不容易选出一位不错的求职者，结果薪资期望与企业能给付的标准差别太大。

5. 写一封漂亮的求职信

求职信是简历的开场白，是吸引招聘人员是否愿意看下去的关键环节。一封完整的求职信应包括以下内容。

（1）个人的求职目标。简短明确地指出期望找到什么岗位。当然，这个岗位应该与投递简历的公司岗位相符合，不能在简历上表示希望找一份客户服务类的工作，应聘的却是销售岗位，这种错误会将求职者为这份简历所做的工作全部毁掉，招聘人员会直接将这种简历删除。

（2）个人的优势。有什么突出的个人优势，尽量在求职信里展现出来，甚至可以写行业或企业工作经验、擅长某项工作技能等。个人优势部分不要说一些空话、套话，没有哪个招聘人员愿意浪费自己的宝贵时间看这些空话和套话。

6. 把握投递简历的时间

简历投递时间的把握非常重要。尽量选择发布招聘信息在最近一周内的公司，这样对方的招聘人员才会关注你。不要投那些已经发布很久的招聘职位，可能对方已经招到这个岗位的应聘者了，如果确实非常喜欢，可以先打电话咨询，看看这个岗位是否已经招聘到位。

另外，企业的招聘人员都习惯在上午的 10:30～11:30 或者下午的 16:30～17:30 打电话通知面试。因此，要想让自己投递的简历处于招聘人员收件箱的最前端，可以在早上 9:00～10:00 或者下午的 14:00～16:00 投递简历，这样比较能够引起招聘人员的注意。

7. 选择合适的电话询问时机

有些求职者在发送简历给公司后总是不断询问结果，其实这是一种不受欢迎的做法。因为公司招聘人员每天都会收到上百封甚至更多的个人简历，电话询问时机把握得不好会给你的求职带来反作用。

比较合适的做法是：每隔一两周询问一次。询问的时候，还应该表示自己对招聘职位仍然感兴趣，并可以再简短介绍一下自己的专业特长和工作经验。

13.3　面试全攻略

面试是大学生就业的又一个关键环节，同时也是全面展现求职者知识、能力、素质的一个良好的机会，若能把握住面试机会将对求职者的就业乃至事业都会有很大的帮助。

13.3.1 为什么要面试

（1）求职者。对求职者来说，面试的目标是在限定时间内向主考人推销自己，令他们认为你是最合适的申请人，求职者亦应该通过面试去了解所应聘的公司及工作性质，看看是否适合自己的期望。

（2）主考人。对主考人来说，通过面试可以达到如下目的：①查核，通过问答，看清楚你所提供的资料及推荐书上的意见是否可信；②观察，面对面观察申请人的仪容、态度、谈吐等；③测验，用各种办法评估申请人的性格、各方面的才能及知识等；④判断，以考虑申请人是否有能力及诚意担当此职，并是否适合在该公司工作。

能够在众多求职者中脱颖而出，获邀参加面试，表示雇主觉得你的条件初步符合公司的要求，你应该好好把握机会，积极准备，在面试时表现自己，加上之后积极地跟进，你获得聘用的机会将会大大提高。

13.3.2 考核形式

各招聘单位会视其招聘策略及不同职位的要求，采用各种不同的考核方法，某些大企业或公司甚至会同时采用几种模式。求职者可在约见时询问有关情况，为不同的考核方式做好准备。常见的考核形式主要有以下几种。

1. 个人面谈

由一个或一组主考人向一个应聘者发问。主考人可能是人事部或人力资源部经理或该职位的部门主管或经理。

【重要提示】每次答题时必须眼望发问者，其间也要与其他主考人有眼神接触。

2. 小组讨论

采用这一种形式目的在于挑选有领导才能、具备良好表达能力的应聘者。雇主旨在测试应聘者的应对技巧、思考能力、领导才能、应变能力等特质，内容未必与所应聘的职位有关。

【重要提示】小组讨论应聘者应对策略如表 13-6 所示。

表 13-6 应聘者应对策略

你应该	你不应该
积极，投入	过分沉默，被动，反应迟缓
有礼貌，并细心聆听别人的意见	抢着说话，过分自信，高谈阔论
态度主动，承认错误	只懂攻击别人或太注意主考人的反应
争取担任调停纠纷的角色	太注意去争取领导地位，操控整个讨论
控制情绪，从容淡定	因辩论激烈而表现激动或愤怒

3. 技能测试

除了发问问题之外，有些实务性质较强的工作，例如打字等，也会当场考核应聘者是否具备工作所要求的知识和技能。

【重要提示】温习及练习该工作所要求的知识和技能，以应对面试时当场的考核。

4. 写作测试

此测试适用于需要参与大量文字写作的职位，如公关、秘书等。有时是个案分析，目的是测试应聘者的分析能力及思维。例如，应聘见习经理的人可能需要撰写一则内部通告，说明及解释管理层新的决策。

【重要提示】温习常用的公文格式。

5. 其他测试

智能测验、逻辑题、推理题和算术题等，通常在筛选大量申请者时应用。而职业性向测试，用作将众多求职者分类，以决定是否适合职位所要求的类别。

13.3.3 面试前的准备

（1）重新检查你在求职信和履历表上提供的资料，避免前后矛盾。

（2）留意时事要闻和当时的热门话题。

（3）面试前一晚早点儿休息，充足的睡眠能令你精神焕发，信心倍增。

（4）估计面试时主考人可能会发问的问题，预备具体的答案。

13.3.4 面试常见问题

整个面试过程中，求职者觉得最困难的往往是如何回答主考人的问题。求职者其实不需要过分紧张，只要你面试前能好好准备，加上临场表现镇定，你一定能够轻松过关。以下是一些常见的问题。

1. 性格、工作期望和理想

（1）请简单介绍你自己。

（2）你会怎样形容自己的性格和倾向？

（3）你有什么兴趣和嗜好？

（4）你通常与哪类人相处得最融洽？为什么？

（5）你认为哪类人最难相处？你会以何种态度去面对他们？

（6）你会在哪种工作环境中工作得最称心满意？

（7）你已为自己定下了什么人生目标吗？

（8）你认为哪些因素对选择工作是最重要的？

（9）你期望五年后你的事业会有什么发展？

（10）你对你的事业有什么长远的计划？你打算怎样去实现理想？

（11）你认为怎样才算事业成功？

（12）你怎样处理曾经遇到的困难呢？

（13）你是不是一个有野心的人呢？

【重要提示】

（1）第 1～5 条问题能让雇主了解你是否能与公司其他同事合得来。

（2）第 6～13 条问题能让雇主了解你是否与公司抱有相同的理念，所以你应试前多搜集有关公司的背景资料，如所提供的产品/服务、公司的未来发展动向，等等。

2. 学校生活及升学计划

（1）你在学校最喜欢/不喜欢哪一科？为什么？

（2）你认为考试成绩能否反映你的智力和能力？

（3）你在多年的学校生活里，有难忘的经历吗？

（4）你在参与课外活动中学到什么？

（5）你有没有打算继续深造？

【重要提示】

（1）以上问题能够让雇主了解你的学习生活，看看你在课堂及课余活动里吸收到什么与工作有关的技能。

（2）第一与第二类别的问题互相联系，所以面试前应仔细思考答案，避免前后矛盾。

3. 申请职位和机构

（1）你为什么申请这个职位？

（2）你为什么想加入本公司工作？

（3）你对本公司有什么认识？

（4）这份工作有什么职责？哪一方面最吸引你？

（5）你觉得自己最大的优点和缺点在哪些方面？与你现在申请的工作可有关系？

（6）假如你被录用，你能够对公司做出什么贡献？

（7）你为什么相信自己适合做这份工作？

（8）你有什么资历或经验会对担任这份工作有帮助？

（9）你认为需要什么条件才能成功在本公司发展？

（10）你还申请了什么职位？若你同时被多家公司录用，你会怎样选择？

（11）你介意外出工作或者到外地工作吗？

（12）有需要的话，你可否超时或不定时工作？

【重要提示】

（1）公司用什么准则去判断你是否有诚意去应聘呢？若你在面试时，对公司或行业的资料完全不熟悉，又如何能说服雇主聘用你呢？

（2）优点和缺点往往是观点与角度的问题，在提出你的缺点时，你可以以它们的正面之处作补充。

4．工作经验

（1）你有什么工作经验？

（2）请简单描述你上一份工作的职责及工作范围。

（3）在以前的工作中，你学到些什么？

（4）在以前的工作中，你最喜欢及最不喜欢的是什么？

（5）请你说出一件在以往工作中遇到的最难于处理的事情。

（6）你申请的职位和你以前的工作不大相同，你为什么认为你能够应付新工作？

（7）你已经多次换工作了，可否谈谈其中原因？

（8）你是怎样和同事相处呢？是否有不愉快的经历？

（9）你失业/毕业已有一段时间，为什么仍然找不到工作？

（10）你为什么要换工作？

【重要提示】 主考人希望从你以前的工作经验去衡量你是不是合适的人选，你应强调如何把以前工作所积累的经验或所学的东西运用在这份工作上。若问题涉及你对以前公司的意见，你不应抱着批评的心态去作答，这是不成熟的做法。

5．工作技能及语言能力

（1）你是否参加过任何专业考试？成绩如何？

（2）你会操作计算机吗？你会运用哪些软件？

（3）Please briefly introduce yourself.（In English.）

（4）你懂得其他语言或方言吗？

（5）你是否参加过任何与这职位有关的训练课程？

【重要提示】 主考人必须知道你是否拥有有关的技能和知识，以评估你能否胜任将来的工作。你必须如实作答，切忌夸张失实。你可简要介绍你在哪里学到有关技能及是否在工作中应用过。

6．假设性问题

（1）假如有顾客不满你的服务，说要投诉你，你会如何处理？

（2）假如由于你犯错而令货物未能准时运送给顾客，但你的上司并不知情，你会怎样处理？

【重要提示】 主考人会利用这类型的题目，去评估你的应变能力和反应，而这类问题大部分都会与工作处境有关，你必须保持镇定，思考清楚再作答，但不要有太长停顿的时间。

7. 其他

（1）你何时可以上班？

（2）你期望得到多少薪酬？

8. 向主考人发问的问题

（1）与该职位有关的问题。例如，对于担任此职位的员工，公司有什么期望和要求呢？（显示你对该职位的兴趣及诚意。）

（2）与该机构有关的问题。例如，未来几年，公司会有什么新的发展计划？（显示你对该公司的兴趣，你亦可从中了解更多有关该公司的发展潜力、未来发展方向等资料，以决定该公司是否适合自己。）

（3）公司对进修的看法。例如，公司对于员工在工余时间进修有什么意见？（表示你有兴趣进修及在该行业发展。）

【重要提示】 这是你表现自己的最后机会。你应该借此机会弥补之前的失误和表现你的诚意。你亦应趁机增加对公司及工作的了解，在考虑聘用时作为参考。

不要急着提出薪酬问题，最好让主考人先提出，以免给人一种斤斤计较的感觉。对薪酬数字可先做调查和自定底线，但除了金钱外，还应考虑其他因素，如员工福利、假期、晋升机会等。

13.3.5 面试时所需资料和证书

（1）身份证、相片、有关证书、推荐书、求职信等，亦要准备上述文件的复印件，并妥善地放在活页夹、公文袋内，给雇主一个有条不紊的印象。

（2）与申请的工作有关的个人创作，如文章、设计、计划书，用作表现自己的才能及过往的工作经验。

（3）招聘广告的剪报或副本，以便翻阅职位所要求的资历、工作范围、提供的待遇等资料。

（4）预先搜集的有关公司或申请职位的资料，以便在等候面试或测试时翻阅。

（5）履历表。雇主一般要求申请人在面试前再填写申请表，所以最好带备一份自己的履历表，以便将资料正确地抄录于申请表内。

（6）其他，如文具、街道地图、零钱、梳子、镜子、纸巾、化妆品等。

13.3.6　时间观念

守时是很重要的。谨记面试的时间和地点，在预约的时间前5～10分钟到达面试地点，让自己有充足的时间放松紧张的情绪。预备面试应及早计划行程，避免交通堵塞或任何阻滞带来的延误，影响你的情绪及主考官对你的印象。

13.3.7　面试应急锦囊

面试是整个求职过程中非常关键的一步，在面试时可能会遇到很多意料之外的事，因此要有充足的准备，方能采取适当的应变措施。

1. 恶劣天气

还未出门的话，你应留意天气预报，若将有红色暴雨、台风警告，应立刻致电该公司，以确定面试是否如期举行；如果不能与该公司联络上，可于电话录音机内留下口讯，或于翌日立即致电解释，并相约下次面试日期，以示对应聘职位、公司的诚意。如果只是下大雨的话，则应做好准备工作，前往面试。记住备带防雨的工具，提早到面试场地准备，以便在需要时更换衣服及整理仪容。

若已出了门的话，衣服稍微湿了，可到附近商场洗手间内的干手机吹干衣服；若衣服太湿且时间许可的话，可考虑买新的衣服替换；若真的赶不及换衣服，唯有向面试官致歉。注意：应将证书及文件放于防水的活页夹或胶袋内，以免弄湿。

2. 交通阻塞

在面试前预先计划不同的路线，估计所需时间，遇到问题时可随机应变。若不太熟悉面试场地附近的环境及交通，可事先前往面试地点一次，观察周围环境，选择乘搭一些班次较准、时间较易预算的交通工具。注意：准备足够零钱及现金。

3. 身体不适

遇到身体不适，很容易影响表现，你应视严重程度而决定应变方法。病情较轻的话，应看医生或服特效药。如因病影响面试表现或迟到，应于面试时解释及致歉。太严重的话，应与公司负责人解释，并更改面试日期。注意：有时不适是由紧张所致，可尝试放松心情。

4. 面试官失约、迟到

面试官大多由公司要员担任，因此他们或会因公事繁忙而延误面试时间，或忘记了面试的安排。虽然可能是对方的过失，但仍要保持有礼，可向接待员礼貌地查询面试的安排，切忌表现得不耐烦或烦厌。可利用这段等候的时间，温习一下有关公司或申请职位的资料，切勿自行离去。

5. 记错地点、时间

因为去错地点或记错时间而迟到的话，应立即致电公司道歉，并尽快赶往面试地点，可致电该公司的接待处查询前往面试地点的方法。千万不要编造谎言，若被识穿的话会造成不好的效果，给人不可靠的印象。注意：不太熟路的话，应备好地图，方便查阅路径和交通路线。怕记错时间、地点的话，可事先致电该公司，核实一次！

总体来说，以下是一些助你临危不乱的原则：最好带好手机，必要时可联络该公司或向其他人寻求协助。遇到任何困难时，亦应保持镇定，灵活应变。在紧急的时候，也要谨记以礼待人。

13.3.8　面试时的表现

在大学生毕业求职时，面试表现是一个非常重要的环节，有些大学生在这个环节中感到不知所措，或者表现不好，使自己在求职中因小失大，不能成功。大学生在面试时应注意以下基本礼仪和技巧，以增强面试的有效性。

1. 面试中的基本礼仪

（1）一旦和用人单位约好面试时间后，一定要提前 5~10 分钟到达面试地点，以表示求职者的诚意，给对方以信任感，同时也可调整自己的心态，做一些简单的仪表准备，以免仓促上阵，手忙脚乱。为了做到这一点，一定要牢记面试的时间、地点，有条件的同学最好能提前去一趟，以免因一时找不到地方或途中延误而迟到。如果迟到了，肯定会给招聘者留下不好的印象，甚至会丧失面试的机会。

（2）面试时不要紧张。若门关着，应先敲门，得到允许后再进去。开关门动作要轻，以从容、自然为好。见面时要向招聘者主动打招呼问好致意，称呼应当得体。在用人单位没有请你坐下时，切勿急于落座。用人单位请你坐下时，应道声"谢谢"。坐下后保持良好体态，切忌大大咧咧，左顾右盼，满不在乎，以免引起反感。离去时应询问"还有什么要问的吗？"得到允许后应微笑起立，道谢并说"再见"。

（3）对用人单位的问题要逐一回答。对方给你介绍情况时，要认真聆听。为了表示你已听懂并感兴趣，可以在适当的时候点头或适当提问、答话。回答主试者的问题，口齿要清晰，声音要适度，答话要简练、完整。一般情况下不要打断用人单位的问话或抢问抢答，否则会给人急躁、鲁莽、不礼貌的印象。问话完毕，听不懂时可要求重复。当不能回答某一问题时，应如实告诉用人单位，含糊其辞和胡吹乱侃会导致面试失败。对重复的问题也要有耐心，不要表现出不耐烦。

（4）在整个面试过程中，要保持举止文雅大方，谈吐谦虚谨慎，态度积极热情。如果用人单位有两位以上主试人时，回答谁的问题，你的目光就应注视谁，并应适时地环顾其他主试人以表示你对他们的尊重。谈话时，眼睛要适时地注意对方，不要东张西望，显得漫不经心，也不要眼皮低望，显得缺乏自信，激动地与用人单位争辩某个问题也是不明智的举动，冷静地保持不卑不亢的风度是有益的。有的用人单位专门提一些无理的问题试探你的反应，如果处理不好，容易乱了分寸，面试的效果显然不会理想。

2. 应试者语言运用的技巧

面试场上你的语言表达艺术标志着你的成熟程度和综合素养。对求职应试者来说，掌握语言表达的技巧无疑是重要的。那么，面试中怎样恰当地运用谈话的技巧呢？

（1）口齿清晰，语言流利，文雅大方。交谈时要注意发音准确，吐字清晰。还要注意控制说话的速度，以免磕磕绊绊，影响语言的流畅。为了增添语言的魅力，应注意修辞美妙，忌用口头禅，更不能有不文明的语言。

（2）语气平和，语调恰当，音量适中。面试时要注意语言、语调、语气的正确运用。打招呼时宜用上语调，加重语气并带拖音，以引起对方的注意。自我介绍时，最好多用平缓的陈述语气，不宜使用感叹语气或祈使句。声音过大令人厌烦，声音过小则难以听清。音量的大小要根据面试现场情况而定。两人面谈且距离较近时声音不宜过大，群体面试而且场地开阔时声音不宜过小，以每个人都能听清你的讲话为原则。

（3）语言要含蓄、机智、幽默。说话时除了表达清晰以外，适当的时候可以插进幽默的语言，使谈话增加轻松愉快的气氛，同时也会展示自己的优越气质和从容风度。尤其是当遇到难以回答的问题时，机智幽默的语言会显示自己的聪明智慧，有助于化险为夷，并给人以良好的印象。

（4）注意听者的反应。求职面试不同于演讲，而是更接近于一般的交谈。交谈中，应随时注意听者的反应。比如，听者心不在焉，可能表示他对自己这段话没有兴趣，你得设法转移话题；侧耳倾听，可能说明由于自己音量过小使对方难于听清；皱眉、摆头可能表示自己言语有不当之处。根据对方的这些反应，就要适时地调整自己的语言、语调、语气、音量、修辞，包括陈述内容。这样才能取得良好的面试效果。

3. 应试者手势运用的技巧

其实，在日常生活交际中，人们都在自觉不自觉地运用手势帮助自己表达意愿。那么，在面试中怎样正确地运用手势呢？

（1）表示关注的手势。在与他人交谈中，一定要对对方的谈话表示关注，要表示出你在聚精会神地听。对方在感到自己的谈话被人关注和理解后，才能愉快专心地听取你的谈话，并对你产生好感。面试时尤其如此。一般表示关注的手势是：双手交合放在嘴前，或把手指搁在耳下；或把双手交叉，身体前倾。

（2）表示开放的手势。这种手势表示你愿意与听者接近并建立联系。它使人感到你的热情与自信，并让人觉得你对所谈问题已是胸有成竹。这种手势的做法是手心向上，两手向前伸出，手要与腹部等高。

（3）表示有把握的手势。如果你想表现出对所述主题的把握，可先将一只手伸向前，掌心向下，然后从左向右做一个大的环绕动作，就好像用手"覆盖"着所要表达的主题似的。

（4）表示强调的手势。如果想吸引听者的注意力或强调很重要的一点，可把食指和大拇指捏在一起，以示强调。

以上介绍的是面试中常见的手势，但要达到预期的目的，还应注意因时、因地、因人灵活运用。

4. 应试者回答问题的技巧

（1）把握重点，简洁明了，条理清楚，有理有据。一般情况下回答问题要结论在先，议论在后，先将自己的中心意思表达清晰，然后再做叙述和论证。否则，长篇大论，会让人不得要领。面试时间有限，若你神经紧张，多余的话太多，就容易走题，或将主题冲淡或漏掉。

（2）讲清原委，避免抽象。用人单位提问总是想了解一些应试者的具体情况，切不可简单地仅以"是"和"否"作答。应针对所提问题的不同，有的需要解释原因，有的需要说明程度。不讲原委，过于抽象的回答，往往不会给主试者留下具体的印象。

（3）确认提问内容，切忌答非所问。面试中，如果对用人单位提出的问题，一时摸不到边际，以至不知从何答起或难以理解对方问题的含义时，可将问题复述一遍，并先谈自己对这一问题的理解，请教对方以确认内容。对不太明确的问题，一定要搞清楚，这样才会有的放矢，不至于答非所问。

（4）有个人见解，有个人特色。用人单位有时接待应试者若干名，相同的问题问若干遍，类似的回答也要听若干遍。因此，用人单位会有乏味、枯燥之感。只有具有独到的个人见解和个人特色的回答，才会引起对方的兴趣和注意。

（5）知之为知之，不知为不知。面试遇到自己不知、不懂、不会的问题时，回避闪烁、默不作声、牵强附会、不懂装懂的做法均不足取，诚恳坦率地承认自己的不足之处，反倒会赢得主试者的信任和好感。

5. 应试者消除紧张的技巧

由于面试成功与否关系到求职者的前途，所以大学生面试时往往容易产生紧张情绪。有些大学生可能由于过度紧张而导致面试失败。因此必须设法消除过度的紧张情绪。这里介绍几种消除过度紧张的技巧，供同学们参考。

（1）面试前可翻阅一本轻松活泼、有趣的杂志或书籍。这时阅读书刊可以转移注意力，调整情绪，克服面试时的怯场心理，避免等待时紧张、焦虑情绪的产生。

（2）面试过程中注意控制谈话节奏。进入试场致礼落座后，若感到紧张先不要急于讲话，而应集中精力听完提问，再从容应答。一般来说人们精神紧张的时候讲话速度会不自觉地加快，讲话速度过快，既不利于对方听清讲话内容，又会给人一种慌张的感觉。讲话速度过快，还往往容易出错，甚至张口结舌，进而强化自己的紧张情绪，导致思维混乱。当然，讲话速度过慢，缺乏激情，气氛沉闷，也会使人生厌。为了避免这一点，一般开始谈话时可以有意识地放慢讲话速度，等自己进入状态后再适当增加语气和语速。这样，既可以稳定自己的紧张情绪，又可以扭转面试的沉闷气氛。

（3）回答问题时，目光可以对准提问者的额头。有的人在回答问题时眼睛不知道往哪儿看。经验证明，魂不守舍、目光不定的人，使人感到不诚实；眼睛下垂的人，给人一种缺乏自信的印象；两眼直盯着提问者，会被误解为向提问者挑战，给人以桀骜不驯的感觉。如果面试时把目光集中在对方的额头上，既可以给对方以诚恳、自信的印象，也可以鼓起自己的勇气，消除自己的紧张情绪。

（4）应正确对待面试中的失误和失败。面试交谈中难免因紧张而出现失误，也不可能面试一次就一定成功。此时，切不可因此而灰心丧气。要记住，一时失误不等于面试失败，重要的是要战胜自己，不要轻易地放弃机会。即使一次面试没有成功，也要分析具体原因，总结经验教训，以新的姿态迎接下一次的面试。

13.3.9 面试后的跟进工作

（1）检讨面试前的准备工作，记下面试中问过的问题及自己的响应重点，检讨有没有可以改进的地方。

面试前准备：是否搜集了有关公司、行业的资料？是否整理了简短的笔记？是有否带齐资料及文件？是否准时到达？

临场表现：对自己作答的内容、表现是否感到满意？满意及不满意的地方在哪儿？在整个面试过程中有哪些问题特别难以应付？答得不理想的问题应怎样作答？你认为面试官对你的印象如何？对你的答案有没有兴趣？有没有把握机会提及自己的优点、专长、工作经验等？有没有一直保持冷静及自信？肢体语言是否运用得当？面试官有任何评语吗？

（2）面试后应记录你对申请职位、单位及其职员的感觉，以作为第二轮面试或在获聘任时参考之用。就算面试失败，也不要气馁，因为每次的面试均是宝贵的经验及学习的机会，让自己汲取教训，再有面试机会时便能有更好的表现。

（3）当你知道获得聘任时，切记保持清醒，先要留意下列要点：若同时获得多份聘任，你应参考面试后的笔记；考虑你对该职位、单位及其员工的感觉；详细考虑每一职位的优劣，如公司财务状况、前景、发展潜力及晋升机会等。

（4）无论是接受或婉拒聘任，你都应该准时答复。如果婉拒，必须保持有礼，他日你可能仍会向该公司求职。如果接受，详细了解签署雇佣合约的手续，小心记录上任的日期、时间、地点和联络职员的姓名、职衔、电话等重要资料。

（5）接受聘任前，应清楚了解有关职位的职责和雇用条件，包括薪酬、福利、工作时间、假期、试用期和离职手续等。

（6）如接受聘任后未能如期上班，应尽早通知雇主，表示歉意，让有关部门有充裕的时间做出适当的安排。

（7）任何合约或口头协议均有一定的法律效力，因此不能草率、任意地签署文件，否则只会蒙受损失。

【小提示】

面试回答问题的注意事项

1. 诚实有礼

态度诚恳，不宜过分客套和谦让。不太明白主考人的问题时，应礼貌地请他重复。陈述自己的长处时，要诚实而不夸张，视申请职位的要求，充分表现自己有关的能力和才干。不懂的问题，不妨坦白承认，被主考人揭穿反而会弄巧成拙。

2. 回答有条理

可适当地运用术语，以表示你对该行业有兴趣或有一定的认识及经验，但应适可而止，否则有给人掉书袋的感觉。要加以阐述论点，不要只回答"是""不是""有"或"没有"等，给人被动及不可靠的感觉。最好将重点逐一陈述清楚，多引用实际例证支持。

3. 语调

语调要肯定、正面，表现信心，尽量避免中英文夹杂。尽量少用语气词，例如"啦""啰""呢"等，避免给主考人一种用语不清、冗长、不认真及缺乏自信的感觉。

4. 讲错话要补救

面试是一个令人紧张的场合，所以讲错话是在所难免的。如讲错的话会影响主考人对你的评分，你便要实时做出更正，重申你认为正确的答案。例如，"不好意思，我刚才所讲的意思应该是……"在讲错话之后，你亦不要放弃，必须重新振作，继续回答其他问题。

5. 其他

不要打断主考人的说话，这是非常无礼的行为。主考人可能会问你一些与申请职位完全无关的问题，目的在于进一步了解你的思考能力及见识，不要表现出不耐烦或惊讶，以免给主考人一个太计较的印象。切忌因主考人不赞同你的意见而惊慌失措。部分主考人会故意反对应聘者的意见，以观察他们的反应。

13.4　工作新天地

找到工作后，求职的过程宣告终结，但这也意味着新阶段的开始。面对新的工作，不少人都会感到不知所措，不过你无须担心，只要记住以下要点，按部就班地工作，很快便能适应下来。

13.4.1　如何适应新工作

（1）待人以诚、态度谦虚。第一天上班，上司多会为你介绍公司或部门内的同事，可是你总无法一时间记清每个人的名字。请不要担心，纵使你在环境和人际关系上都感到十分陌生，只要你待人以诚，保持心情愉快，持谦虚态度与人相处，很快便能够与其他同事处熟。

（2）良好的第一印象。第一天上班的表现往往给人留下深刻印象，足以影响你日后的发展。第一天上班必须守时，表现大方得体、衣着要端庄整齐，并切合身份，给上司及同事一个良好的印象。

（3）做好自己本职工作。初上班的数天，上司通常都不会分配很多工作给你，而你负责的可能都是一些较为简单的琐事。有时你会感到无所事事，但千万别因此而感到气馁，因为公司决定聘用你，绝不会让你白支薪金的。你应先做好自己的本职工作，耐心等待机会，打稳基础后，上司自会委任重要的工作给你。你应该趁这段空闲时间，多翻阅公司的资料及观察身边的人和事，以加深对公司及工作的认识。你也可以在可能的范围内帮助其他同事，与他们建立良好关系。

（4）主动向上司或同事请教。工作上遇到困难或不明白的地方，应虚心向上司或同事请教，避免犯错。很多主管由于本身事务也非常繁忙，所以未能抽空指导你。这时，你便应主动向上司请教，而不是坐着等待他来发现你的问题。

（5）与同事建立良好关系。切忌过分表现自己，或自夸在旧公司的功绩，这会令同事感到烦厌。注重团队精神，与同事紧密合作，融洽相处，避免独断独行，显示自己是一个可靠的工作伙伴。经过一段时间适应后，你对新工作自然驾轻就熟了。有了好的开始，你还须继续努力，不断积累经验和专业知识，为日后的事业发展做好准备，创出美好前程。

13.4.2　理想雇员的特质

在雇主做出任何人事调整（包括继续聘用、解雇、升职或降职）时，会考虑很多因素，理想的员工当然会继续受聘，而表现不佳的员工则会有被解雇的危机，你不妨参考以下列举的特质来做自我检讨，看看你是否是雇主心目中的理想员工?

（1）勤奋及尽责。若你是一个勤奋又尽责的员工，雇主必会将重要的职务委派给你。若你表现得态度懒散，便只会被分配一些枯燥乏味的工作，甚至会被解雇。

（2）态度积极。除了初入职时，你应在不同阶段保持好学、上进和积极的态度，才可在工作中不断学习，改进自己。

（3）有耐心。新入职的员工往往会急于表现自己，但请谨记在完成一件工作时，最好能抽些时间再审核一下，以便使工作更尽善尽美。接到一些比较复杂或耗时的工作时，切忌心急，必须要保持耐心，细心处理。

（4）有自信心。自信心是由成功的经验慢慢培养出来的，要争取成功的经验，你先要把握每个学习机会，将自己的实力提升。

（5）能面对压力。当获派大量的工作时，切忌紧张，你应保持镇定，制定出缓急先后的次序，按部就班地将工作完成。请记住，虽然新工作可能会令你犯错，但同时也给了你一个学习新事物和新技能的好时机，所以你应好好把握机会表现自己，说不定在你妥善地完成工作后，雇主会对你另眼相看。

（6）应变力强。在现在这个灵活多变的社会，每天你都可能在工作期间面对不同的处境和问题，而每一事件都有它的独特性，你必须针对不同的情况，采用适当的解决方法，切忌"一曲走天涯"。

（7）分析及判断力强。判断力是由个人阅历、良好的观察能力，再加上适当的技巧训练而锻炼出来的。现在你可能鉴于经验不足，并未具备良好的判断力，但只要你能多观察上司及同事的处事方式，虚心向他们请教，把握每个学习机会，你的判断力自然会逐步提升。你亦可以留意报纸或其他书刊的评论文章，吸收不同的观点，钻研他人有效的思考方式。

（8）充满活力及创意。以新入职员工的身份，你可以把握机会尽量发挥你的想象力及创意，在适当时候提出富有建设性的建议。

（9）良好的沟通技巧。当遇上不同身份或背景的人士时，应尽量以他们熟悉的语言表达信息，例如，在接待一般顾客时，应避免使用业内术语，但在与同事及其他商业伙伴沟通时，则可加入适当的术语，促进沟通。

（10）良好的人际关系技巧。每人都有自己的过人之处，通过团队中的互补作用，方可发挥出最佳的工作表现。掌握良好的人际关系技巧可让你在不同团队中与其他人合作愉快，提高工作效率。

（11）基本的计算机技术。不少在职人士在日常工作中都需要运用计算机编印文件，绘制图表，编制报告或利用互联网搜寻资料；具备丰富的信息科技知识更会令雇主对你另眼相看。

（12）广泛的知识及专业技能。除了拥有本行业的专业知识和技能外，多掌握一些其他信息，如计算机、科技、经济、政策或法律等，对自己的发展会有很大的帮助。若能尽早掌握公司多个层面的工作，你也会更容易争取未来的发展机会。

13.4.3 不受欢迎的员工特质

（1）怕辛苦。随着你逐渐适应新环境，你的工作量将会不断增加，你或许会因此不习惯，开始感到压力，失去原来的工作热忱。此时，你更应该提起精神，按部就班地将工作完成。切忌逃避工作或显得态度散漫。

（2）好高骛远。不要太过自信！刚踏入社会的年轻人在很多时候都需要从初级职位做起，巩固自己的基础，再逐步争取机会晋升。

（3）斤斤计较。对物质报酬或短线的晋升机会过分计较或紧张，以及拒绝承担额外工作，这都会令同事及雇主觉得反感，同时亦显出你对自己的事业缺乏长远计划。

（4）欠缺主动性。社会竞争激烈，入职后不愿主动学习及提升自己的工作技能，不单会影响工作效率，个人的长线发展亦会受到牵制，甚至会被急速变化的工作环境所淘汰。

【小提示】

请慎重跳槽

我们要确立一种"择我所爱、爱我所择"的工作原则。世界上没有完美的企业，只有不断追求完美的企业。最差劲的公司也有一些优点，也有很多有利于员工成长的东西，最好的公司也会有缺点。

有一句谚语说得好："常挪的树长不大。"劳动部门相关人士认为，频繁跳槽不利于职业发展，尤其是转行时，求职者将面临更大挑战。频繁地跳槽表面上受到损害的是公司和老板，但事实上对员工的伤害更深。因为跳槽者个人资源的积累和自身能力的培养都必然大打折扣。一个人离开一个熟悉的环境，融入新环境是需要付出很多心血和时间的。因此"下一份工作会更好"在很多情况下只是人们的一个美好的愿望而已。

跳槽这种做法其实是一种逃避问题的表现，是一种缺乏克服困难的勇气和决心的表现。在遇到障碍时，我们首先应该想到的是挺身而出克服困难，而不是通过跳槽来逃避。当感到自己怀才不遇，感到所得薪水不能够体现自己的价值时，正确的态度是：用自己的成绩说话，立足于现实，调整好心态，将现有的工作做得更好，甚至最好。

13.5 大学生就业案例分析

为了让同学们对就业有一个更加直观的认识，并吸取往届毕业生在求职过程中的经验和教训，本节提供了十个案例及其分析，相信会对同学们有很大启发。

案例一　毕业几个月经历坎坷

小李是广州某职业技术学院 2016 届管理专业毕业生。从毕业到现在，他已经跳过三次槽。临近毕业前，他在学校就业办推荐下，进了广州黄埔开发区的一家物流公司做仓库管理员。在那里，他的月薪只有 900 元，且每个月只有两天休息。

由于工资低，且没有个人成长的空间，因此不到五个月，他离开了那家物流公司。

不久，他在广州天河北路一家外资保险公司做起了寿险代理人。但是，由于刚毕业缺乏工作经验，再加上在广州没有"人际关系"，小李在竞争激烈的保险行业中难以立足，不得不在三个月后再次跳槽，进了一家销售化学产品贸易公司做业务员。

小李告诉记者，在他曾经工作过的保险公司和现在工作的贸易公司中，有不少同事都像他一样，是刚从大专或高职类院校毕业的大学生。而在他 30 多个同班同学里，由于很难找得到专业对口的工作，因此"男生几乎都在做业务员，而女生大部分都在一些小公司做文员"。

分析：小李刚走进社会几个月所经历的无奈和辛酸，正是许多高职院校毕业生们共同的体验。高职学生找工作一定要端正自己的态度，不要过高奢望好的职位，在没有工作经验的情况下想做出突出的成绩是很难的。即使应聘成功，以后带给自己和单位的只能是极大的失望，在刚工作时期应抱着学习的态度，在困难中磨炼自己，用大学生的工作激情和创新思维来为自己的职业生涯开个好头。

案例二　期望值过高

2017 届毕业生小王来自云南罗平，直到当年 3 月他还未落实工作单位。后来他参加了一场招聘会，刚好罗平有一家制药厂要他，专业对口，又是家乡。然而他本人的择业意向却是：单位地点必须在昆明市，至于到昆明的什么单位、具体做什么工作都无关紧要，除此以外，什么单位都不考虑。在这种心态下，结果自然难以如愿。

分析：小王的思想在当前毕业生的择业过程中具有一定的代表性。不少毕业生过于向往经济发达地区，尤其是沿海地区的中心城市，最低的期望也是回自己家乡所在地的中心城市。他们只注重中心城市经济文化发达、工作环境优越的一面，而忽视了中心城市人才济济、人才供给相对过剩的一面，从而导致主观愿望与现实需求之间的巨大落差。

案例三　自主择业能力差

在学校 2017 年 3 月举办的小型招聘会上，毕业生小徐的父母亲在招聘会尚未开始时，就早早地到会场打听单位的情况。招聘会开始很久以后，小徐才姗姗来迟，并由家长陪同前往用人单位摊位前面谈。面谈过程中，小徐发言的时间还没有其父母多，结果谈了一家又一家，最终仍一无所获。

分析：小徐的问题出在择业过程中过分依赖他人。其实，依赖他人是难以选择到一份满意的工作的。现在的毕业生中，独生子女所占的比例越来越大，他们的生活一帆风顺，没有经历过什么波折，再加上父母亲的过分呵护，客观上也培养了他们的依赖心理。这些毕业生大多缺乏主见，自我意识模糊，在择业中常会茫然不知所措，自己独立进行择业决策的能力差，以至在人才市场上，父母代替子女、亲友代替本人与用人单位洽谈的场面屡见不鲜。难怪有用人单位对依赖性过强的毕业生说："你本人都要靠别人来推销，企业还能靠你来推销产品吗？"

案例四　信心不足，缺乏主动

毕业生小刘学习成绩和其他方面条件都不错，在就业的初期满怀信心。但由于专业冷门等原因，找过几家单位都碰了壁，结果产生了自卑感。在后来的择业过程中他表现越来越差，陷入恶性循环而不能自拔，以至于到了新的用人单位那里，只能被动地问人家："学某某专业的要不要？"其他什么话都不敢讲，最终未能落实就业单位。

分析：小刘的失败是由于自卑心理在作怪。他在择业遭受挫折后，一蹶不振，对自己评价过低，丧失了应有的自信心，择业时缺乏主动争取和利用机遇的心理准备，不敢主动、大胆地与用人单位交谈，也就不能很好地表达自己。越是躲躲闪闪、胆小、畏缩，越不容易获得用人单位的好感。这种心理严重妨碍了一部分毕业生正常的就业竞争，使得那些原本在某些方面比较出色的毕业生也陷入"不战自败"的困惑。

案例五　自负而失败

毕业生小 D 口才不错，在与用人单位代表面谈时自我感觉良好。一番海阔天空的高谈阔论以后，当对方问他的个人爱好是什么时，他竟得意扬扬地宣称是"游山玩水"，结果被用人单位毫不犹豫地拒之门外。

分析：小 D 的失败是典型的自负心理造成的。自负在心理学上指过高地估计个人的能力，从而失去自知之明。在这种心理的支配下，不少毕业生在求职择业过程中，总是自以为是，自负自傲，自以为自己什么都懂，什么都会，夸夸其谈，胡吹海侃，结果留给用人单位的是浮躁、不踏实的印象。试想，有哪家单位肯要一个不知天高地厚、自命不凡、眼高手低的毕业生呢？

案例六　被动等待坐失良机

浙江某单位向学校发布了要来校招聘大量人才的信息，校就业指导中心迅速公布并电话通知了各学院，各学院反应不一：有的学院书记亲自打电话与对方联系，推荐自己符合条件的毕业生；有的则主动邀请对方到学院来选毕业生；有的则用特快专递寄出了学生的推荐材料。而与此同时，部分同学却在等待面试通知，认为反正该单位要来校招聘，等来了再投材料也不迟。后来，这家单位真的来了，人事部门负责人却非常抱歉地说："真对不起，其实我们几天前就已到贵校，但刚跨进贵校校门，就被贵校某学院盛情'拦截'而去，晚上住在贵校招待所，闻讯而来的毕业生一拨又一拨，结果我们的计划提前录满了。"在场的毕业生后悔不已，机会就这样在等待中错过了。

分析：在求职择业过程中，机会应该说对每个人都是均等的，就看你如何把握它。各种招聘人才的信息，经过各种渠道每时每刻都在发布、在传递，好比一条河流，信息是一朵朵浪花，你抓住了，就归你所有，你错过了，就无法回头。因此，只要你认准这条信息对你有用，你感兴趣，就必须主动以最快捷的方式向发出信息方做出反应，让对方知道你、了解你，才有可能看中你。机会往往就是这样被主动者所拥有。

案例七 巧妙回答打开求职之门

在上海某单位组织的一次面试中，主考官先后向两位考生提出了同样的问题："我们单位是全国数一数二的大集团公司，下面有很多子公司，凡被录用的人员都要到基层去锻炼，基层条件比较艰苦，请问你们是否有思想准备？"毕业生 A 说："吃苦对我来说不成问题，因为我从小在农村长大，父亲早逝，母亲年迈，我很乐意到基层去，只有在基层摸爬滚打才能积累丰富的工作经验，为今后发展打下基础。"毕业生 B 则回答："到基层去锻炼我认为很有必要，我会尽一切努力克服困难，好好工作，但作为年轻人总希望有发展的机会，不知贵公司安排我们下去的时间多长？还有可能上来吗？"结果前一学生被录用，后一学生被淘汰。

分析：在面试过程中，回答问题的技巧非常重要。对有些问题的回答，表面上看来合情合理，无可厚非，却令考官反感。这是因为：考官并不在乎你回答内容的多少，而在于考察你对问题本身的态度，进而了解你对职业的态度，等等。显然，这一案例中，毕业生 A 对下基层态度端正、诚恳，令主考官欣赏；而毕业生 B 思想上明显有顾虑，尽管是人之常情，但这种场合下他的回答显然不合时宜。

案例八 不要放弃任何一次机会

某毕业生赶到杭州某次人才招聘现场时，已是下午 3 点多钟，此时，许多单位已录满人员撤摊而去，剩下的单位也在整理材料考虑收场。他抱着试试看的心态向自己感兴趣的某单位递了最后一份材料，并诚恳地说明了自己晚来的原因。谁知刚过两天他就收到了该单位面试通知，一周之后便签订了正式协议，真是"山重水复疑无路，柳暗花明又一村"。

分析：外出参加人才招聘，一般来说应赶早不宜迟，但有些客观因素是无法预测的，在这种情况下要随机应变，要沉着、有耐心。有时，耐心等到最后，好戏就在后头。总之，要么赶早，给对方留下深刻的第一印象，要么耐心等到最后压轴，同样也会给单位以深刻的印象。

案例九　顾此失彼，得不偿失

某毕业生在大三下学期因外出找工作，后又在单位实习，竟然错过了该学期某课程的考试，由于缺考，这门课没成绩，只好重修，酿成了无可挽回的损失。由于重修，毕业证、学位证还不能按期拿到，由此必须推迟到单位报到，少拿几个月工资不算，还有可能被单位退回学校。

分析：毕业生在大三下学期一定要处理好求职与求知的关系，求职固然重要，但切忌影响正常学习。上述案例中的学生显然没有处理好这对关系，以至顾此失彼，得不偿失。

案例十　基础不牢被迫转行

小王是广州一所民办高职院校计算机专业的 2017 届毕业生。毕业后，他和五名同班男生一起，被学校就业推荐办安排到东莞长安镇一家企业实习——对于许多高职毕业生来说，进企业实习，是就业工作中最重要的一步。不少高职毕业生，就是通过学校安排的实习最终留在了企业。

但是不到两个月，小王和他的五名同学集体被"炒"，原因是这家企业发现这六名学生"甚至无法制做出一份稍微像样的表格，更不用说进行网页设计和编程了"。更让他们无法接受的是，当时同他们一起进这家企业实习的一位计算机专业的女技校生，却最终被这家企业留用了。

被迫回到学校后，小王和几位"难兄难弟"在就业推荐办老师的反复推荐下，几个月来又联系了好几家企业实习。毕业五个月来，他已经换了两次工作：先是销售保健品，接着去太平洋电脑城卖电脑硬件。一个多月前，他在一位亲戚的帮忙下，进了一家超市做店员。最让他沮丧的是，自己干过的三份工作，工资"从未超过1 000元"。

分析：前几年还非常时髦的计算机、电子商务等专业，转眼间就成了"鸡肋"。不少盲目跟风、争相上马这些"热门专业"的高职院校，眼下纷纷遇到了毕业生就业难、难找"专业对口"的工作机会的困境。那些既没有扎实理论知识、又缺乏较强动手能力的高职毕业生，他们的求职之路充满了苦涩和艰辛。

🎯 成功素质测试

下面这些问题是在面试中经常会被问到的，如果你对它早有准备，就不会临阵慌忙，不妨试一试。

（1）你参加过高校哪些实践活动？你的自学能力怎样？哪位老师对你影响最大？

（2）你父母的职业是什么？你家庭中的情况如何？有没有相关的专业背景？

（3）你如何看待你以前的工作？

（4）你为什么要（不再）读书？

（5）你有哪些职业发展计划？

（6）在你过去的经历中得过何种奖励？取得过哪些成果和荣誉？你工作中曾受到哪些挫折？

（7）你认为你最适合干什么？

（8）你为什么至今没有找到满意的工作？

（9）你为什么要离开原单位？

（10）这是你辞职的唯一原因吗？

（11）你为什么要进我们公司？

（12）你最引以为自豪的成就是什么？

（13）如果你想招聘人，喜欢怎样的人？

（14）你有多少时间可以用来出差？

（15）对枯燥单调的工作你也愿意干吗？

（16）你希望你的工资是多少？

（17）你觉得你与其他求职者有何不同？

（18）为什么我们应该首先选择你？

（19）有没有别的公司愿意聘用你？

（20）如果本公司与另一家公司同时要聘用你，你如何选择？

（21）你认为原单位的上司都有哪些优缺点？

（22）你的弱项在哪里？描述一下你的学习态度？你有何学术成果、成就？（这类提问主要针对专业兴趣和专业能力、学习的基本素质、学习内容的结构特点等，是招聘单位判断你专业基础和发展潜力以及与岗位的要求相适应程度的重要依据。）

（23）你对以后的职位有何期望？对你来说，今后你要避免什么？你要进行何种选择？你是如何看待这些选择的？五年后，你想在何处处于何种地位？你的生活目标是什么？

（24）请你对自己做一个坦率、真实的评价，什么是你的强项？你喜欢你的哪种特性？你认为什么是好的？你的弱点是什么？哪些你是可以改正的？

（25）你认为你给别人的第一印象与一个真实的你有何差别？非常了解你的朋友是怎样描述你的？领导和周围的同事对你的评价如何？

（26）你的知识能力和应变能力如何？你的归纳、总结能力如何？

（27）你怎样接受上级的指示？你认为自己最合适什么样的工作？你认为你最擅长什么？你认为自己处理人际关系能力如何？

（28）对涉及你的能力、长处、短处等方面，我们可能现在还没有充分了解，你希望怎样使我们能确切地评价你的发展潜力及最适合做哪项工作呢？

资料来源：https：//wenku.baidu.com/view/f77b7e48be1e650e52ea9987.html.

成功方法学习
10 个面试小技巧

1. 自我介绍不超两分钟　"请你自我介绍一下"这道题 90% 以上的用人单位都会问，面试者事先最好以文字的形式写好背熟。其实面试者的基本情况用人单位已掌握，考这道题的目的是考核面试者的语言表达能力、逻辑能力，以及诚信度。所以，面试者自我介绍的内容要与个人简历内容相一致，表述方式上尽量口语化，注意内容简洁，切中要害，不谈无关、无用的内容，条理要清晰，层次要分明。自我介绍不能超过两分钟，最好把握在 1 分钟左右。

2. 强调温馨和睦的家庭氛围　"谈谈你的家庭情况"此类问题 70% 的用人单位都会涉及，面试者应简单地介绍家人，一般只需介绍父母，如果亲属和应聘的行业有关系的也可介绍。回答时注意强调温馨和睦的家庭氛围，父母对自己教育方面的重视，各位家庭成员的良好状况，以及家庭成员对自己工作的支持和自己对家庭的责任感。

3. 用乐群性爱好点缀形象　"谈谈你的业余爱好"是合资企业、民营企业乐于提及的问题，因为企业主要想通过此题了解面试者的性格是否开朗，是否具有团队精神。所以，面试者千万不要说自己没有业余爱好，也不要说自己有哪些庸俗的、令人感觉不好的爱好。谈爱好时最好不要说自己仅限于读书、听音乐、上网等一个人做的事，这样可能会令面试官怀疑应聘者性格孤僻，最好能有一些如篮球、羽毛球等在户外和大家一起做的业余爱好来"点缀"自己的形象，突出面试者的乐群性和协作能力。

4. 崇拜谁与本职工作有关　"你最崇拜谁？"是近两年用人单位爱问到的一道题。面试者回答时，不宜说自己谁都不崇拜，或者说崇拜自己，也最好不要说崇拜一个虚幻的或者不知名的人，更不能崇拜一个明显具有负面形象的人。面试者所崇拜的人最好与自己所应聘的本职工作能"搭"上关系，说明自己所崇拜的人的哪些品质、哪些思想感染着自己、鼓舞着自己。

5. 座右铭与应聘行业相关　通过提问座右铭用人单位就可以判断面试者是否具有发展前途。面试者不要说那些易引起不好联想的座右铭，也不应说那些太抽象的座右铭，更不宜说太长的座右铭。座右铭最好能反映出自己某种优秀品质，或者和本专业、本行业相关的一句话，比如"只为成功找方法，不为失败找借口"。

6. 说与工作"无关紧要"的缺点 当考官问到你的缺点时，面试者不能说自己没缺点，也不能把那些明显的优点说成缺点，但更不能挑严重影响所应聘工作的缺点，或者说令人不放心、不舒服的缺点。可以说出一些对于所应聘工作"无关紧要"的缺点，甚至是一些表面上看是缺点，从工作的角度看却是优点的缺点。

7. 尽量回避待遇问题 考官问到"你为什么选择我们公司？"时，就是试图从此题中了解面试者求职的动机、愿望以及对此项工作的态度。面试者最好不要说太多待遇方面的问题，可以说"我十分看好贵公司所在的行业，我认为贵公司十分重视人才，而且这项工作很适合我，相信自己一定能做好"。

8. 遇到提问陷阱采用迂回战术 "如果我们录用你，你将怎样开展工作"是一道陷阱题，如果面试者对于应聘的职位缺乏足够的了解，最好不要直接说出自己开展工作的具体办法，以免引起不良的效果。面试者可以尝试采用迂回战术来回答，如"首先听取领导的指示和要求，然后就有关情况进行了解和熟悉，接下来制订一份近期的工作计划并报领导批准，最后根据计划开展工作"。

9. 回避回答对上级具体的希望 "你希望与什么样的上级共事？"通过面试者对上级的"希望"考官可以判断出面试者对自我要求的意识，这既是一个陷阱，又是一次机会。面试者要好好把握此机会，最好回避对上级具体的希望，多谈对自己的要求，如"作为刚步入社会新人，我应该多要求自己尽快熟悉环境、适应环境，而不应该对环境提出什么要求，只要能发挥我的专长就可以了"。

10. 尽量体现机智、果敢和敬业 "你是应届毕业生，缺乏经验，如何能胜任这项工作？"此题的回答应体现出面试者的诚恳、机智、果敢及敬业。如"作为应届毕业生，在工作经验方面的确会有所欠缺，因此在读书期间我一直利用各种机会在这个行业里做兼职。我也发现，实际工作远比书本知识丰富、复杂。但我有较强的责任心、适应能力和学习能力，而且比较勤奋，所以在兼职中均能圆满完成各项工作，从中获取的经验也令我受益匪浅。请贵公司放心，学校所学及兼职的工作经验使我一定能胜任这个职位"。

资料来源：https：//www.douban.com/note/500635853/.

🌀 成功案例借鉴

不在乎薪水高低只求学技术

2008 年 6 月，已经顺利拿到"汽车维修工高级证"和"汽车维修工上岗证"的广州某职业院校的胡侠同学，终于要告别三年校园生活了，胡侠是 2005 届汽车维修专业毕业生。当时他面前有四个工作可以选择：珠海市珠光汽车有限公司、北京现代广州分公司特约维修站、广州市高质汽车维修有限公司和江门的一家汽车修理厂。

经过再三考虑，胡侠放弃了在广州工作的机会，选择了和珠海市珠光汽车有限公司签约。虽然珠海市珠光汽车有限公司是珠海汽车销售、维修行业中的"龙头老大"，但前三个月试用期的工资却还不到1 000元。尽管如此，胡侠并不为自己的选择感到后悔：和这家公司签约后，他先在"珠光"销售捷达车的4S店里学习修理捷达车型，两个月后他开始在这家公司旗下的马自达维修站学习修理马自达车型。现在，刚出校园不到半年的胡侠，已经基本上懂得修理丰田、桑塔纳、金杯海狮、马自达和捷达等好几种车型了。

对于未来的职业前景，胡侠满怀乐观："虽然现在工资不高，但我相信，如果耐心地学到扎实、过硬的汽车修理技术，将来肯定会越来越好，三五年后，拿五六千元的月薪应该不成问题。"他满怀憧憬地告诉记者，不少去年毕业的师兄，现在都拿到了三四千元左右的月薪，他相信自己踏踏实实地积累工作经验，三五年后一定能拿到五六千元的月薪。

资料来源：http：//edu. qq. com/a/20051114/002595. htm.

成功素质训练
训练项目　模拟人才招聘会

训练目的

（1）让每位学生学会写简历。

（2）让学生通过参加模拟人才招聘会学习面试技巧，提高就业能力。

训练过程

（1）老师可联系相关企业人员，模拟出招聘的相关岗位。

（2）学生根据自己的求职意向撰写简历并上交。

（3）教师邀请企业有关人员进行简历筛选和面试。

（4）教师会同企业有关人员对本次模拟招聘进行点评。

训练考核

（1）对每位同学的简历给予评分。

（2）对每位同学的面试表现给予评分。

参 考 文 献

[1] 何霞，等．职业规划与成功素质训练 [M]．北京：高等教育出版社，2017．

[2] 徐强．大学生，让雇主倒追你 [EB/OL]．（2013-02-23）．https：//wenku. baidu. com/ view/d3fada18fab069dc51220173. html.

[3] 温才妃，许悦．谁"绑架"了大学生的独立思考 [EB/OL]．（2017-08-02）．http：// www. rmzxb. com. cn/c/2017-08-01/1692424_1. shtml.

[4] 张敏强．大学生职业规划与就业指导 [M]．广州：广东高等教育出版社，2016．

[5] 邹鑫．小强升职记（升级版）：时间管理故事书 [M]．北京：电子工业出版社，2014．

[6] 佐藤惠．神奇手账 [M]．蔡丽蓉，译．长春：北方妇女儿童出版社，2015．

[7] 王丽，朱宝忠．大学生职业生涯规划训练手册 [M]．北京：北京理工大学出版社，2014．

[8] 熊苹．职业生涯规划 [M]．北京：清华大学出版社，2014．

[9] 于海英．平常心做人，进取心做事 [M]．北京：中国广播影视出版社，2010．

[10] 人力资源和社会保障部国家职业技能鉴定中心．自我学习能力训练手册 [M]．北京：人民出版社，2011．

[11] 钱永建．拓展训练 [M]．北京：企业管理出版社，2016．

[12] 姚裕群．团队建设与管理 [M]．北京：首都经济贸易大学出版社，2013．

[13] 陈安之．21 世纪超级成功学 [M]．广州：广东经济出版社，2014．

[14] 吴维库．情商与影响力 [M]．北京：机械工业出版社，2012．

[15] 阚雅玲．大学生成功素质训练 [M]．北京：机械工业出版社，2007．

[16] 许湘岳，徐金寿．团队合作教程 [M]．北京：人民出版社，2011．

[17] 海伦·帕尔默．九型人格 [M]．徐扬，译．北京：华夏出版社，2012．

[18] 阚雅玲，朱权，游美琴．管理基础与实务 [M]．北京：机械工业出版社，2010．

[19] 斯蒂芬·罗宾，玛丽·库尔特．管理学 [M]．李原，等译．北京：中国人民大学出版社，2012．

[20] 胡飞雪．创新思维训练与方法 [M]．北京：机械工业出版社，2009．

[21] 海迪 M. 内克，珀特里夏 G. 格林，坎迪达 G. 布拉什．如何教创业基于实践的百森教学法 [M]．薛志红，李华晶，等译．北京：机械工业出版社，2015．

[22] 金光熙．为创意痴狂 [M]．千太阳，译．北京：化学工业出版社，2012．

[23] 崔智东，郭志亮．麻省理工学院最受推崇的创新思维课 [M]．北京：台海出版社，2013．

[24]　周苏，陈敏玲．创新思维与 TRIZ 创新方法［M］．北京：清华大学出版社，2015.

[25]　Stefan Mumaw．创意特训营：30 天超级灵感唤醒术［M］．李莹，译．北京：人民邮电出版社，2013.

[26]　胡飞雪．创新思维训练与方法［M］．北京：机械工业出版社，2009.

[27]　罗辉．问题解决能力培训全案［M］．北京：人民邮电出版社，2009.

[28]　课思课程中心．解决工作问题的 7 大工具［M］．北京：中国电力出版社，2015.

[29]　籔原正英．赢在问题解决力［M］．传神联合翻译公司，译．北京：化学工业出版社，2010.

[30]　高杉尚孝．麦肯锡问题分析与解决技巧［M］．郑舜珑，译．北京：北京时代华文书局，2016.

[31]　诺曼·文森特·皮尔．自信的力量［M］．钱峰，译．北京：东方出版社，2011.

[32]　诺西亚娜·德·圣保尔，克里斯帝亚娜·拉哈比．练出你的自信［M］．章晖，译．合肥：安徽文艺出版社，2011.

[33]　希尔奥尔德．自信的提升［M］．周雪梅，译．北京：北京师范大学出版社，2009.

[34]　罗布·杨．自信力：成为最好的自己［M］．第 2 版．冠或，译．北京：人民邮电出版社，2013.

[35]　马克·郭士顿．只需倾听：与所有人都能沟通的秘密［M］．苏西，译．重庆：重庆出版社，2010.

[36]　戴尔·卡耐基．卡耐基沟通的艺术与处世智慧［M］．王红星，等译．北京：中国华侨出版社，2012.